Bausteine zu einer Ethik des Strafens

Herausgegeben von

Hans-Helmuth Gander, Monika Fludernik und Hans-Jörg Albrecht

STUDIEN ZUR PHÄNOMENOLOGIE
UND PRAKTISCHEN PHILOSOPHIE

Herausgegeben
von
Hans-Helmuth Gander, Lore Hühn, László Tengelyi, Günter Zöller

BAND 5

ERGON VERLAG

Bausteine zu einer Ethik des Strafens

Philosophische, juristische und literaturwissenschaftliche Perspektiven

Herausgegeben
von
Hans-Helmuth Gander, Monika Fludernik und
Hans-Jörg Albrecht

ERGON VERLAG

Gedruckt mit Unterstützung der Deutschen Forschungsgemeinschaft

Bibliografische Information der Deutschen Nationalbibliothek
Die Deutsche Nationalbibliothek verzeichnet diese Publikation in der Deutschen Nationalbibliografie; detaillierte bibliografische Daten sind im Internet über http://dnb.d-nb.de abrufbar.

Bibliographic information published by the Deutsche Nationalbibliothek
The Deutsche Nationalbibliothek lists this publication in the Deutsche Nationalbibliografie; detailed bibliographic data are available in the Internet at http://dnb.d-nb.de.

Gedruckt auf alterungsbeständigem Papier.
Umschlaggestaltung: Jan von Hugo
Satz: Sandra Kloiber, Ergon Verlag

www.ergon-verlag.de

Printed in Germany
ISBN 978-3-89913-608-1
ISSN 1866-4814

Inhalt

IV. Grenzen des Strafens

Einleitung: Unterwegs zu einer Ethik des Strafens

Hans-Helmuth Gander

Dass Strafe ein unhintergehbares Mittel der Reaktion auf strafrechtlich bewehrte Norm- und Rechtsverletzungen ist, bestreiten allenfalls Verfechter jener radikalen Form des Abolitionismus, die grundsätzlich von der Unrechtmäßigkeit der Strafe ausgehen. Im Übrigen bleibt die Strafe die rechtsstaatliche Antwort auf eine Unrechtstat, die den Tätern die Verantwortung für die Tat und ihre Folgen zumutet. Wird auf die Problemzusammenhänge der Strafe reflektiert wie insbesondere in der Strafrechtswissenschaft oder der ihr zugehörigen Variante der Rechtsphilosophie, so geschieht dies zumeist im Blick auf die Frage der Strafgerechtigkeit und d. h. hinsichtlich der Probleme der Rechtfertigung von Strafe, der Strafzumessung oder der Tatproportionalität. Indem man den Unterschied zwischen Rechtfertigungstheorien und Vollzugstheorien der Strafe ins Auge fasst, was bedeutet, dass die Begründung der Strafe noch keine Bestimmung über die konkrete Gestalt des Strafvollzugs enthält, kann man den Versuch unternehmen, die Begründungstheorien der Strafe in den allgemeinen Bereich der Ethik einzuordnen. Das aber bedeutet genauer besehen, die Frage nach der Strafgerechtigkeit nicht mehr allein in Begriffen der Rechtfertigung des Strafens oder der Tatproportionalität zu beantworten, sondern die Strafe in den Kontext der Fehlbarkeit des Menschen zu stellen. Von hier aus gewinnen im Sinne einer Ethik des Strafens die philosophischen Leitbegriffe der Gerechtigkeit und insbesondere der Verantwortlichkeit eine zentrale Bedeutung. Gesucht wird mit anderen Worten im Blick auf die menschlichen Handlungen nach Zuschreibungsmöglichkeiten, die im Falle des Rechtsbruchs dem Einzelnen für seine Taten deren Zurechnung wie auch das für sie Verantwortung Tragen zumessen.

Unter dieser Perspektive interessiert eine Ethik des Strafens nicht so sehr das Dass als vielmehr das Wie der Strafe. Eine Ethik des Strafens, die Strafe nicht mit Gefängnisstrafe und Strafvollzug nicht mit Gefängnishaft verwechselt, wie dies zahlreiche Verfechter abolitionistischer Theorien tun, muss daher den Blick darauf richten, inwieweit und inwiefern die unterschiedlichen Weisen des Strafens ihren leitenden Prinzipien der Verantwortlichkeit und Gerechtigkeit genüge tun und inwiefern sie systematischen wie praktischen Gewinn aus dem Gespräch mit anderen der Reflexion auf Norm- oder Rechtsbrüche ziehen können, wie dies insbesondere auch in deren literarischer Aufarbeitung geschieht. Es geht um ein vielschichtiges Bündel von Antworten auf Unrecht und Leid, das sich nach den zu entfaltenden Prinzipien einer – im Blick auf die empirischen Ergebnisse der mit dem Strafsystem befassten Wissenschaften – Ethik des Strafens zu richten hat und den Umgang mit Schuld aus dem Rechtfertigungsdiskurs der Strafe in den Vollzugsdiskurs überführt, getragen von der Überzeugung, dass die Strafe ein unhintergehbares Mittel der Reaktion auf strafrechtlich bewehrte Norm und Rechtsverletzungen ist.

Der vorliegende Band behauptet nicht, in seinen Beiträgen bereits die ausgearbeitete Form einer Ethik des Strafens bieten zu können. Eher ist es so, dass hier philosophische, juristische und literaturwissenschaftliche Analysen ihrerseits Bausteine zu einer Ethik des Strafens liefern. Für sich besehen erlauben sie Einblicke in jeweils gesonderte Aspekte der Strafproblematik, während in der Gesamtperspektive sie auch zwischen den Beiträgen Verbindungslinien zu ziehen erlauben, die zu unvermuteten Entsprechungen führen. Ursprünglich handelt es sich bei den Aufsätzen des vorliegenden Bandes zum Großteil um Beiträge, die auf einer von den Herausgebern im Rahmen ihres von der DFG finanzierten Projektverbundes „Norm – Recht – Kriminalisierung" organisierten Tagung im Sommer 2005 an der Albert-Ludwigs-Universität Freiburg in Vortragsform diskutiert wurden. Ergänzt werden sie durch einzelne von den Herausgebern zwischenzeitlich gezielt eingeworbene weitere Aufsätze. Im Einzelnen verzeichnet der vorliegende Band neben den systematischen und zum großen Teil philosophischen Überlegungen des ersten Teiles (*Wolfgang Kersting, Heinz-Gerd Schmitz, Thomas Dürr, Hans-Jörg Albrecht. Martin Hochhuth*) im zweiten Abschnitt ein ganz konkretes Problem, an dem sich die Debatte um Gerechtigkeit bis heute in besonderem Maße entfacht hat, nämlich die aktuelle Folterdebatte (*Alan Hyde, Peter Brooks und Verena Krenberger/Greta Olson*). Von hier aus schlägt die Untersuchung den Bogen zur literarischen Vermessung der Strafproblematik (*Monika Fludernik, Jason Haslam, W. B. Carnochan*), um abschließend in drei Beiträgen (*Hans-Georg Koch, Jan Alber & Martin Brandenstein, Hans Küng*) mögliche Grenzen des Strafens zu erkunden. So liefert die Vielfalt der behandelten Aspekte aufs Ganze betrachtet Prolegomena zu einer Ethik des Strafens.

Im redaktionellen Prozess, der aus den Einzelbeiträgen der Autoren/innen die vorliegende Buchform schuf, wirkten eine Reihe von Personen mit, denen die Herausgeber zu Dank verpflichtet sind. Im Einzelnen sind dies für den literaturwissenschaftlichen Teil der Redaktionsarbeit in besonderem Maße Herr Benjamin Kohlmann, M.A. und Frau Dr. Greta Olson vom Englischen Seminar der Universität Freiburg. Für die kriminologischen Beiträge hat Herr Martin Brandenstein von dem in Freiburg ansässigen Max-Planck-Institut für Internationales und Ausländisches Strafrecht entscheidende Hilfe geleistet. Die philosophischen Aufsätze wurden dankenswerter Weise von den Mitarbeitern am Freiburger Husserl-Archiv, Frau Dr. Verena Krenberger und Herrn Thomas Dürr, M.A., betreut. Herr Dürr hat zudem in vorbildlicher Weise die Gesamtredaktion des vorliegenden Bandes einschließlich der Erstellung der Register übernommen. Ihm und allen Genannten möchte ich auch im Namen meiner Mitherausgeber herzlich für ihre Mitarbeit am Werden des Buches danken. Danken möchte ich auch den Autorinnen und Autoren, die mit ihren Beiträgen das Erscheinen dieses Buches allererst ermöglicht haben und dabei in der Breite und Vielfalt ihrer Ansätze mit ihren Einsichten im Unterwegs zu einer Ethik des Strafens entscheidende Wegweisungen geben.

I. Systematische Aspekte

Zur philosophischen Begründung der Strafe
Historische Skizzen und systematische Probleme

Wolfgang Kersting (Kiel)

> Dieser oberflächliche Charakter eines *Uebels* wird in den verschiedenen Theorien über die Strafe, der Verhütungs-, Abschreckungs-, Androhungs-, Besserungs- u. s. w. Theorie, als das Erste vorausgesetzt, und was dagegen herauskommen soll, ist ebenso oberflächlich als ein *Gutes* bestimmt. Es ist aber weder bloß um ein Uebel, noch um dies oder jenes Gute zu tun, sondern es handelt sich bestimmt um Unrecht und um *Gerechtigkeit.*[1]

Meine Ausführungen gliedern sich in drei Teile. Der erste Teil ist historisch-mythologisch. Er verfolgt den Weg der Strafbemessungsgerechtigkeit vom ius talionis über das Prinzip proportionaler Vergeltung bis zum rechtsstaatlichen Verbund von Schuldprinzip und Verhältnismäßigkeitsgrundsatz. Und auf diesem Weg begegnen unter anderen Sokrates und Platon, Rhadamanthys, der mythische Richter der Lebenden und der Toten, Dante und das Jüngste Gericht, wie Kant es sich vorstellte. Im zweiten Teil werde ich am Beispiel der anspruchsvollsten Version der Präventionstheorien, der Theorie von der positiven Generalprävention oder von der Integrationsprävention zeigen, daß ökonomische Begründungen normativer Konzepte scheitern müssen, Präventionstheorien der Strafe generell also dann notwendig als rechtfertigungstheoretisch unzulänglich gelten müssen, wenn wir darauf bestehen, daß Verbrechen und Strafe wesentlich rechtsbegrifflich verfaßt sind und als korrelierende normative Begriffe verstanden werden müssen. Im dritten Teil werde ich versuchen, Kant und Hegel vor den Angriffen ihrer präventionstheoretischen Kritiker in Schutz zu nehmen und in freier Rekonstruktion ihrer Überlegungen und in vollster Übereinstimmung mit den normativen Grundüberzeugungen politischer Modernität eine retributivistische Strafbegründung in Umrissen vorlegen.

---

[1] Georg Wilhelm Friedrich Hegel: Grundlinien der Philosophie des Rechts. Studienausgabe in 3 Bänden, Bd. II, Frankfurt/M. 1968, S. 119 f., § 99.

A.

I. Definition

»Poena est malum passionis quod infligitur propter malum actionis«; so hat Grotius Strafe definiert.[2] Umfangreicher ist die folgende Bestimmung, mit der Hobbes das 28. Kapitel des Leviathan beginnt:

> Eine Strafe ist ein Übel, das die öffentliche Autorität demjenigen auferlegt, der getan oder unterlassen hat, was diese Autorität als Gesetzesübertretung beurteilt, und zwar zu dem Zweck, den menschlichen Willen zum Gehorsam anzuhalten.[3]

Beide Definitionen haben freilich einen Nachteil. Sie sind nicht rechtfertigungsneutral, sondern schmuggeln bereits begründende Argumente in die Beschreibung ein. Wird dies nicht korrigiert, dann findet bereits auf der Definitionsebene des Strafbegriffs eine Vorentscheidung für eine Straftheorie, für eine Strafbegründung statt. So schließt Grotius' Definition etwa jede utilitaristische Straftheorie aus, die glaubt, Strafe nicht wegen eines Verbrechens, sondern nur nach einem Verbrechen zur Verhütung weiterer verhängen zu dürfen. Während Grotius' Definition also eine Vorentscheidung für einen retributivistischen, einen vergeltungstheoretischen Strafbegriff enthält, ist der Hobbesschen Definition eine Vorentscheidung für einen utilitaristischen Strafbegriff eingebaut: Strafe ist das, was zur Abschreckung von Verbrechen verhängt wird.

Es ist ratsam, die Beschreibung der Strafe von diesen Elementen rechtfertigungstheoretischer Vorentscheidung freizuhalten.[4] Das tut die folgende Definition:

> Strafe ist ein in voller Absicht übelzufügender [vermögensreduzierender, freiheitseinschränkender oder auch den Tod herbeiführender] Zwangsakt, der gegenüber einer Person auf der Grundlage entsprechender Rechtsnormen, als Reaktion auf ihre wirkliche oder vermutete Verletzung eines Gesetzes, durch autorisierte Mitglieder des staatlichen Gerichts- und Vollzugswesens ausgeübt wird.[5]

Gegen diese Definition mag eingewandt werden, daß auch sie aufgrund des Reaktionsprinzips bereits eine Vorentscheidung für eine retributivistische Strafbegründung enthält. Aber obwohl die utilitaristische Strafrechtfertigung durchaus die Möglichkeit umfaßt, das Schuldprinzip außer Kraft zu setzen und Unschul-

---

2 Hugonis Grotii: De Jure Belli Ac Pacis Libri Tres. Amsterdami MDCXLII, Lib. II; Cap. XX, S. 294.

3 Thomas Hobbes: Leviathan. Frankfurt/M. 1966, S. 237.

4 Vgl. Herbert Lionel Adolphus Hart: Prolegomenon to the Principles of Punishment. In: Ders.: Punishment and Responsibility. Essays in the Philosophy of Law. Oxford 1968, S. 4 ff.

5 Vgl. Anthony Flew: The Justification of Punishment. In: Philosophy. 29 (1954), S. 291-307; Hart: Prolegomenon, S. 4 ff.

dige zu bestrafen, ist doch einsichtig, daß auch der Utilitarist wie der common sense vom Standardverständnis der Strafe als einer Reaktion auf einen Gesetzesbruch ausgehen muß. Wie sollte denn die von ihm favorisierte Abschreckungswirkung erzielt und das Sicherheitsbedürfnis der Gesellschaft durch Prävention befriedigt werden, wenn jeder damit rechnen müßte, daß er als Unschuldiger zu jedem Zeitpunkt, an dem die Sozialingenieure und Sozialhygieniker es für nützlich erachten würden, für den Präventionszweck und die Aufrechterhaltung der positiven Nutzenbilanz geopfert werden könnte? Der legitimierende Zweck würde in sein Gegenteil verkehrt werden. Daher muß auch der Utilitarist die Strafe als Reaktion auf einen Gesetzesbruch verstehen. Andererseits wird der Utilitarist die Definition von einer Verabsolutierung des Schuldprinzips freihalten wollen, weil anderenfalls dem Retributivismus zuviel Zugeständnisse gemacht und Utilitaristen dann allein durch die Definition an einer mit ihrem Rechtfertigungskonzept durchaus kompatiblen Verwendung der Bestrafung Unschuldiger für die Erzielung positiver generalpräventiver Effekte gehindert würden. Hart etwa hat darum seiner Strafdefinition die Sekundär- oder Nebenbestimmung zugefügt, daß auch »punishment of persons [...] who neither are in fact nor supposed to be offenders« als Strafe gelten soll.[6] Soll diese Überlegung in der oben vorgeschlagenen Definition berücksichtigt werden, ist sie folgendermaßen zu erweitern:

> Strafe ist ein in voller Absicht übelzufügender (vermögensreduzierender, freiheitseinschränkender oder auch den Tod herbeiführender) Zwangsakt, der gegenüber einer Person auf der Grundlage entsprechender Rechtsnormen, als Reaktion auf ihre wirkliche oder vermutete oder vermeintliche Verletzung eines Gesetzes, durch autorisierte Mitglieder des staatlichen Gerichts- und Vollzugswesens ausgeübt wird.

Indem ich der wirklichen Verletzung die Vermutung einer Verletzung zugefügt habe, habe ich dem Umstand Rechnung getragen, daß die Justiz fehlbar ist. Indem ich nun zusätzlich noch eine »vermeintliche« Gesetzesverletzung aufgenommen habe, fällt auch eine justizielle Übelszufügung unter den Strafbegriff, die trotz des Wissens der Befugten und Verantwortlichen um die Unschuld des Bestraften vollzogen wird.[7]

---

6 Hart: Prolegomenon, S. 5.

7 Daß der Regelverstoß der bestraften Person »mißbilligend zuzurechnen ist« (so Michael Pawlik: Person, Subjekt, Bürger. Zur Legitimation von Strafe. Berlin 2004, S. 16), kann im Lichte dieser Überlegung also nicht ohne weitere Qualifikationen als Definitionselement in den Strafbegriff aufgenommen werden. Um dem Utilitaristen die Möglichkeit einer gesellschaftspädagogischen Verwendung der Strafe offen zu halten, genügt es, die Überzeugung zu verbreiten, daß dem Bestraften die Tat ›mißbilligend zuzurechnen‹ ist. Diese Überzeugung kann aber durchaus Gegenstand einer die Öffentlichkeit täuschenden Manipulation sein. Seit Platon wissen wir, daß generalpräventive Maßnahmen sich die Möglichkeit der medizinischen Lüge offenhalten müssen.

Dieses Vergehen mutet künstlich und gewaltsam an. Viele mögen einwenden wollen, daß die sozialhygienische oder abschreckungspolitische Bestrafung Unschuldiger mit Strafe überhaupt nichts zu tun habe, daß Strafe Schuld voraussetze und ohne diese Schuldvoraussetzung nicht Strafe, sondern selbst ein Verbrechen sei. Aber das beweist nur, daß uns gewisse Legitimationsperspektiven und Wertungshinsichten selbstverständlich geworden sind. Selbstverständlichkeit im Normativen besagt ja, daß wir über gar keinen bewertungsneutralen Zugang zu den Sachen mehr verfügen, sondern es genau so zu sein hat, wie es unserer festen Vorstellung nach sein soll. Aber genau diese Selbstverständlichkeit und Evidenz anzeigende Verklammerung von Wertung und Definition muß reflexiv aufgebrochen werden. Nur so können Sätze vermieden werden wie der folgende: die Strafe ist bereits »ihrem Begriff nach« ein »gerechter Ausgleich für eine rechtswidrige, schuldhafte und vom Gesetz mit Strafe bedrohte Handlung.«[8]

Ihrem Begriff nach ist Strafe dies keinesfalls, daher spricht sich hier auch nicht der Begriff der Strafe aus, sondern die Gerechtigkeitsauffassung eines Strafrechtlers; und ob diese überzeugt, läßt sich nur im Raum der Gründe, jedoch nicht auf dem Parkett der Definitionen feststellen. Rechtfertigungstheorien der Strafe entwickeln keinen Begriff der Strafe, sondern eine normative Theorie der Strafe. Sie stellen Argumente bereit, mit deren Hilfe die mit dem Begriff der Strafe beschriebene staatliche Praxis begründet, gerechtfertigt, legitimiert werden kann.[9]

II. Metaethischer Dualismus und Vereinigungstheorie

Rechtfertigungstheorien der Strafe sind Deutungstheorien der Strafe. Sie liefern Perspektiven des Verstehens und des Begreifens, zeigen uns ein Bild der Strafe. Rechtfertigungstheorien der Strafe verteilen Sinnprämien, indem sie die gesellschaftliche Strafpraxis in vorausgesetzte Kontexte moralischer Bedeutung integrieren, sie unter Anwendung eines bestimmten moralischen Alphabets lesbar machen. Dem Strafbegriff wächst moralische Bedeutung dadurch zu, daß er in das Verweisungsnetz der moralischen Großbegriffe der Hintergrundtheorie eingepaßt wird und so moralische Vernünftigkeit gewinnt. Die moralische Vernünftigkeit der Strafe ist also semantisch abhängig von dem allgemeinen Konzept moralischer Vernünftigkeit, das in der zum Zwecke der Strafrechtfertigung herangezogenen allgemeinen Moralkonzeption entwickelt wird.

---

8 So Hans-Heinrich Jeschek, zit. n. Michael Pawlik: Person, Subjekt, Bürger. S. 17, Anm. 27.

9 Es versteht sich, daß die Rechtfertigungsargumentation auf die Definition zurückstrahlt und nur die Elemente behält, die im Lichte der Rechtfertigung relevant sind. So werden alle durch deontologisch-retributive Begründungen gefilterte Strafkonzepte all die Definitionsmerkmale notwendigerweise nicht mehr enthalten, die ja nur darum aufgenommen wurden, weil die Möglichkeit einer alternativen, instrumentalistischen Begründung offengehalten werden muß, wenn ein rechtfertigungsneutraler Ausgangspunkt gesucht werden soll.

Strafphilosophische Begründungsargumente sind darum nicht von eigener Art. Die Strafethik ist keine Sonderethik mit einem eigenständigen, nur regional gültigen Prinzipienhimmel. Strafethische Argumente sind bereichsspezifische Anwendungen und Variationen von Argumentationsmustern und Rechtfertigungsformaten, die in umfassenderen, allgemeineren und darum systematisch übergeordneten normativen Diskursen entwickelt worden sind. Daher ist es auch nicht verwunderlich, wenn in der strafethischen Spezialdiskussion sich dieselben Konfliktlinien zeigen, die auch den grundsätzlichen moralphilosophischen Theorienwettbewerb strukturieren. Derselbe metaethische Dualismus, der die moralphilosophischen Bemühungen in deontologisch fundierte und teleologisch ausgerichtete teilt, prägt auch die rechtsphilosophische Auseinandersetzung um Legitimität und Sinn der Strafe. Strafethiken sind entweder deontologischer Natur oder teleologischer Natur, begründen die Legitimität des Strafens entweder in deontologischen Bestimmungen des Rechts und der Moral oder in allgemein vorzugswürdigen Zwecken. Für deontologische Theorien ist Strafe selbst eine rechtlich notwendige, intern normativ verfaßte Handlung. Für teleologische Theorien ist Strafe lediglich ein Mittel, ein Instrument. Daher werden diese beiden Konzeptionen auch seit Beginn in rechtsphilosophischen Typologien als absolute und relative Strafrechtstheorien voneinander unterschieden.[10]

Früher bezeichnete man deontologische Theorien der Strafethik als Theorien der Vergeltung, da sie den Grund der Strafnotwendigkeit in der Rechtsverletzung erblickten. Da der Begriff der Vergeltung jedoch bei vielen die Assoziation moralischer Unzulässigkeit weckt, weil er in ihren Augen den Unterschied zwischen Rache und Strafe, zwischen der »wilden Gerechtigkeit«[11] und der zivilisierten Gerechtigkeit einzuebnen droht, darum auch den strafrechtlichen Abolitionisten in die Hände spielt, hat man sich hierzulande den englischen Terminus »retributivism« ausgeborgt und spricht häufig anstelle von Vergeltungstheorien von retributiven Straftheorien und von Retributivismus.[12] Teleologische Straftheorien wollen nicht Vergeltung, sondern dienen der Prävention. Nicht der normativen Antwort auf den Rechtsbruch gilt ihr Interesse, sondern der Verhinderung zukünftiger Rechtsbrüche durch Abschreckung oder Besserung. Soll die Strafe vordringlich den Täter selbst von einer Verbrechenswiederholung abbringen und zur Befolgung der Gesetze veranlassen, dann haben wir es mit einem spezialpräventiven Strafverständnis zu tun. Wird der Hauptzweck der Strafe hingegen in

---

10 Vgl. etwa Karl Theodor Welcker: Letzte Gründe von Recht, Staat und Strafe. Giessen 1813, S. 197-249.

11 »Revenge is a kind of wild justice.« Francis Bacon: On Revenge. In: The Essays or Counsels, Civil and Moral of Francis Bacon. Ed. by Samuel Harvey Reynolds, Oxford 1890. Zur gegenwärtigen Diskussion über die Rache als einer moralisch legitimen Vergeltungshandlung vgl. Peter A. French: The Virtues of Vengeance. Lawrence 2001.

12 Vgl. Jean-Claude Wolf: Verhütung oder Vergeltung? Einführung in ethische Straftheorien. Freiburg 1992.

einer allgemeinen Abschreckung erblickt, dann haben wir es mit einer generalpräventiven Strafkonzeption im negativen Sinne zu tun. Erblickt man die generalpräventiven Strafwirkungen jedoch eher in einer Festigung des Rechtsbewußtseins, einer Bekräftigung des Vertrauens der Bürger in die Fähigkeit des Staates, das Recht durchzusetzen und den gesellschaftlichen Frieden wiederherzustellen, dann haben wir es mit einer Generalprävention im positiven Sinne zu tun. Es ist evident, daß dieser Wechsel der Strafzweckbestimmung weitreichende Konsequenzen hat. Mit dem Übergang von der negativen zur positiven Prävention ändert sich das anthropologische Fundament der Straftheorie. Der Abschreckungstheoretiker stützt seine Argumentation auf das Menschenbild der Rationalwahl. Die Strafe soll nach seinem Kalkül dafür sorgen, daß der homo oeconomicus den Rechtsbruch vernünftigerweise nicht mehr als Handlungsoption betrachten kann. Der Anhänger der positiven Generalprävention hingegen geht von der empirisch sicherlich richtigen Annahme aus, daß die Gesetzestreue der Bürger sich nicht einer Nutzen-Kosten-Rechnung verdankt, sondern in erworbenen Einstellungen, Üblichkeitsüberzeugungen und Handlungsselbstverständlichkeiten begründet ist, die ihrerseits Erwartungen enthalten, die befriedigt werden müssen, um den Fortbestand des Rechtsbewußtseins und die gesellschaftliche Kohärenz zu sichern.

Die disjunktive Schroffheit dualistischer Positionen ist stets als Herausforderung betrachtet worden, nach Vermittlungsmöglichkeiten zu suchen. Auch auf dem Gebiet der Straftheorie finden sich Vertreter von Vereinigungstheorien, die die Stärken der beiden Extreme miteinander verknüpfen wollen. In der Tat scheint es eine wenig plausible Annahme zu sein, daß eine so komplexe, unterschiedlichste Wirklichkeitsbereiche verklammernde gesellschaftliche Praxis wie der Strafvollzug einen monistischen Zugang gebietet. Bereits bei der moralischen Beurteilung von Handlungen empfiehlt es sich doch, unterschiedliche Betrachtungsperspektiven miteinander zu kombinieren und durch kluge Urteilskraft auszubalancieren. »Der Grundsatz: bei den Handlungen die Konsequenzen verachten, und der andere: die Handlungen aus den Folgen beurtheilen, und sie zum Maaßstabe dessen, was recht und gut sey, zu machen – ist Beides gleich abstrakter Verstand.«[13]

Es liegt nahe, im Sinne dieser Einsicht Hegels auch auf dem Feld der Strafrechtsphilosophie die Extreme zu versöhnen und eine »Vereinigungstheorie« zu entwickeln, die alle Strafzwecke als gleichermaßen verfolgenswert behauptet und der Urteilskraft der am Strafvollzug beteiligten Personen ihre Harmonisierung und fallbezogene Konkretisierung überläßt.[14] Freilich ist ein solches Vorgehen

---

13 Hegel: Grundlinien, S. 134, § 118.

14 Zur Vereinigungstheorie vgl. Eberhard Schmidhäuser: Vom Sinn der Strafe. Göttingen 1971, S. 28 f.; Günther Jakobs: Zur gegenwärtigen Straftheorie. In: Kritisches Jahrbuch der Philosophie, Beiheft 1 (1998), S. 29-40.

problematisch. Wenn man etwa den Kriminalitätsbereich spaltet und etwa wie Wolfgang Naucke ein »eng begrenztes, zweckfreies hartes Vergeltungsstrafrecht« für den Kernbereich der Schwerkriminalität und »ein relatives, nur auf Zwecke gegründetes und nur aus Zwecken begründbares Strafrecht« für alle übrigen Straftaten vorsieht, gibt man eine einheitliche Strafbegründung preis.[15] In diesem Vorschlag verbinden sich unterschiedliche Intuitionen zu einer falschen begründungsphilosophischen Schlußfolgerung. Es scheint ein vernünftiger Grundsatz der Strafbemessungsgerechtigkeit zu sein, tatproportional zu strafen und daher schwere Straftaten mit härteren Strafen zu belegen. Es scheint auch so zu sein, daß gerade bei schweren Straftaten unser Vergeltungsbedürfnis sich meldet, und daß dieses Vergeltungsbedürfnis durch keinerlei utilitaristische Überlegungen zu bestechen ist. Leichtere Straftaten hingegen lösen bei all ihren negativen Auswirkungen auf den gesellschaftlichen Zusammenhalt, auf das routinierte Funktionieren der unterschiedlichen gesellschaftlichen Subsysteme nicht diese moralische Empörung aus. Die unmittelbar Geschädigten verlangen zwar Genugtuung, Entschädigung, Bestrafung der Übeltäter, aber diese Taten führen bei Nicht-Betroffenen nicht zu heftigen moralischen Reaktionen. Hier regt sich in der Regel nicht das Gefühl, daß die moralische Welt aus den Fugen geraten könnte, wenn hier nicht eine strenge Vergeltungsstrafe verhängt würde. Nur hat all das keinerlei Bedeutung für das Problem der Strafbegründung. Denn diese muß kohärent sein und daher notwendigerweise mit einem semantisch eindeutigen Grundvokabular operieren. Wenn es jedoch bei dem einen Teil der Strafen auf die retributive Wirkung ankommt, bei dem anderen hingegen Präventionszwecke zu verfolgen sind, dann erhalten wir ein äquivokes Grundvokabular, gerät die Gesamttheorie in semantisches Zwielicht. Strafe ist nicht mehr gleich Strafe, Verbrechen nicht mehr gleich Verbrechen, Recht nicht mehr gleich Recht. Denn einmal – in der retributiven Hälfte der Vereinigungstheorie – sind Recht, Verbrechen und Strafe normative Begriffe, die aufeinander verweisen, das andere Mal – in der präventionsorientierten Hälfte der Vereinigungstheorie – verwandelt sich das Recht in ein System anerkannter Koordinationsregeln, wird aus dem Unrecht eine Schädigungshandlung und aus der Strafe ein auf positive Wirkungen hin auszurichtendes Übel. Die Vereinigungstheorie vereinigt nicht; in ihren beiden Teilen wird eine verschiedene Sprache gesprochen. Die Vorstellung, schwere Strafen anders als leichte zu begründen, ist philosophisch also völlig abwegig.

Als Begründungstheorie ist die Vereinigungstheorie ein verfehltes Unternehmen. Als Strafgestaltungstheorie hingegen kann man sie akzeptieren. Denn keinesfalls, wir werden das weiter unter sehen, schließt etwa eine retributive Strafrechtsbegründung die Verfolgung präventiver Zwecke aus. Die Philosophen ha-

[15] Wolfgang Naucke: Die Reichweite des Vergeltungsstrafrechts bei Kant. In: Schleswig-Holsteinische Anzeigen 1964, S. 210.

ben stets gewußt, daß mit dem Begründungsargument die Modalitäten der empirischen Strafgestaltung nicht festgelegt sind, daß gerechtfertigtes Strafen auch kluges Strafen sein darf, das die Auswirkungen der Strafe auf den Gesetzesbrecher wie auf die Gemeinschaft der Bürger mit in Betrachtung nimmt. Nur dürfen sich diese instrumentalistischen Erwägungen keinerlei begründungstheoretische Autorität anmaßen. Strafphilosophische Vereinigungstheorien sind also entweder falsch oder redundant: falsch sind sie, wenn sie meinen, die beiden einander ausschließenden Begründungsweisen des Retributivismus und des Präventionismus in einer kohärenten Theorie zusammenfügen oder durch eine Teilung des Gegenstandsbereiches - schwere Delikte, leichte Delikte - nebeneinanderstellen zu können. Ist das Verbrechen Unrecht, das das Recht außer Geltung setzt, dann ist es unabhängig davon, ob es ein schweres Delikt oder ein leichtes Delikt ist, Unrecht. Und hängt der Grund der Strafe wesentlich damit zusammen, daß das Verbrechen Unrecht und nicht eine Übelszufügung ist, dann ist ein schweres Delikt aus den gleichen Gründen zu bestrafen wie ein leichtes Delikt. Und redundant sind sie, weil der Retributivismus der Strafbegründung mit kluger Strafgestaltung durchaus vereinbar ist. Mehr noch: er ist nicht nur mit kluger Strafgestaltung vereinbar, er ist von ihr abhängig, denn aus den Begründungsszenarien des Retributivismus ist keinerlei inhaltlicher Anhaltspunkt für die Strafgestaltung zu gewinnen. Allenfalls läßt sich das Prinzip der Tatproportionalität aus den vergeltungstheoretischen Prämissen gewinnen, aber auch dieses ist formal und begründet lediglich ordinale Korrelationen. Da aber nun aus den Begründungsargumenten keinerlei Kriterien inhaltlicher Strafgestaltung zu entnehmen sind, bedarf es empirisch zustimmungsfähiger und kontrollierbarer Zwecke, an denen sich die Strafgesetzinhalte ausrichten können. Insofern ist jede retributive Strafbegründungstheorie selbst immer schon eine Vereinigungstheorie: ohne eine rational überprüfbare empirische Strafrechtsgestaltung kann das Verständnis legitimen Strafens nicht rechtliche Wirklichkeit werden. Es ist - das sei noch einmal betont - nur darauf zu achten, daß der Strafpragmatismus nicht grundsätzliche Strafbegründungsaufgaben übernimmt und die Zwecke empirischer Strafgestaltung als Strafgründe ausgibt: dann würde er den normativen Begründungsrahmen sprengen und Recht, Verbrechen und Strafe ausschließlich aus der reduktionistischen Perspektive sozialtechnologischer Optimierung betrachten.

III. Sokrates, das Talionsprinzip und das Prinzip der Tatproportionalität

Daß die Existenz eines »wirksamen Strafapparats« Sicherheit zwischen den Menschen schafft, hat John Rawls die »Hobbessche These« genannt.[16] Aber wenn die

---

[16] John Rawls: Eine Theorie der Gerechtigkeit. Frankfurt/M. 1975, S. 272. In seiner eigenen Version dieses Arguments liegt die Aufgabe des Strafrechts darin, die Ungewißheit, die die Bürger hinsichtlich der Gesetzestreue ihrer Mitbürger haben, auf ein erträgliches Maß zu

Präventionstheoretiker nach Vorläufern suchen, denken sie natürlich weniger an Hobbes, sondern an Jeremy Bentham, Anselm von Feuerbach, den Verfasser des Buches »Der Zweck im Recht«, Rudolf von Ihering und vor allem an Franz von Liszt, Autor des berühmten »Marburger Programms« und der Schrift über den »Zweckgedanken im Strafrecht« von 1883. Aber eigentlich mußte der »Zweck im Recht« nicht mehr gefunden, auch der »Zweckgedanke« nicht mehr ins Strafrecht eingeführt werden, er war dort von Beginn an anwesend und wirksam.

»Nam, ut Plato ait, nemo prudens punit, quia peccatum est, sed ne peccetur. Revocari enim praeterita non possunt, futura prohibentur«, so schreibt Seneca in seiner Schrift »De Ira«.[17] Klug straft der, der zum Zwecke der Prävention, der Abschreckung straft. Denn Strafen ist Handeln, und Handeln ist dann sinnvoll, wenn es sich etwas Erreichbares vornimmt; und Erreichbares liegt immer in der Zukunft. Nur das also ist kluges Handeln, was sich auf wirklich in der Zukunft zu Bewirkendes richtet. Daher handelt der nicht klug, der dem Täter seine Tat vergelten möchte. Denn diese ist als solche nicht ungeschehen zu machen. Was immer man mit dem Täter anstellen mag, das durch sein Handeln in die Welt gebrachte Übel ist nicht mehr aus der Welt zu entfernen. Klug handelt der, der in Komplizenschaft mit den Gesetzen der Zeit handelt. Daher ist der Vergeltungstheoretiker unklug, er ist gleichsam ein lächerlicher Rebell gegen die Zeit. Die Logik des ius talionis, der Retribution zielt darauf, das Unmögliche zu versuchen, das Geschehene ungeschehen zu machen; der Retributionist ist bekümmert über den Bruch der Ordnung und beabsichtigt, durch seine Negation den Ordnungsbruch ungeschehen zu machen. Die ganze Hoffnung retributiver Ordnungssehnsucht liegt in dem Präfix ›re-‹ es ist dasselbe noch einmal, aber nicht im Sinne der der Linearität der Zeit folgenden Repetition, sondern im Sinne der die Linearität der Zeit umkehrenden Negation der Negation. Am Ende – das Telos der Retribution – ist der Anfangszustand, der Zustand vor dem Ordnungsbruch wiederhergestellt, sind die Götter wieder ausgesöhnt. Die Vergeltung ist ein Aufstand gegen die sich in der Irreversibilität der Zeit bekundenden Endlichkeit menschlichen Lebens – sie wird von der Fiktion des Ungeschehenmachens durch paßgenaue Wiederholung umgetrieben. Als wenn jemand in seinen eigenen Fußabdrücken im Schnee rückwärts läuft und sie damit unsichtbar macht.

»Und du sollst in dir kein Mitleid aufsteigen lassen: Leben für Leben, Auge für Auge, Zahn für Zahn, Hand für Hand, Fuß für Fuß.«[18] Es ist üblich den Vergeltungsgedanken als barbarisch und atavistisch zu denunzieren; dabei wird oft

reduzieren. Wird dieser Ungewißheit nicht angemessen begegnet, wird der Bürger wenig Neigung verspüren, sich den Regeln zu unterwerfen. Daher gehört nach Rawls die Einigung auf das »Stabilisierungsmittel« der Strafe bereits in die »ideale Theorie« selbst und nicht etwa erst in die den Abstand zwischen Theorie und Wirklichkeit vermessende Theorie des Nicht-Idealen.

17 Seneca: De Ira. I, S. XIX.

18 Deuteronomium 19, 21; Exodus 21, 23 f.; Genesis 9, 6.

die Rationalität des ius talionis übersehen. Diese wird sichtbar, wenn die Talionspraxis mit der Blutrache verglichen wird. Im Grunde versteckt sich hinter dem alttestamentarischen ius talionis eine Strafrechtsreform, durch die der Praxis der Blutrache mit der Einführung des Strafprinzips der Verhältnismäßigkeit Einhalt geboten werden soll. Blutrache ist schlechte Unendlichkeit, folgt der Linearität der Zeit; jede Tat wird von der Opfergruppe als erste, zu vergeltende angesehen – und so setzt sich die Rache über die Generationen fort: »rächt Kain sich siebenfach, so Lamech siebensiebzigfach«.[19] Das Talionsprinzip beendet diese Iteration und beschränkt die Strafe auf einen die Untat vergeltenden Strafakt, der die Untat wiederholt und gegen den Täter kehrt und damit an den Anfangspunkt zurückkehrt. Das Talionsprinzip setzt jedoch nicht nur die sich endlos iterierende Blutrache außer Kraft, sie macht auch der überkompensierenden Vergeltung ein Ende, von der etwa in den Homerischen Schriften berichtet wird. Man denke nur an das Blutbad, das Odysseus unter den Freiern anrichtet oder an Achills fürchterliche Rache für Patroklos.[20]

Senecas oben angeführte Äußerung ist eine Platon-Paraphrase. Schauen wir uns die Original-Stelle an, dann stellen wir fest, daß er der List des Dialogschreibers Platon aufgesessen ist. Denn nicht Platon spricht hier, sondern der große und in seiner Zeit sehr geachtete Philosoph Protagoras. Dieser führt in dem Dialog, der seinen Namen trägt und sich mit dem Problem der Erlernbarkeit der Tugend beschäftigt, im Rahmen einer langen, durch viele Reflexionen durchbrochenen Erzählung folgendes aus: Die gesamte soziale Praxis des Tadelns, Mißbilligens und Zurechtweisens geschieht

> natürlich in der Meinung, man könne durch Anstrengung und Lernen in deren Besitz [und zwar in den Besitz der von allen geschätzten Eigenschaften; W.K.] gelangen. Denn, wenn du dir klarmachst, Sokrates, was es eigentlich bedeutet, wenn man die, welche Unrecht tun, bestraft, so ergibt sich für dich doch gerade daraus die Lehre, daß die Menschen der Ansicht sind, man könne die menschliche Tüchtigkeit erwerben. Denn niemand züchtigt den Übeltäter in dem Gedanken und nur deshalb, weil er unrecht getan hat, es sei denn, daß man unvernünftig wie ein Tier einfach Rache übt. Wer aber mit Vernunft züchtigen will der straft nicht des begangenen Unrechts wegen (denn das Getane kann er ja doch nicht ungeschehen machen), sondern um des zukünftigen willen, damit dieser selbe Mensch nicht wiederum unrecht tut und auch ein anderer nicht, nachdem er nämlich gesehen hat, wie dieser bestraft wurde. Wer eine solche Überlegung macht, denkt wohl auch, daß die Tüchtigkeit anerzogen werden kann; denn er straft zum Zweck der Abschreckung. Dieser Meinung sind alle, die Strafen verhängen.[21]

---

19 Genesis 4, 24.

20 Interessanterweise taucht bei diesen Vergeltungsorgien der gleiche Überbietungsmechanismus auf, den die Ethnologen bei der Schenkpraxis alter Völker entdeckt haben. Nicht nur die indianische Potlatsch-Tradition etwa verlangt, daß die Gegengabe die Gabe übertrifft; vgl. Walter Burkert: ›Vergeltung‹ zwischen Ethologie und Ethik. München 1994.

21 Platon: Protagoras. 324 a b.

Wenn Tugendhaftigkeit lernbar ist, dann muß der Mensch grundsätzlich moralisch verbesserbar sein. Und wie die gesellschaftliche Praxis verbaler Mißbilligung die moralische Verbesserbarkeit der Menschen voraussetzt, setzt auch die Strafe voraus, daß Menschen sich zum Besseren ändern können, resozialisierbar sind. Legitim sind Tadel und Strafe dann, wenn sie sich in entsprechenden Situationen als die geeigneten Mittel erweisen, diese mögliche moralische Verbesserung der Menschen zu erreichen, die durch einschlägige Handlungen bewiesen haben, daß sie einer solchen bedürfen. Geradezu mustergültig hat Protagoras den Kerngehalt der spezialpräventiven, täterorientierten Straftheorie dargelegt: »Strafe ist nur dann legitim, wenn sie den Täter bessert, so daß dieser aus sittlicher Einsicht von seinem verbrecherischen Tun abläßt.«[22]

Wenn die Zufügung eines Übels so ein wünschenswertes Ergebnis zeitigt, dann verliert es den Charakter eines Übels. Das »Heilmittel gegen die Schlechtigkeit« kann nicht selbst schlecht sein.[23] Das »größte Übel« ist also nicht die Strafe, wie Sokrates' sophistischer Gesprächspartner meint, sondern das Unrechttun.[24] Es ist Ausdruck, Symptom einer tiefsitzenden seelischen Krankheit, die nur durch die Anwendung robuster Mittel kuriert werden kann. Jemanden nicht zu bestrafen, kommt nach der inneren Logik dieser Medizinanalogie unterlassener ärztlicher Hilfeleistung gleich. Jemanden nicht zu bestrafen, ist grausam, weil es ihm die seelische Gesundung verweigert. Sehen die Sophisten in dem Verbrecher das heroische Individuum, dessen wilde Freiheit durch den pädagogisierenden Strafvollzug gedemütigt und zerstört wird, so erblickt Sokrates in ihm einen verblendeten, sich selbst schädigenden und gefährdenden Kranken, der dringend medizinischer Hilfe bedarf und im Strafvollzug geheilt werden kann. Dieser wird dann erfolgreich sein, wenn der Täter seine Krankheit anerkennen und seiner Bestrafung nachträglich zustimmen wird.

Strafe ist also einzig legitim als radikale tugendpädagogische Maßnahme, als bittere seelenärztliche Medizin. Beabsichtigt sie, Vergeltung zu üben, wird sie selbst zu einem Unrecht. »Man darf [...] weder Unrecht mit Unrecht vergelten noch einem seiner Mitmenschen Schaden zufügen, auch nicht, wenn man alles mögliche von ihnen zu leiden hat.«[25] Rache, so hat Seneca später diesen Gedanken zugespitzt, sei ein »inhumanum verbum«, mit dem falschen Schein der Gerechtigkeit umgeben, der dem Rächer zugleich Vorwand und Entschuldigung für

---

22 Eine ausführlichere Darstellung der Strafkonzeption im ›Gorgias‹ und ›Protagoras‹ findet sich in Heinz-Gerd Schmitz: Zur Legitimität der Kriminalstrafe. Berlin 2001, S. 71-89.

23 Platon: Gorgias. 478 e.

24 Ebd., 475 e – 476 a.

25 Platon: Kriton. 49 c; vgl. Gregory Vlastos: Socrates' Rejection of Retaliation. In: Ders.: Socrates. Ironist and Moral Philosopher. Ithaca 1991, S. 179-199.

seine Untat liefert.[26] Freilich findet sich auch in den platonischen Schriften der Vergeltungsgedanke, allerdings nicht im Rahmen straftheoretischer Erörterungen, sondern in den Jenseits- und Seelenwanderungsmythen der Politeia und des Timaios und des Phaidon. In diesen Mythen wird eine Straf- und Belohnungsgerichtsbarkeit entworfen, die mit geradezu rhadamanthyscher Genauigkeit und Strenge Vergeltung übt, den Guten nach dem Grad seiner Güte belohnt und den Bösen nach dem Grad seiner Bösartigkeit bestraft. Dieser Hinweis auf die überzeitliche Strafgerechtigkeit der göttlichen Sphäre ist nicht ohne systematischen Hintersinn: denn wenn wir uns die beiden alternativen Straftheorien des Retributivismus und oder Präventionismus ansehen, dann stellen wir fest, daß sie durchaus als alternative Konzeptualisierungen menschlicher Vorstellungen sinnvollen und gerechten Strafens gelten können, daß sie jedoch nicht in gleicher Weise einen uns zufriedenstellenden Begriff göttlicher Strafgerechtigkeit formieren können. Der Utilitarismus scheidet a limine als Hintergrundtheorie der Strafpraxis des jüngsten Gerichts aus. Das Besserungs- und Abschreckungsziel ist nur solange ein sinnvolles Ziel wie den Menschen Zeit bleibt. Per definitionem ist aber mit dem Morgengrauen des Jüngsten Tages alle Zeit abgelaufen. Das dann zusammentretende Gericht ist ausschließlich retrospektiv, betrachtet das Vergangene, wägt es und läßt einem jeden zukommen, was er verdient.

Aber welche Konsequenzen sind daraus zu ziehen? Wenn wir uns göttliche Strafgerechtigkeit am Ende aller Zeiten notwendig retributivistisch vorstellen müssen, dann könnte daraus folgen, daß der Retributivismus gerade keine für menschliche Strafgerichtsbarkeit taugliche Rechtfertigungstheorie sein kann. Denn das dem Retributivismus eingeschriebene Grundprinzip der Gleichheit von Handeln und Leiden, von krimineller und strafender Leidzufügung überfordert die menschlichen Möglichkeiten in sowohl epistemologischer wie auch moralischer Hinsicht. Die bekannten drastischen Talionsformeln täuschen ja darüber hinweg, daß die genaue Schuldfeststellung notwendiger Bestandteil retributiver Strafzumessung ist. Vergeltungsstrafen sind Strafen, in denen sich die Art des Verbrechens und das Ausmaß der Schuld des Verbrechens gleichermaßen spiegeln müssen. Und solche Strafen können wir sowohl als Menschen im allgemeinen als auch als Angehörige der unser Denk- und Gefühls- und Handlungsleben prägenden Kultur der europäischen Moderne nicht verhängen. Zum einen ist uns die genaue Schuldfeststellung verwehrt, zum anderen verwehrt uns sowohl die moralische Subjektivität und Rechtspersönlichkeit des Verbrechers als auch unsere eigene moralische Integrität eine strenge Anwendung des Vergeltungsprinzips. Nicht nur glauben wir, auf die Todesstrafe verzichten zu müssen. Wir können auch die Körperverletzung nicht mit Körperverletzung und die Ver-

---

[26] »Inhumanum verbum est et quidem pro iusto receptum ultio. Et talio non multum differt iniuriae nisi ordine: qui dolorem regerit tantum excusatius peccat.« Seneca: De Ira. II, S. XXXII.

stümmelung nicht mit Verstümmelung vergelten; auch dem Vergewaltiger können wir nicht mit gleicher Münze heimzahlen, ebensowenig dem Erpresser oder dem Betrüger. Das Böse hat sich im Laufe der Geschichte wohl kaum verändert: es hat immer noch viele Gesichter, die Phänomenologie der menschlichen Schändlichkeit ist immer noch gestaltenreich, das Leiden der Opfer immer noch vielschichtig, folgenreich und oft unvorstellbar. Doch die Geschichte der Strafpraxis hat zu einer beträchtlichen Ausdünnung der strafrechtlichen Antwortmöglichkeiten geführt. Wir lehnen die grausame Strafpraxis vergangener Jahrhunderte ab. Damit wird aber die vergeltungstheoretische Legitimierung der Strafe nur noch unwahrscheinlicher. Nicht nur entzieht sich das Ausmaß der Schuld des Verbrechers dem kognitiven Zugriff, auch bleibt als strafrechtliche Reaktion auf die mannigfaltige Schändlichkeit menschlicher Verbrechen nur die lediglich hinsichtlich der Aufenthaltsdauer variierbare Gefängnisstrafe.

Die Wirklichkeit kann mit der vergeltungstheoretischen Phantasie der Literatur, die unsere retributiven Intuitionen illustriert, nicht Schritt halten. In den Gerichts- und Straforten der Mythologie und Literatur ist in der Regel eine überaus zuverlässige und sehr konkrete göttlich-teuflische Kompensationskunst am Werk. Man denke nur an die exquisiten Strafen, die Dantes Hölle für die großen Sünder und monströsen Menschenschänder bereithält. Ihnen widerfährt eine ganze Ewigkeit lang genau das, was sie zu Lebzeiten anderen angetan haben. Ein besonders beeindruckendes contrapasso-Beispiel ist die Doppelbestrafung des Grafen Ugolino und des Erzbischofs Ruggieri. Der Erzbischof ließ den Grafen und dessen Söhne und Neffen in den Kerker werfen. Sie bekamen weder Wasser noch Brot. Die Kinder starben und der Graf ernährte sich dann von den Leichen. Beide traf der Wanderer im neunten und tiefsten Kreis der Hölle, Cocythus, einem Eissee, zusammengefroren zu einer bizarren Doppelfigur – »des einen Kopf des anderen Hut« –, in der der Graf, zugleich gesühnt und bestraft, unaufhörlich und gierig das Gehirn des Erzbischofs in sich hineinschlingt.[27] Vergeltung, im positiven wie im negativen Sinne, als Lohn und als Strafe, wird den Menschen auch in der Kantischen Moraltheologie zuteil. In der Ausführung seiner Lehre vom höchsten Gut verschränken sich die Motive der aristotelischen Verteilungsgerechtigkeit und des Talionsprinzips; mit rhadamanthyscher Unfehlbarkeit verfährt die göttliche iustitia distributiva, wenn sie am Gerichtstag in genauer Proportionalität zu den individuellen Moralitätseinlagen und Moralitätsschulden Glückseligkeitsdividenden und Strafzinsen ausschüttet.

Daß Menschen dem Retributivismus des mythischen Richters Rhadamanthys nicht folgen und keine Übereinstimmung von Tat und Strafe herstellen können, hat bereits Aristoteles in der Nikomachischen Ethik bemerkt. Aber anders als die analytischen Philosophen hat er sich keiner reductio ad absurdum bedient, um

---

[27] Dante Alighieri: Die Göttliche Komödie. München 1984, Hölle, XXXII./ XXXIII. Gesang, S. 145 ff.

die Nichtübereinstimmung zu unterstreichen, sondern nur auf die attische Strafpraxis verwiesen, derzufolge ein und dieselbe körperliche Verletzung dann, wenn ein Amtsträger sie einem Bürger zufügt, ganz anders, nämlich viel schwerer bestraft wird, als wenn ein Bürger sie einem Amtsträger zufügt. Daraus hat Aristoteles aber nur den Schluß gezogen, daß das Vergeltungsprinzip modifiziert werden muß, aber nicht, daß es aufgegeben werden muß. Die von ihm vorgeschlagene Modifikation läuft darauf hinaus, das mechanische Gleichheitsmotiv des rhadamanthyischen Retributivismus durch ein proportionales Gleichheitsprinzip zu ersetzen. Dadurch ist der inhaltliche Entsprechungsgedanke zurückgedrängt und durch den Gedanken der Tatproportionalität ersetzt. Diese nicht mehr tatidentische, sondern nur tat-proportionale Strafe bleibt eine redistributive Strafe, die als ordinale Reaktion die Untat vergilt. Die deutsche Übersetzung spricht von »proportionaler Vergeltung« – im Originaltext steht αντιπεποντθος κατ αναλογιαν. Und von dieser analogischen Vergeltung sagt Aristoteles, daß sie unverzichtbar sei, da συμμενει η πολις, da sie die Stadt zusammenhält, die Kohärenz der Gesellschaft sichert.[28]

Daß sich die Strafbemessung durch strikte Beachtung der Prinzipien der Tat- und Schuldproportionalität gegen die Gefahr einer vollständigen Instrumentalisierung durch rechtsexterne Präventionszwecke absichern muß, daß also an dem Retributionsgedanken in der Strafbemessung festgehalten werden muß, leugnet heute kaum ein Strafrechtstheoretiker.[29] Freilich gehen auch da die begründenden Argumente auseinander. Während die einen sagen, grundlegende Gerechtigkeitsvorstellungen verlangen, daß sich unterschiedliche Schuld bei gleichem Verbrechen im Strafmaß ebenso spiegeln muß, wie die Strafzumessung dem unterschiedlichen Verwerflichkeitsgrad, der unterschiedliche Schwere des Verbrechens Rechnung tragen muß, sagen die anderen, daß es gute Gründe gibt, daß ein rationaler Bürger aus wohlverstandenem Selbstinteresse sich eher für ein Strafsystem mit Schuldprinzip und Tatproportionalitätsgrundsatz entscheiden würde als auf ein Strafsystem ohne Schuldprinzip und Tatproportionalitätsgrundsatz einlassen würde.[30]

---

28 Aristoteles: Nikomachische Ethik. 1132 b 32.

29 Vgl. Andrew von Hirsch/ Nils Jareborg: Strafmaß und Strafgerechtigkeit. Die deutsche Strafzumessungslehre und das Prinzip der Tatproportionalität. Bonn 1991; Tatjana Hörnle: Tatproportionale Strafzumessung. Berlin 1999.

30 Vgl. Michael Baurmann: Zweckrationalität und Strafrecht. Argumente für ein tatbezogenes Maßnahmerecht. Opladen 1987; Ders.: Strafe im Rechtsstaat. In: Michael Baurmann/ Hartmut Kliemt (Hg.): Die moderne Gesellschaft im Rechtsstaat. Freiburg 1990. – Es gibt sicherlich nicht die verdiente Strafe an sich. Die Vorstellung, daß im Raum des unerschöpflichen Seins jedem Verbrechen eine ihm genau entsprechende Strafe existiert, jedoch von Menschen grundsätzlich nicht erkannt und nur zufällig gefunden werden könnte, ist eine wenig hilfreiche Spekulation, die sich unterschiedlichster Versatzstücke aus der metaphysischen Tradition bedient. Strafen gibt es im Rahmen von Strafkonventionen; und diese Strafkonventionen ordnen Verbrechenstypen bestimmte Repressionsarten zu, die ihrerseits dem jeweiligen gesellschaftlichen Mißbilligungsgrad entsprechen. Damit der

IV. Punire quia peccatum-Theorien: Thomas von Aquin, Kant, Hegel

1. Thomas von Aquin

Der naturrechtliche Rationalismus bestimmt die Gesetze als Vernunftausdruck. Die lex aeterna ist identisch mit der göttlichen Vernunft; sie ist die zugleich ontologische und normative Grammatik der erschaffenen Welt. In ihr gründet die Autorität jedes anderen Gesetzes. Die lex naturalis ist der lex aeterna wesensgleich; sie ist das Ordnungsprinzip aus der Perspektive der geordneten Schöpfung betrachtet. Und insofern nun die zur Einsicht in die Schöpfungsordnung fähigen Menschen diese lex naturae zu erkennen vermögen, nimmt diese den Charakter der lex humana an, die – in genauer Entsprechung zur Weltschöpfung durch die göttliche Vernunft – strukturell der praktischen Vernunft der Menschen gleicht. Wird diese lex humana nun durch die einzelnen Koordinationsfelder menschlichen Zusammenlebens dekliniert, problembezogen konkretisiert, entstehen die leges humanae, die von demjenigen autoritativ zu formulieren sind, der mit der cura communitatis beauftragt ist. Der vernünftige Wille des Handelnden zeichnet sich nun dadurch aus, daß er sich der gesetzesförmigen Vernunft unterwirft, die notwendigerweise aufgrund der essentiellen Gleichheit aller Vernunft seine eigene ist. Im Gesetzesgehorsam ist er also bei sich und darum frei.

Der Verbrecher ist – wie der Sünder, wie der unmoralische Mensch der Kantischen Moralphilosophie – der sich gegen den allgemeinen Willen auflehnende besondere Wille, das sich gegen die allgemeine gesetzesförmige Vernunft stellende besondere Interesse. Da aber allgemeiner Wille und gesetzesförmige Vernunft Wesensbestimmungen auch des Verbrechers sind, ist das Verbrechen nicht nur moralische, naturrechtliche Verfehlung, sondern auch ein Beweis fundamentaler Inkonsistenz: im Verbrechen verstrickt sich der Fehlende in einen wesensmetaphysischen Selbstwiderspruch. Daher ist auch die Strafe, die dieser Negation der Gesetzesordnung notwendig folgen muß, im Grunde selbstauferlegt. Es ist die durch den allgemeinen Willen verlangte Annihilation der Gesetzesnegation des

---

je individuellen Gestalt des Verbrechens im Rahmen dieser allgemeinen Mißbilligungs-Repressions-Korrelation entsprochen werden kann, bedarf es einer internen Skalierung, durch die Ober- und Untergrenzen festgelegt werden. Die Strafzumessung innerhalb dieses verbrechensspezifischen Repressionsbereiches stützt sich näherhin auf das Prinzip der ordinalen Proportionalität. Das nach Berücksichtigung aller Umstände schwerere Verbrechen, die nach Berücksichtigung aller Umstände größere Schuld zieht die größere Mißbilligung nach sich, wird mit der stärkeren Strafe geahndet. Dabei ist aus retributionstheoretischer Sicht wichtig, daß Zweckgedanken diese Logik ordinaler Proportionalität nicht verkehren dürfen, nicht zur Absenkung oder Verstärkung verdienter Strafen führen dürfen. Aber, wie insbesondere Baurmann gezeigt hat, ist nicht nur der Retributivist ein entschiedener Gegner utilitaristischer Strafgestaltung; auch der Anhänger präventiver Strafwirkungen wird an dem Schuldprinzip festhalten und damit an dem Strafbemessungsprinzip der ordinalen Tatproportionalität.

besonderen Willens durch dessen Negation in der übelzufügenden Strafe. Und durch diesen Gedanken der doppelten Negation ist auch die Gleichheit von Verbrechen und Strafe gesetzt: die »passio« muß der »actio« entsprechen, in Art und Ausmaß des Leidens des Bestraften muß sich Art und Ausmaß des Verbrechens spiegeln. Der Idee der Ordnungswiederherstellung durch Negation der ordnungsnegierenden Untat ist die retributive Gleichheit von Verbrechen und Strafe von vornherein eingeschrieben. Genausoviel muß durch die Strafe »contra suam voluntatem« geschehen, wie der Verbrecher selbst bei seiner Untat »secundum suam voluntatem« gehandelt hat.

Nicht eigentlich der in Raum und Zeit tretenden Verbrechenstat gilt die Vergeltung, sondern dem sich in ihr von der Disziplin des Gesetzes befreienden, sich von dem Allgemeinen absondernden Willen. Daher ist auch das »malum« der Strafe weniger der Schmerz als solcher, das »malum« der Strafe ist das Willenswidrige und Willenskränkende. Nicht, daß sie wehtut, ist das Entscheidende, sondern daß der Verbrecher sie nicht will. »De ratione enim poenae est, quod sit contrarira voluntati.«[31] Dem liegt eine strenge Arithmetik der Kompensation zugrunde. Das Gesetz gestattet jedem ein bestimmtes Maß an Befriedigung der eigenen Präferenzen; mancher ist damit nicht zufrieden und nimmt sich mehr. Und genau dieses Zuviel muß durch ein entsprechendes Strafmaß kompensiert werden, muß durch entsprechende Ausgleichsstrafe auf Null gebracht werden.

»Hoc, quod dicitur contrapassum, importat aequalem recompensationem passionis ad actionem praecedentem.«[32] Dabei soll man sich nicht an der äußeren Gestalt der verbrecherischen actio orientieren, sondern an dem inneren Ausmaß der Schuld. »Poena debet proportionaliter culpae respondere.« Die Schuld, die durch gerechte und verdiente Bestrafung abgetragen wird, ist nicht etwa die Schuld gegenüber den Verbrechensopfern, sondern gegenüber allen Mitbürgern, die sich an die Ordnung halten. Der Verbrecher kündigt die Kooperationsdisziplin auf und verschafft sich einen unfairen Freiheitsvorteil.

Strafgerechtigkeit ist für Thomas von Aquin aufgrund ihrer kompensatorischen Ausgleichsfunktion von der Art der iustitia commutativa. Die angestrebte passio-actio-Gleichheit ist eine Variation des für Tausch- und Verkehrsgerechtigkeit wesentlichen Äquivalenzprinzips. Zweck dieses retributiven Gegeneinanderverrechnens zweier Übel ist die Wiederherstellung der Ordnung. Dieser Retributionszweck ist absolut. Nur auf seiner Grundlage kann das Strafen angemessen begriffen werden. Aber natürlich ist dieser legitimitätsspendende Hauptzweck mit Nebenzwecken kombinierbar, kann Strafe auch noch relative Zwecke erfüllen, die zwar keine Rechtfertigung stiften, jedoch höchst wünschenswert sind. Diese zusätzlichen Strafzwecke faßt Thomas von Aquin unter dem Titel der »poena medicinalis« zusammen. Damit kommen all die Elemente ins Spiel, die

31 Thomas von Aquin: Summa Theologiae. I q. 48 a. 5 c.
32 Thomas von Aquin: Summa Theologiae. 2 II q. 61 a. 4 c.

heute unter dem Titel der General- und Spezialprävention abgehandelt werden. Als »medicina sanativa peccati praeteriti« dient die Strafe der Heilung der seelisch-moralischen Wunden, die sich der Verbrecher selbst durch seine Tat zugefügt hat; sie kann auch heilend auf solche Seelen wirken, die durch die verbrecherische Tat in ihren Wertüberzeugungen wankend geworden sind. Als »medicina praeservativa a peccato futuro« dient sie der Abschreckung; und als »medicina promotiva in aliquod bonum« dient sie der Besserung.[33]

2. *Kant*

Nach Buchanan befinden wir uns in einem »punishment dilemma«, da die Tatsache nun einmal unumstößlich sei, daß »to secure the public good of law-abiding the public bad of punishment must be accepted.«[34] Freilich besteht dieses Dilemma nur für Utilitaristen. Nur wenn man meint, daß Rechtfertigungsargumente auf Nutzen-Kosten-Rechnungen reduzierbar seien, die Beziehung von Unrecht und Strafe kein internes rechtliches Verhältnis sei, sondern nur eine äußerliche Sequenz rational verrechenbarer Übel, mag der Umstand, um der Aufrechterhaltung der Rechtsordnung willen zu einer staatlichen Praxis absichtsvoller Übelzufügung genötigt zu sein, in Verlegenheit bringen. Nur wenn gilt, daß der Strafgrund ausschließlich im ne peccetur liegt, daß über Recht und Strafe ausschließlich in der Sprache der Nutzenmehrung und rationalen Vorteilhaftigkeit zu reden ist, kann diese utilitaristische Dialektik entstehen. Aber diese reduktionistische Betrachtungsweise ist für die punire-quia-peccatur-Theoretiker, für die Retributivisten grundverkehrt, da sie die Begriffe des Rechts und der Strafe semantisch denaturiert, den moralischen Charakter der Strafe ausblendet. Eine philosophische Begründung der Strafe muß diesem moralischen Charakter Rechnung tragen, darf den Strafmoralismus nicht mit dem Strafpragmatismus, die »Strafgerechtigkeit« nicht mit der »Strafklugheit« verwechseln.[35] Kluge Strafgestaltung, die Beachtung der instrumentellen Eignung der Strafe für die Verwirklichung allseits anerkannter Zwecke, ist sicherlich wünschenswert. Nur können derart instrumentelle Überlegungen keinerlei Rolle bei der Rechtfertigung der Strafe spielen. Um diese kategoriale Differenz zwischen der Ebene der präventiven Strafwirkungen in Raum und Zeit und dem moralischen Strafbegriff des Begründungsdiskurses deutlich herauszustellen, hat Kant das »Strafgesetz« in den Rang eines kategorischen Imperativs, eines absolut notwendigen und objektiv verbindlichen moralischen Prinzips, erhoben. Strafe ist mit dem Begriff der Rechtsordnung selbst verbunden, hat teil an ihrer rechtlichen Notwendigkeit, ist

33 Thomas von Aquin: Summa Theologiae. 2 II q. 108 a. 4 c.

34 James Buchanan: The Limits of Liberty. Between Anarchy and Leviathan. Chicago 1975, S. 133.

35 Kant: Metaphysik der Sitten, AA VI, S. 363, Anm.

wie sie im Recht der Menschheit und seiner politischen Organisationsform, der Verfassung des bürgerlichen Zustandes verankert. Strafe ist eine Äußerungsform des Rechts selbst und nur im Zusammenhang der Prinzipien apriorischer Vernunftgesetzgebung zu begreifen.

> Richterliche Strafe [...] kann niemals bloß als Mittel ein anderes Gutes zu befördern für den Verbrecher selbst, oder für die bürgerliche Gesellschaft, sondern muß jederzeit nur darum wider ihn verhängt werden, w e i l e r v e r b r o c h e n hat, denn der Mensch kann nie bloß als Mittel zu den Absichten eines Anderen gehandhabt [...] werden.[36]

Das innere Prinzip der Strafgestaltung ist das Talionsprinzip, die retributive Gleichheit. »Nur das Wiedervergeltungsrecht [...] kann die Qualität und Quantität der Strafe bestimmt angeben«; alle anderen Maßstäbe seien »hin und her schwankend und können, anderer sich einmischender Rücksichten wegen, keine Angemessenheit mit dem Spruch der reinen und strengen Gerechtigkeit enthalten.«[37]

Freilich war Kant sich darüber im klaren, daß das Talionsprinzip als Strafbemessungsprinzip nicht uneingeschränkte Anwendung finden kann. Nicht nur ist es unvereinbar mit dem »Unterschied der Stände«, es gibt Verbrechen, »die keine Erwiederung zulassen, weil diese entweder an sich unmöglich, oder selbst ein strafbares Verbrechen an der Menschheit überhaupt sein würden, wie z.B. daß der Nothzüchtigung, imgleichen das der Päderastie, oder Bestialität.«[38] Hier könne, so Kant, nicht mehr »nach dem Buchstaben, doch dem Geiste des Strafgesetzes gemäß« bestraft werden, was nach der Meinung des Philosophen in dem einen Fall Kastration, in dem anderen »Ausstoßung aus der bürgerlichen Gesellschaft« bedeuten müsse.

3. Hegel

Hegel sucht vernünftigerweise nicht im Katalog der Kriminalstrafen nach Talionsannäherungen, sondern verbleibt bei seinen Äußerungen zur retributiven Äquivalenz im Grundsätzlichen. Er unterscheidet an der Strafe ihren inneren begrifflichen Gehalt von ihrer verständigen äußeren Gestalt. Daß die äußere Gestalt der Strafe nicht durch das Prinzip der »spezifischen Gleichheit« bestimmt werden könne,[39] ist ihm evident, würde das Strafrecht zur Absurdidät verurteilen. Nicht auf die äußere, die spezifische Gleichheit darf es ankommen, sondern auf die innere, die Gleichheit des Wertes. Das heißt: das Verbrechen muß seinem Begriff nach aufgefaßt werden, und die Strafe muß der an sich seienden Beschaffenheit der Rechtsverletzung angemessen werden, muß dem Verbrechen »nach dem

---

36 Ebd., S. 331.
37 Ebd., S. 332.
38 Ebd., S. 363.
39 Hegel: Grundlinien, S. 122, § 101.

Werte« entsprechen. Wie diese den Verbrechenswert ausgleichende Strafe dann näher empirisch zu gestalten ist, ist Sache des Verstandes und vielfach durch die vorliegenden kulturellen Bestrafungskonventionen bestimmt. Daß dabei natürlich immer das formale Proportionalitätsprinzip zu beachten ist, versteht sich von selbst. Entscheidend ist aber, daß Verbrechen und Strafe und ihr systematischer Ort im der Freiheit ein Dasein gebenden Recht angemessen bestimmt wird, daß man ein richtiges Verständnis von Verbrechen und Strafe hat. Dadurch wird vermieden, daß der Retributionsgedanke durch die Bizarrerien einer strafgestaltenden Gleichheit kontaminiert wird. Dadurch wird aber auch vermieden, daß die Strafe ausschließlich als soziologisch oder psychologisch klug zu handhabendes Instrument betrachtet wird.

Hegel erweist sich aber nicht nur hinsichtlich der strafgestaltenden Verwendung des Talionsprinzips als der reflektiertere Theoretiker, seine Äußerungen zum begrifflichen Ort der Strafe innerhalb der Rechtsphilosophie sind insgesamt von größerer systematischer Klarheit. Das zeigt sich schon äußerlich: während Kant seine knappen Ausführungen zum philosophischen Strafrecht lediglich an Nebenorten plaziert, einerseits in der »Allgemeinen Anmerkung von den rechtlichen Wirkungen aus der Natur des bürgerlichen Vereins«[40] – ohne freilich den in diesem Anmerkungstitel behaupteten Zusammenhang zwischen Vernunftvertrag, rechtlich notwendiger bürgerlicher Verfassung, öffentlicher Gerechtigkeit und Strafe argumentativ auszubuchstabieren –, andererseits in den der Rechtslehre abschließend angehängten erläuternden Bemerkungen,[41] wird bei Hegel der Strafbegriff systematisch im Rahmen der Entfaltung der willensmetaphysischen Begriffsbestimmungen des Rechts entwickelt.

> Die Theorie der Strafe ist eine der Materien, die in der positiven Rechtswissenschaft neuerer Zeit am schlechtesten weggekommen sind, weil in dieser Theorie der Verstand nicht ausreicht, sondern es wesentlich auf den Begriff ankommt. – Wenn das Verbrechen und dessen Aufhebung, als welche sich weiterhin als Strafe bestimmt, nur als ein *Uebel* überhaupt betrachtet wird, so kann man es freilich als unvernünftig ansehen, ein Uebel bloß deswegen zu wollen, *weil schon ein anderes Uebel vorhanden ist* [...] Dieser oberflächliche Charakter eines *Uebels* wird in den verschiedenen Theorien über die Strafe, der Verhütungs-, Abschreckungs-, Androhung-, Besserungs- u.s.w. Theorie, als das Erste vorausgesetzt, und was dagegen herauskommen soll, ist ebenso oberflächlich als ein *Gutes* bestimmt. Es ist aber weder bloß um ein Uebel, noch um dies oder jenes Gute zu tun, sondern es handelt sich bestimmt um *Unrecht* und um *Gerechtigkeit*. Durch jene oberflächlichen Gesichtspunkte wird die objektive Betrachtung der *Gerechtigkeit*, welche der erste und substantielle Gesichtspunkt bei dem Verbrechen ist, beiseite gestellt, und es folgt von selbst, daß der moralische Gesichtspunkt, die subjektive Seite des Verbrechens, vermischt mit trivialen psychologischen Vorstellungen von den Reizen und der Stärke sinnlicher Triebfedern gegen die Vernunft, von psychologischem Zwang und

40 Kant: Metaphysik der Sitten, AA VI, S. 331-337.
41 Ebd., S. 363.

Einwirkung auf die Vorstellung (als ob eine solche nicht durch die Freiheit ebensowohl zu etwas nur Zufälligem herabgesetzt würde).[42]

Noch schärfer hat Hegel im Vorlesungszusatz zu diesem Paragraphen formuliert:

> Die *Feuerbachsche* Straftheorie begründet die Strafe auf Androhung und meint, wenn jemand trotz derselben ein Verbrechen begehe, so müsse die Strafe erfolgen, weil sie der Verbrecher früher gekannt habe. Wie steht es aber mit der Rechtlichkeit dieser Drohung? Dieselbe setzt den Menschen als nicht Freien voraus, und will durch die Vorstellung eines Uebels zwingen. Das Recht und die Gerechtigkeit müssen aber ihren Sitz in der Freiheit und im Willen haben, und nicht in der Unfreiheit, an welche sich die Drohung wendet. Es ist mit der Begründung der Strafe auf diese Weise, als wenn man gegen einen Hund den Stock erhebt, und der Mensch wird nicht nach seiner Ehre und Freiheit, sondern wie ein Hund behandelt.[43]

Nicht anders als Kant erblickt Hegel in den Präventionstheorien eine unstatthafte, den Menschen moralisch degradierende, ihn seiner Vernünftigkeit beraubende und darum denaturierende Instrumentalisierung. »Da, wo die Strafe als Mittel der Abschreckung betrachtet wird, da wird der Mensch zum Mittel gemacht und nicht nach seiner ersten, substantiellen Natur als Freier betrachtet.«[44]

Der Präventionstheoretiker entehrt den Verbrecher, in dem er ihm nicht die verdiente Strafe angedeihen läßt, sondern zum Mittel einer kriminalitätsverhütenden Maßnahme macht. Den Verbrecher zu respektieren, in ihm den vernünftigen Menschen zu achten, verlangt, ihn aus Gerechtigkeitsgründen zu bestrafen, um der Wiederherstellung des Rechts willen zu bestrafen. Den Verbrecher als Freien zu achten, heißt zuallererst, seine Handlung als Willens- und Freiheitsäußerung zu betrachten und in den Kontext der willensmetaphysischen Bestimmungen einzubetten, die die systematische Grammatik der Hegelschen Rechtsphilosophie bilden.[45] Betrachten wir die Handlung als Willens- und Freiheitsäußerung, dann dürfen wir sie nicht auf eine Episode rationaler Interessenbefriedigung reduzieren. Die verbrecherische Handlung wird von Hegel, dem Kritiker des kategorischen Imperativs, nicht anders als die handlungsleitenden Maximen in der kantischen Moralphilosophie gedeutet werden: als Gesetzesvorschläge, Weltentwürfe. In dem Verbrecher Vernunft und Personalität ehren, heißt, ihn als

---

42 Hegel: Grundlinien, S. 119 f., § 99.

43 Ebd., S. 120 f., § 99 Z.

44 Hegel: Rechtsphilosophie. Hg. v. Dieter Henrich, Frankfurt/M. 1983, S. 86.

45 Umfassende Darstellungen der Hegelschen Strafrechtsphilosophie findet man bei Igor Primoratz: Banquos Geist. Hegels Theorie der Strafe. Bonn 1986; Diethelm Klesczewski: Die Rolle der Strafe in Hegels Theorie der bürgerlichen Gesellschaft. Eine systematische Analyse des Verbrechens- und des Strafbegriffs in Hegels Grundlinien der Philosophie des Rechts. Berlin 1991; Mark Tunick: Hegel's Political Philosophy. Interpreting the Practice of Legal Punishment. Princeton/ New Jersey 1992; Kurt Seelmann: Anerkennungsverlust und Selbstsubsumtion. Hegels Straftheorien. Freiburg 1995; Hanno Kaiser: Widerspruch und harte Behandlung. Zur Rechtfertigung von Strafe. Berlin 1999, dort insbesondere Kap. IV.

allgemeinheitsfähiges Wesen ernst nehmen, heißt, sein Handeln als Ordnungsentwurf, genauer: als Gegenentwurf zur bestehenden Rechtsordnung zu verstehen. Das Modell des Gesetzgebers für alle vernünftige Wesen, an dem Kant sein Konzept reiner praktischer Vernunft orientiert, bestimmt auch die Hegelsche Interpretation von Recht, Unrecht und Strafe. Das Unrecht ist als bewußte Ablehnung und Außerkraftsetzung der bestehenden Rechtsordnung, als Gegenentwurf zu lesen, der seinerseits negiert werden muß, damit die Rechtsordnung wieder wirkliche Geltung erlangt.[46]

Das Recht ist Institutionalisierung des allgemeinen Willens. Es gibt der Freiheit Realität. Das Verbrechen ist Ausdruck des besonderen Willens, der sich gegen den rechtlichen Willen einzelner Personen und zugleich gegen das Recht selbst richtet. Durch die Strafe heilt das Recht seine Verletzung. Die Strafe negiert den Willen des Verbrechers, seine Freiheit gegen die allgemeine des Rechts in Geltung zu bringen und das Recht selbst außer Geltung zu setzen. Sie hebt das Verbrechen auf, »das sonst gelten würde«, und »ist die Wiederherstellung des Rechts«.[47] Durch sie wird die »Nichtigkeit« des Verbrechens manifest, bestätigt sich das durch den Verbrecher mißachtete Recht in seiner Wirklichkeit und Geltung.[48] »In dieser Erörterung kommt es allein darauf an, daß das Verbrechen und zwar nicht als die Hervorbringung eines Uebels, sondern als Verletzung des Rechts als Recht aufzuheben ist.«[49] Es ist eine notwendige Konsequenz der wil-

46 Eine kommunikationstheoretische Variation dieser Hegelschen Interpretation findet sich in der Strafrechtskonzeption Günther Jakobs; vgl. Günther Jakobs: Das Schuldprinzip. Opladen 1993, S. 27; Ders.: Strafbegründung und positive Generalprävention. In: Peter Siller/ Bertram Keller (Hg.): Rechtsphilosophische Kontroversen der Gegenwart. Baden-Baden 1999, S. 135-139. Recht, Verbrechen und Strafe stehen für Jakobs in einem kommunikativen Verhältnis. Das Recht ist und gilt; der Verbrecher, der kein Verbrecher ohne geltendes Recht wäre, setzt dem Geltungsanspruch des Rechts sein Nein entgegen; die Strafe ist vermittelte Rechtsbejahung, stellt dem Geltungs-Nein des Verbrechers ein Geltungs-Ja entgegen. In der Strafe wird das ausdrücklich negierte Recht selbst in seinem Geltungsanspruch ausdrücklich. Eine ähnliche Theorieausrichtung, in der dieser kommunikative Formalismus noch weiter formalisiert und ins Semiotische gewendet wird, findet man bei Heinz-Gerd Schmitz: Zur Legitimität der Kriminalstrafe, S. 176 ff.

47 Hegel: Grundlinien, § 99.

48 »Durch ein Verbrechen wird irgend etwas verändert, und die Sache existirt in dieser Veränderung, aber diese Existenz ist das Gegentheil ihrer selbst, und insofern in sich nichtig. Das Nichtige ist dieß, das Recht als Recht aufgehoben zu haben. Das Recht nämlich als Absolutes ist unaufhebbar, also ist die Aeußerung des Verbrechens an sich nichtig, und diese Nichtigkeit ist das Wesen der Wirkung des Verbrechens. Was aber nichtig ist, muß sich als solches manifestiren, das heißt, sich als selbst verletzbar hinstellen. Die That des Verbrechens ist nicht ein Erstes, Positives, zu welchem die Strafe als Negation käme, sondern ein Negatives, so daß die Strafe nur Negation der Negation ist. Das wirkliche Recht ist nun Aufhebung dieser Verletzung, das eben darin seine Gültigkeit zeigt, und sich als ein nothwendiges vermitteltes Dasein bewährt.« Hegel: Grundlinien, S. 119, § 97 Z.

49 Ebd., S. 120, § 99. – Es ist wenig überzeugend, diesen dem strafphilosophischen Retributivismus seit je innewohnenden Zweck der Wiederherstellung des Rechts als gesonderten Zweck auszuweisen; und noch weniger, diesen Zweck den Zwecken der Resozialisierung und der Abschreckung anzugleichen. Dadurch wird die von Hegel so klar herausgehobene

lens- und vernunftmetaphysischen Betrachtungsweise Hegels, daß dem Verbrechen wie der Strafe ein selbstreferentielles Verhältnis innewohnt. Ist das Recht in das Dasein tretende Freiheit, Wirklichkeit von allgemeiner Vernunft und allgemeinem Willen, dann ist es immer auch Vernunft von der Vernunft des Verbrechers und Wille vom Willen des Verbrechers. Das aber besagt, daß das sich willentlich gegen den allgemeinen Willen stellende Verbrechen Selbstwiderspruch eines vernünftigen Willens, sich im Vollzug widersprechende Freiheit ist.[50] Denn einen von der begrifflichen Allgemeinheitsdimension getrennten, verabsolutierten Sonderwillen gibt es nicht. Insofern dieser Sonderwille Wille ist, wohnt ihm das Allgemeinheitselement inne, gegen das er sich stellt, wenn er die Regeln des Rechts, der Manifestation dieses allgemeinen vernünftigen Willens bricht. Entsprechend muß die Strafe, die einen zweiten Zwang gegen den ersten Zwang des Verbrechens setzt, als von dem Verbrecher selbst gewollt, ja geradezu als Anrecht seiner Vernunft gedeutet werden. Durch sie befreit sich der als freies, vernünftiges Wesen geltende und anzuerkennende Verbrecher von seiner inneren Widersprüchlichkeit. Daß der Verbrecher ein Recht auf Strafe besitzt, gibt lediglich dem Umstand zugespitzten Ausdruck, daß er als freier und vernünftiger Mensch zu betrachten und als Person zu respektieren ist. Insofern der Verbrecher Person und Vernunftwesen ist, sind die allgemeinen Regeln des Rechts immer schon von ihm als Ausdruck auch seines eigenen Willens erkannt und anerkannt. Sie sind Bestandteil seines Willens, der immer auch qua Wille eines Bewußtseinswesens allgemeiner Wille, Wille an und für sich ist. Und dieser Sachverhalt erschließt sich ihm als vernünftigem Wesen durchaus. Genausowenig wie der Retributivismus einen Strafpaternalismus impliziert, impliziert er einen Begründungspaternalismus. Kant und Hegel können keine Straftheorie vertreten, die über den Kopf des Verbrechers hinwegargumentiert. Die vernunftbegründete Straftheorie, der »Achtung für die Menschheit in der Person des Missethäters« selbstverständlich ist,[51] muß den Verbrecher als grundsätzlich einsichtsfähig betrachten, ihm zutrauen und zumuten, die in ihr entwickelten argumentativen Zusammenhänge zwischen Recht, Unrecht und Strafe zu verstehen. Und im Lichte dieser Überlegung wird auch die Rede von dem Recht des Verbrechers auf Strafe verständlich. Hegel gibt seiner Straftheorie nicht eine spezialpräventive Wendung, wie manche Interpreten meinen,[52] sondern er bringt nur den Um-

---

kategoriale Differenz zwischen einer Sprache, die Recht, Rechtsverletzung und Strafe in Begriffen des Übels, der Schädigung und der Besserung faßt, und der Sprache, die das Recht als Geltungswirklichkeit des allgemeinen Willens und Dasein der Freiheit begreift, eingeebnet; vgl. Jean-Christophe Merle: Was ist Hegels Straftheorie? In: Jahrbuch für Recht und Ethik 11 (2003), S. 145-176.

50 Hegel: Philosophie des Rechts, S. 85.

51 Kant: Metaphysik der Sitten, AA VI, S. 362 f.

52 So etwa John McTaggert: Punishment. In: Ders.: Studies in Hegelian Cosmology. Cambridge 1901, S. 111-129.

stand abgekürzt und pointiert zum Ausdruck, daß der einsichtsfähige und vernünftige Verbrecher konsequenterweise sich das Strafbegründungsargument zu eigen machen muß und die rechtliche Unerläßlichkeit seiner Strafe zugestehen muß. Der Verbrecher ist zugleich Willensantagonist und Vernunftkomplize des Rechts. Und weil er beides zugleich ist, verdient er nicht nur die zur Wiederherstellung des Rechts notwendige Strafe, sondern sieht sie auch als gerechtfertigt, ja von ihm gewollt und anerkannt, ein. Mit all diesem ist durchaus vereinbar, daß Verbrecher sich häufig der Verhaftung zu entziehen versuchen und nach ihrer Ergreifung ihre Strafe gelegentlich auch unter Einsatz von Lug, Trug und Drohung zu mindern trachten.

Wurzelt das Recht des Verbrechers auf Strafe in dem Recht des Verbrechers, die gegen ihn verhängte Strafe in ihrer Notwendigkeit einzusehen, ist somit die Rede vom Recht des Verbrechers auf Strafe nur Ausdruck der Vernunftbegründetheit der Strafe, ihrer rechtlichen Notwendigkeit und der Wahrheit des dieses nachweisenden philosophischen Arguments, dann gerät die Strafrechtsphilosophie in Schwierigkeiten, wenn die letzte Begründungsebene voluntaristischer Natur ist. Kontraktualistische Rechtfertigungen stützen die in der Wendung vom Recht des Verbrechers auf Strafe vorliegende Selbstanwendung der Straftheorie nicht. Unter »Selbstanwendung der Straftheorie« verstehe ich den rechtfertigungstheoretischen Anspruch des Strafbegründungsarguments, auch in den Augen des Straftäters Gültigkeit zu besitzen, auch von ihm anerkannt werden zu können. Eine Strafbegründung taugt nicht, die die Gruppe der Verbrecher von vornherein aussortiert und sich nur an die gesetzestreuen Bürger wendet. Dieser rechtfertigungsmethodologischen Entmündigung des Verbrechers folgt dann die Instrumentalisierung, seine Degradierung zu einem sozialhygienischen Präventionsmittel auf dem Fuß. Der Selbstanwendungsanspruch der Straftheorie ist also der rechtfertigungsmethodologische Ausdruck der »Achtung für die Menschheit in der Person des Missethäters«.[53]

Kontraktualistische Argumente sind regelegoistischer Natur. Sie dienen dazu, die Regeln zu identifizieren, denen rationale Egoisten aus dem Blickwinkel ihrer individuellen Präferenzen zustimmen können. So kann man sich gut erklären, daß Menschen durchaus bereit sind, soviel Freiheit und Selbstbestimmung aufzugeben wie notwendig ist, um ein effektives staatliches System öffentlicher Koordinationsregeln zu errichten. Denn für jeden bringt es Vorteile, unter dem Schutz staatlicher Institutionen seinen Geschäften nachzugehen. Freilich, so hat Cesare Beccaria 1764 in seinem schmalen Traktat »Dei Delitti e delle Pene« geltend gemacht, würde wohl niemand in so einem Staatsgründungsvertrag »anderen Menschen die Befugnis, ihn zu töten, überlassen haben.«[54] Zwar läßt sich die

---

53 Kant: Metaphysik der Sitten, AA VI, S. 362 f.

54 Vgl. Cesare Beccaria: Über Verbrechen und Strafen. Nach der Ausgabe von 1766 übers. und hg. v. Wilhelm Alff, Frankfurt/M. 1998, S. 123.

Strafe durchaus als ein Instrument der Durchsetzung der gemeinsam gewollten Regeln rechtfertigen, jedoch darf der Katalog legitimer staatlicher Bestrafungsmethoden nicht die Todesstrafe umfassen, da eben nicht anzunehmen ist, daß der Vertragspartner, der nach Beccaria seine Entscheidungen offenkundig nach dem Maximin-Prinzip trifft, irgend jemandem das Recht eingeräumt haben könnte, sein Leben zu nehmen. Hegel hat diesem Argument keine große Aufmerksamkeit schenken müssen, da es für ihn grundsätzlich verfehlt ist, die moralische Wirklichkeit von Staat und Recht nach dem Vorbild egoistischer Einigung zu begreifen. Kant jedoch mußte sich durch Beccaria herausgefordert sehen, da sein rechtsphilosophischer Begriff der bürgerlichen Vereinigung durchaus das Vertragsmodell mit seinen Gleichheits- und Wechselseitigkeitsbestimmungen als normatives Strukturvorbild betrachtet. Freilich ist Kant nicht wie Hobbes und Beccaria und alle anderen Kontraktualisten des 18. und 19. Jahrhunderts ein Voluntarist.[55] Der operative Begriff seiner Begründungstheorie ist nicht der Begriff des Willens, sondern der Vernunftbegriff. Nicht die rationale Übereinkunft, sondern die reine Vernunftgesetzgebung bildet die rechtsmetaphysische Legitimationsgrundlage. Gleichwohl ist aufgrund der strukturellen Übereinstimmung von Vertrag und vernunftrechtlicher Verfassung Kants Rechtsphilosophie doch noch so vertragsnah, daß ihm eine ausführliche Widerlegung Beccarias notwendig erschien.[56] Kants Aufdeckung der »Sophisterei und Rechtsverdrehung« des italienischen Strafrechtstheoretikers stützt sich auf das systematische Hauptstück seiner Philosophie, die transzendentalidealistische Perspektivenverdoppelung, die Auseinanderlegung des Menschen in einen homo noumenon und einen homo phaenomenon. Während Beccarias Kontraktualismus Vertragspartner und Verbrecher gleich in doppelter Weise in eins setzt – einmal, insofern der Vertragspartner bei seiner Entscheidung gegen die Einräumung der staatlichen Befugnis zur Todesstrafe sich selbst in der möglichen Rolle eines Betroffenen sieht, zum anderen, insofern der Verbrecher bei der Zurückweisung der Todesstrafe auf seine Nichtzustimmung als Vertragspartner verweist –, werden beide in der Widerlegung Kants getrennt und zwei kategorial unterschiedlichen Bereichen zugewiesen. Der Verbrecher kann als Rechtsverletzer grundsätzlich kein Begründer der staatlichen Ordnung sein, daher auch im Vertrag keinerlei rechtsverbindliche Norm über sich selbst beschlossen haben. Vertragspartner ist der Mensch als Vernunftwesen, als Instanz reiner rechtlich-gesetzgebender Vernunft, der mit anderen seinesgleichen Koordinationsregeln, aber auch Strafgesetze beschließt, denen die Mitglieder des »Bürgervereins« unterworfen sind.

---

55 Dazu Wolfgang Kersting: Wohlgeordnete Freiheit. Immanuel Kants Rechts- und Staatsphilosophie. 3. Auflage, Weilerswist 2005; Ders.: Kant über Recht. Paderborn 2004.

56 Vgl. Igor Primorac: Kant und Beccaria. In: Kant-Studien 69 (1978), S. 403-421.

Ich, als Mitgesetzgeber, der das Strafgesetz dictirt, kann unmöglich dieselbe Person sein, die als Unterthan nach dem Gesetz bestraft wird; denn als ein solcher, nämlich als Verbrecher, kann ich unmöglich eine Stimme in der Gesetzgebung haben (der Gesetzgeber ist heilig). Wenn ich also ein Strafgesetz gegen mich als einen Verbrecher abfasse, so ist es in mir die reine rechtlich-gesetzgebende Vernunft (*homo noumenon*), die mich als einen des Verbrechens Fähigen, folglich als eine andere Person (*homo phaenomenon*) sammt allen übrigen in einem Bürgerverein dem Strafgesetze unterwirft.[57]

Rechtfertigungstheoretisch steht hinter diesem Doppel-Ich der Unterschied zwischen deontologisch-vernünftiger und teleologisch-rationaler Begründung. Dieser Unterschied darf nicht verwischt werden. Rationale Begründungen, die sich auf individuelle Präferenzen stützen, dürfen nicht in die Domäne der für die Explikation des Notwendigen und unbedingt Verbindlichen zuständigen Vernunftbegründung eindringen. Die Gültigkeit der Forderungen der Vernunft kann nicht von der Übereinstimmung mit empirischen Willensinhalten abhängig gemacht werden. Das aber hat Beccaria getan:

Der Hauptpunkt des Irrthums [...] dieses Sophisms besteht darin: daß man das eigene Urtheil des Verbrechers (das man seiner Vernunft nothwendig zutrauen muß), des Lebens verlustig werden zu müssen, für einen Beschluß des Willens ansieht, es sich selbst zu nehmen.[58]

Daß der Retributivismus eine atavistische, unannehmbare Straftheorie sei, werde, so die Überzeugung aller Anhänger der Präventionsstrafe, sofort deutlich, wenn man Kants Inselbeispiel anschaue. Welch' unmenschliche, barbarische Gesinnung müsse jemand haben, der verlangte, noch am Tag vor der Selbstauflösung einer rechtlich konstitutierten Gemeinschaft den zum Tode verurteilten Mörder hinzurichten, damit »die Blutschuld nicht auf dem Volke hafte, das auf diese Bestrafung nicht gedrungen hat: weil es als Theilnehmer an dieser öffentlichen Verletzung der Gerechtigkeit betrachtet werden kann.«[59]

Daß, wie etwa Thomas von Aquin ausdrücklich erwähnt, der Hauptzweck retributiver Strafgerechtigkeit mit allerlei sozialmedizinischen Nebenzwecken verbunden werden kann, es sogar legitim sein kann, bei der empirischen Ausgestaltung der Vergeltungsstrafe diese präventive Straffolgen mit ins Auge zu fassen, kann dazu führen, daß die beiden Ebenen des Strafmoralismus und des Strafpragmatismus sich vermischen, die Kontur des Rechtfertigungsarguments verwischt wird. Das gedankenexperimentelle Arrangement des Inselbeispiels sorgt dafür, daß der philosophische Kern des Retributivismus deutlich hervortritt und durch keinerlei utilitaristische Nebenüberlegungen verdeckt wird. Indem Kant die Gemeinschaft sich in naher Zukunft auflösen läßt, wird die Zeitbedingung jeder präventiven Nutzung der Strafe negiert. Diese gleichsam in letzter Minute

57 Kant: Metaphysik der Sitten, AA VI, S. 335.
58 Ebd.
59 Ebd.,S. 333.

vollstreckte Strafe kann keinen empirischen Nutzen haben, kann keinerlei Abschreckungswirkung mehr entfalten, weil nach ihrer Vollstreckung sich die Rechtsgemeinschaft auflösen wird. Daher muß für den nach nützlichen Folgen Ausschau haltende common sense diese Hinrichtung der Gipfel der Zumutung sein. Das aber ist genau der Sinn dieses Beispiels, durch ein Arrangement offensichtlicher präventiv-konsequentialistischer Sinnlosigkeit den Blick für den sich nur begründungstheoretisch erschließbaren rechtsphilosophischen Sinn der Strafe freizumachen. Gestraft muß werden, weil Unrecht geschehen ist. Und nur in diesem reaktiven Bezug auf das geschehene Unrecht liegt der Grund der Strafe. Daher muß sie – als Handlung in Raum und Zeit – solange vollzogen werden, wie eine Rechtsgemeinschaft, ein System der öffentlichen Gerechtigkeit, existiert. Und würde die Rechtsgemeinschaft auf den Strafvollzug verzichten, würde sie sich zum Komplizen des Rechtsbruchs machen, würde sie das Prinzip, unter dessen Autorität sie sich gestellt hat, annihilieren. Daß Kant die Strafe gleichsam noch in letzter Minute vollstrecken läßt, soll nur deutlich machen, daß Rechtsordnung und Strafrecht unauflöslich miteinander verknüpft sind, daß bereits »die bloße Idee der Staatsverfassung unter Menschen [...] den Begriff einer Strafgerechtigkeit« notwendig einschließt.[60]

Die Begründungssystematik der Philosophien Thomas von Aquins, Kants und Hegels könnte kaum unterschiedlicher sein. Doch alle drei vertreten gleichermaßen ein retributives Strafkonzept. Naturrecht, Rechtsapriorismus und sich dem Gang des Begriffs überlassende Willensmetaphysik machen gleichermaßen geltend, daß Recht, Unrecht und Strafe in einem internen Verweisungszusammenhang stehen, der nur in der normativen Sprache der Verbindlichkeit, nicht jedoch in der rationalen Sprache der Vorzugswürdigkeit und Klugheit angemessen dargestellt werden kann. Das Verbrechen ist kein ärgerliches Übel, das die Gesamtgüterbilanz der Gesellschaft verschlechtert, sondern ein Unrecht, eine Rechtsverletzung. Verbrechen und Strafe bilden keine äußerliche Abfolge von Schädigungshandlungen, sondern sind nur in Bezug auf das verbindliche Rechtssystem als dessen Negation und Wiederherstellung zu begreifen. Da dieser argumentative Zusammenhang sich auf Vernunfteinsichten stützt, zu denen auch der Verbrecher als Person und Vernunftwesen fähig ist, kann dieses Strafbegründungsargument den Anspruch erheben, in der legitimen Strafe auch den vernünftigen Willen des Verbrechers selbst zum Ausdruck zu bringen. Weil retributive Straftheorien Strafgerechtigkeit und Strafpragmatismus trennen und letzterem keinerlei Rechtfertigungskraft zusprechen, weil sie keine rationalvoluntaristische Begründung entwickeln, sich nicht auf die Übereinkunft rationaler Egoisten, sondern auf Vernunftnotwendigkeiten stützen, können sie den Selbstanwendungsanspruch einlösen. Daß die poena retributiva grundsätzlich mit den unterschiedlichsten Typen der poena medicinalis kombinierbar ist, die

[60] Ebd., S. 362.

Modalitäten der Strafe eine Frage der kulturellen Empirie sind, die dabei durchaus auch Klugheitsgesichtspunkte berücksichtigen kann, hat nicht nur Thomas von Aquin, sondern haben auch Kant und vor allem Hegel zugegeben.

B.

V. Das Selbstanwendungsproblem – Zur Kritik rationaler Strafbegründung

Präventionstheorien der Strafe werden häufig als utilitaristische Straftheorien bezeichnet. Aber das ist ungenau. Natürlich ist die Straftheorie des Utilitarismus eine Präventionstheorie. Aber die insbesondere von gegenwärtigen Anhängern der Präventionstheorie vorgetragene Rechtfertigungsargumentation ist nicht utilitaristisch, sondern kontraktualistisch.[61] Und das kontraktualistische Begründungsmodell stützt keinen Utilitarismus, sondern einen Regelegoismus. Das rationale Selbstinteresse wird in kontraktualistischen und regelegoistischen Begründungskontexten in den Rang eines absoluten Rechtfertigungskriteriums erhoben. Nicht dann ist etwas gerechtfertigt, wenn es insgesamt einen größeren Nutzenertrag für die Allgemeinheit verspricht als jede zur Wahl stehende Alternative, sondern wenn es aus der Perspektive des rationalen Individuums vorzugswürdig ist, wenn sich also rationale Egoisten darauf einigen könnten. Dieser Unterschied zwischen utilitaristischer Begründung und regeleogistischer Begründung ist in vielen Fällen nicht erheblich, im Fall der Strafe jedoch ist er von Bedeutung. Es ist einsichtig, daß jeder gleichermaßen einen gesellschaftlichen Zustand mit einer effektiven staatlichen Strafgerichtsbarkeit einem Zustand ohne institutionalisierte Strafe vorzieht. Aber nicht minder einsichtig ist es, daß er die Strafe dann nicht mehr akzeptieren wird – und zwar aus den gleichen Gründen, aus denen er der Institution der Strafe im allgemeinen zustimmt – , wenn sie ihn selbst zu treffen droht. Wir stoßen hier auf eine interessante Variante des Gyges-Problems oder des Schwarzfahrer-Problems. Sowenig aus der allgemeinen Vorteilhaftigkeit eines Zustandes, in dem alle sich an die Regel halten, folgt, daß sich jeder einzelne an die Regeln hält, sowenig folgt aus der allgemeinen Billigung der Institution der Strafe, daß der Verurteilte die gegen ihn regelgerecht verhängte Strafe akzeptiert. Dieselbe Rationalität, die der Institution Legitimation verschafft, wird sich im Einzelfall gegen die Befolgung ihrer Regeln immer dann aussprechen müssen, wenn es für das Individuum kostengünstigere Alternativen gibt. Bevor der Verbrecher gefaßt wurde, war für ihn die kostengünstigere Alter-

[61] Vgl. etwa Michael Baurmann: Zweckrationalität und Strafrecht. Argumente für ein tatbezogenes Maßnahmerecht. Opladen 1987; Ders.: Strafe im Rechtsstaat. In: Michael Baurmann/ Hartmut Kliemt (Hg.): Die moderne Gesellschaft im Rechtsstaat. Freiburg 1990.

native zur Befolgung der allseits akzeptierten Regeln das Verbrechen; nachdem er gefaßt und rechtskräftig verurteilt wurde, ist für ihn die kostengünstigere Alternative zur Anwendung der allseits akzeptierten Regeln die Straffreiheit.

Wie also soll dem Verbrecher gegenüber die gegen ihn verhängte Strafe philosophisch gerechtfertigt werden können, wenn allein die individualistische Rationalität des homo oeconomicus für Rechtfertigungszwecke zur Verfügung steht? Wenn ein Regelsystem dann gerechtfertigt ist, wenn es den rationalen Egoisten vorzugswürdig erscheint, dann bereitet die Begründung der im Strafrechtsgewand auftretenden Übelszufügung beträchtliche Schwierigkeiten. Da auch regelegoistische und kontraktualistische Begründungstheorien dem rechtfertigungstheoretischen Universalismus verpflichtet sind, nur das als begründet betrachten dürfen, was gegenüber jedermann begründet werden kann, ist es nicht möglich, die Regelverletzer für rechtfertigungstheoretisch unerheblich zu erklären und aus der legitimationsverleihenden Gruppe der Zustimmenden auszuschließen. Ihnen muß ein gleiches Zustimmungsrecht eingeräumt werden, sie können nicht zu Instrumenten der Abschreckung, zu Mitteln der Generalprävention verdinglicht werden, die dem Schutz und der Sicherheit der gesetzestreuen Bürger dienen sollen.

Die rationalegoistische Strafbegründung scheitert an dem Selbstanwendungstest. Das von ihr zugrundegelegte Rationalitätskonzept führt zu einer legitimen Zurückweisung der Strafe durch alle, die straffällig geworden und rechtskräftig verurteilt worden sind. Daher kann der Strafe das legitimationstheoretische Gütesiegel der postmetaphysischen Moderne, das Prädikat der Betroffenenzustimmung, nicht verliehen werden.[62] Das Selbstanwendungsproblem ist notwendige Konsequenz der Entscheidung, der individualistischen Rationalität alle Begründungslasten aufzubürden. Wenn die Legitimation von Regel und Regelanwen-

---

[62] Diese Schwierigkeit kann der Utilitarismus übrigens vermeiden. Ist es Pflicht, bei all seinen Handlungen und Unterlassungen die Alternative zu wählen, die gesamtgesellschaftlich am nützlichsten ist, dann ist der Verbrecher aus utilitaristischer Perspektive immer dann gehalten, seine Bestrafung als legitim zu betrachten, wenn sie durch ihre generalpräventive Abschreckungswirkung und/oder ihre spezialpräventiven Besserungseffekte die Rechtssicherheit der Gesamtgesellschaft erhöht. Daß diese Bindung der Legitimation von Handlungen an komplizierteste empirische Bedingungsverhältnisse den Utilitarismus mit grundsätzlich unlösbaren epistemologischen Problemen belastet, ist natürlich ein guter Grund, konsequentialistische Ethiken zu verwerfen, ändert aber nichts daran, daß der Utilitarismus zumindest theorieintern eine Lösung für das Selbstanwendungsproblem bereithält. Freilich dürfte es schwierig sein, das hier in Anspruch genommene Verständnis von Pflicht utilitaristisch zu begründen. Aber unter der Voraussetzung, daß es eine genuine, durch keinerlei individuelle Nutzenkalkulation relativierte Pflicht gibt, im utilitaristischen Sinne zu handeln, dann löst sich in der Tat utilitarismusintern das Selbstanwendungsproblem auf – mit der erstaunlichen Konsequenz, daß jeder Verbrecher aus utilitaristischer Perspektive immer dann in seine Strafe pflichtschuldigst einwilligen muß, wenn die durch Erfahrung gut gestützte Erwartung besteht, daß seine Strafe positive präventive Effekte erzeugt. Zur grundsätzlichen Kritik einer utilitaristischen Strafbegründung vgl. Heinz-Gerd Schmitz: Zur Legitimität der Kriminalstrafe, S. 43-70.

dung abhängig gemacht wird von der Übereinstimmung mit individuellen Präferenzen, muß strafrechtliche Regelanwendung dem Verurteilten illegitim erscheinen. Nur dann kann Strafe auch gegenüber verurteilten Straftätern gerechtfertigt werden, wenn wir die Strafe nicht mehr instrumentell, sondern normativ verstehen, wenn die Strafbegründung nicht einer Argumentation der rationalen Vorzugswürdigkeit überantwortet wird, sondern in einen moralsprachlichen Diskurs eingebettet wird, wenn die Strafe nicht als Mittel im Rahmen eines teils teleologischen, teils wirkungskausalen Kontextes begegnet, als Übelzufügung in einer Sequenz von Übelzufügungen gesehen wird, sondern als intern moralisch verfaßte Norm und Handlung, als Geltungswiederherstellung, als Geltungsbekräftigung des Rechts.

VI. Ökonomismus, positive Generalprävention und semantischer Retributivismus

Retributivistische Straftheorien kennen das Selbstanwendungsproblem nicht, denn retributivistische Straftheorien stützen sich auf Konzepte der universalistischen Rationalität. Diese mögen formal-prozeduralistischer, formal-aprioristischer oder substantialistischer Art sein. Begründungen der universalistischen Rationalität machen anspruchsvollere anthropologische Voraussetzungen als die Rechtfertigungstheorien des rationalen Egoismus. Ihr Protagonist ist die normativ verfaßte Rechtsperson, das zu moralischer Einsicht fähige moralische Subjekt. Und an dieses moralische Subjekt im Verbrecher, an diese Rechtspersönlichkeit, die auch der straffällig gewordene Bürger nicht verliert, wenden sich die retributivistischen Straftheorien mit ihren Begründungsargumenten. Diese sind nicht voluntaristischer, sondern explikatorischer Natur. Sie ersuchen nicht die empirischen Präferenzen um Zustimmung, sondern explizieren nur die moralische Verfassung der allen Menschen eigenen Vernunft, die Pflichten und Rechte der rechts- und moraluniversalistischen normativen Ordnung.

Ökonomische Begründungen von Regelsystemen und Institutionen führen den Nachweis ihrer allgemeinen rationalen Vorzugswürdigkeit. Allgemeine rationale Vorzugswürdigkeit meint: jeder muß zugestehen, daß es für ihn vorteilhafter ist, seine Interessen in einem geregelten und institutionell gefestigten gesellschaftlichen Zustand zu verfolgen, als in einem natürlichen Zustand der Gesetzlosigkeit. Regeln und Institutionen sind aus der Perspektive des Adressaten dieser Argumentation Instrumente, die mehr oder weniger tauglich sind, die mehr oder weniger pfleglich behandelt werden. Regeln und Institutionen sind aus der Perspektive des Adressaten aber niemals etwas, das einen normativen Gültigkeitsanspruch erheben kann. Im Gegenteil, diese dem common sense vertraute Eigenschaft muß er ausblenden, denn seine Rechtfertigungstheorie vermag diese Eigenschaft nicht abzubilden. Während die moralischen Subjekte durch die Gesellschaft laufen und auf den Regeln das Schild lesen: Du sollst Regeln aufgrund ihrer inneren Verbindlichkeit befolgen, sieht der Rationalegoist nur ein Schild, auf dem steht: wenn Du diese Regel brichst, wird dir das Nachteile bringen, die jeden Vorteil, den du dir von ihrem Nichtbeachtung verspricht, überwiegen.

Der homo oeconomicus ist ein Retortenwesen; sein Biotop ist das worst-case-Szenario. Die von ihm rechtfertigungstheoretisch verwendete Orientierung an nutzenmaximierenden Handlungsoptionen würde dem lebensweltlich integrierten Normalmenschen ein Reflexions- und Distanzierungspensum abverlangen, das sein Leben unlebbar machen würde. Daher handeln Menschen in der Wirklichkeit in der Regel nicht so, wie sie in den Modellen der ökonomischen Rationalität handeln.[63] Glücklicherweise: denn würden sie wirklich nach den Rationalitätsvorschriften dieses Modells handeln, würden sie die soziale Kohärenz beträchtlich destabilisierenden Belastungen aussetzen. Ökonomische Rationalisten sind nicht blind: sie wissen nicht nur, daß die Bürger ihre Gesetzestreue in der Regel nicht unter einen Interessenvorbehalt stellen, und sie wissen auch, daß die soziale Kohärenz unerträglichen Belastungen ausgesetzt wäre, würden sie ihre Pflichterfüllungsbereitschaft von der Übereinstimmung der Pflicht mit dem je aktuellen Interesse abhängig machen. Damit gerät die Theorie in ein grundlegendes Dilemma: sie muß froh darüber sein, daß die Menschen nicht nach ihr handeln, weil anders das von ihr Erstrebte nicht zuverlässig erreicht werden kann. Die offenkundig rationale Vorzugswürdigkeit moralischen Handelns muß innerhalb der Theorie selbst abgebildet werden. Damit muß die Theorie sich erweitern und den Erwerb moralischer Eigenschaften als ein rational erstrebenswertes Programm entwickeln. Es ist für den Menschen vorteilhafter, nicht ausschließlich nach Vorteilsgesichtspunkten zu handeln. Man kann diese Einsicht als Ergebnis der erfahrungsbelehrten Selbstreflexion ökonomischer Rationalität verstehen.[64]

Auch die rationale Strafethik hat an dieser Einsichtsgewinnung teil. Sie wird dann zu einer Theorie der positiven Generalprävention.[65] Theorien der positiven Generalprävention haben reichhaltigere anthropologische Voraussetzungen,

---

[63] Das darf aber im Gegenzug nicht dazu führen, daß bei der empirischen Strafgestaltung auf generalpräventive Zwecke verzichtet werden könnte. Bei aller Diskrepanz zwischen Modell und Wirklichkeit, bei aller Wertschätzung spezialpräventiver Zweckorientierung, es dürfte – bei allem Zweifel an der Effektivität der präventiven Strafzwecke (s.u. Fn. 73) – empirisch doch sehr wahrscheinlich sein, daß die Rechtssicherheit einer Gemeinschaft verschwinden wird, wenn die Strafklugheit bei der Strafgestaltung von dem Abschreckungszweck Abstand nimmt; vgl. Viktor Vanberg: Verbrechen, Strafe und Abschreckung. Tübingen 1982.

[64] Vgl. Wolfgang Kersting: Recht und Politik. Weilerswist 2000, S. 145-153.

[65] Zur gegenwärtigen juristischen Diskussion über diese Form der Generalprävention vgl. Bernd Schünemann/ Andrew von Hirsch/ Nils Jareborg (Hg.): Positive Generalprävention. Heidelberg 1998; Angela Kalous: Positive Generalprävention durch Vergeltung. Regensburg 2000.

stützen sich auf einen komplexeren Gesellschaftsbegriff als die Abschreckungstheorie. Sie sehen den Menschen als lebensweltlich integriertes moralisches Subjekt, das durch ein anspruchsvolleres Anreizsystem in seinen moralischen Dispositionen gestärkt werden soll. Freilich bleibt die Grundfunktion der Strafe erhalten. Auch hier ist die Strafe Übelszufügung mit Wirkabsicht, nur soll diese Wirkung eben der Stabilisierung einer normativ integrierten Bürgerschaft dienen. Nicht mehr Handlungsoptionen sollen mit dem Sanktionssystem der Strafe beeinflußt werden, sondern der Charakter, die Herausbildung von moralischen Einstellungen und Überzeugungen. Letztlich wird durch diese Umstellung des Anreizsystems die Strafe zu einem Durchsetzungsmittel gesellschaftlicher Moral, zu einem Bekräftigungsmittel der Rechtschaffenheit. Die soziale Integration wurzelt primär in der Anerkennung der Legitimität der Gesetze; diese Anerkennung bewirkt rechtschaffenes Verhalten, nicht das rationale Motiv der Vermeidung der Strafe. Ist im Fall der negativen Generalprävention die Strafe eine Information, die das Optionen abwägende Individuum zur Entscheidungsfindung heranzieht, so ist im Fall der positiven Generalprävention die Strafe sozial kontextualisiert. Die Gesellschaft ist nicht mehr ein Ensemble von Individuen, sondern eine durch die Anerkennung der Gesetze integrierte Gemeinschaft von moralischen Subjekten.

Sicherlich ist es richtig, daß nicht nur aus der Perspektive der Moral eine normativ integrierte, durch ein geteiltes Verbindlichkeitsbewußtsein zusammengehaltene Gesellschaft vorzugswürdig ist, sondern daß eine solche moralisch integrierte Gesellschaft nicht zuletzt wegen der Zuverlässigkeit einer moralisch verwurzelten Gesetzestreue auch aus der Perspektive ökonomischer Rationalität vorzugswürdig ist. Eine solche Gesellschaft dann durch ein geeignetes Strafsystem zu festigen, ist daher nur klug. Freilich – und jetzt stoßen wir auf eine fundamentale Inkonsistenz – werden die rechtschaffenen Bürger, gerade weil sie ihre Gesetzestreue auf moralische Überzeugungen stützen, nur das Strafkonzept anerkennen können, daß mit diesen moralischen Überzeugungen kompatibel ist. Nicht nur wird damit die Strafe mit der Forderung der Gerechtigkeit konfrontiert, die innerhalb der Präventionstheorie überhaupt nicht formulierbar ist. Sondern das Strafverständnis selbst muß mit den anthropologischen, personentheoretischen und sozialtheoretischen Voraussetzungen moralischer Subjektivität kompatibel sein. Eine Strafe, die als System einer ökonomisch funktionalen Festigung moralischer Dispositionen und Rechtschaffenheitsroutinen auftritt, wird von einem moralischen Subjekt nie als legitim angesehen werden können. Nur eine moralitätskompatible, gleichsam eine moralisch einheimische Strafkonzeption kann diese erwünschte Wirkung einer Festigung moralischer Einstellungen erzielen. Und sie wird diese Wirkung nur dann erzielen, wenn – paradoxerweise – sie sich gerade nicht auf die Herbeiführung dieser Wirkung kapriziert, sondern von aller Wirkung, von allem Zweckgedanken absieht. Anderenfalls würde die Strafe zweckvereitelnd wirken. Bliebe sie das äußere Zwangsinstrument zur Herbeiführung moralischer Dispositionen, würden diese Dispositionen sich zersetzen und durch kluge Anpassungsanstrengungen ersetzt werden. Der Ökonomismus, der Instrumentalismus der Präventionstheorie ist stilbildend; midasartig macht er alles, was er anfaßt, zu einem Kostenfaktor. Die Moral, der er - nicht um ihrer selbst willen, nicht in Anerkennung ihrer Verbindlichkeit - hilfreich zur Seite treten möchte, zerstört er; rationale Indienstnahme der Moral beraubt diese ihrer Identität; zum Schluß ist sie nur noch eine Maske im Spiel der Interessen.[66]

Ich möchte die Pointe dieses Arguments noch einmal betonen. Wenn ich von der notwendigen Moralkompatibilität einer dem Zweck der Festigung der normativen gesellschaftlichen Integration dienenden Strafe spreche, meine ich nicht, daß die moralischen Überzeugungen der Bevölkerung in der Strafgestaltung berücksichtigt werden müssen. Dazu ist jeder sich der positiven Generalprävention verschreibende Sozialingenieur in der Lage. Mir geht es um das Problem der Strafbegründung. Die Strafbegründung muß moralitätskompatibel sein, muß mit einem Strafverständnis arbeiten, daß mit den moralischen Grundüberzeugungen und ihren unterschiedlichen Voraussetzungen in Übereinstimmung steht. Das führt letztlich zur intellektuellen Selbstaufgabe des Präventionstheoretiker: um das mit der Strafe zu erreichen, was er glaubt mit ihr erreichen zu dürfen, zu können und zu müssen, muß er seine präventionstheoretischen Basisüberzeugungen geheim halten und sich als Retributivist ausgeben. Der Präventionstheoretiker schlüpft in die Rolle des platonischen Philosophenherrschers, dem in bestimmten Situationen der Griff zur medizinischen Lüge erlaubt ist. Er gleicht der Figur des betrügenden Priesters, die wir aus dem ideologiekritischen Fundus der Aufklärung kennen: dem Volk erzählt er Geschichten, deren Wahrheit er selbst nicht glaubt. Durch diese Doppelzüngigkeit bringt sich diese Theorie freilich um allen Kredit.

Es sollte vielleicht auch noch einmal deutlich gemacht werden, daß dieses Argument keinerlei inhaltliche Strafgerechtigkeitsvorstellungen mit der Retributivismuskonzeption verbindet. Dann stützt die herrschende gesellschaftliche Moral ein vergeltungstheoretisches Verständnis staatlichen Strafens auf, wenn sie Verbrechen und korrelierende Strafe in einem normativen Kontext deutet, beide grundsätzlich rechtsbegrifflich faßt und nicht ausschließlich als Schädigungshandlungen interpretiert. Und diese Bedingung ist solange erfüllt, wie sich die reduktionistischen Strategien von Physikalismus und Ökonomismus noch nicht

66 Der Anhänger positiver Generalprävention ist mit den gleichen Schwierigkeiten konfrontiert, die jede Theorie rationaler Moralbegründung belastet: das Begründungsargument erreicht nicht das semantische Niveau des zu Begründenden; der Nachweis der rationalen Vorzugswürdigkeit der Moral verfehlt seinen Gegenstand, da das Selbstverständnis der Moral sich gerade nicht in der Sprache von Vorteil und Nutzen artikuliert; vgl. Wolfgang Kersting: Wem gehört die Moral. Ein wirtschaftsphilosophischer Essay. In: Cicero. Magazin für politische Kultur, April 2005, S. 106-109.

kulturell durchgesetzt haben und die Menschen an der traditionellen moralischen Verfassung ihrer Selbstverständigung festhalten. Der Retributivismus ist nicht Ausdruck eines psychologischen Atavismus, nicht Ausdruck von Rachedurst und Vergeltungsbedürfnis, wie Präventionisten und Abolitionisten gern unterstellen, sondern er ist in der normativen Selbstverständigungssemantik der Gesellschaft begründet, notwendige Folge einer kohärenten normativen Betrachtungsweise des Rechts. Wird das Recht nicht als Ansammlung von klugen Koordinationsregeln verstanden, sondern als ein Gesetzeswerk, das einen selbst in transpositiven Prinzipien wie den menschenrechtlichen Grundregeln begründeten Verbindlichkeitsanspruch erhebt und Gehorsam verlangt, dann wird Strafe unweigerlich ebenfalls nur im Horizont einer normativen Interpretation Sinn und Berechtigung bekommen, als notwendige Antwort auf eine Rechtsverletzung, als explizite Vereitelung der verbrecherischen Geltungsanzweiflung des Rechts. Dann ist die Strafe notwendig eine quia-peccatur-Strafe, die ihren legitimierenden Grund eben nicht in äußeren wünschenswerten gesellschaftlichen Verhältnissen, sondern in der moralischen Autorität des durch den Unrechtsakt verletzten und in seinem Gültigkeitsanspruch geleugneten Rechts besitzt.

Damit ereilt auch den Anhänger der positiven Generalprävention am Ende die Kritik, mit der die Vertreter der Spezialprävention und der negativen Generalprävention von Anfang an konfrontiert sind, wenn sie den Präventionszweck nicht lediglich als empirische Orientierung der Strafgestaltung, sondern als Strafbegründungsargument verwerfen. Während die letzteren den semantischen Retributivismus bereits mit dem ersten Zug ihrer Theorie reduktionistisch unterlaufen, die Sprache rechtlicher Verbindlichkeit durch die Sprache der Güter- und Präfenzenabwägung ersetzen, will der Vertreter der positiven Generalprävention aus Klugheitsgründen das Spiel des semantischen Retributivismus spielen, um sich der Integrationskraft intrinsischer wertgebundener Handlungsmotivation zu versichern. Jedoch gehört es zur Natur der normativen Betrachtungsweise, daß sich Verbindlichkeitszusammenhänge nicht salva veritate in utilitaristische Sequenzen übersetzen lassen. Zwischen der quia-peccatur-Strafe und der nepeccetur-Strafe liegt ein unüberbrückbarer rationalitätstheoretischer Graben. Spezialprävention und negative Generalprävention siedeln sich von vornherein auf dem Ufer der instrumentellen Rationalität an, wohingegen der Intergrationspräventionist mit der Anreizstrategie der instrumentellen Vernunft die in Wertüberzeugungen fundierte Integrationskultur der Gesellschaft auf der anderen Flußseite pflegen will. Dieser Brückenschlag muß aber mißlingen.

C.

VII. Wiederkehr des Retributivismus

Was geschehen ist, ist geschehen, und nichts kann es rückgängig machen. Daher vermehrt in den Augen der Präventionstheoretiker die nicht durch sozialtechnologische und therapeutische Strategien rationalisierte Strafe, die nicht sozialinterventionistisch nützliche, nur der Vergeltung dienende, auf das Vergangene starrende Strafe das bereits bestehende Übel. Darum ist die retributive Strafe nur zerstörerisch, destruktiv, »eine archaische Barbarei in der zivilisierten Welt«,[67] so abwegig, wie »einem Götzen zu opfern oder die Erinnyen mit Blut zu beschwichtigen.«[68] Diese Vorstellung, daß mit der Einführung des Zweckgedankens ins Recht, mit der Indienstnahme der Strafe für Abschreckungs- und Besserungszwecke die Moderne endlich auch im Strafrecht angekommen sei, gehört zum Selbstverständnis aller Strafrechtsreformer. Dort, wo ihre des Atavismus beschuldigten Gegner Paternalismus, Entwürdigung und Verdinglichung des Menschen erblicken, sehen sie einen Fortschritt der Humanität am Werk.

> So ist die Herrschaft des Zweckgedankens der sicherste Schutz der individuellen Freiheit gegen jene grausamen Strafen früherer Zeiten, welche – es ist gut sich daran zu erinnern – nicht durch die glaubensstarken Idealisten der Vergeltungsstrafe, sondern durch die Vorkämpfer des »flachen Rationalismus« beseitigt worden sind.[69]

---

[67] Martin Kriele: Grundprobleme der Rechtsphilosophie. Münster 2003, S. 124. Wie wenig Kriele die Probleme philosophischer Strafbegründung durchdacht hat, zeigt folgende Definition: Das »Wesen« der Vergeltungsstrafe sei es, »dem, der anderen etwas Schlimmes angetan hat, ebenfalls etwas Schlimmes anzutun.« Ebd. Bereits ein kurzer Blick in die maßgeblichen retributiven Straftheorien Kants und Hegels hätte Kriele zeigen können, daß es darum gerade nicht geht.

[68] »Von unserem historischen Ort aus zeigen die absoluten Straftheorien darüber hinaus ihre magische Herkunft – denn anders als im Vergeltungswunsch des Opfers, der gar nicht aufs Allgemeine zielt, sondern auf persönliche Befriedigung, wollen die absoluten Straftheorien die Restitution einer verletzten Abstraktion. Das abstrakte Recht, das durch das Talionsprinzip restituiert werden muß, ist nur die schein-säkularisierte Version der göttlichen Ordnung, die der Richter wiederherzustellen hat. Absoluten Straftheorien zu folgen, wird den meisten von uns – es sei denn, ihren geriete Gerechtigkeits- und Rechtsgefühl durcheinander – vorkommen, wie einem Götzen zu opfern oder die Erinnyen mit Blut zu beschwichtigen.« Jan Philipp Reetsma: Das Recht des Opfers auf die Bestrafung des Täters – als Problem. München 1999, S. 13.

[69] Franz v. Liszt: Der Zweckgedanke im Strafrecht. In: Zeitschrift für die gesamte Strafrechtswissenschaft 3 (1883), S. 32. – Zur Diskussion der Lisztschen Thesen im besonderen und zur Geschichte des Präventionsgedankens im deutschen Strafrecht im 19. Jahrhundert vgl. Monika Frommel: Präventionsmodelle in der deutschen Strafzweck-Diskussion. Beziehungen zwischen Rechtsphilosophie, Dogmatik, Rechtspolitik und Erfahrungswissenschaften. Berlin 1987.

Und jede neue Strafrechtsreform versichert sich erneut ihrer Modernität und Fortschrittlichkeit, indem sie sich mit Empörung vom Vergeltungsgedanken distanziert. »Es ist hohe Zeit, die Straftheorien von Kant und Hegel mit ihren irrationalen gedankenlyrischen Exzessen in all ihrer erkenntnistheoretischen, logischen und moralischen Fragwürdigkeit endgültig zu verabschieden«,[70] so hatte 1968 der Strafrechtsreformer Ulrich Klug gefordert und mit dieser Formel die strafrechtspolitische Marschroute der Erneuerung des Strafgesetzbuches abgesteckt. Die ins Auge gefaßte Humanisierung und Liberalisierung des Strafrechts zielte darauf, die Strafe dem Vergeltungsdenken zu entwinden und als sozialinterventionistische, generalpräventive oder spezialpräventive Maßnahme zu rationalisieren. Das Strafrecht sollte aus dem Schatten Kants und Hegels herausgezogen und in das helle Licht eines sozialtechnologischen Saint-Simonismus gestellt werden. Kants rigoroser Retributivismus war ein Dorn im Auge; jemand, der die Strafe in den Rang eines kategorischen Imperativs erhob, geradezu das moralische Heil der Menschen auf der Erde vom ordnungsgemäßen Vollzug jeder, auch der letzten Strafe abhängig machte, der verlangte, Vergewaltiger zu kastrieren und dem kontraktualistischen Gegner der Todesstrafe Cesare Beccaria ein wirres Argumentieren aus »theilnehmender Empfindelei einer affektirten Humanität« bescheinigt hatte,[71] konnte nicht als philosophischer Kronzeuge der Strafrechtsreform dienen. Mochte man anderenorts mit Kant das unvollendete Projekt der Aufklärung vorantreiben, auf dem Gebiet des Strafrechts stand Kant genau für die Position, die man um der Humanität willen ablehnen mußte.

Diese Äquivokation des Humanitätsbegriffs ist höchst irritierend. Denn mit der Verabschiedung Kants und Hegels aus der Strafrechtstheorie wird ja auch die grundlegende personenethische Einsicht preisgegeben, daß Personen nicht zu Instrumenten sozialtechnologischer Staatstätigkeit verdinglicht werden dürfen. Die beanspruchte Humanität der präventionistischen Reformer buchstabiert den Menschen nicht mehr nach dem Alphabet der Vernunftautonomie, sondern sie greift gleichsam hinter die Aufklärung zurück und macht sich voraufklärerische Vorstellungen der wohlmeinenden Sorge zu eigen. Die auch in anderen Provinzen gesellschaftlicher Selbstverständigung erfolgte semantische Umstellung von dem klassisch-modernen autonomieethischen Humanitätsverständnis zu einem wohlfahrtsstaatlich-betreuungstechnischen Humanitätsverständnis hat auch Auswirkungen auf die strafrechtstheoretische Diskussion: der strafrechtliche Präventionalismus ist eine Mischung aus Paternalismus und Sozialtechnologie.

Dreißig Jahre nach Klugs anti-metaphysischem Rundumschlag aber denkt die Strafrechtswissenschaft anders. »Auf verwerfliches Verhalten von Menschen oh-

70 Ulrich Klug: Abschied von Kant und Hegel. In: Programm für ein neues Strafgesetzbuch. Der Alternativ-Entwurf der Strafrechtslehrer. Hg. v. Jürgen Baumann, Frankfurt/M. 1968, S. 41.

71 Kant: Metaphysik der Sitten, AA VI, S. 334 f.

ne Tadel, sondern nur durch Abschreckung oder durch eine Veränderung der Umwelt zu reagieren, die Wiederholungen unmöglich machen soll, hieße sie auf dieselbe Stufe wie das Raubtier zu stellen.«[72] Das ist ein vertrautes Argument, das vor der markigen Sprache der Tradition nicht zurückscheut. Personen bevölkern mit anderen Personen eine Welt der Gründe und der normativen Erwartungen. Beides, einerseits das Verhalten anhand normativer Überzeugungen auszurichten und anhand normativer Erwartungen zu beurteilen, andererseits Rede und Antwort zu stehen, ist Ausdruck der Tatsache, daß sich Personen in einer vernünftigen Ordnung der Freiheit situieren. Inklusionszeichen und Exklusionszeichen regulieren die Positionierung. Inklusionssignale verweisen auf die Sicherung kommunikativer Kontinuität und moralischer Kohärenz. Im Falle ordnungswidrigen Verhaltens nehmen sie die Gestalt von Tadel und Strafe an: beides signalisiert dem Abweichenden, daß man daran festhält, ihn auch weiterhin als Mitglied der moralischen Gemeinschaft zu betrachten, daß man ihm die Chance gibt, durch sein Verhalten wieder Anschluß zu gewinnen und die Regelverletzung gutzumachen. Diese vergeltungsoffene, dem quia peccatum den Vorzug vor dem ne peccetur gebende Anschauungsweise Hörnles und von Hirschs ist kein Einzelfall. Der Retributivismus, so ist der sich selbst beobachtenden Strafrechtswissenschaft zu entnehmen, steht vor seiner Rehabilitierung. Eine »Renaissance der absoluten Straftheorie« findet statt.[73] Die Unterstützung, die die ge-

---

72 Tatjana Hörnle/ Andrew von Hirsch: Positive Generalprävention und Tadel. In: Bernd Schünemann et al. (Hg.): Positive Generalprävention. Heidelberg 1998, S. 93. Der Aufsatz argumentiert auf der Linie des berühmten Strawsonschen ›Freedom-and-Resentment‹-Essays für die moralische Unerläßlichkeit, Täter als moralische Personen zu behandeln, sie nicht zu sozialtechnologischen Verfügungsobjekten des guten Willens zu degradieren, sondern ihnen die Verwerflichkeit ihres Handelns vor Augen zu führen, sie als selbstbestimmt Handelnde in die Strafbegründungsargumentation einzubeziehen. Das setzt aber alles voraus, daß die Strafe als legitime Antwort auf eine als solche höchst zu mißbilligende Rechtsverletzung zu betrachten ist. Eine verwandte Argumentationslinie findet man bei den Anhängern einer expressiven Strafkonzeption, die auf Joel Feinberg zurückgeht; vgl. Joel Feinberg: Doing and Deserving. Princeton 1970; Gerhard Seher: Liberalismus und Strafe. Zur Strafrechtsphilosophie von Joel Feinberg. Berlin 2000; Hanno Kaiser: Widerspruch und Behandlung. Zur Rechtfertigung von Strafe. Berlin 1999, S. 167-186.

73 Bernd Schünemann: Aporien der Straftheorie in Philosophie und Literatur. In: Cornelius Prittwitz et al. (Hg.): Festschrift für Klaus Lüderssen zum 70. Geburtstag. Baden-Baden 2002, S. 327; vgl. Michael Pawlik: Person, Subjekt, Bürger. Berlin 2004, S. 45 ff. Dort weitere Belege dafür, daß ehemals auf das Präventionskonzept eingeschworene Juristen jetzt empfehlen, sich an den strengen rechtsphilosophischen Sinn des Vergeltungsprinzips zu erinnern, und die früher erhofften Wirkungen präventiver Verbrechensbekämpfung zu Nebenwirkungen herabzustufen. Damit wiederholen sie nur eine Einsicht, die, wie oben gezeigt wurde, bereits Thomas von Aquin in seiner Summa formuliert hat, als er eine primäre, naturrechtlich begründete poena retributiva von einer sekundären, utilitaristisch wirksamen poena medicinalis unterschieden und der letzteren übergeordnet hat. Zur jüngeren Retributivismus-Diskussion vgl. Wesley Craig (Hg.): Retributivism and its Critics. In: Archiv für Rechts- und Sozialphilosophie, Beiheft 47, Stuttgart 1992; Hanno Kaiser: Widerspruch und harte Behandlung. Berlin 1999, S. 140-168.

genwärtig das kulturelle Deutungsmonopol anstrebende Hirnforschung zusammen mit den Ökonomisten dem Kampf der Präventionisten gegen Metaphysik, Moral und Schuld anbietet, wird ausgeschlagen. Auch äußern diese umlernenden Juristen jetzt die Überzeugung, daß ein Rechtsstaat aufgrund seiner internen freiheitsrechtlichen Verpflichtung an seiner eigenen normativen Substanz Raubbau betreiben würde, wenn er sich einer Strafrechtskonzeption verschreiben würde, die grundlegenden Bestimmungen der moralischen Subjektivität und normativen Prinzipien widerstreitet. Wenn die vom ökonomischen Verstand geleitete Rationalisierung gesellschaftlicher Institutionen und Praktiken so weit voranschreitet, daß der moralische Überzeugungsfundus der Gesellschaft angegriffen wird, nimmt das Selbstverständnis Schaden. Rationalisierung ist nur erfolgreich innerhalb eines durch sie selbst in seinen grundlegenden Gültigkeitsansprüchen anzuerkennenden moralischen Rahmens; in dem Maße, in dem durch geradezu quasireligiösen Aufklärungs- und Verwissenschaftlichungsfuror dieser Rahmen selbst zum Gegenstand szientistischer Modernisierung wird, in dem Maße, in dem die Verwisssenschaftlichung der Gesellschaft das Opfer der hermeneutischen Selbstentfremdung und der moralischen Selbstverleugnung abverlangt, muß sie zurückgewiesen werden. Natürlich verfügen wir über keinen diskursexternen Standpunkt, von dem aus wir absolute und relative Straftheorien beurteilen und ihre Konkurrenz entscheiden könnten. Daher kann man auch nicht behaupten, daß die absolute Straftheorie richtig und die relative Straftheorie falsch ist. Was man aber behaupten kann, ist das folgende: solange wir in unserem individuellen und kollektiven Selbstverständnis von moralischen Zuschreibungen Gebrauch machen, die Sprache von Recht und Pflicht sprechen, ist eine damit kompatible, also eine normativ kohärente Strafkonzeption einer anderen, instrumentalistischen Strafkonzeption vorzuziehen.[74]

[74] Daß sich die Strafrechtstheorie seit einiger Zeit wieder verstärkt retributivistischen Konzeptionen in all ihren semiotischen, diskursethischen und expressionistischen Spielarten zuwendet, hat mehrere Gründe. Neben der Einsicht in die normativen Defizite der präventionistischen Strafbegründung spielt sicherlich auch der Umstand eine Rolle, daß es für viele begründete Zweifel gibt, daß die Strafe die von ihr erhofften präventiven Wirkungen wirklich erzielt. »Ob Strafe individuell oder generell abschreckend wirke, ist ebenso zweifelhaft wie die Behauptung, Strafe sei ein wirksames Mittel für die individuelle Besserung des Delinquenten. Die Zweifel an der empirischen Nachweisbarkeit der Zweck-Mittel-Relation werden noch stärker, wenn als präventiver Zweck die Stabilisierung des Normvertrauens der Bevölkerung behauptet wird. Der Befund, daß nur präventive Zwecke vernünftig seien, diese Zwecke sich aber mit der Strafe nicht wirksam erreichen lassen, scheint nur zwei Konsequenzen zuzulassen: Entweder die Rückkehr zu absoluten Straftheorien oder die Erwägung, das Strafen abzuschaffen und sich auf alternative Reaktionsmöglichkeiten zu besinnen.« Klaus Günther: Die symbolisch-expressive Bedeutung der Strafe. Eine neue Straftheorie jenseits von Vergeltung und Prävention? In: Cornelius Prittwitz et al. (Hg.): Festschrift für Klaus Lüderssen, Baden-Baden 2002, S. 205-219.

VIII. Eine retributivistische Begründungsskizze

Mit der Sprache von Gerechtigkeit, Recht und Pflicht läßt der Präventionismus all die Streitigkeiten hinter sich, die in der Moralphilosophie über den Status der Moral und die Wurzeln ihrer Geltung herrschen. Und das ist in den Augen der Präventionisten natürlich ein beträchtlicher Vorteil. Herrscht die instrumentelle Vernunft absolut, dann muß sich niemand mehr Gedanken machen, ob die moralische Vernunft universalistisch oder partikularistisch ist. Diese Frage taucht aber natürlich sofort wieder auf, wenn wir die schöne neue Welt der Präventionisten verlassen und in die Stammlande der Moral zurückkehren und dort nach einer akzeptablen Version des Retributivismus suchen. Kant oder Hegel; Moralität oder Sittlichkeit. Schaut man sich das umfassende Material an, das Ethnologen zur Bedeutung des Retributionsprinzips in der Menschheitsgeschichte zusammengetragen haben, dann liegt es durchaus auf der Hand, sich durch schlichten Verweis auf die offensichtliche Nichtwegdenkbarkeit des Vergeltungsprinzips aus unserem kulturellen Bewußtsein alle weiteren Begründungsanstrengungen zu sparen. Der Retributivist würde dann kommunitaristisch argumentieren und mit dem Hinweis auf unsere geteilten Überzeugungen die Überlegenheit des Vergeltungsgedankens begründen. Wir sind aufgrund unserer kulturellen Überlieferung Retributivisten, von Kultur aus empfinden wir vergeltungstheoretisch. Daher ist jede Straftheorie zum Scheitern verurteilt, die sich über dieses kulturelle Vorurteil hinwegsetzen würde. Das kann natürlich bestenfalls die Widerwilligkeit der Annahme präventionistischer Theorien erklären, nicht jedoch die Überlegenheit retributiver Strafkonzeption begründen. Die Aufdeckung kulturpsychologischer Voreingenommenheit hilft nicht weiter, wir benötigen schon auch noch unabhängige begriffliche Gründe, die dem Akzeptanzvorsprung des Retributivismus einen Legitimitätsvorsprung an die Seite stellen können.

Freilich ist das begriffliche Repertoire begrenzt, von dem der Vergeltungsgedanke bei seiner Konzeptualisierung und Begründung Gebrauch machen kann. Letztlich kann alles nur eine Variation der folgenden, das retributive Grundschema konstituierenden Trias von Recht, Verbrechen und verbrechensreaktiver, das Recht wiederherstellender Strafe sein. Ich werde im folgenden eine solche Begründungsskizze vortragen, die als freie systematische Rekonstruktion der strafrechtsphilosophischen Überzeugungen Kants und Hegels zu verstehen ist. Freilich werden die Hegelschen Gedanken dabei in ein gänzliches anderes Denken transponiert, denn ich mache von den Voraussetzungen der Hegelschen Systemphilosophie keinerlei Gebrauch und bediene mich ausschließlich der vertrauten Prinzipien des menschenrechtlichen Egalitarismus und der Argumentationsformen der neuzeitlichen Staatsphilosophie.

Ich beginne mit einer Erläuterung der retributiven Trias. Der erste Schritt besagt: Es existiert eine anerkannte, durch den Legitimitätsglauben und die Richtigkeitsüberzeugungen der Bürger gestützte Rechtsordnung; ihr ausdifferenziertes

Gesetzessystem ist in fundamentalen Menschenrechtsprinzipien begründet; diese fundamentalen Menschenrechtsprinzipien bilden die normative Grammatik unserer moralisch-kulturellen Selbstverständigung; die Philosophie und verwandte Konzeptualisierungsbemühungen einschlägig betroffener Nachbarwissenschaften explizieren diese Grammatik und entwickeln Rechtfertigungsstrategien innerhalb der von ihr gezogenen kategorialen Bahnen. Der zweite Schritt ist der Schritt des Verbrechens: Das Verbrechen ist ein Bruch dieser Rechtsordnung, eine Verletzung des Rechts, eine Negation seiner Geltung, eine Mißachtung fundamentaler rechtsgenossenschaftlicher Loyalitätspflicht; es wird darum von den diese Rechtsordnung anerkennenden, für richtig und darum für unverletzlich haltenden Bürgern zutiefst mißbilligt und zurückgewiesen. Dritter Schritt: Ausdruck der gesellschaftlichen Mißbilligung des Verbrechens, seiner Zurückweisung, der Negation seiner Anmaßung, sich an die Stelle geltenden Rechts setzen zu können, ist die Strafe. Sie stellt das Recht wieder her, heilt die Verletzung, bekräftigt die Verbindlichkeit der Ordnung. Wohlgemerkt: die Strafe dient nicht der Wiederherstellung der Rechtsordnung, sie ist die Wiederherstellung der Rechtsordnung. Im Medium der Strafe heilt sich das gekränkte Recht selbst.

Ob diese Strafe nun auch noch im Sinne einer negativen oder positiven Generalprävention wirksam ist oder zur Besserung des Verbrechers beiträgt, ist ohne jeden Belang. Natürlich kann sie all diese wünschbaren Wirkungen erzielen, wenn die gegebenen Umstände das zulassen. Und wenn sich bei der das Schuldprinzip und den Verhältnismäßigkeitsgrundsatz beachtenden Strafbemessung ein Spielraum ergeben sollte, ist es auch aus retributivistischer Sicht durchaus vernünftig, bei der Entscheidung den Präventionsgedanken zu berücksichtigen. Nur hat diese kontingente instrumentelle Eignung der Strafe für Präventionszwecke keinerlei Rechtfertigungskraft. Die Strafe muß vollzogen werden, weil sich der Verbrecher des Rechtsbruchs schuldig gemacht hat.

Vielleicht möchte man dieses retributivistische Argument von der Wiederherstellung des Rechts durch Strafe mehr ins Subjektive wenden, vielleicht löst diese Rede vom sich selbst heilenden Recht, diese serologische Dialektik der rechtsverletzungsaufhebenden Strafe Bedenken aus, weil sie zu metaphysisch klingt, der Verdacht entsteht, hier würde dem Recht eine ontologische Eigenexistenz zugesprochen werden. Dann sollte man sich der Pflichtsprache zuwenden. Die Rechtsordnung, die die neuzeitliche Philosophie als geordnete, wohlgeordnete Freiheit begreift, als ins Dasein, in die Wirklichkeit getretene und Wirksamkeit gewinnende Freiheit, als institutionalisierte Freiheit, diese Rechtsordnung – das ist eine unersetzliche und unabdingbare Voraussetzung aller vergeltungstheoretischen Strafauffassung – ist verbindlich, verpflichtend. Das heißt: Sie ist nicht nur ein allgemein vorteilhaftes, regelegoistisch zu begründendes Instrumentarium der Handlungskoordination, sondern sie stattet jeden Bürger mit der fundamentalen Verpflichtung aus, diese Rechtsordnung zu respektieren; genauer: die Bürger betrachten sich selbst und einander als einer grundlegenden rechtsgenossenschaftlichen Loyalitätspflicht unterworfen. Und diese Sichtweise und die darin begründete normative Erwartung bildet das normative Rückgrat des wechselseitigen Anerkennungsverhältnisses, das ihr Zusammenleben als Bürger und Rechtspersonen strukturiert.

Ich werde diese These jetzt erläutern. Retributionstheorien machen häufig den Fehler, die Dimension der Strafbestimmung und die Dimension der Strafbegründung zu konfundieren. Dann lassen sie sich von ihren gerechtigkeitsmetaphorischen Assoziationen auf das Terrain der Begründung locken. Dabei ist es bereits dann, wenn wir uns auf die Frage der Strafbemessung konzentrieren, schwierig, diesen Gerechtigkeitsbildern der Gleichheit, des Ausgleichs und der Restitution in einem abstrakten gerechtigkeitstheoretischen Prinzipienraum einen strafrechtlich verwertbaren Sinn zu geben. Wie wir gesehen haben, führt uns unsere gerechtigkeitsethische Imagination unvermeidlich in die Gefilde des Theologischen und Mythologischen. Und nur durch Abschwächung des Gleichen zum Proportionalen können wir handhabbare Strafbemessungsgrundsätze gewinnen.

Wenn wir uns hingegen dem Begründungsproblem zuwenden, ist nicht zu sehen, wie mit Hilfe des Gerechtigkeitsbegriffs ein Strafrechtfertigungsargument gewonnen werden kann.[75] Wäre eine gerechtigkeitsethische Strafbegründung eine etablierte Argumentation, dann wäre auch eine gerechtigkeitsethische Staatsbegründung bekannt. Aber wir kennen keine gerechtigkeitsethische Staatsbegründung in der neuzeitlichen politischen Philosophie. Und daß wir keine gerechtigkeitsethische Staatsbegründung in der neuzeitlichen politischen Philosophie kennen, ist für ihr Verständnis nicht von peripherer, sondern von zentraler Bedeutung. Sie kann aufgrund ihrer Radikalität von dem Gerechtigkeitsbegriff keinen Gebrauch machen, denn der Gerechtigkeitsbegriff ist ein – das zeigt bereits sein erstes Auftreten in Platons Politeia – Ordnungsgestaltungsbegriff, jedoch kein Ordnungslegitimationsbegriff. Als Ordnungsgestaltungsbegriff kann er Verwendung finden, wenn die Ordnung etabliert ist, die für ihre grundlegende Aufrechterhaltung erforderlichen Kompetenzen legitimiert sind und es an die Arbeit der Detaillierung des institutionellen Designs geht. Gerechtigkeit setzt Rechtsverhältnisse voraus, die nach den von ihr exponierten Bestimmungen zu gestalten sind. Die Etablierung aber von Rechtsverhältnissen ist keine Forderung

[75] Natürlich kann man kontraktualistisch vorgehen und die Gesellschaft auf einen klugen Macht- und Freiheitsverzichtstausch stützen. Der Verbrecher wäre dann jemand, der sich unfairerweise mehr Freiheit genommen hat, als ihm aufgrund des vertraglichen Macht- und Freiheitsverzichtstausches zusteht. Und die Strafgerechtigkeit wäre dann wie schon bei Thomas von Aquin eine iustitia commutativa, die verlangt, die unfaire Mehrfreiheit durch eine entsprechende kompensatorische Bestrafung auszugleichen. Nur sind derart kontraktualistische Begründungen nicht in der Lage, den Rechts- und Moralprinzipien zukommenden Verbindlichkeitscharakter zu erklären. Innerhalb rationaler Kalkulation läßt sich ja noch nicht einmal der genuin moralische Sinn des Fairneßprinzips sichern.

der Gerechtigkeit, sondern des Freiheitsrechts. Das hat die neuzeitliche politische Philosophie deutlich gemacht. Ihr Grundbegriff ist der Begriff der Freiheit; ihr Ausgangspunkt ist die Aporetik ungeregelter Freiheit; diese sinnfällig zu machen, erzählt sie ihre Naturzustandsgeschichten.[76] Der Vertrag, der die Einsichten des klugen Selbstinteresses unter der Rationalitätsbedingung der Wechselseitigkeit wirksam machen möchte, ist ein Programm der Entaporetisierung der Freiheit durch gleiche, wechselseitig garantierte Selbstbindung; und der Staat ist das Instrument, um diese im Argument vorentworfene Verwirklichungsbedingung zu garantieren. Insofern dient er der Freiheitsermöglichung. Das eben ist die Grundformel neuzeitlichen staatlichen Rechts: Freiheitsermöglichung durch einvernehmliche Freiheitsregelung. Wenn die Strafe eine hoheitliche Tätigkeit ist, wenn darüber hinaus die Strafe gerechtfertigt werden soll, dann liegt es doch nahe, die Rechtfertigung der Strafe primär als Rechtfertigung einer staatlichen Tätigkeit zu verstehen und Strafrechtfertigung in die Nähe neuzeitlicher Staatsbegründung zu rücken. Die Erinnerung an die Grundsätze neuzeitlicher Staatsphilosophie sollte nur dazu dienen, den kategorialen Rahmen sichtbar zu machen, in den eine solche staatsrechtsnahe Rechtfertigung der Strafe gestellt werden könnte.

Wir kommen nun einen Schritt weiter, wenn wir auf einen Unterschied achten, der für diese Erinnerungsskizze nicht erheblich war, für das weitere Vorgehen jedoch von entscheidender Bedeutung ist. Es ist der Unterschied zwischen der prudentiellen Rechtfertigungstheorie Hobbes' und der vernunftrechtlichen Rechtfertigungstheorie Kants. Die Hobbessche Welt ist eine Welt der Mittel; sie ist mittelabsolutistisch; alles ist Mittel, auch das Recht, auch die das System des Rechts stabilisierende Strafe. Hobbes ist der Begründer des szientistischen Reduktionismus und der Ahnherr aller Generalpräventionisten.[77] Die flüchtigen Bezugspunkte der Hobbesschen Mittelwelt sind die teils konvergierenden, teils auseinanderstrebenden Präferenzen der Individuen. Wir werden nie zu einer den Instrumentalismus des Präventionismus vermeidenden Straflegitimation kommen, wenn wir nicht diese schlechte Unendlichkeit des Instrumentellen durchstoßen. Und durchstoßen können wir sie nur, wenn wir eine Kantische Voraussetzung machen: wenn wir die Freiheitsordnung des Staates nicht als distributiv-allgemeines Instrument individueller Interessendurchsetzung verstehen, sondern als eine vernunftrechtlich oder menschenrechtlich gebotene Rechtsordnung, als staatsrechtlich konkretisierte und ausdifferenzierte Ordnung des Menschheitsrechts, die jedem Menschen das Recht auf allgemein verträglichen Freiheitsgebrauch zugesteht und jedermann verpflichtet, alles zu tun, damit jeder seines Rechtes teilhaftig wird. Der Staat ist institutionalisiertes Menschheitsrecht. Mit seiner Errichtung weicht die apriorische Recht-Pflicht-Korrespondenz des abs-

[76] Vgl. Wolfgang Kersting: Politische Philosophie des Gesellschaftsvertrags. Darmstadt 1994.
[77] Vgl. Wolfgang Kersting: Thomas Hobbes zur Einführung. 3. Auflage, Hamburg 2005.

trakten vernunftrechtlichen Ausgangszustandes einem bürgerlichen, gesetzesrechtlichen Zustand, den alle Bürger durch Rechtschaffenheit und Gesetzestreue zu unterstützen von Vernunftrechts wegen verpflichtet sind. Sowie der Staat selbst als Ort der gesetzesrechtlichen Institutionalisierung des Vernunftrechts teil hat an dessen Verbindlichkeit und praktischer Notwendigkeit, so hat auch die Strafe, die in diesem kategorialen Rahmen für die Stabilisierung der gegebenen staatlichen Rechts- und Freiheitsordnung sorgt, teil an der normativen Autorität und Dignität des Vernunftrechts. Wenn Kant das Strafgesetz als kategorischen Imperativ bezeichnet, dann ist genau dieser Gedanke damit zum Ausdruck gebracht: daß die Strafe kein dem Recht äußerliches, an seiner Verbindlichkeit nicht teilhabendes, nur zweckdienliches Instrument zur Erreichung oder Sicherung distributiv-allgemein vorzugswürdiger Zustände ist, sondern als immanenter Bestandteil des seine eigene staatliche Institutionalisierung verlangenden Vernunft- und Menschheitsrechts betrachtet werden muß und nur als solcher normativ gerechtfertigt werden kann. Nur durch die Integration in einen solchen normativen kategorialen Kontext kann der Strafe selbst normative Kontur zukommen, kann sie selbst als rechtlich notwendiges Element einer Rechtsordnung verstanden werden, das immer dann heranzuziehen ist, wenn die Rechtsordnung durch widerrechtliches Verhalten erschüttert wird.

Strafe ist die Antwort auf ein Verbrechen, das als zurechenbare, schuldhafte freiheitsrechtliche Pflichtverletzung zu verstehen ist. Freiheitsrechtliche Pflichtverletzung ist das Verbrechen, weil das Recht seine Verbindlichkeit als zivile, als bürgerliche Freiheitsordnung gewinnt. Die mit dem Übergang vom staatlich ungefestigten Naturzustand zum Friedenszustand sich vom Menschen in einen Bürger verwandelnde Rechtsperson, steht unter der Verpflichtung, alles zu tun, daß jeder seines Rechtes teilhaftig werden kann. Der Bürger ist zur Loyalität, zumindest zur passiven Erhaltung der freiheitsrechtlichen Ordnung verpflichtet; er hat sich selbst als Person im öffentlichen Interaktionsraum zu verhalten und andere als Person zu respektieren.[78] Beides verletzt der Verbrecher, er zerstört das wechselseitige rechtspersonale Anerkennungsverhältnis. Und dieses kann nur durch Bestrafung wieder restituiert werden. Denn Rechtspflichten zu erfüllen ist keine Obliegenheit, die man abschütteln kann, die man nach seinen eigenen Begriffen erfüllen kann. Rechtspflichten sind Schuldigkeiten; sie haben den Schutz der Rechte Anderer zum Inhalt. Rechtspflichten werden aber nicht nur Subjek-

[78] Es wäre verfehlt, hier eine unstatthafte Ethisierung des Rechts zu monieren. Die Loyalitätspflicht zeigt sich im Respekt der Ordnung, in unauffälliger Rechtschaffenheit. Und es ist eine Pflicht, die insofern dem Recht geschuldet ist, weil das Recht als Ermöglichungsbedingung freiheitsrechtlich geschützter Lebensführung die Bedingung aller individuellen Rechtsgüterzuteilung ist. Man kann auch sagen: sie ist der Gemeinschaft der Bürger geschuldet; aber diese Gemeinschaft der Bürger wird eben nicht durch ein ethisches Band gebildet, sondern gründet in einem freiheitsrechtlich institutionalisierten wechselseitigen Anerkennungsverhältnis der Individuen als Personen und Bürger.

ten gegenüber geschuldet. Das interindividuelle und reziproke Recht-Pflicht-Gewebe ist aufgehängt in einer es tragenden Ordnung, die als solche zu schützen und zu achten Bestandteil der grundlegenden Bürgerpflicht ist. Daher ist die Schuld des Verbrechers nicht nur Verletzung des Rechts seiner Opfer, sondern immer auch ein Angriff auf die Rechtsordnung selbst. Allgemeiner formuliert: jede verbrecherische Verletzung rechtsgeschützter individueller Freiheit ist zugleich Verletzung der grundlegenden Ordnung allgemeiner rechtlicher Freiheitsermöglichung. Wird dieser freiheitsrechtliche Ermöglichungszusammenhang mitgedacht, wird die Rechtspflicht als eine immer auch der Ordnung, der Allgemeinheit, der Vernunft geschuldete Loyalitätspflicht verstanden, dann wird verständlich, daß für Kant durch das Verbrechen immer auch »das gemeine Wesen und nicht bloß eine einzelne Person [...] gefährdet wird.«[79] Das Verbrechen beschränkt sich nicht auf eine Verletzung individueller Rechte, es ist ein Angriff auf die Rechtsordnung, auf die »allgemeine Sache«,[80] auf die Vernunft. Entsprechend muß auch ein angemessenes Verständnis der Strafe die Strafe aus einem ausschließlich interindividuellen Verhältnis herausnehmen; sie entprivatisieren und objektivieren. Die Strafe, die als Wiederherstellung der durch das Verbrechen verletzten Ordnung interpretiert wird, ist dem äußeren interindividuellen Verbrechensgeschehen entrückt, sie ist überindividuell, wird im Namen des Volkes verhängt, ist begründet in der Pflicht jeden Bürgers, die Rechtsordnung als freiheitsrechtliche Ermöglichungsbedingung selbstbestimmter Lebensführung zu respektieren.

79 Kant: Metaphysik der Sitten, AA VI, S. 331. – Diskursethiker ersetzen den Rechtsapriorismus Kants durch die Verfahren der kommunikativen Vernunft, wollen also letztlich in der demokratischen Empirie die Legitimation diskursiv-kollektiv erarbeiten, die in der Kantischen Philosophie als Vernunftrechtsprämisse von vornherein gegeben. Damit wird die Gehorsamspflicht der Bürger nicht zu einer Rechtspflicht a priori, sondern zu etwas, was einer Person durch andere und durch sich selbst im Rahmen demokratischer Selbstgesetzgebungsverfahren zugesprochen wird. Durch diese diskursiv-kommunikativ erworbene Loyalitätsverpflichtung gegenüber der gemeinsam festgelegten Freiheitsordnung wird der normative Rahmen für Schuld und Strafe abgesteckt; vgl. Klaus Günther: Schuld und kommunikative Freiheit. Frankfurt/M. 2005. Angesichts des leidigen Umstandes, daß jeder Versuch einer empirisch-demokratischen Einlösung apriorischer vernunftrechtlicher Voraussetzungen – zumal dann, wenn sie mit der Einmütigkeitsbedingung belastet wird – im Utopischen versandet, wird freilich das Leben in legitimen Rechtsverhältnissen zu einer Unwahrscheinlichkeit; gleichzeitig das wechselseitige Loyalitätsverlangen der Bürger grundlos. Schlimmer noch: durch den Hinweis auf die immer noch ausstehende diskursiv-kommunikative Legitimierung der bestehenden Rechtsregeln kann jeder verurteilte Verbrecher das gegen ihn angestrengte Verfahren delegitimieren.

80 Hegel: Grundlinien, S. 217, § 218: »[...] so ist das Verbrechen nicht mehr nur Verletzung eines subjektiv-Unendlichen, sondern der allgemeinen Sache, die eine in sich feste und starke Existenz hat.«

Summary

Wolfgang Kersting's article has three parts. The first one commences with the so-called ius talionis and moves on, via the principal of exact retaliation, to the constitutional connection of guilt and the principle of proportionality between punishment and deed. The second part demonstrates with the example of preventive theories of punishment that economical justifications of normative concepts inevitably fail if we stick to the condition that crime and punishment are reasonable terms of law. The third part defends, in free reconstruction of their deliberations, Kant and Hegel against their preventivist critics and establishes a retributionist theory of punishment in accordance with the principles of modern democratic politics. To Kersting punishment is an integral part of the modern state's efforts to translate the principles of the so-called Vernunft- und Menschheitsrecht into positive law, and it is only in this framework that punishment can be normatively justified. Punishment which is meant to re-establish the legal system, challenged in its authority by crime, must be divided from the real interpersonal occurrence of the executed crime. Punishment, interpreted as the restitution of the order that has been violated by a crime, is external to the interindividual occurrence of the crime. It is superindividual, sentenced in the name of the citizens, and has its foundation in each citizen's obligation to respect the legal system as the decisive condition for the possibility of living one's life self-determinedly.

Macht und Buße
Zur Kritik der von Nietzsche und Foucault vorgetragenen Beurteilung der Strafpraxis

Heinz-Gerd Schmitz (Köln)

Jede Strafe ist Rache,[1] behauptet Nietzsche und macht damit dem Gestus der großen Enthüllung, als welche er viele Teile seines Philosophierens gelesen wissen will, alle Ehre. Begründet wird die provokante These durch ein Theoriestück, das man eine Genealogie des Strafens nennen könnte. Sie läßt sich so skizzieren:

Ursprünglich ist Strafe ausschließlich ein Akt der Vergeltung. Der Täter wird dabei wie jemand betrachtet, der Schulden gemacht hat. Deshalb muß man mit ihm nach den Regeln der *iustitia commutativa*[2] verfahren. Ob er hätte anders handeln, die Schuld also vermeiden können, ist ohne Belang. Der von ihm verursachte Schaden liegt vor und muß abgegolten werden. Ist dies geschehen, dann ist der Gerechtigkeit genüge getan. Die Schuld ist durch ein Äquivalent des angerichteten Schadens aufgehoben. Die Münze, in welcher hier gezahlt werden muß, ist der Schmerz des Bestraften.

Die Grundformel allen Strafens ist also der Tausch.[3] Nur tritt für den Gläubiger an die Stelle eines materiellen Gutes eine Steigerung des Lebensgefühls, welche dadurch zustande kommt, daß er Macht über einen anderen besitzt, eine Überlegenheit genießen darf, die nicht durch eine Gegenaktion des Unterworfe-

---

1 Friedrich Nietzsche: Menschliches, Allzumenschliches (= MA). Nietzsche wird nach folgender Ausgabe zitiert: Sämtliche Werke. Kritische Studienausgabe in 15 Bde. (= KSA), hg. v. Giorgio Colli und Mazzino Montinari. München/ Berlin/ New York 1980, hier: MA, KSA 2, S. 567. Im *Zarathustra* heißt es: »›Strafe‹ nämlich, so heisst sich die Rache selber: mit einem Lügenwort heuchelt sie sich ein gutes Gewissen« (KSA 4, S. 180). Daß Nietzsche hier absichtsvoll einen Traditionsbruch vollzieht, zeigt folgende Bestimmung in der *Rhetorik* des Aristoteles: διαφερει δε τιμωρια και κολασις η μεν γαρ κολασις του πασχοντος ενεκα εστιν, η δε τιμωρια του ποιουντος, ινα πληρωθη – Es unterschieden sich Strafe und Rache; denn die Strafe ›erfolgt‹ um des Leidenden willen, die Rache hingegen um des Handelnden willen, damit er zufriedengestellt wird (1369b12-14).

2 Vgl. Aristoteles: Ethica Nicomachea (= EN) 1133a5 ff. Die von Aristoteles ausgehende Tradition nimmt zwar an, daß der Richter – etwa im Falle von Eigentums-delikten – zunächst einen unfreiwilligen Tausch rückgängig macht, indem er das gestohlene/geraubte Gut dem Eigentümer zurückgibt; dann aber hat er κατ αξιαν (EN 1131a24) das Faktum zu berücksichtigen, daß überhaupt dieser unfaire Tausch stattgefunden hat; dies ist nur mit Mitteln der *iustita distributiva* möglich – genauer: durch eine negative Distribution, also durch Entzug von Vermögen, Freiheit etc. Nietzsches Reduktion dieses Vorgangs auf die *commutativa* schließt mithin von vornherein die Frage nach der Schuld eines Täters aus.

3 Friedrich Nietzsche: Zur Genealogie der Moral (= GM), KSA 5, S. 298.

nen gefährdet werden kann. Strafen ist folgenloser Selbstgenuß. Das Leid des Bestraften entschädigt das Opfer, weil ihm die Möglichkeit gegeben wird, seinen vormaligen Peiniger seinerseits leiden zu lassen. Dies ist um so wohltuender, je herabsetzender die Strafe für den Bestraften ist. Die größte Freude hat das Gläubiger-Opfer dann, wenn es eine sozial hochstehende Person malträtieren darf.

Diese Konstellation ändert sich, wenn ein Täter innerhalb eines politisch und rechtlich verfaßten Gemeinwesens Schuld auf sich lädt. Auch hier muß zwar zurückgezahlt werden, freilich nicht nur an das Opfer selbst, sondern auch an die Gesellschaft der Herden-Menschen, welche ihren Tribut dafür verlangen, daß jemand ihr absurdes Egalitätscredo ignoriert, indem er sich über die Masse stellt, ihre Schwäche verachtet, indem er sich einen Vorteil verschafft, den alle anderen nicht genießen. Der Gläubiger läßt sich seine Rechnung nun damit begleichen, daß er dem Schuldner die Vorteile entzieht, welche die schützende Gemeinschaft bietet, ihn also in einen prä-sozialen Zustand zurückversetzt (vgl. GM, KSA 5, 307 f.). Damit wird er zum Feind, der sich im ungeschützten Niemandsland des Naturzustandes bewegt. Der Krieg bildet das Muster, nach dem hier die Strafe konzipiert wird. Sie zu vollstrecken bedeutet daher, eine Siegesfeier zu veranstalten. Daß dies nicht ohne Grausamkeit abgehen kann, scheint Nietzsche selbstverständlich.[4]

Erst wenn das Gemeinwesen ein gewisses Maß an Stabilität gewonnen hat, ist es ihm möglich geworden, die Verbrechen einzelner ihrer Mitglieder nicht mehr ganz so wichtig zu nehmen. Nun kann man es sich erlauben, den Täter vor dem ressentimentgeladenen Haß der Herden-Menge zu schützen (vgl. GM, KSA 5, 308). Das Verfahren der Schuldbegleichung wird jetzt dadurch rationalisiert, daß man für jedes Vergehen einen festen Preis einführt. Das so konzipierte Strafgesetzbuch verzeichnet eine Liste der zu entrichtenden Äquivalente. Damit verlieren Verbrechen und Strafe ihren Kampfcharakter. Der Wunsch nach Ausgleich überlagert das Rachebedürfnis.

Das Ende dieser Genealogie von Strafe und Vergeltung läßt sich einfach antizipieren: Eine genügend gefestigte Gesellschaft müßte dazu in der Lage sein, auf Strafe ganz und gar zu verzichten. Denn die Abzahlungsgerechtigkeit verliert ihren Funktionssinn, wo mit der Möglichkeit einer wirklichen inneren Bedrohung des Gemeinwesens nicht ernsthaft gerechnet werden muß. Man wird den Verbrecher nun als einen zahlungsunfähigen Schuldner betrachten, den man am Ende laufenlassen muß. Ein Feind, den es niederzuringen gälte, ist er ja nicht länger (vgl. GM, KSA 5, 309).

Nietzsche skizziert damit einen Weg der Rechtfertigung des Strafens von der rächenden Vergeltung über die General- bzw. Spezialprävention zur Resozialisation. Foucault hat auf diesem von Nietzsche errichteten Fundament weiterge-

4 »Ohne Grausamkeit kein Fest [...] und auch an der Strafe ist so viel *Festliches*!« (GM, KSA 5, 302).

baut. Bevor ich jedoch auf ihn zu sprechen komme, will ich eine grundsätzliche Einschätzung der philosophischen Theorien der Strafe liefern, die Nietzsche in einen genealogischen Zusammenhang bringt. Dabei wird sich zeigen, daß er, was die Reihenfolge des Auftretens philosophischer Begründungen der Strafe angeht, die Dinge auf den Kopf stellt. Die praktische Philosophie nimmt ihren Ausgang nämlich von einer Theorie der Resozialisation, geht mit dem Utilitarismus zu einer Abschreckungslehre über, um dann mit Kant beim *ius talionis* zu landen.

I

Unter einer Theorie der Strafe soll im folgenden eine solche Lehre verstanden werden, die angibt, unter welchen Umständen, wie und zu welchem Zweck eine legitime Obrigkeit das Recht besitzt, gewisse Personen in ihre Gewalt zu bringen und mit ihnen dann auf eine Weise zu verfahren, welche von diesen Personen als eine Beeinträchtigung ihrer bisherigen Lebensumstände verstanden wird. Eine vollständige Theorie der Strafe muß mithin erstens über einen Begriff des Verbrechens verfügen; zweitens wird sie Angaben zum Procedere der Identifikation eines solchen Regelverstoßes enthalten und drittens wird sie erklären müssen, nach welchem Prinzip mit überführten Tätern zu verfahren ist. Nur der letzte Aspekt soll im folgenden thematisiert werden. Denn mit ihm wird zugleich das philosophisch bedeutsame Problem der Legitimität des Strafens aufgeworfen.

Man kann die denkbaren Ansätze zu einer solchen Theorie beschränken, indem man sie aus dem Strukturgeflecht herleitet, in dem eine jede Handlung steht. Dieses Strukturgeflecht enthält drei Konstituenten: Ein von Menschen hervorgerufenes Ereignis, eine Tat also, ist immer die Tat eines oder mehrerer Agenten, und sie führt immer zu irgendeiner Art von Ergebnis, sei es, daß durch sie ein neuer Sachverhalt auftritt, sei es, daß ein bereits bestehender nicht aufgehoben wird. Wir haben es also mit folgenden drei Handlungskonstituenten zu tun:

(1) mit dem Täter,
(2) mit seiner Tat und
(3) mit deren Ergebnis.

Alle denkbaren Gesichtspunkte, die eine strafende Obrigkeit ins Kalkül zu ziehen hat, werden an eine dieser Komponenten geknüpft – so etwa der Hinweis darauf, daß der Täter in seinem Tun durch die Umstände, unter denen er hat leben müssen, determiniert worden ist; die Feststellung, daß die Tat bisher unerhört oder aber gang und gäbe sei; schließlich auch die Überlegung, wie diejenigen reagieren mögen, die vom Resultat einer Handlung mittelbar oder unmittelbar betroffen sind.

Damit ergeben sich drei denkbare Anknüpfungspunkte einer Theorie der Strafe:

(1) Die erste Theorie ist ausschließlich täterorientiert. Auch wenn man hier nicht leugnet, daß eine Tat verabscheuungswürdig und daß ihr Ergebnis untragbar sei, steht doch immer das in seinem Handeln auffällig gewordene Subjekt im Mittelpunkt der Überlegungen. Dieses Subjekt gilt es – im weitesten Sinne des Wortes – zu therapieren. Daher kann hier auch nur in eingeschränktem Sinne von Strafe gesprochen werden, besser wäre es, den Begriff der Heilung zu verwenden. Denn Besserungstheorien verlangen im Grunde nicht nach dem Vollzugsbeamten, sie fordern den Therapeuten.[5] Im folgenden werden Ansätze dieser Art als *täterorientierte Theorien der Strafe* bezeichnet.

(2) Die zweite Bestimmung orientiert sich an der Tat selber. Hierher gehören die sogenannten Vergeltungstheorien. Man kümmert sich nicht um den Täter und seine Beweggründe und auch nicht um die Gesellschaft, in welcher die Tat begangen wurde. Einzig das Verbrechen selbst interessiert. Ihm allein mißt sie die Strafe an. Daß dieser Vorgang nicht notwendig mit dem Gefühl der Rache verbunden sein muß, ist evident. Denn eine Vergeltungstheorie nimmt nicht von den psychischen Bedürfnissen der Tatbetroffenen ihren Ausgang, sie ist vielmehr eine anti-mentalistische, rein *tatorientierte* Theorie der Strafe.[6] Diese Bezeichnung soll im folgenden verwendet werden.

(3) Der dritte Ansatz hat das gesellschaftlich unerwünschte Ergebnis des Verbrechens im Auge; ihm will man begegnen. Soll dies durch Abschreckung geschehen, dann ist es nötig, den Täter mit einem Übel zu belegen, welches den Gewinn, den er aus seinem Verbrechen gezogen hat, bei weitem übersteigt, auf daß für die Zukunft nicht mehr mit dem Eintreten des von ihm herbeigeführten Sachverhaltes zu rechnen ist. Der Täter kommt hier nur in sofern in Betracht, als von ihm die Tat und damit auch die durch sie verursachten Sachverhalte ausgehen. Zwar sollen potentielle Nachahmer abgeschreckt werden, nicht aber der Schrecken ist die tragende Hinsicht, sondern das, was man dem Schrecken zu bewerkstelligen zutraut, nämlich das Ausbleiben künftiger Taten und damit ihrer Folgen. Neben der Abschreckung postuliert man freilich auch andere Maßnahmen – etwa die Sicherung der Gesellschaft durch eine – wie auch immer geartete – Neutralisierung des Tä-

---

5 Vgl. exemplarisch Edgardo Rotman: Beyond Punishment: A New View of the Rehabilitation of Offenders. Westport, Conn. 1990; Mark Thornton: Against Retributivism. In: Wesley Cragg (Hg.): Retributivism and its critics: papers of the special Nordic conference held at the University of Toronto, 25-27 June 1990/ Canadian Section of the International Society for Philosophy of Law and Social Philosophy (= Archiv für Rechts- und Sozialphilosophie, Beiheft 47). Stuttgart 1992, S. 83-92.

6 Zu den unterschiedlichen Begründungen einer reinen Tatorientierung vgl. Thornton: Against Retributivism, S. 83.

ters. Überlegungen, welche ausschließlich die Folgen des Verbrechens im Auge haben, sollen im folgenden *ergebnisorientierte Theorien der Strafe* heißen.

Damit haben sich insgesamt drei Klassen von Ansätzen ergeben:

(1) die täter-,
(2) die tat- und
(3) die ergebnisorientierten Theorien.

Bevor ich sie kurz exemplarisch skizziere, ist es noch nötig, auf ein Merkmal hinzuweisen, welches die täter- und ergebnisorientierten von den nur auf die Tat ausgerichteten Theorien unterscheidet. Die ersten beiden verlangen nämlich von der strafenden Instanz besondere Kenntnisse, auf welche man bei reiner Tatorientierung ausdrücklich verzichtet. Diese Kenntnisse beziehen sich einmal auf die Psyche des Täters, zum anderen auf das, was als gesellschaftlicher Nutzen zu bestimmen ist.

Exemplarisch wird ein privilegiertes Wissen um die Täterseele vom ersten aller Besserungstheoretiker postuliert, von Sokrates in Platons *Gorgias*. Als Topos einer Theorie, welche den Anspruch erhebt, ausschließlich das gesellschaftliche Wohl im Auge zu haben, kann der klassische Utilitarismus angesehen werden, der sich bei Jeremy Bentham[7] findet. Kant schließlich ist es, der mit seiner Rechtslehre eine strikte Tatorientierung postuliert.

Ich skizziere zunächst die sokratische Position.

Im *Gorgias* soll die These widerlegt werden, der Verbrecher *par excellence*, der Tyrann nämlich, sei ein glücklicher und beneidenswerter Mensch. Sokrates behauptet, daß ein solcher Gewaltherrscher ganz und gar unfrei sei; denn er verhalte sich ganz anders, als er es eigentlich wolle. Dies liege daran, daß er sich hinsichtlich dessen, was das beste sei, irre.[8] Etwas zu vermögen, also Macht zu haben, bedeute nämlich, tun zu können, was man wolle. Wenn man aber nur meine, man folge in seinen Handlungen seinem Willen, ohne daß dies wirklich der Fall sei, dann bilde man sich lediglich ein, man sei mächtig. Dann beruhe die Machtzuschreibung auf Selbsttäuschung, dann sei man schließlich einem Kinde vergleichbar, das unter Machtphantasien leide.[9]

Die These von den Machtphantasien der Tyrannen wird im *Gorgias* so erklärt: Wenn etwas tun können, heißt, zu tun, was man will, dann tut man nicht, was man will, ist also machtlos, wenn man etwas als Gutes antizipiert, was schlecht

---

7 Jeremy Bentham: The Principles of Morals and Legislation (= PML). Buffalo/New York 1988 (erstmals 1781).

8 Gorgias 466d7-e2.

9 Politeia 301c3 werden ungezügelte Begierde (επιθυμια) und Unwissenheit (αγνοια) als Ursachen hierfür genannt. Die *Nomoi* liefern folgende Erklärung: Es sei παντων ανθρεπων [...] κοινον επιθυμημα (687 c 1) – ein allen Menschen gemeinsames Begehren, [τ]ο κατα την της αυτου ψυχης επιταξιν τα γιγνομενα γιγνεσθαι (687 c 5/ 6) – daß alles, was geschieht, nach der Festsetzung erfolgt, welche die eigene Seele vornimmt. Wenn hier das richtige Maß fehlt, dann erwächst der Hang zum Tyrannischen.

oder nur ein Mittel, nicht aber ein selbständiger Zweck sein kann. Ein Tyrann ist also nur dann wirklich mächtig, wenn er etwas als das Gute ins Auge faßt, was wirklich das Gute ist, und nicht etwas, was ihm nur als das Gute erscheint, und wenn er obendrein die Mittel besitzt, dieses Gute auch zu verwirklichen. Nur unter diesen Bedingungen tut er, was er will.[10]

Damit ist der Kerngedanke der Besserungstheorie entwickelt. Er lautet: Der Verbrecher hat etwas gewollt und ausgeführt, was er gar nicht hätte wollen und ausführen können, wenn er sich in einer – im weitesten Sinne – gesunden Verfassung befunden hätte. Daher gilt es, ihn durch geeignete Maßnahmen in eben diesen Zustand zu versetzen, auf daß er in Zukunft nur das will und ausführt, was ein gesunder Mensch wollen und ausführen kann. So weit die Skizze einer exemplarischen täterorientierten Straftheorie. Sie gipfelt bei Platon in der These, man müsse einen Freund, der ein Verbrechen begangen habe, schleunigst der Obrigkeit ausliefern, auf daß diese so schnell wie möglich strafen und damit therapieren könne.[11]

Es ist diese Auffassung, welche Nietzsche verächtlich der Herden-Moral zuschreibt, ihrer verweichlichten Gutherzigkeit[12], die sich gar nicht mehr zu denken vermag, daß der Tyrann überhaupt nicht gut sein will. Foucault hingegen wird noch einen Schritt weiter gehen und den hinter der Maske des Therapeuten verborgenen Machtwillen entlarven.

Der Kerngedanke einer ergebnisorientierten Straftheorie findet sich – wie schon angekündigt – in exemplarischer Form bei Bentham. Für Bentham gilt – ganz im Gegensatz zur Auffassung des Sokrates –, daß jede Strafe an sich selbst ein Übel ist (PML, 170). Man hat nur dann ein Recht, jemandem ein solches Übel zuzufügen, wenn sich auf diese Weise ein größeres Übel vermeiden läßt. Das Strafen ist daher lediglich Mittel zu einem Zweck, welcher durch das *greatest happiness principle* definiert wird. Dieses besagt, daß sich der moralische Wert einer Handlung am Gesamtinteresse einer Gemeinschaft bemißt, welches additiv aus den Partikularinteressen resultiert. Das *greatest happiness principle* verlangt also, das Glück des gesellschaftlichen Kollektivsubjektes zu maximieren.[13]

---

[10] Gorgias 467c5 ff.

[11] Gorgias 480b7 ff.

[12] Vgl. Jenseits von Gut und Böse, KSA 5, S. 123.

[13] In John Stuart Mills Formulierung: »According to the Greatest Happiness Principle [...] the ultimate end, with reference to and for the sake of which all other things are desirable (whether we are considering our own good or that of other people), is an existence exempt as far as possible from pain, and as rich as possible in enjoyments, both in point of quantity and quality; the test of quality, and the rule for measuring it against quality, being the preference felt by those who in their opportunities of experience, to which must be added their habits of self-consciousness and self-observation, are best furnished with the means of comparison. This, being [...] the end of human action, is necessarily also the standard of morality [...]«; siehe ders.: Utilitarianism. In: Ders.: Utilitarianism. Liberty and Representative Government. London/Toronto/New York 1926 (erstmals 1863), S. 11.

Das Herzstück des Utilitarismus ist ein *finalistisch* zu nennendes Kalkül: Antizipieren läßt sich ein bestimmtes gesamtgesellschaftliche Übel, welches *A* heißen soll. *A* wird von einem Individuum hervorgerufen, welches aus dem Auftreten von *A* persönlichen Glücksgewinn zieht. Daher muß dafür gesorgt werden, daß immer dann, wenn *A* hervorgerufen wird, zugleich ein individuelles Übel eintritt, welches *B* heißen soll. *B* muß so beschaffen sein, daß es den Gewinn, der sich mit Eintritt von *A* für jemanden ergibt, bei weitem überwiegt. Wenn man nun jedem Individuum *B* für den Fall androht, daß es gewillt ist, *A* herbeizuführen, so liegt die Berechtigung sowohl für die Formulierung als auch für die Exekution der Strafe *B* eben darin, daß für das Kollektivsubjekt durch die Androhung von *B* das Auftreten von *A* überhaupt oder, wenn *A* bereits ausgeführt worden ist, durch die Exekution von *B* das künftige Auftreten von *A* entweder verhindert oder aber zumindest unwahrscheinlich wird. Die Strafe bezieht hier also ihre Legitimation aus ihrer abschreckenden Wirkung. Sollte man es freilich mit einem durchaus hartgesottenen Übeltäter zu tun haben, dann muß man um des kollektiven Glücks willen zu Sicherungsmaßnahmen greifen.

Nach Nietzsches Einschätzung tritt mit dem Utilitarismus die Herden-Moral in ihrer reinsten Gestalt auf – der große Einzelne gilt nichts, die Herden-Nützlichkeit hingegen alles.[14] Die nun noch zu skizzierende Kantische Lehre vom *ius talionis* hingegen wäre in seinen Augen nur ehrlicher, wenn sie sich offen zu dem in ihr verborgenen Rachgedanken zu bekennen bereit wäre.

Kants Rechtslehre lassen sich sowohl Argumente gegen die konkurrierenden Auffassungen als auch positive Bestimmungen entnehmen. Ich beginne mit dem Argument gegen die Ergebnisorientierung. Es findet sich in den Überlegungen, die Kant anstellt, wenn es darum geht, den Charakter hypothetischer Imperative näher zu kennzeichnen.

Hypothetische Imperative liegen vor, wenn ein Sollen lediglich bedingt ausgesprochen wird. Daher formuliert man in Konditionalsätzen: wenn das Auftreten des Sachverhaltes *X* als Wirkung postuliert wird, dann muß der Sachverhalt *Y* herbeigeführt werden, denn er ist es, welcher *X* zu verursachen vermag. Je nach dem Status, den *X* annimmt, liegt ein problematisch- oder ein assertorisch-

---

[14] Vgl. die folgende gegen Mill gerichtete Bemerkung aus dem Nachlaß : »NB. gegen die Gerechtigkeit [...] Gegen J. Stuart Mill: [...] hier wird die Äquivalenz der Werthe von Handlungen vorausgesetzt bei mir und dir; hier ist der persönlichste Werth einer Handlung einfach annullirt (das, was durch Nichts ausgeglichen und bezahlt werden kann -) Die ›Gegenseitigkeit‹ ist eine große Gemeinheit; gerade daß Etwas, was ich thue, nicht von Einem Andern gethan werden dürfte und könnte, daß es keinen Ausgleich geben darf – außer in der ausgewähltesten Sphäre der ›meines Gleichen‹, inter pares – ; daß man in einem tieferen Sinne nie zurückgiebt, weil man etwas Einmaliges ist und nur Einmaliges thut – diese Grundüberzeugung enthält die Ursache der aristokratischen Absonderung von der Menge, weil die Menge an ›Gleichheit‹ und folglich Ausgleichbarkeit und ›Gegenseitigkeit‹ glaubt«; Nachgelassene Fragmente, November 1887 – März 1888, 11, 127; KSA 13, S. 60/61.

praktisches Prinzip vor. Im ersten Falle handelt es sich um Imperative der Geschicklichkeit, im zweiten um solche der Klugheit.[15]

Für Imperative der Geschicklichkeit gilt, daß sie in gewissem Sinne analytischen Charakter aufweisen. In Bezug auf die Imperative meint der Begriff *analytisch*: der Angabe des Zwecks läßt sich das zu seiner Verwirklichung taugliche Mittel entnehmen. Dies gilt freilich mit der Einschränkung: nur dann, wenn der Zweck von mir als Zweck gewollt wird.

Anders verhält es sich bei dem assertorisch-praktischen Prinzip, i.e. beim Imperativ der Klugheit. Denn es ist nicht nur eine mögliche, sondern vielmehr eine wirkliche Absicht aller Menschen, glücklich zu werden. Ein jeder strebt nach seinem Glück und kalkuliert die hierfür in seinen Augen tauglichen Mittel, die den angestrebten Zustand herbeizuführen versprechen. Hier müßte also zwischen Mittel und Zweck ein analytisches Verhältnis vorliegen – dergestalt, daß dem Zweck, der Glückseligkeit, das Mittel, welches sie zu verursachen vermag, entnommen werden könnte. Daß dies mitnichten der Fall ist, ist evident. Kant erklärt diese Tatsache dadurch, daß ganz unbestimmt ist, was unter *Glück* zu verstehen sei. Einem unbestimmten Begriff, der einen Soll-Zustand nicht präzise zu kennzeichnen vermag, läßt sich aber nicht entnehmen, mit welchem Mittel man ihn herbeiführen könnte. Wo die Mittel aber so im Dunkeln liegen, weil die Zwecke obskur sind, kann schlechterdings nichts geboten werden (GMS, AA 4, 415 f.).

Kant selbst bezieht diese Überlegung nicht auf die Frage nach der Legitimität des Strafens. Man sieht aber schnell, daß sie ohne weiteres Anwendung auf die Argumentation finden kann, mit welcher der ergebnisorientierte Straftheoretiker auftritt. Er postuliert einen gewissen als erwünscht erachteten Zustand, welchen er als Zustand des maximierten Kollektivglücks begreift, und behauptet, dieser Bestimmung lasse sich analytisch entnehmen, daß abschreckende Strafen bzw. Sicherungsmaßnahmen ein taugliches Mittel seien, das Glück der größtmöglichen Anzahl von Menschen zu befördern. Will man diesen Ansatz bezweifeln, dann ist es gar nicht nötig, die Glückskonzeption anzugreifen; es genügt nach Kant zu zeigen, daß wir mit einer Pluralität von Glücksvorstellungen zu rechnen haben. Daraus resultiert dann unmittelbar die Erkenntnis, daß eine Theorie der Strafe, welche sich am Glück eines Kollektivsubjektes orientiert und Mittel zur Herbeiführung dieses Zustandes kalkulieren will, sich über das Faktum hinwegtäuscht, daß sie es hier nicht mit Imperativen der Geschicklichkeit, sondern mit solchen der Klugheit zu tun hat. Imperative der Klugheit sind aber bei genauerem Hinsehen gar keine begründeten Postulate, sie stellen bestenfalls Vermutungen dar, so daß man bei keinem Mittel, welches man hier ins Auge faßt, sicher sein kann, daß es wirklich zum erwünschten Erfolg führt.

---

[15] Kant wird nach der Akademie-Ausgabe zitiert (= AA). Auf die Band- folgt die Seitenzahl. Hier: Grundlegung zur Metaphysik der Sitten (= GMS), AA 4, S. 414 f.

Damit ist der Anspruch des ergebnisorientierten Straftheoretikers abgewiesen. Es verbleiben noch die täterorientierten Ansätze. Um sie mit einem Kantischen Argument bestreiten zu können, muß man die Unterscheidung von Moralität und Legalität heranziehen.

Die Moralität einer Handlung läßt sich genau dann beurteilen, wenn man über einen Maßstab verfügt, der dazu taugt, ohne Rücksicht auf den Kontext, in welchem ein einzelner Agent steht, festzustellen, ob die in Frage stehende Aktion moralischen Wert aufweist. Denn die Rede von moralischem Wert kann philosophische Bedeutung nur dann gewinnen, wenn es gelingt, die Partikularität des *hic et nunc* dergestalt zu übersteigen, daß für alle rationalen Wesen ausgewiesen wird, was als das Gute gefaßt werden muß. Kants Leistung besteht nun darin, erkannt zu haben, daß dies nur einer formalen, nicht aber einer materialen Ethik zu gelingen vermag. Nicht die Betrachtung der Folgen einer Tat, nicht die Analyse der Tat selbst, sondern einzig der Blick auf die Beschaffenheit des Wollens, dem sich die Tat verdankt, vermag das Postulat der Kontextfreiheit einer normativen Theorie der Moral zu erfüllen.

Wie der moralische Wille beschaffen ist, resultiert aus der Verfaßtheit der Vernunft und daher letztlich aus dem Postulat, das Kant die *konsequente Denkungsart* nennt[16] – jenes Gebot also, welches uns auferlegt, jederzeit mit uns einstimmig zu denken. Deshalb dürfen nur solche Maximen in den Vorsatz genommen werden, die widerspruchsfrei zu generalisieren sind.

Freilich zahlt Kant einen sehr hohen Preis für die Bindung des moralisch Guten an den guten Willen. Denn aufgrund der Konstruktion der Kantischen Ethik kann es immer nur der Agent selbst sein, der dazu in der Lage ist, die Moralität seiner Handlungen zu beurteilen. Genau dies ist der Grund, zwischen Moralität und Legalität einer Handlung zu unterscheiden. Legalität liegt vor, wenn eine Handlung dem entspricht, was das Gesetz vorschreibt – ungeachtet der Beweggründe, die den Handelnden antreiben. Aus diesen Überlegungen resultiert Kants Bestimmung der Differenz von Rechts- und Tugendlehre. Sie läßt sich in knapper Form auf folgende Weise herleiten:

Menschliches Agieren unterscheidet sich von einem bloßen Sich-Verhalten dadurch, daß wir eine Handlung nicht nur zu antizipieren, sondern der Vorstellung ihrer Ausführung obendrein eine gewisse Verbindlichkeit zu geben vermögen. Diese Verbindlichkeit resultiert daraus, daß wir eine Regel vorstellig machen. Sie gewinnt moralischen Charakter, wenn wir eine Handlung – nach Maß-

---

16 »Allgemeine Regeln und Bedingungen der Vermeidung des Irrthums überhaupt sind: 1) selbst zu denken, 2) sich in der Stelle eines Andern zu denken, und 3) jederzeit mit sich selbst einstimmig zu denken. Die Maxime des Selbstdenkens kann man die aufgeklärte; die Maxime sich in Anderer Gesichtspunkte im Denken zu versetzen, die erweiterte; und die Maxime, jederzeit mit sich selbst einstimmig zu denken, die consequente oder bündige Denkart nennen«; Logik, AA 9, S. 57; vgl. auch: Kritik der Urteilskraft, AA 5, S. 294/295; Anthropologie in pragmatischer Hinsicht, AA 7, S. 200.

gabe des kategorischen Imperativs – um des Gesetzes selbst willen als verbindlich erachten. In diesem Falle erfolgt eine Willensbestimmung aus Pflicht. Ist es hingegen so, daß wir zwar tun, was das Gesetz gebietet, daß die Vorstellung der Verbindlichkeit der Handlung aber nur der Furcht vor den Folgen einer Unterlassung entspringt, dann bestimmt sich der Wille lediglich pflichtmäßig. Die Handlung besitzt dann zwar Legalität, aber keine Moralität. Geht es um die Moralität einer Handlung, dann bewegt man sich im Felde der Tugendlehre. Achtet man hingegen lediglich auf die Legalität einer Handlung, dann läßt man die Art der wirkenden Triebfeder unberücksichtigt, man schaut lediglich darauf, ob die Vorstellung des Gesetzes für den Täter einer Tat überhaupt verbindlich war. Dies ist der Bereich der Rechtslehre.[17]

Aus diesen Überlegungen läßt sich folgendes Argument gegen die täterorientierten Ansätze gewinnen: Wenn es uns darum geht, strafend zu bessern, dann beabsichtigen wir, einen Verbrecher so zu reformieren, daß er sich gemäß den Regeln der Moralität zum Handeln bestimmt. Wir bewegen uns mithin im Felde der Tugendlehre, da wir uns für den durch eine Tat herbeigeführten Sachverhalt nur insofern interessieren, als wir ihn als Indiz einer inakzeptablen Art der Willensbestimmung auffassen. Ein solches Vorgehen ist mit Hinweis auf Kants Rechtsbegriff abzulehnen. Denn das Recht ist ja lediglich der Inbegriff dessen, wofür eine äußere Gesetzgebung möglich ist. Die Strafe ist dann nichts anderes als das Zwangsmittel, mit dessen Hilfe dieser Regel Respekt verschafft werden soll. Mithin ist das Recht gar nicht dazu in der Lage, die Menschen zu bessern. Es rührt uns gleichsam nur äußerlich an, was in unserem Inneren vor sich geht, entzieht sich seinem Zugriff.

Damit wäre der negative, gegen die konkurrierenden Theorien vorgetragene Beweis des *ius talionis* entfaltet. Positiv, also nicht mehr apagogisch indirekt, sondern unmittelbar läßt sich die Notwendigkeit des *ius talionis* mit Kant so begründen: Man muß auch den Straftäter als Person, man darf ihn nicht als Sache behandeln (vgl. MdS, AA 6, 331). Person ist alles das, was nicht nur einen relativen, sondern einen absoluten Wert besitzt, was mithin als ein letzter Zweck betrachtet werden muß (vgl. GMS, AA 4, 428). Von dieser Art sind vernünftige Wesen. Jeder Mensch stellt sich selbst als etwas vor, das absoluten Wert besitzt. Wir haben es also mit einem subjektiven Prinzip eines jeden vernünftigen Wesens zu tun, aus welchem alle Gesetze des Willens abgeleitet werden müssen. Das Postulat der Generalisierbarkeit der Maximen verlangt daher, daß wir in allem, was wir zu bewerkstelligen uns vornehmen, die Tatsache respektieren, daß jeder andere so zu betrachten ist, wie wir uns selbst betrachten, nämlich als einen letzten Zweck. So resultiert aus dem kategorischen Imperativ ein Instrumentalisierungs-

---

[17] Daher lautet die einschlägige Definition: »Der Inbegriff der Gesetze, für welche eine äußere Gesetzgebung möglich ist, heißt die Rechtslehre (Ius)«; Metaphysik der Sitten (= MdS), AA 6, S. 229.

verbot. Wenn man es auf die Frage nach der Begründung der Strafe bezieht, dann gelangt man zu folgendem Ergebnis: Straft man wegen der für positiv gehaltenen Folgen, dann instrumentalisiert man eine Person um des Wohles anderer Personen willen. Straft man zur Besserung des Täters, dann instrumentalisiert man eine Person um ihrer selbst willen. In beiden Fällen, macht man zum Mittel, was nicht zum Mittel gemacht werden darf.[18] Daher kann die Strafe nicht auf den Täter und auch nicht auf die Gesellschaft gerichtet werden, sie muß sich ausschließlich auf die Tat selbst beziehen. Aus dem Instrumentalisierungsverbot des kategorischen Imperativs resultiert also unmittelbar das Postulat einer rein tatorientierten Theorie der Strafe.

Damit sind die philosophisch denkbaren Theorien der Strafe skizziert. Ich gehe nun genauer auf Nietzsches Kritik ein.

II

Nietzsche kritisiert den Kantischen Ansatz im Stile einer *reductio ad absurdum* auf folgende Weise (MA, KSA 2, 557 f.): Die Prämisse lautet, man strafe nur dann, wenn der Täter für seine Tat verantwortlich sei. Verantwortlichkeit attestiert man, wenn er seine Vernunft hat anwenden können, i.e. wenn er aus Gründen und nicht bewußtlos oder unter Zwang gehandelt hat. Diese Gründe freilich müssen die falschen Gründe sein, sonst wäre die Tat nicht strafwürdig. Also liegt das Vergehen darin, daß jemand die ihm bekannten guten Gründe verworfen und statt ihrer schlechte Gründe gewählt hat. Da der Täter nun ein rationales Wesen ist, steht ihm durchaus die bessere Vernunft zur Verfügung, aber er verleugnet sie, trifft eine Entscheidung gegen ihren Ratschlag. Die Vernunft kann aber gar nicht die Ursache für die Wahl einer verbrecherischen Tat sein, denn sie vermag sich ja nicht gegen sich selbst zu entscheiden, ohne sich damit zugleich aufzuheben. Man muß deshalb annehmen, daß die Vernunft im Vorgange der Wahl schweigt, weil sonst das Verbrechen unterblieben wäre. Das Verbrechen resultiert mithin aus einem grundlos wählenden Willen. Nietzsche resümiert: »Eine solche That dürfte man [...], nach der ersten [...] Bedingung aller Strafbarkeit, [...] nicht strafen!« (MA, KSA 2, 558) – denn sie ist die Tat eines nicht zurechnungsfähigen Wesens.

---

[18] Lon L. Fuller: The Morality of Law. Revised edition. New Haven/ London 1969. Erstmals 1964, hat darauf hingewiesen, daß die auf Resozialisation ausgerichtete Straftheorie auch aus folgendem Grunde schnell dazu geneigt ist, die Rechte des Delinquenten zu ignorieren: Wenn Rehabilitation das einzige Ziel der Strafgesetze ist, dann schwinden alle Sorgen um ein ordentliches Verfahren und eine klare Definition dessen, was als kriminell zu gelten hat. Denn wenn das Schlimmste, das jemand zu erwarten hat, darin besteht, auf Staatskosten gebessert zu werden, dann ist es unwichtig geworden, sich um einen fairen Prozeß zu bemühen; siehe ebd., S. 165.

Der einzige Schluß, der aus diesem Resultat gezogen werden kann, lautet: Wir dürfen weder das Verbrechen verdammen noch sind wir in der Lage, seine Bestrafung zu rechtfertigen. Beides, Tat und Reaktion auf die Tat, haben wir vielmehr als Fakta hinzunehmen. Nietzsches Überlegungen führen damit unweigerlich dazu, die strafende Obrigkeit mit dem vermeintlich Kriminellen gleichzusetzen. Die Strafe verliert so ihre Legitimität. Jeder Zweck, den man ihr unterlegt, bleibt Prätention. Daher muß ihr Zeichencharakter zugesprochen werden. Das, was sie bezeichnet, ist der Wille zur Macht, die Weise des Lebendigseins eines Lebendigen.

Wille *zur* Macht meint nicht Wille *nach* Macht; die Macht ist nicht das Bonum des Willens, nicht das, woraus sich sein Wollen bestimmen ließe. Nietzsches Willensbegriff bezeichnet vielmehr die von jedem Subjekt unabhängige Energie des Willens, welche sich nicht dadurch fassen läßt, daß man sagt, was jeweils gewollt wird. Nietzsches Wille wird durch den Zusatz *zur Macht* dergestalt gekennzeichnet, daß die Willensenergie in ihrem stetigen Streben nach Steigerung bestimmt ist: Der Wille zur Macht will mehr werden, als er jeweils ist, er will sich in seinem jeweiligen Wollen stets überbieten; der Wille zur Macht ist Wille im und zum Komparativ.[19]

Das Verbrechen ist das Mehr-werden-Wollen des Täters, welches nur in einer Schmähung des Opfers zu erreichen ist. Die Strafe ist ein Sich-Aufbäumen des Geschmähten, welches den Angreifer, wenn er einmal entmachtet ist, die Macht des Angegriffenen spüren läßt. Jede Strafe ist daher Rache. Dies gilt auch dann, wenn sie nach den formalen Regeln einer – wie auch immer gearteten – Strafprozeßordnung erfolgt.

III

Diese Zusammenhänge genauer zu erforschen, ist die Intention des auf Nietzsches Vorarbeiten aufbauenden Buches von Michel Foucault *Surveiller et punir.*[20] Hier werden die drei möglichen Ansätze zu einer Theorie der Strafe, die Tat-, die Ergebnis- und die Folgenorientierung unterschiedlichen historischen Epochen

19 Vgl. die folgenden Überlegungen des *Anti-Christen*: »Was ist gut? – Alles, was das Gefühl der Macht, den Willen zur Macht, die Macht selbst im Menschen erhöht. Was ist schlecht? – Alles, was aus der Schwäche stammt. Was ist Glück? – Das Gefühl davon, dass die Macht wächst, dass ein Widerstand überwunden wird« (KSA 6, 170); ähnlich GM, KSA 5, S. 315/316. Deutlicher noch ist Nietzsche in seinen hinterlassenen Fragmenten: »Der Wille zur Macht kann sich nur an Widerständen äußern. [...] Die Aneignung und Einverleibung ist vor allem ein Überwältigen-wollen, ein Formen, An- und Umbilden, bis endlich das Überwältigte ganz in die Macht des Angreifers übergegangen ist und denselben vermehrt hat« (KSA 12, S. 424).

20 Michel Foucault: Surveiller et punir (= SP). Naissance de la prison. Paris 1975.

zugeordnet, so daß sie – in der angegebenen Reihenfolge – als Handlungsanweisungen des Mittelalters, der Neuzeit und der Moderne erscheinen.

Foucault geht bei seiner Untersuchung freilich von der Prämisse aus, daß Strafsysteme nicht einfach nur Methoden zur Unterdrückung von Verbrechen oder auf Sühne und Wiedergutmachung bzw. Besserung des Täters gerichtet seien. Er teilt vielmehr Nietzsches Auffassung, daß wir es hier mit einem Funktionsfeld zu tun haben, welches man nicht mit Blick auf die ethischen Grundentscheidungen begreifen kann, die jeweils zur Rechtfertigung angeführt werden. Vielmehr gilt es, die Strafsysteme als Teil einer »politischen Ökonomie« des Körpers (SP, 30) zu begreifen. Ökonomisch nutzbar ist der Körper freilich nur, wenn er unterworfen wird. Diese Unterwerfung kann sowohl durch körperliche Qual wie auch durch die Suspendierung von Rechten erfolgen.

Das im Mittelalter entwickelte Verfahren der Ermittlung und Verfolgung von Verbrechen soll die Wahrheit des Verbrechens ans Licht bringen (SP, 24). Die Wahrheit ist aufgefunden, wenn das Vergehen selbst, sein Urheber und die angemessene Sanktion richtig bestimmt sind. Ein Urteil, aus dem hervorgeht, daß diese drei Aufgaben angemessen gelöst worden sind, darf den Anspruch erheben, gerecht zu sein, eben weil es die Wahrheit des Verbrechens ans Licht bringt. Die anschließend vorgenommene peinliche Bestrafung des Täters dient seiner Brandmarkung und der Kundgabe der strafenden Macht. Denn er hat mit seinem Verbrechen nicht nur das Opfer geschädigt, er hat auch den Souverän angegriffen, dessen Wille in dem Gesetz zum Ausdruck kommt, welches er gebrochen hat. Mit der Strafe schlägt der beleidigte Herrscher zurück, er rächt sich, indem er den Täter fürchterlich büßen läßt. Diese Fürchterlichkeit mittelalterlicher Strafen zeigt die Allgewalt der fürstlichen Rache, der nichts und niemand zu entgehen oder gar zu widerstehen vermag. Im grausam-gräßlichen Fest der Bestrafung wird emphatische Bejahung der geschmähten Macht postuliert, welche sich mit all' ihrer unwiderstehlichen Gewalt auf ihren Gegner stürzt und ihn zermalmt.

Die Verhältnisse ändern sich – so Foucault –, wenn der strafenden Macht bewußt wird, daß die Gräßlichkeit ihrer rächenden Vergeltung vom Publikum als eine Herausforderung aufgefaßt werden dürfte, die man eines Tages anzunehmen bereit sein könnte. Damit ist die Legitimität der peinlichen Strafe fragwürdig geworden, der wütend auf seine Souveränitätsrechte pochende Herrscher zugleich in den Geruch des Tyrannen gekommen. Die im 18. Jahrhundert einsetzenden Reformbewegungen – einer ihrer prominenten Vertreter ist Beccaria[21] – postulieren, den Menschen dergestalt zum Maß der Macht zu machen, daß jedes Strafrecht an ihm seine Schranke finde. Doch steckt hinter diesen Bestrebungen

---

[21] Vgl. Cesare Beccaria: Über Verbrechen und Strafen (= VuS). Nach der Ausgabe von 1766 übers. und hg. v. Wilhelm Alff. (erstmals italienisch: Dei Delitti e delle Pene. Livorno 1764). Frankfurt/ Main 1998.

um eine Humanisierung der Strafpraxis in den Augen Foucaults nichts anderes, als das Bemühen, die Staatsgewalt dadurch zu stärken, daß man sowohl die ökonomischen als auch die politischen Kosten des Strafens und Bestrafens senkt. Denn wenn die grausame Vernichtung des kriminellen Gegners der Obrigkeit in der Gefahr steht, das Gegenteil dessen zu bewirken, was man anstrebt, also nicht die Unterwerfungsbereitschaft der Bevölkerung fördert, sondern viel eher ihren Widerwillen weckt, dann muß man auf neue Mittel sinnen, die Legitimität der Strafgewalt im Bewußtsein der Menschen zu verankern.

Hier ist der Ort, an welchem die Theorien vom Staatsvertrag aufkommen. Sie dienen dazu, der Strafautorität die Akzeptanz zu verschaffen, die sie braucht, wenn man ihre Urteile nicht grundsätzlich in Zweifel ziehen soll. Daher sagt man der Bevölkerung nun: Ihr habt mit den Regierenden einen Vertrag geschlossen, in welchem ihr euch damit einverstanden erklärt habt, Strafe zu erdulden, falls ihr das Gesetz brechen solltet. Der Verbrecher wird durch diese Erklärungen in eine paradoxe Situation[22] gebracht: Er ist einerseits der vertragsbrüchige Verräter, andererseits ist die an ihm exekutierte Strafe zugleich auch von ihm selbst vollzogen, da sie ja eine Handlung der Gesamtgesellschaft ist, deren Legitimität sich aus einem Vertrag herleitet, welchen auch er unterschrieben hat. Damit wird er zu einem, der zugleich straft und bestraft wird, mithin zu jemandem, der sich selber bestraft. »Le droit de punir a été déplacé de la vengeance du souverain à la défense de la société.« (SP, 93)

Der Besserungsgedanke tritt für Foucault erst neuzeitlich auf. Mit ihm wird die Ökonomie des Strafsystems noch einmal verfeinert. Auf jede Art von Vergehen reagiert man nun mit einem Freiheitsentzug, den man so gestalten will, daß aus dem Delinquenten ein Mensch wird, der keinen Schaden mehr anrichtet. Der Staat nimmt also psychologisch-pädagogischen Einfluß auf den Verbrecher. Je nach den hier erreichten Erfolgen kann der Strafablauf modifiziert werden. Aus dem Vokabular der an diesem Prozeß Beteiligten ist freilich die Rede von Verbrechen und Strafe fast vollständig verschwunden; es ist nämlich jene Angst vor jeder Art von Sanktion eingetreten, welche Nietzsche dem anvancierten Herden-Menschen attestiert.

Damit ist die von Foucault weiterentwickelte Kritik der theoretischen Begründung der Strafe im Aufriß skizziert. Ich will nun in einem letzten Schritt die Schlußfolgerungen bewerten, die Foucault aus seinen Einsichten zieht. Ich nenne sie *abolitionistisch*, weil sie darauf hinauslaufen, jede Art von Strafe aufzugeben.[23]

---

22 Diese Kritik ist bei Beccaria präformiert; vgl. VuS, S. 123 f.

23 Zu den unterschiedlichen Forderungen der Abolitionisten vgl. Barbara Wootton: Crime and the Criminal Law, London 1963; Karl Menninger: The Crime of Punishment. New York 1968; Nils Christie: Limits to Pain. Oslo 1981; Herman Bianchi/R. van Swaaninger (Hg.): Abolitionism: Towards a Non-repressive Approach to Crime. Amsterdam 1986; Helge Peters (Hg.): Muß Strafe sein? Zur Analyse und Kritik strafrechtlicher Praxis (= So-

IV

Abolitionistische Konsequenzen ergeben sich aus dem bereitgestellten Material, wenn folgendes Resümee gezogen wird. Zunächst wiederholt Foucault das bereits von Beccaria vorgetragene Argument gegen die Todesstrafe in seiner allgemeinsten Form. Beccaria glaubte, die Tatsache, daß es trotz aller Hinrichtungen weiterhin Morde gebe, lasse darauf schließen, daß der Exekution eines Täters keine abschreckende Wirkung zugesprochen werden könne (VuS, 124 ff.). Foucault wendet dieses Argument gegen die Besserungstheoretiker: Da die Kriminalität nicht verschwinde, da vielmehr häufig die gleichen Personen sich wieder und wieder strafbar machten, habe das Gefängnis, die Institution, welche diese Menschen therapieren soll, seine Aufgabe nicht erfüllt. Aus dieser Einsicht könne man, wenn wirklich Resozialisation angestrebt würde, nur den Schluß ziehen, daß man die falschen Maßnahmen ergriffen habe, daß Besserung auf anderen, neuen Wegen anzustreben sei, so daß es möglich würde, die Rückfallquote zumindest zu senken. Da dies nicht geschehe, müsse angenommen werden, daß den Gefängnissen doch irgendeine Art von Nützlichkeit zuzuschreiben sei, die freilich nicht offen eingestanden werde.

Foucault erblickt sie in der Kontrolle der Gesetzeswidrigkeit. Das Gefängnis – so seine Erkenntnis – erzeugt einen Kreislauf der Delinquenz, welcher es ermöglicht, als Störfaktoren markierte Individuen zu überwachen und dadurch ihre Gefährlichkeit zu neutralisieren. Die den Besserungstheoretiker so bedrückende Rückfälligkeit erweist sich unter dieser Prämisse als Teil eines systematischen Zusammenhangs. Die herrschende Klasse nennt Verbrechen, was ihr schadet, kennzeichnet den Täter durch das Urteil als ihren Feind und sorgt dann dafür, daß er in seinem weiteren Leben keinen Schritt mehr tun kann, ohne daß einer ihrer Agenten ein Auge auf ihn wirft – sei es der Polizist, der Richter, der Gefängnisaufseher, der Bewährungshelfer, der angeblich therapierende Psychiater. Alle Beteiligten reichen den Markierten einander weiter und halten ihn damit in einem Zirkel gefangen, den er nicht mehr zu verlassen vermag.

Abolitionistische Konsequenzen ergeben sich aus diesen Bestimmungen durch einen indirekten Appell. Foucaults Beschreibung ist so angelegt, daß jede denkbare Strafpraxis nicht um der Tat, nicht um des Täters, sondern einzig um der destabilisierenden Kraft willen erfolgt, welche sie für die jeweils Herrschenden hat. Da diese sich stets darum bemühen, die eigentlichen Zusammenhänge zu verschleiern, liegt der Verdacht nahe, sie entbehrten jeder Legitimität. Deshalb ist man als Leser von *Surveiller et punir* schnell geneigt, mit den bestraften Tätern zu sympathisieren.

---

zialwissenschaftliche Studien, Bd. 122). Opladen 1993; Herman Bianchi: Abolition: assensus and sanctuary. In: R. Antony Duff/ David Garland (Hg.): A Reader on Punishment. Oxford 1994, S. 336-351; Robert Adams: The Abuses of Punishment. London 1998.

Freilich bietet die philosophische Grundlage, auf welcher Foucaults Untersuchungen ruhen, dazu keinerlei Berechtigung.[24] Nietzsches Rede vom Willen zur Macht erlaubt es – wie gezeigt – nicht, das Wirken eines Machtquantums für legitim, das eines anderen hingegen für ungerechtfertigt zu halten. Nietzsche selbst verstrickt sich in einen Widerspruch, wenn er in seiner Vorrede zur *Genealogie der Moral* die Absicht formuliert, durch eine Kennzeichnung ihrer Herkunft eine Kritik der moralischen Werte, des Wertes dieser Werte vorzulegen. Dies soll die Einsicht befördern, daß die Menschheit sich in eine Verfallsgeschichte verstrickt sieht, welche die Entstehung eines höheren Typus Mensch verhindert hat (GM, KSA 5, 253). Die sich für die Strafpraxis daraus ergebende Konsequenz formuliert Nietzsche in der *Fröhlichen Wissenschaft* so: Man muß mit dem anderen durch Selbststeigerung ringen, nicht durch Strafen und Bessernwollen. »Verdunkeln wir den Andern durch unser Licht! Nein! Wir wollen nicht um seinetwillen selber dunkler werden, gleich allen Strafenden und Unzufriedenen! Gehen wir lieber bei Seite! Sehen wir weg!«[25]

Wie der Philosoph des Willens zur Macht zu derlei präskriptiven Sätzen in der Lage sein soll, ist allerdings ebenso schwer zu erkennen, wie sich die Frage beantworten läßt, woher Foucault die Normen nimmt, welche es ihm erlauben, die strafende Obrigkeit zum Täter, den Verbrecher aber zum Opfer zu machen. Bestenfalls wäre von einer Gleichwertigkeit beider Parteien auszugehen.

Es läßt sich aber noch grundsätzlicher gegen den von Nietzsche vorgetragenen und von ihm inspirierten Abolitionismus argumentieren. Denn beide leiden unter einem Selbstanwendungsdilemma, welches dann entsteht, wenn man die relativistischen Argumentationsstrategien, die zur Erledigung gegnerischer Positionen verwendet werden, auf den Kritiker selbst anwendet. Wenn jede Lebensäußerung als Ausdruck des Willens zur Macht anzusehen ist, dann muß der dem *amor fati* zuneigende heroische Nihilist dem Machtquantum applaudieren, das sich durchzusetzen vermag. Sympathie mit dem – ob zu Recht oder Unrecht – Gevierteilten, Eingekerkerten oder auch nur von Seelenärzten Traktierten hat hier keinen Platz, ja ist letztlich nichts anderes als Ausdruck jener Sentimentalität des Herden-Menschen, den der durch Nietzsche inspirierte Philosoph so herzlich verachtet.

---

24 Vgl. Manfred Frank: Was ist Neostrukturalismus? Frankfurt/ M. 1983, S. 237 und 240; Jürgen Habermas: Der philosophische Diskurs der Moderne. Zwölf Vorlesungen. Frankfurt/ M. 1985, S. 328-333; Thomas Gutmann: Nietzsches ›Wille zur Macht‹ im Werk Michel Foucaults. In: Nietzsche-Studien 27 (1998), S. 377-419, hier 413. Alle drei Autoren werfen Foucault Inkonsistenz vor, keiner von ihnen formuliert allerdings in der – wie ich meine – nötigen Deutlichkeit, daß der Machtbegriff Nietzsches für die Analyse des Konzepts der Strafe gänzlich untauglich ist. Richard Rorty behandelt Foucault noch ein wenig milder, wenn er ihm lediglich einen gewissen Utopismus vorwirft – vgl. ders.: Contingency, irony, solidarity. Cambridge 1989, S. 65.

25 Fröhliche Wissenschaft, KSA 3, S. 552.

Aus diesen Überlegungen läßt sich nur der Schluß ziehen, daß Nietzsches Begriff der Macht als Kategorie zur Analyse der Strafpraxis unbrauchbar ist; denn er liefert weder eine Handhabe, die Position des Abolitionismus zu rechtfertigen, noch kann er verdeutlichen, womit wir es zu tun haben, wenn jemand den Anspruch auf legitime Strafgewalt erhebt. Dem Abolitionismus kann er keinen Dienst erweisen, weil er alle Vorstellungen von Recht und Unrecht einebnet; zur Analyse des Begriffs der Strafe taugt er nicht, da er unsichtbar werden läßt, was er doch erhellen soll. Denn wenn wir es – wie Nietzsche annimmt – ausschließlich mit gegenläufig wirksamen Machtquanten zu tun haben, dann verschwindet nicht nur die Eigentümlichkeit, welche Strafhandlungen auszeichnet, dann läßt sich letztlich auch der kriegerische Akt nicht mehr von liebender Hinwendung unterscheiden.

Summary

Starting with Nietzsches genealogy of punishment and retribution and ending with its utopia of an non-punishing society, Schmitz demonstrates that the historical sequence of the philosophical legitimation of punishment from rehabilitation and deterrence to retribution is turned around by Nietzsche. After discussing the three philosophical legitimations of punishment – namely perpetrator- and crime- and result-orientated theories of punishment – Nietzsche's identification of punishment with vengeance is explained in detail. Both crime and punishment are utterances of the will to power and are as such competing with each other, remote from the possibility of understanding them as moral categories. Michel Foucault has separated punishment from ethical justification in a similar way, and thus established it as part of the political economy of the body. Like Nietzsche, he concludes with abolitionist consequences: Rehabilitation has failed. If prisons exist nonetheless, there must be another reason. According to Foucault, the aspiration of those in power to retain control is this very reason. Therefore, they use punishment of deeds labelled as crimes to stigmatise their opponents and to control them, henceforth, with sophisticated techniques of disciplinary measures. It is neither easy to see how Nietzsche can normatively favour the perpetators's striving for power over that of the punisher or the victim, nor can be justified why the punishing state should be held as the perpetrator and the criminal as the victim. For the analysis of the phenomenon of punishment both Nietzsche's and Foucault's notion of power is completely unhelpful, since it cannot strengthen the position of abolishing punishment and fails to promote insight into the right to punish as such.

Strafen, Amnestieren, Verzeihen Überlegungen zur südafrikanischen Truth and Reconciliation Commission

Thomas Dürr (Freiburg)

> Muß sich jeder Mensch für seine Taten rechtfertigen? Natürlich muß er das.
>
> Lars von Trier *Dogville*

Klaus-Michael Kodalle hat seit Mitte der neunziger Jahre wiederholt darauf hingewiesen, daß dem Umstand, daß Menschen unausweichlich aneinander schuldig werden, bei weitem nicht die philosophische Aufmerksamkeit zuteil wird, die ihm gebührt. »Die Erfahrung des Scheiterns moralischer Selbstbestimmung und deren Kompensation in Form von Heuchelei und Ressentiment wird in der Philosophie weithin umgangen. Man inszeniert hoch-komplexe Debatten über ›Gerechtigkeit‹ und ›Verantwortung‹, doch die entscheidende Kategorie des möglichen Neubeginns, eben der *Verzeihung* bleibt aus.«[1] Schuld ereignet sich zwischen Menschen, die Leid über andere Menschen bringen und selbst Leid erleiden. In bezug auf diese Tatsache der Schuld und die Möglichkeit des Weiterlebens mit ihr hat Kodalle philosophische Spuren des Nachdenkens über Verzeihen offengelegt, um ihnen das notwendige systematische Gewicht zu verleihen und sie in das Gerüst der praktischen Philosophie einzufügen.[2] Entscheidend ist die Überzeugung, »daß jeder Mensch [...] ein in seiner Integrität *gefährdetes* und *korruptionsanfälliges* Wesen ist« (VGV, 289). Das Nachdenken über die rechte Ordnung unserer Gesellschaft muß im Lichte der Erfahrungen von Schuld und Leid verstanden werden. Vor allen Theorien über Gerechtigkeit und Gleichheit und so weiter »müssen wir uns auf das fundamentalere Problem ein-

---

1 Klaus-Michael Kodalle: Diesseits der Logik des Moralismus: Vom »Geist« der Verzeihung bei Kierkegaard, Nietzsche-Scheler, Dostojewski und Camus. In: Niels J. Cappelørn/Jon Stewart (Hg.): Kierkegaard Revisited. Proceedings from the Conference »Kierkegaard and the Meaning of Meaning It«. Copenhagen, May 5-9, 1996. Berlin/New York 1997, S. 387-409; siehe auch ders.: Vom ›Geist der Verzeihung‹. Systematische Überlegungen zum metaphysischen ›Hintergrund‹ der Moralität. In: Klaus Bajohr-Mau u. a. (Hg.): Vom Zentrum des Glaubens in die Weite von Theologie und Wissenschaft. FS für Dietrich Braun zum 70. Geburtstag 1998. Rheinfelden 1998, S. 289-296 – abgekürzt VGV.

2 Über eine Theorie der Verzeihung mit dem angemessenen systematischen Gewicht in der praktischen Philosophie verfügen wir nicht, doch zieht die Verzeihung als philosophisches Thema immer weitere Kreise – allerdings mit nur zögerlichen Blicken hin zur Theologie und den Rechtswissenschaften, noch weniger zur Psychologie und Psychoanalyse und bisher auch ohne gründliche Auseinandersetzung mit der wesentlich älteren und breiter gefächerten Debatte in der englischsprachigen Philosophie.

lassen, wie Verzeihung, Nachsicht und Entschuldigung interpersonell, gesellschaftlich, politisch, rechtlich begünstigt, ja: durch philosophisches Nachdenken befördert werden können.« (VGV, 289)

Die folgenden Kapitel wollen hierzu beitragen und am Beispiel des südafrikanischen Instrumentes zur gesellschaftlichen Verhandlung von Schuld, der *Truth and Reconciliation Commission* (TRC), zeigen, was Verzeihung im Unterschied zu Strafe und Amnestie zum Umgang mit zwischenmenschlicher Schuld beisteuern kann.[3] Leitfaden der interdisziplinären Überlegungen zwischen Philosophie und Geschichte ist die Frage, wie Strafen, Amnestieren und Verzeihen mit der prinzipiellen Verantwortlichkeit menschlicher Taten umgehen und welche Auswirkungen dieser Umgang auf das Weiterleben von Opfern und Tätern hat, im Blick auf die TRC gesprochen: welche Vorentscheidungen damit für das im Titel der TRC festgeschriebene Ziel der Versöhnung getroffen sind. Es wird darum gehen, die innere Struktur, die juristische wie die politische Konzeption und die philosophischen Grundannahmen der TRC zu ergründen. Es wird nicht darum gehen, ihren Bericht als ganzes zu interpretieren oder die einzelnen Verhandlungen vor den verschiedenen Ausschüssen der TRC zu analysieren.[4]

I. Die Truth and Reconciliation Commission

Schon die Übergangsverfassung aus dem Jahre 1993 schloß mit einem Einheits- und Versöhnungsartikel, der gegenseitiges Verständnis, Wiedergutmachung und Menschlichkeit zu den Leitlinien der Auseinandersetzung mit dem geschichtlichen Erbe der Rassendiktatur im Gegensatz zu Rache, Vergeltung und Verfolgung erklärte. Im November 1994 legte die Regierung Mandela dem Parlament die »Promotion of National Unity and Reconciliation Bill« vor, in deren Präambel der Inhalt des abschließenden Versöhnungsartikels aus der Übergangsverfassung wieder aufgenommen wurde. Am 28. Juni 1995 erließ das Parlament dieses

---

3 Um einen analytisch kontrollierten Zugriff zu gewähren, gehen diese Überlegungen davon aus, daß sich der Vollzug des Verzeihungsgeschehens auf persönlich zurechenbare und zu verantwortende Schuld zwischen real existierenden Menschen bezieht. Dagegen rücken die Fragen nach dem Verhältnis solcher moralischer Schuld zu einer sogenannten anthropologischen oder ontologischen Dimension der Schuld und einer entsprechenden Verzeihungsbedürftigkeit ebenso in den Hintergrund wie die Fragen nach denjenigen Aspekten des Schuldphänomens, die diesen Begriff der moralischen Schuld sprengen; zu denken ist etwa an Jaspers' Begriff der politischen Schuld im Sinne der Mithaftung des Bürgers an staatlichen Verbrechen; siehe Karl Jaspers: Die Schuldfrage. Heidelberg 1946, hier S. 31-34, 55-65.

4 Ich lege zugrunde: Truth and Reconciliation Commission of South Africa Report. 7 Bände. Hg. von Charles Villa-Vicencio. Kapstadt 1998-2003. Verweise auf den Bericht geben mit der ersten Ziffer den Band, mit der zweiten die Seite an – in dieser Form: (TRC 2, 565). Die Anhörungsprotokolle, die Amnestieentscheide, die Gesetze und weitere Dokumente sind unter www.doj.gov.za/trc/ (Stand 8. Januar 2008) zugänglich.

Gesetz, das am 1. Dezember 1995 in Kraft trat und die Einrichtung einer Kommission für Wahrheit und Versöhnung verfügte. Wenig überraschend erwies sich die Frist von 18 Monaten als Arbeitszeitraum als viel zu knapp bemessen. Nach einer Verlängerung um sechs Monate überreichte der Vorsitzende der TRC, Erzbischof Desmond Tutu, am 29. Oktober 1998 Staatspräsident Nelson Mandela einen fünfbändigen Bericht, der 2002/2003 um zwei Bände erweitert wurde, in denen sich die abschließenden Berichte des Amnestie- und des Wiedergutmachungsausschusses finden.[5]

Die TRC stellte ihre Arbeit in den weiten Kontext der Geschichte der Menschenrechtsverletzungen im gesamten südlichen Afrika, die gleichbedeutend ist mit der Geschichte der europäischen Eroberung, Kolonisation und Ausbeutung seit der Ankunft der ersten Europäer in der Kapregion im Jahre 1652 (TRC 1, 25-26), und ordnete sie in den engeren Rahmen der Geschichte der in den Grundfesten staatlicher Ordnung verankerten Rassentrennung ein, die ihren Anfang mit dem sogenannten Südafrika-Gesetz der britischen Regierung aus dem Jahre 1903 nahm und in den grundlegenden Gesetzen des Apartheidsregimes aus den Jahren 1949 bis 1959 endgültig zur Staatsdoktrin erhoben wurde (siehe TRC 1, 29-43). Als im März 1960 die Polizei in Sharpeville unter den Teilnehmern einer Demonstration gegen die Paßgesetze[6] ein Massaker anrichtete, war das in der langen Geschichte weißer Unterdrückung der schwarzen Bevölkerungsmehrheit nur ein Ereignis unter anderen, das etwa in der blutrünstigen Niederschlagung der Schüler-Proteste in Soweto im Juni 1976 eine seiner vielen Fortsetzungen finden sollte (TRC 1, 26). Wenn trotzdem mit dem 1. März 1960 der Untersuchungszeitraum der TRC beginnt, ist die – recht willkürliche – Begründung dafür, daß die Nationale Partei nach Sharpeville alle Parteien der Schwarzen verbot, sie damit in die Illegalität drängte und den bewaffneten Kampf der Opposition gegen das Regime heraufbeschwor. Die Geschichte dieser gewalttätigen Auseinandersetzung und damit ihren Untersuchungszeitraum ließ die TRC am 10. Mai 1994 enden, an dem Tag, als Nelson Mandela sein Amt als Staatspräsident des demokratischen Südafrikas antrat.

---

5 Die etwa 200 Seiten schmale deutsche Übersetzung des rund 4500 Seiten starken Kommissionsberichtes ist ein hilfreicher Leitfaden. Doch sind nur wenige Kapitel übersetzt und zudem erheblich gekürzt. Die Kapitel über die juristischen Probleme des TRC-Mandates in TRC 1 hält der Herausgeber in Gänze für die deutschen Leser für entbehrlich; siehe Versöhnung braucht Wahrheit. Der Bericht der südafrikanischen Wahrheitskommission. Hg., ausgew. und eingel. von Joachim Braun. Gütersloh 1999; hier die »Editorische Notiz«, S. 199-200. Zudem ist die Übersetzung 1999 erschienen, also vor TRC 6 (2003) und 7 (2002); siehe die abschließenden Berichte des Amnestie- und des Wiedergutmachungsausschusses in TRC 6, S. 1-91 und 181-511.

6 Die Paßgesetze bestimmten die Zugangsbedingungen für die Bevölkerung aus den Reservaten in die Städte und Wohngebiete des sogenannten »weißen« Südafrikas. Alle Schwarzen mußten in der Folge dieser Gesetze ein »dompas« genanntes Paßbuch mit sich führen.

Die TRC hatte eine vierfache Aufgabe: 1. Die Klärung von Ursache, Wesen und Ausmaß schwerer Menschenrechtsverletzungen zwischen dem 1. März 1960 und dem 10. Mai 1994. 2. Die Erarbeitung von Empfehlungen zur künftigen Vermeidung von Menschenrechtsverletzungen. 3. Die Wiederherstellung der menschlichen und staatsbürgerlichen Würde der Opfer von Menschenrechtsverletzungen mittels öffentlicher Anhörungen und Empfehlungen zur Entschädigung. 4. Die Gewährung individueller Amnestie unter Bedingung der Offenlegung aller Fakten zu allein politisch motivierten Menschenrechtsverletzungen (TRC 1, 57). Als solche galten der TRC Taten, die folgende vier Kriterien erfüllen mußten: Erstens mußte es sich um Mord, Entführung, Folter oder schwere Mißhandlung oder den Befehl oder die Aufforderung zu solchen Taten handeln. Zweitens mußten diese Taten Teil des Rassenkonfliktes der Apartheidszeit sein. Drittens galt der genannte Untersuchungszeitraum. Und viertens mußte die Tat aus politischen Motiven verübt worden sein (TRC 1, 60, 70-85). Damit war der Auftrag der TRC um die überwiegende Mehrheit all jener Menschenrechtsverletzungen gekürzt, die sich aus der alltäglichen Umsetzung der Rassenordnung ergaben und die das Leben vieler Millionen Menschen zu einer permanenten Zerstörung ihres Selbstvertrauens, ihrer Selbstachtung und Würde machte (TRC 1, 62). Die strukturelle, systematische Dimension des Verbrechens Apartheid blieb außen vor. Die TRC schreibt, daß sie sich schweren Herzens auf die Verletzungen des Rechtes auf körperliche Unversehrtheit beschränkt habe, also das Recht auf Leben, Freiheit von Folter und erniedrigender Behandlung und die Sicherheit der Person (TRC 1, 63).[7]

Die TRC konnte Amnestie gewähren oder verweigern. Sie konnte Personen unter Strafandrohung vorladen, Hausuntersuchungen und Beschlagnahmungen durchführen und besaß gar ein Zeugenschutzprogramm; ganz zu schweigen von ihrer beispiellosen personellen und finanziellen Ausstattung. Mit all diesen Befugnissen verlieh die südafrikanische Übergangsgesellschaft ihrer Wahrheitskommission ein umfangreicheres Mandat als ihren vielen Vorgängern, die weder diese Amnestieregelung in der Verbindung mit Geständnis und Öffentlichkeit noch einen weiten Gegenstandsbereich mit derartigen rechtsstaatlichen Voll-

[7] Im Vergleich zu früheren Wahrheitskommissionen erweist sich hier die zumindest konzeptionelle Fortschrittlichkeit der TRC; siehe etwa die Kommissionen in Chile, Nicaragua oder El Salvador, die zum Teil unter Ausschluß der Öffentlichkeit stattfanden, sich nur mit Bagatelldelikten befassen durften, auf Generalamnestien folgten und zudem unter der Knute mangelhafter Ausstattung und erheblicher Sabotage standen. Siehe Sabine Kurtenbach: Verdrängen, Vergessen, Versöhnen: Vergangenheitsbewältigung in Zentralamerika. In: Detlef Nolte (Hg.): Vergangenheitsbewältigung in Lateinamerika. Frankfurt am Main 1996, S. 213-225; Detlef Nolte: Wahrheit und Gerechtigkeit oder Vergessen? Vergangenheitsbewältigung in Lateinamerika. In: ders. (Hg.), S. 7-28; Robert Schreiter: Wahrheitskommissionen im Spannungsfeld von Wahrheit, Gerechtigkeit und Versöhnung. In: Gerhard Beestermöller/Hans-Richard Reuter (Hg.): Politik der Versöhnung. Stuttgart 2002, S. 231-243.

machten kannten (TRC 1, 54-55). Die TRC hatte drei Ausschüsse: das »Human Rights Violations Committee« (HRVC) zur Aufklärung der Menschenrechtsverletzungen unter Vorsitz von Erzbischof Desmond Tutu, das »Amnesty Committee« (AC) unter Richter Hassen E. Mall und das »Reparation and Rehabilitation Committee« (RRC) unter Hlengiwe Mkhize, denen die verschiedenen Abteilungen (unter anderen das Zeugenschutzprogramm, Ermittlungseinheit, Rechts- und Forschungsabteilung, Öffentlichkeitsarbeit) zuarbeiteten. Den vier Regionalbüros fiel die Aufgabe zu, die teils getrennten, teils gemeinsam abgehaltenen Anhörungen der Komitees zu organisieren (TRC 1, 145-149). Allerdings war eine Täter-Opfer-Begegnung zum Schaden der in ihrem Namen festgeschriebenen Ziele nicht als Strukturelement in die Konzeption der TRC eingebunden: Das HRVC sollte die Opfer anhören und das AC die Täter. Die Opfer durften während der Amnestie-Anhörungen anwesend sein, aber sie hatten kein eigenes Recht auf Befragung der Täter oder zum Kommentar im allgemeinen. Auch hat die TRC nicht daran gedacht, im Voraus oder Nachhinein solche Täter-Opfer-Begegnungen anzuregen, so daß die öffentlichen Anhörungen zumeist die einzige Zusammenkunft waren.[8]

II. Strafen

Für die Zwecke dieser Überlegungen können die Ausführungen über die Strafe knapp gehalten werden. Ich neige der Auffassung von der Notwendigkeit der Strafe aus zweierlei Gründen zu: Vernünftigkeit und Würde des Täters erfordern es, ihn für seine unrechtmäßige Tat verantwortlich zu machen. Und die präventive wie die resozialisierende Strafe verstoßen gegen Kants Instrumentalisierungsverbot, daß ein Mensch niemals zum bloßen Gegenstand eines Zweckes gemacht werden darf.[9] Hegel hat geltend gemacht, daß wir zwischen dem Daß und dem Wie des Strafens unterscheiden müssen. Die Notwendigkeit, Tätern Verantwortung zuzumuten, ist so die Antwort darauf, ob wir überhaupt strafen. Wie wir das tun, ob wir Täter einsperren, therapieren, Geldstrafen auferlegen und so weiter ist eine nachgeordnete Frage, der allein mit philosophischen Überlegungen nicht beizukommen ist und bei der aus Sicht der zuständigen Wissenschaften (etwa Kriminologie und Psychologie) und aus politikphilosophischen Überle-

---

8 Siehe hierzu Hugo van der Merwe: National and Community Reconciliation: Competing Agendas in the South African Truth and Reconciliation Commission. In: Nigel Biggar (Hg.): Burying the Past. Making Peace and Doing Justice after Civil Conflict, Washington D.C. 2001, 85-106, hier 91-99.

9 Siehe zum folgenden Andreas Mosbacher: Kants präventive Straftheorie. In: ARSP 90 (2004), S. 210-225, bes. S. 218-225; sowie Heinz-Gerd Schmitz: Zur Legitimität der Kriminalstrafe. Philosophische Erörterungen. Berlin 2001 und die Beiträge von Wolfgang Kersting und Heinz-Gerd Schmitz in diesem Band.

gungen heraus die Geltung des Instrumentalisierungsverbot in spezifischer Weise eingeschränkt werden sollte.

Anders als hartnäckig behauptet wird, ist Kant kein besinnungsloser Vergeltungstheoretiker, sondern ihm geht es »in seinen Ausführungen zur staatlichen Strafe genau um diese Ablehnung aller rein präventiven Straftheorien, nicht um die positive Begründung einer absoluten Vergeltungstheorie«.[10] Zunächst unterscheidet er zwischen dem Strafurteil im Recht, das sich auf die äußere Handlung bezieht, und dem in der Moral, das den inneren Willen zum Gegenstand hat. Für letzteres ist allein Gott zuständig, der in die Herzen der Menschen sehen und ihre Gründe erkennen und daher eine Strafe als reine Vergeltung in exakter Entsprechung zur Tat aussprechen kann. Staatliche Strafe aber kann solche Herstellung einer moralisch gerechten Welt nicht leisten, weil den Menschen untereinander die letzte Einsicht in die Beweggründe des Gegenübers unmöglich ist. Die Legitimation staatlicher Strafe muß zweigleisig erfolgen: Prävention ist ein auf die Zukunft, Gerechtigkeit ein auf die Vergangenheit gerichtetes Rechtfertigungsargument für staatliche Strafe. Verhängt wird die Strafe nach Maßgabe des dazu vorhandenen Wissens aus präventiven Gründen. Ihre ethische Rechtfertigung findet sie aber in Gerechtigkeitsgründen, genauer: in dem Anspruch des Täters trotz seiner unrechten Tat als autonomiefähiges, menschliche Würde besitzendes Glied der Gemeinschaft behandelt zu werden. In diesem Zusammenhang ist Hegels Argument von entscheidender Bedeutung, daß der Täter genau dann nicht verzweckt oder bloßes Objekt staatlichen Handelns wird, wenn »die Maxime seines Handelns auf ihn selbst angewendet« wird,[11] wenn also die Strafe im Handeln des Täters begründet wird:

> Ferner ist [es] nicht nur der *Begriff* des Verbrechens, das Vernünftige desselben *an und für sich*, *mit* oder *ohne* Einwilligung der Einzelnen, was der Staat geltend zu machen hat, sondern auch die formelle Vernünftigkeit, das *Wollen* des *Einzelnen* liegt in *der Handlung* des Verbrechers. Daß die Strafe darin als *sein* eigenes Recht enthaltend angesehen wird, darin wird der Verbrecher als Vernünftiges *geehrt*. – Diese Ehre wird ihm nicht zuteil, wenn aus seiner Tat selbst nicht der Begriff und der Maßstab seiner Strafe genommen wird; – ebensowenig auch, wenn er nur als schädliches Tier betrachtet wird, das unschädlich zu machen sei, oder in den Zwecken der Abschreckung und der Besserung.[12]

Der Verbrecher hat also als Mensch einen Anspruch darauf, bestraft zu werden. Daß es sich dabei nicht um im Wortsinne vergeltende Strafen handelt, stellt schon Kant in der zweiten Ausgabe der »Metaphysik der Sitten. Rechtslehre« im Anhang in einer Präzision früherer Gedanken klar:

---

[10] Mosbacher, S. 218.

[11] Ebd., S. 223.

[12] G.W.F. Hegel: Grundlinien der Philosophie des Rechts. Hg. v. Johannes Hoffmeister. Hamburg ^{5}1995, § 100, S. 96.

> Nur dann kann der Verbrecher nicht klagen, daß ihm unrecht geschehe, wenn er seine Übeltat sich selbst über den Hals zieht, und ihm, wenn gleich nicht dem Buchstaben, doch dem Geiste des Strafgesetzes gemäß, das widerfährt, was er an andern verbrochen hat.[13]

Zu suchen ist also nach einer Entsprechung zwischen Tat und Strafe, deren Charakter immer nur der einer Annäherung sein kann. Wenn aber Prävention und Gerechtigkeit sich nicht ohne weiteres in Einklang bringen lassen, dann ist das vergangenheitsbezogene Gerechtigkeitsverhältnis von Tat und Strafe die Grenze aller denkbaren präventiven Strafen. Wird diese Grenze überschritten, ist der Zusammenhang von Strafe als Anerkennung der Würde, der Vernünftigkeit und der Verantwortlichkeit des Täters gesprengt und dieser zum Gegenstand von Prävention oder Resozialisation herabgewürdigt.[14]

Dies zur Legitimation der Strafe vorausgeschickt, läßt sich die Einbindung der Strafe in das Mandat der TRC erklären. Das Besondere an der Amnestieregelung der TRC ist, daß sie die Geltung des Strafrechts nicht außer Kraft setzte. Wer also die Bedingungen für Amnestie nicht erfüllte oder wer erst gar nicht vor dem AC erschien, steht unter Strafandrohung; dies allerdings unter der Voraussetzung, daß sich ein Ankläger findet, was nicht das geringste Problem des südafrikanischen Umgangs mit der Vergangenheit ist.[15] Wie sich diese Strafandrohung auf die ohnehin geringe Aussagebereitschaft der Täter ausgewirkt hat, können wir schlechterdings nicht wissen, aber die Vermutung eines nachteiligen Effektes ist im Unterschied zur gegenteiligen die plausible Annahme.[16]

---

13 Immanuel Kant: Metaphysik der Sitten. Rechtslehre, B 172 = AA VI, 363. Dieselbe Verwahrung gegen die Identifikation von Strafe mit Vergeltung/Rache findet sich auch bei Hegel, der die Aufhebung des Verbrechens durch die Strafe gerade nicht dem Talionsprinzip, sondern einer Verhältnismäßigkeit anvertraut, die dem Wesentlichen, dem Wert der Tat nach ihre vergleichbare Strafe findet. »Es ist dann, wie bemerkt, die Sache des Verstandes, die Annäherung an die Gleichheit dieses Wertes zu suchen.« Siehe Hegel, § 101, S. 98.

14 Eine solche Lücke zwischen Erfordernis der Prävention und Strafgerechtigkeit entsteht m. E. im gegenwärtigen Umgang mit den sogenannten Raubkopierern, in dem Strafandrohung und -praxis jene kantische Grenze der Gerechtigkeit für alle präventiven Zwecke bisweilen zu überschreiten scheinen. Siehe dazu den Aufsatz von Alber/Brandenstein in diesem Band.

15 In diesem Sinne ist es auch auf den Unwillen südafrikanischer Behörden zu eingehender strafrechtlicher Ermittlungsarbeit zu beziehen, wenn Christoph Marx vom Arrangement der neuen schwarzen mit den alten weißen Eliten spricht, siehe ders.: Von der Versöhnung zur Entsorgung? Die Wahrheitskommission und der Umgang mit der Vergangenheit im »neuen« Südafrika. In: Jürgen Zimmerer (Hg.): Verschweigen – Erinnern – Bewältigen. Vergangenheitspolitik nach 1945 in globaler Perspektive. Leipzig 2004 (= Comparativ 12 (2004), Heft 5/6), S. 107-123. Darin spiegelt sich ein weiterer Grund für Amnestien wider, daß nämlich Eliten leichter zu integrieren als zu reproduzieren sind. Das sprechendstes Beispiel ist die atemberaubend schnelle und nahezu restlose Selbst-Entschuldung der westdeutschen Gesellschaft unmittelbar nach der Staatsgründung.

16 Wieder zeigt sich im Vergleich, daß die TRC das Mittel der Amnestie strenger handhabte als ihre Vorläufer. Insofern milderte sie die Zumutung der Amnestie für die Opfer ein we-

Tutu führt folgende Gründe an, weshalb man in Südafrika nicht zur alliierten Lösung von ihm sogenannter Siegerjustiz griff. Erstens bestand eine militärische Pattsituation; der alte Sicherheitsapparat erwog gewaltsamen Widerstand, der den sicheren Weg in den Bürgerkrieg bedeutet hätte. Zweitens fehlte es an Zeit, Geld und Personal, um ein südafrikanisches Nürnberg ins Werk zu setzen. Drittens wären die emotionalen Kosten für den nationalen Einigungsprozeß zu hoch gewesen. Viertens seien Strafverfahren nicht die geeignete Methode zur Ermittlung der Wahrheit, aber »[i]n our case, dealing with the past means knowing what happened. Who ordered that this person should be killed?« (TRC 1, 5-7, Zitat 7) Neben den politischen Sachzwängen ist das Wissen um die Wahrheit – und zwar als Bedingung gelingender Versöhnung – der einzige prinzipielle Grund dafür, daß man sich gegen normale Strafverfahren und für eine Wahrheitskommission entschied:

> Reconciliation based on falsehood, on not facing up to reality, is not true reconciliation and will not last. (TRC 1, 17)

Zwei Fragen stellen sich an diesem Punkt der Überlegungen: Kann die TRC ihrer Aufgabe der Wahrheitsermittlung nachkommen und dadurch die zentrale Bedingung aller künftigen Versöhnung erfüllen? Wie wird den Tätern Verantwortlichkeit für ihre Taten abverlangt, wenn nicht auf dem Wege rechtsstaatlicher Strafe? Anders gefragt: An welcher systematischen Stelle ist die Verantwortlichkeit der Täter in die Konzeption der TRC eingeschrieben, wenn doch die Zuschreibung von Verantwortung nur dann auf dem Wege von Strafverfahren erfolgen soll, wenn sich Täter der Aussage vor der TRC verweigern?

III. Amnestieren

Das Rechtsinstitut der Begnadigung folgt immer auf eine Verurteilung und ist als solches einer im Urteil erfolgten Feststellung und Anerkennung persönlicher Schuld zeitlich wie sachlich nachgeordnet, denn sie hebt die einmal festgeschriebene Schuld nicht auf, sondern betrifft die Straffolgen des Schuldspruches. Die Amnestie hingegen vermeidet den Schuldspruch, umgeht das schuldhafte Geschehen zwischen Menschen – zumeist im Blick auf und in Verfolg eines vermeintlich befriedeten, künftigen Weiter- und Zusammenlebens von Opfer und Täter. In einem Fall wissen wir um die Schuld eines Menschen, in dem anderen finden gar keine Bestrebungen statt, Täter zu ermitteln, verletzte Normen zu identifizieren oder Zurechenbarkeiten festzustellen.[17] Doch steckt allein im

nig ab, was an deren prinzipieller Lastenverteilung zuungunsten der Opfer gleichwohl nichts ändert. Vgl. FN 7.

17 Vgl. zu dieser in den Rechtswissenschaften umstrittenen Unterscheidung von Amnestie und Begnadigung Johann-Georg Schätzler: Handbuch des Gnadenrechts. 2. neubearb. u. erw. Auflage. München 1992, bes. S. 16-18, 208-210; Norbert Campagna: Das Begnadi-

Erlaß der Amnestie die Anerkennung dessen, daß es eine Gesellschaft mit schuldhafter Vergangenheit von solcher Schwere zu tun hat, daß sie vor den möglichen Kosten strafrechtlicher Aufarbeitung zurückschreckt. Amnestien sind daher pragmatische Verlegenheitslösungen, auf die der Staat zurückgreift, weil der massenhafte und unpersönliche Charakter von Systemunrecht, die schwierige Trennung von kollektiver und persönlicher Schuld oder die problematische Personalisierung komplexer Zusammenhänge die dringliche strafrechtliche Verfolgung von Unrecht angeblich nicht zulassen. Dagegen ist einzuwenden, daß es nicht die Strukturen oder die Systeme sind, die handeln, sondern die Menschen. Das mag allzu einfach klingen, aber der Verweis auf die Menschen, die handeln, ruft in Erinnerung, daß es auch dieselben Menschen sind, die an der Verhandlung der Schuld und der Beilegung der Konflikte um der Tragfähigkeit der Schlichtungen willen persönlich beteiligt werden müssen – auch weil sich nämlich trotz der Neigung, »makrokriminelles Unrecht [...] durch faktische Entkriminalisierung und stillschweigende Amnestien« zu erledigen, »[i]ndividuelle Schuldanteile« auch im Falle von Systemunrecht ausmachen lassen; ganz wie auch im strafrechtlichen Normalfall die Zuschreibung persönlicher Schuld nicht ohne fiktionale Vereinfachung auskommt.[18] Es ist der völlige Verzicht auf strafrechtliche Verfolgung von Unrecht, der den entscheidenden Unterschied zwischen Amnestie und Begnadigung ausmacht, welche sich nicht auf das strafrechtliche Urteil, sondern allein auf den Strafvollzug bezieht und daher die strafrechtliche Feststellung und öffentliche Anerkennung von Schuld und Verantwortung nicht in Zweifel zieht oder für unerheblich erklärt.

Für unsere Überlegungen ist der Umstand entscheidend, daß im Nebel der Amnestie die Möglichkeit erschwert wird, persönliche Schuld und Verantwortung festzustellen und anzuerkennen. So deckt die Amnestie nicht zwingend den Schleier des Vergessens über schuldhaftes Geschehen, aber sie ist ein Mittel zur Verbergung von Verantwortung. Bei der Betrachtung der Amnestie gehören diese Aspekte in den Vordergrund – im Unterschied dazu, daß eine Amnestie nicht die prinzipielle Strafbarkeit der amnestierten Handlungen in Zweifel zieht und ebensowenig mit einem Freispruch gleichbedeutend ist. Ihr wichtigstes Kennzeichen bleibt, daß sie einen Schuldspruch vermeidet und dadurch schwere Konsequenzen für das Projekt gesellschaftlicher Befriedung durch ihr Absehen von Schuldzuschreibung und öffentlicher Anerkennung der Wahrheit hat, ohne die Versöhnung in weite Ferne rücken muß.[19] Was die Amnestie nämlich überhaupt

gungsrecht: Vom Recht zu begnadigen zum Recht auf Begnadigung. In: ARSP 89 (2003), S. 171-185.

18 Siehe Herbert Jäger: Amnestie für staatliche Verbrechen? In: Kritische Justiz 23 (1990), S. 467-474, Zitate S. 468, 469.

19 Dies gegen Dieter Witschen: Amnestie – Wahrheitskommission – Strafrecht. Rechtsethische Überlegungen zum Umgang mit schweren Menschenrechtsverletzungen. In: Theologie und Philosophie 73 (1998), S. 507-523.

nicht in Betracht zieht, ist der Umstand, daß es einer moralischen Übereinstimmung zwischen Täter und Opfer über das geschehene Unrecht bedarf, um zu einer tragfähigen und Zukunft eröffnenden Regelung zu gelangen. Amnestien stellen nicht einmal – aus sogenannter politischer Klugheit – die für die Opfer existentielle Frage (was ein ganz anderer Fall ist als der, daß sie keine Antwort darauf haben könnten): »[H]ow can victims share civic space with wrongdoers, when these wrongdoers do not acknowledge that their victims are worthy of an apology?«[20]

Bedingungen für Amnestie in der TRC

Die »Promotion of National Unity and Reconciliation Bill« legte sieben Bedingungen für die Gewährung von Amnestie fest: 1. Die Beantragung der Amnestie für jedes einzelne Verbrechen. 2. Die gesetzliche Frist für solche Anträge. 3. Die vollständige Offenlegung der Umstände des Verbrechens. 4. Die öffentliche Abhaltung der Anhörungen des Amnestieausschusses. 5. Das Verbot automatisch gewährter Amnestie und der Ausschluß bestimmter Verbrechen von dieser Amnestieregelung. 6. Die Veröffentlichung von Tätername und zugehörigem Verbrechen in der Government Gazette im Falle gewährter Amnestie. 7. Die genaue Darlegung des Verbrechens als Eingeständnis der Schuld. Wenn Amnestie nicht beantragt oder nicht gewährt werden würde, sollten die üblichen Mechanismen staatlicher Strafverfolgung greifen (TRC 1, 119). Weil das einzige Instrument dieser Amnestieregelung die Suche nach der »truth [...] eliciting as much truth as possible about past atrocities« sein sollte, hat die TRC einen ganz anderen Weg als ihre Vorgänger eingeschlagen: »The primary sources of information were the perpetrators themselves who, without the option of applying amnesty, would probably not have told their side of the story.« (TRC 1, 120; vgl. TRC 6, 5-11)[21]

Die Amnestieregelung der TRC stellte sich also im Unterschied zu herkömmlichen Amnestien der Aufgabe, auch die Belange der Opfer zu berücksichtigen, indem sie die Gewährung von Straffreiheit an die Offenlegung der Wahrheit band, welche sie als Eingeständnis der Schuld verstanden wissen wollte. Die TRC besaß nicht zuletzt zu diesem Zweck auch strafrechtliche Befugnisse. Sie konnte zwischen Zuckerbrot (Amnestie) und Peitsche (strafrechtliche Ermittlungen) wählen, um die Täter zur Darlegung der Geschehnisse zu bewegen. Wenn daher die TRC nicht umstandslos mit den üblichen Kritikpunkten an Amnestien

20 Christopher Bennett: Is Amnesty a Collective Act of Forgiveness? In: Contemporary Political Theory 2 (2003), S. 67-76, hier 69.

21 Ganz allgemein steht der Zusammenhang von Bedingungen und Gewährung von Amnestien durch die TRC unter dem Vorbehalt, daß dem Gleichheitsgrundsatz nicht Rechnung getragen wurde.

bedacht werden kann – eine Zumutung für die Opfer zu sein, denen das Recht auf Strafe und Gerechtigkeit genommen und gesellschaftliche wie staatliche Solidarität verweigert und gar Vergessen aus Angst vor dem Zerstörungspotential der Täter vorgeschrieben wird –, sondern vielmehr ihre innovative Verbindung von Amnestie und Wahrheitsfindung hervorgehoben werden muß, so fragt sich um so mehr, auf welche Weise in diese Verbindung die systematische Zumutung von Verantwortlichkeit eingebunden ist, woran das eigentliche Unterfangen der TRC – die gesellschaftliche Versöhnung – im Grunde hängt.

Amnestie und Wahrheit

Inwiefern ist die TRC-Amnestie in Sachen Wahrheitsfindung tatsächlich im Vorteil gegenüber strafrechtlichen Ermittlungen? Die TRC ist sparsam mit der Gewährung von Amnestie umgegangen,[22] allerdings konnte sie nur ein Zehntel derer anhören, die überhaupt aussagen wollten. Schon in der Planungsphase war also klar, daß sie nur einem geringen Teil der Südafrikaner Gelegenheit würde geben können, ihre Geschichte zu erzählen; zumal an wenigen Orten verhandelt wurde, so daß es vielen schwarzen Menschen aus den ländlichen Gegenden nicht möglich war, an den Anhörungen teilzunehmen. Daher ist es eine in dieser Hinsicht geradezu zufällige Wahrheit, die vor der TRC zur Sprache kam.[23]

Die »institutional and special hearings« mit Vertretern aus Parteien, Armee, Wirtschaft, Medien, Religionsgemeinschaften, Gesundheitswesen und Justiz verstärken diesen Eindruck (TRC 4, bes. 1-17). So sahen sich die konzeptionell weitreichenden Befugnisse der TRC (zum Beispiel das Recht, Zeugen oder Täter vorzuladen, die nicht um Amnestie ersucht hatten, oder die Vorlage von Beweisen anzuordnen) in der politischen Wirklichkeit erfolgreichem Widerstand etwa von Militär und Regierung ausgesetzt (TRC 1, 54). Das Militär verhinderte Durchsuchungen. Gegen den Leiter der Forschungsabteilung der TRC, den Anwalt Dumisa Ntsebeza, wurde eine publizistische Kampagne in Gang gesetzt, die ohne Mandelas öffentlichen Beistand zu dessen Rücktritt geführt hätte. Die ehemaligen Präsidenten Pieter Willem Botha und Frederik Willem de Klerk verweigerten die Aussage oder wuschen ihre Hände in Unschuld. Und selbst der kooperationswillige African National Congress, der lange vor der TRC eigene Kommissionen zur Untersuchung von Verbrechen in seinen Exillagern einge-

---

22 Bis zum 1. November 2000 waren 7112 Anträge eingegangen, von denen 5392 abgewiesen und 849 akzeptiert wurden (die übrigen wurden anders beschieden); vgl. die Statistik unter www.doj.gov.za/trc/amntrans/index.htm (Stand 8. Januar 2008) sowie TRC 1, 1-23.

23 Wer konnte überhaupt einen Antrag auf Anhörung stellen? Wer konnte tatsächlich zu den Anhörungen kommen? Siehe van der Merwe, S. 91-99; Michael Lapsley: Healing Memories in South Africa – Are there lessons for Germany? In: Wolfgang Vögele/Christine Kayales (Hg.): Versöhnung und Gewalt. Rehburg-Loccum 2003, S. 107-115, hier 109; vgl. zur Arbeitsweise des AC im allgemeinen TRC 6, 17-53.

setzt hatte und alle Unterlagen zur Verfügung stellte, versuchte zuletzt, die Veröffentlichung des TRC-Berichtes in Gestalt einer Gruppe um Präsident Thabo Mbeki zu verhindern, um wiederum die Gleichsetzung der Geschehnisse in seinen Exillagern mit den Verbrechen des Apartheidregimes zu verhindern.

Ferner ist der eingeschränkte Untersuchungsbereich der TRC zu bedenken, demgegenüber strafrechtliche Ermittlungen sich auf die Gesamtheit der gesetzlich erfaßten Tatbestände beziehen können. Solche Ermittlungen müßten sich auf die systematischen Dimensionen der Menschenrechtsverletzungen des Apartheidsregimes beziehen, während die TRC sich auf »die terroristischen Spitzenleistungen« der Rassendiktatur zu konzentrieren hatte. Inwiefern in diesem Absehen von der strukturellen Gewalt auch eine »unbeabsichtigte Bestätigung« der Apartheid »als legale[m] und damit implizit legitime[m] System« beschlossen liegt, muß an dieser Stelle nicht geklärt werden.[24] Aber die Beschränkung auf die Spitze des Eisberges im Verbund mit ihrer Amnestieregelung ist der Entstehung eines Unrechtsbewußtseins nicht nur bei den politisch Verantwortlichen wie ihren Schergen, sondern auch bei den vielen Millionen vor allem weißen Nutznießern hinderlich – dies auch eingedenk der Tatsache, daß es gerade die Straflosigkeit schwerster und vor allem systematischer Menschenrechtsverbrechen ist, die zu ihrer ständigen Begehung Erhebliches beiträgt.[25]

Folgenreich ist auch die strukturelle Abhängigkeit von der Aussagebereitschaft der Täter (siehe TRC 1, 119-120), was etwa die schwer überprüfbare Verabredung von Aussagen einschließt. Wer entschied sich aus welchen Gründen (und vielleicht nach Vereinbarung von Aussage-Kartellen) zu welcher Aussage über welche Bereiche eines möglicherweise viel umfangreicheren Tatbestandes? Die Öffentlichkeit der Anhörungen, die im Sinne der Opfer ein großer Vorteil der südafrikanischen gegenüber anderen Wahrheitskommissionen ist, erweist sich im Blick auf die Verbindung von Amnestie und Aufklärung als hinderlich. Denn ein Schuldbewußtsein vorausgesetzt muß der Täter nicht nur Strafe fürchten. Hinsichtlich des künftigen Zusammen- oder auch nur Nebeneinanderher-Lebens ist die öffentliche Schande, die Tutu als positiven Effekt verbucht (TRC 1, 9), möglicherweise die weiterreichende Folge eines Schuldeingeständnisses. Gleichwohl gibt es keine andere Möglichkeit als die Öffentlichkeit, will man an der gesamtgesellschaftlichen Aufgabe der TRC festhalten.

Die TRC hat demzufolge die Schwierigkeiten, ihrer ersten Hauptaufgabe der Beschreibung und Analyse von Ursachen, Wesen und Ausmaß schwerer Men-

---

24 Marx: Versöhnung, beide Zitate S. 115.

25 In diesem Kontext ist auch der Ausschluß der fünfziger Jahre und des Erlasses der grundlegenden Gesetze des rassistischen Staates in Südafrika aus dem Untersuchungszeitraum fatal, weil damit der Eindruck verstärkt wurde, daß lediglich die Verbrechen, die selbst auf Grundlage der rassistischen Gesetzgebung Unrecht waren, vor die TRC gehörten, jene Gesetzgebung selbst aber kein Gegenstand gesellschaftlicher Verständigung sein sollte.

schenrechtsverletzungen während der Apartheid nachzukommen, unmißverständlich formuliert:

> The Commission's focus was, therefore, a narrow or restricted one, representing what were perhaps some of the worst acts committed against the people of this country and region in the post-1960 period, but providing a picture that is by no means complete. (TRC 1, 29)

Der TRC-Bericht läßt daher die These nicht zu, daß dem beabsichtigten Tauschgeschäft von Amnestie gegen Wahrheit Erfolg beschieden war. Noch zweifelhafter wird diese gern wiederholte Behauptung, bedenkt man, daß neben der Beschränkung des Untersuchungszeitraumes auf die Jahre 1960 bis 1994 die Anhörungen selbst zu einer weiteren Verengung des Blickwinkels führten. Denn faktisch waren es die achtziger Jahre mit ihrer Eskalation des Rassenkonfliktes, die ihren Kern bildeten, weniger die sechziger, siebziger oder neunziger Jahre. Schließlich muß auch das weiter unten (Abschnitt IV) ausführlich erörterte Problem benannt werden, daß das Ziel der Versöhnung dasjenige der Wahrheit in Gestalt der Auswahl bestimmter Fälle für öffentliche Anhörungen oder der Lenkung von Aussagen durch die Kommissionsmitglieder dominierte.[26]

In Entsprechung zum »narrow or restricted focus« der TRC verfügen wir also über ein lückenhaftes Bild, dessen künftige Ausfüllung vor allem Aufgabe von strafrechtlichen Verfahren und Geschichtswissenschaft ist. Für die vom AC entschiedenen Fälle gilt jedoch, daß sich die Gegenprobe auf die Möglichkeiten des Strafrechts nicht mehr durchführen läßt. Wir wissen von vielen spektakulären Einzelfällen – etwa PEBCO Three, Cradock Four, Gugulethu Seven, Eugene de Kock –, hinter denen ein systematisches Wissen über Organisation und Funktionsweise des Apartheidregimes zurückstehen muß. Für das Projekt der gesellschaftlichen Versöhnung haben diese konzeptionellen und politischen Einschränkungen in Sachen Wahrheitsermittlung schwerwiegende Folgen, zu deren Anerkennung der TRC-Bericht sich letztlich durchgerungen hat:

> For many victims, the granting of amnesty was a high price to pay for the public exposure of perpetrators. It was made even difficult by the fact that those who applied for amnesty did not always make full disclosure; perpetrators recounted versions of events that were sometimes different. The inability to reach a clear version of truth in respect of particular incidents led to confusion and anger on the part of the victims' families and members of the public. (TRC 1, 121)[27]

---

[26] Siehe dazu Marx: Versöhnung, S. 116 f.

[27] Aber unmittelbar im Anschluß und in Kenntnis der genannten Einschränkungen wird noch einmal die nicht belegbare Behauptung von der Überlegenheit der TRC gegenüber strafrechtlichen Verfahren wiederholt und dann resümiert: »[T]he amnesty process assisted the Commission in compiling as ›complete a picture as possible of the nature, causes and extent‹ of past gross violations of human rights.« (TRC 1, 121)

Amnestie und Zuschreibung von Verantwortung

Die Amnestieregelung versprach nicht nur Straffreiheit, sondern schloß auch rechtliche Schadenersatzansprüche der Opfer aus und entlastete die Täter von zivilrechtlicher Haftung. Was sie den Tätern abverlangte, war die Wahrheit, mehr nicht. Ein Mörder konnte also die Umstände seiner Mordtat beschreiben, sich selbst die Tat zuschreiben und dann amnestiert werden. Über den Austausch von Darstellungen hinaus ist schwer zu erkennen, wie durch solches Verfahren eine Verbindung zwischen Amnestie und persönlicher Verantwortungsübernahme etabliert werden kann. Die Abschnitte des TRC-Berichtes, die diesen Nachweis führen sollen sind von undurchdringlicher Dunkelheit. Tutu behauptet, daß der »amnesty applicant has to admit responsibility for the act for which amnesty is being sought.« (TRC 1, 8). Er will damit antworten auf die Kritiker, die die Felle der Gerechtigkeit angesichts der Amnestieregelung davonschwimmen sehen. Wie äußert sich die Übernahme von Verantwortung, wenn strafrechtliche und zivilrechtliche Straffreiheit des Täters der Lohn für seine Wahrheit ist?

Der Abschnitt des TRC-Berichtes über »Amnesty, Truth and Justice« führt dazu aus, daß an die Stelle einer als Strafe mißverstandenen Gerechtigkeit »a restorative understanding of justice, focusing on the healing of victims and perpetrators and on communal restoration« treten müsse. Gegen die Bedenken der Opferseite gewandt heißt es, Amnestie sei nicht einfach Gnade und Straffreiheit für die Täter, sondern erfordere im Gegenteil »responsibility and accountability.« »It is important, therefore, clearly to understand the various justifications for the concept of amnesty implemented by the Commission, with its unique focus on individual responsibility.« (TRC 1, 118) Es sind also die Bedingungen der Gewährung von Amnestie (siehe oben), die laut der Ansicht der TRC den aussagewilligen Tätern in unausweichlicher Weise Verantwortlichkeit und Rechenschaftspflicht abverlangen sollten.

Um diese Begründungslast zu tragen, kommen die Bedingungen drei, vier, sechs und sieben in Frage: faktische Wahrheit, Öffentlichkeit der Anhörung, Veröffentlichung des Sachverhaltes und das Eingeständnis der Schuld. Wir haben schon gesehen, daß an dem postulierten Zusammenhang von Amnestie und Wahrheitsfindung erhebliche Zweifel angebracht sind. Aber einmal angenommen, wir besäßen gesichertes Wissen, dann erleichterten die Faktoren Öffentlichkeit und Veröffentlichung insofern das Ziel der Zurechnung und Übernahme von Verantwortung, als es dem Täter nicht mehr so leicht möglich wäre, Tatbestände zu bestreiten und sich stillschweigend aus der Verantwortung zu stehlen, weil im günstigen Fall die Öffentlichkeit ein Auge auf ihn hätte. Der für die Aufgabenstellung der TRC aber fundamental bedeutsame Punkt ist jedoch das eingeforderte Geständnis der Schuld. Die Quelle spricht gar von »effectively acknowledging their culpability« (TRC 1, 119). Damit hat sich die TRC das Problem aufgeladen, wie solches Schuldanerkenntnis aussehen kann und wie man sich über dessen authentischen Charakter vergewissern kann. An der Antwort auf diese doppelte Frage entscheidet sich, ob die Verbindung Straffreiheit und Verantwortung in der Amnestieregelung der TRC gelungen ist (dazu Abschnitt IV).

Wir gelangen vorerst zu einer zurückhaltenden Einschätzung der Möglichkeiten der Amnestieregelung in der TRC, sowohl was deren Effekt auf die Ermittlung der Wahrheit betrifft als auch was deren Fähigkeit angeht, den Tätern Verantwortlichkeit für ihre Taten aufzuerlegen. Die generellen rechtstheoretischen Eigenschaften der Amnestie im Verbund mit ihrer südafrikanischen Ausgestaltung führen für den Fall der TRC zu einer eher »opferfeindliche[n] Wirkung der Gewährung von Amnestie«[28] und lassen das Ziel gesellschaftlicher Versöhnung mit den Mitteln der TRC in die Ferne rücken, weil ein Tauschgeschäft von Amnestie gegen Wahrheit vorliegt, innerhalb dessen die Überprüfung der Wahrheit nicht möglich ist, und weil Verantwortlichkeit der Täter keinen systematischen Stellenwert in der TRC hat und folglich die Lasten des Neuanfangs allein auf Seiten der Opfer abgeladen werden.

IV. Verzeihen

Im Anschluß an Schriften von Hannah Arendt, Paul Ricœur und Robert Spaemann lassen sich folgende unhintergehbare Bedingungen gelingenden Verzeihungsgeschehens benennen, an denen Konzeption und Wirken der TRC gemessen werden sollen.[29] Demnach ist Verzeihen zu begreifen als ein zwischenmenschliches Geschehen, das auf Täterseite Einsicht in die Schuld, die Bitte um Verzeihung und den Willen zu etwaiger Kompensation des zugefügten Schadens erfordert. Dem Opfer hingegen verlangt Verzeihung die Überwindung der mit dem Leid verbunden Gefühle (Wut, Haß, Rachsucht), die Gewährung von Verzeihung und daher auch die Zusage ab, den reuigen Täter nicht weiterhin unter das Joch ständig vorgehaltener Schuld zu zwingen. Insofern beide Seiten auf den Willen zur wahrheitsgetreuen Verständigung über das geschehene Unrecht und zur Fortsetzung einer wieder befriedeten gemeinsamen Geschichte angewiesen

---

[28] Gerhard Werle: Neue Wege. Die südafrikanische Wahrheitskommission und die Aufarbeitung schwerer Menschenrechtsverletzungen. In: Petra Bock/Edgar Wolfrum (Hg.): Umkämpfte Vergangenheit. Geschichtsbilder, Erinnerung und Vergangenheitspolitik im internationalen Vergleich. Göttingen 1999, S. 269-289, hier S. 284. Der abschließende Bericht des AC besteht – in der Sache nicht widersprechend – darauf, daß Täterfreundlichkeit »was thus to an extent understandable and even unavoidable«, verwahrt sich jedoch gegen den Vorwurf, daß das AC »insensitive towards victims« gewesen sei; siehe TRC 6, 84.

[29] Siehe Hannah Arendt: Vita activa oder Vom tätigen Leben. München/Zürich 1996, S. 300-317; Paul Ricœur: Das Rätsel der Vergangenheit. Erinnern – Vergessen – Verzeihen. Göttingen 1998; Robert Spaemann: Personen. Versuche über den Unterschied zwischen ›etwas‹ und ›jemand‹. Stuttgart [2]1998, S. 235-251.

sind, übernehmen sie Verantwortung für die Erinnerung an das vergangene Unrecht und den einmal gesetzten Neuanfang. Verzeihen macht verantwortlich, es vergißt nicht und im Unterschied zur Strafpraxis des Staates lebt es von der unverzichtbaren Beteiligung von Opfer und Täter, während das Strafrecht eine Beziehung zwischen Staat und Täter etabliert.[30]

Bitte um und Gewährung von Verzeihung

Der TRC-Bericht kommt nicht umhin, das eklatante Mißverhältnis zwischen der Verzeihungsbereitschaft der schwarzen Opfer und der Verstocktheit der weißen Täter zu erwähnen. Dem Verzicht auf Rache und Vergeltung zugunsten des Willens zum Neuanfang stand ein manifester Unwillen gegenüber, überhaupt Schuld einzugestehen, ganz zu schweigen davon, dafür um Vergebung zu bitten. Wie sehr diese Hartherzigkeit an den Fundamenten des gesamten gesellschaftlichen Versöhnungsprojektes in Südafrika rührt, ist kaum zu unterschätzen:

> It is not easy to forgive, but we have seen it happen. And some of those who have done so are white victims. Nevertheless, the bulk of victims have been black and I have been sadened by what has appeared to be a mean spiritedness in some of the leadership in the white community. (TRC 1, 18)
>
> It is something of a pity that [...] the white community failed to take advantage of the Truth and Reconciliation process. [...] Many of them carry burden of a guilt which would have been assuaged had they actively embraced the opportunities offered by the Commission; those who do not conciously acknowledge any sense of guilt are in a sense worse off than those who do. Apart from the hurt that it causes to those who suffered, the denial by so many white South Africans even that they benefited from apartheid is a crippling, self-inflicted blow to their capacity to enjoy and appropriate the fruits of change. But mercifully there have been glorious exceptions. (TRC 6, Foreword)

Auch stellt der TRC-Bericht selbst fest, daß die Bitte um Vergebung bisher ausgeblieben ist:

---

30 Daß das Strafrecht immer schon Weisen der Einbindung des Opfers in das Geschehen kannte und bestrebt ist, diese gerade unter dem Gesichtspunkt der Ergänzung staatlicher Normbestätigung im Strafverfahren durch die zwischenmenschliche Aussöhnung zwischen Täter und Opfer zu erweitern, daß also das Strafrecht mehr als die hochfliegenden philosophischen Theorien um einen adäquaten Umgang mit den Erfahrungen des Scheiterns menschlicher Selbstbestimmung und Handelns bemüht ist, ändert m. E. nichts daran, daß die fraglichen Mittel etwa des Täter-Opfer-Ausgleichs zwar von staatlicher Seite aus vorgeschrieben werden können, deren Gelingen aber rechtliche oder andere Mittel des Staates übersteigt. Es ist dieser Punkt, an dem philosophische Theorien des Verzeihens im Verbund mit den Erkenntnissen der empirischen Sozialwissenschaften ihren Einsatzpunkt haben. Siehe einführend zu diesem Themenkomplex Winfried Hassemer/Jan Philipp Reemtsma: Verbrechensopfer. Gesetz und Gerechtigkeit. München 2002.

> That is why I still hope that there will be a white leader who will say, ›We had an evil system with awful consequences. Please forgive us.‹ Without qualification. If that were to happen, we would be amazed at the response. (TRC 1, 19)[31]

Die TRC war zwar von einem weltweiten und beispiellosen Medienecho begleitet, doch fehlte ihr die Legitimität ausgerechnet bei einer der beteiligten Parteien, auf deren Engagement sie ihrer Idee nach nicht verzichten konnte. Die weiße Bevölkerung Südafrikas hat sich wenig bis gar nicht für die Arbeit der TRC interessiert. Die Führungsspitze des Apartheidregimes – allen voran der ehemalige Staatspräsident Pieter W. Botha – hat sich auf eine umfassende Verweigerungshaltung zurückgezogen. Daß die TRC mit diesen Problemen auch in der Gesellschaft konfrontiert war, liegt daran, daß ihre Konzentration auf schwere Menschenrechtsverletzungen es den vielen, vor allem weißen Nutznießern des rassistischen Systems einfach machte, sich in die Position des Unbeteiligten zurückzuziehen: »Menschen, die ganz klar von dem Apartheidssystem profitiert hatten, waren ganz offensichtlich nicht in der Lage, irgend welche Scham, Reue oder Schuldeingeständnis an den Tag zu legen. Sie schienen es nicht für nötig zu halten, um Vergebung zu bitten.« Nomfundo Walaza zieht daraus die Konsequenz: »One can neither legislate or proclaim reconciliation from above.« [32]

Reue und Verantwortung

Das Tauschgeschäft war eines von Wahrheit gegen Amnestie. Für mögliche Verzeihung entsteht dabei das Hindernis, daß eine Schuldeinsicht überflüssig ist. Der Täter kann die Wahrheit erzählen und sich verantwortlich zeigen, aber eine Form des Bedauerns wird ihm nicht abverlangt. Für die Opfer führt die Konzentration auf die Wahrheit dazu, daß sie mit dem Umstand leben müssen, daß ein Täter ohne Schuldbewußtsein und Reue die Anhörung verlassen konnte. Für das Rechtsbewußtsein aller Beteiligten mag das schwere Folgen haben. Für das angestrebte Projekt der Versöhnung ist das eine kaum zu überwindende Hürde,

---

31 In dieses Bild paßt auch die öffentliche Skandalisierung von Amnestiegewährungen im Falle schwarzer Täter und weißer Opfer, daß sogar der zu Harmonisierung neigende TRC-Vorsitzende Tutu sich zu Kritik veranlaßt sah: »Amnesty is not meant for nice people. It is intended for perpetrators. [...] Sadly, in almost all cases, there was an outcry only when the victim was white and the perpetrator black.« (TRC 1, 12)

32 In der Reihenfolge der Zitate: Dirkie Smit: Keine Zukunft ohne Vergebung? Vom Umgang mit dem 20. Jahrhundert in Südafrika. In: Evangelische Theologie 62 (2002), Heft 3, S. 172-187, hier 183; Nomfundo Walaza: Insufficient healing and reparation. In: Charles Villa-Vicencio/Wilhelm Verwoerd (Hg.): Looking Back Reaching Forward. Reflections on the Truth and Reconciliation Commission of South Africa. Cape Town/London 1998, S. 250-255, hier 251. Siehe zur Verweigerungshaltung der Weißen auch Erich Geldbach: Die Wahrheits- und Versöhnungskommission in Südafrika. Hintergründe und Ergebnisse. In: Zeitschrift für Theologie und Gemeinde 5 (2000), S. 99-116, hier 102; Marx: Versöhnung, S. 112.

denn die gemeinsame Feststellung fehlt, daß die Tat Unrecht war. Anders als die TRC meint, ist die Darlegung der Fakten nicht gleichzusetzen mit einem Eingeständnis der Schuld (TRC 1, 119), ist vielmehr zu unterscheiden zwischen Wahrheit, Verantwortungsübernahme und der Einsicht in die persönliche Schuld.[33] Und erst letztere schafft für das Opfer die Möglichkeit der Gewährung von Verzeihung und für beide die Aussicht auf Versöhnung.

Im September 1985 erschien ein Dokument, das auf die Nationalkonferenz des Südafrikanischen Kirchenrates im Juni desselben Jahres zurückging und als eine der Quellen des Versöhnungsprozesses gilt. Damals wurden Versöhnung, Verzeihung und gar Verhandlungen überhaupt an die Bedingung der Reue, des Bedauerns geknüpft: »Reconciliation, forgiveness and negotiations will become our Christian duty in South Africa only when the apartheid regime shows signs of genuine repentance.«[34] Die TRC hat von dieser Bedingung Abstand genommen, denn sobald Menschen Aussagen treffen müssen über ihr moralisches Selbstverhältnis, können sie sich selbst wie ihre Zuhörer nur auf Plausibilitäten stützen. Ob ein Täter seine Taten bereut, können wir nie mit Sicherheit sagen. Gewißheit über die Authentizität zunächst einmal immer nur behaupteter Reue zu erlangen, ist vielmehr eine Angelegenheit dauerhaft bewährter zwischenmenschlicher Beziehungen, die in deutlichem Gegensatz stehen zu dem öffentlichen und staatlichen Handeln der TRC. Mehr als der Hoffnung Ausdruck zu verleihen, daß die Arbeit der TRC den Weg für wahrhaftige Reue, Verzeihung und Versöhnung bereitet hat, ist kaum möglich:

> Indeed, if the key concepts of confession, forgiveness and reconciliation are central to the message of this report, it would be wonderful if one day some representative of the British/English community said to the Afrikaners, ›We wronged you grievously. Forgive us.‹ (TRC 1, 16)

Es bleibt eine notgedrungene Regelung, die die Lasten einseitig auf die Opfer abschiebt. Welche seelischen Qualen diese neuerliche Last für die Opfer oder deren Angehörige bedeuten muß, kann man selbst dann nur schwer ermessen, wenn man in den Anhörungsprotokollen die Aussagen der Mörder über ihre grausamen Taten liest, hinter denen System und politischer Wille steckte. Jenseits der unbestrittenen Notwendigkeit, die Apartheid als strukturelles, systemati-

33 Wie Wahrheit, Verantwortung und Einsicht in Schuld nicht auseinandergehalten und in der Folge die Möglichkeiten der TRC, Tätern Verantwortung abzuverlangen und Versöhnung zu ermöglichen, überschätzt werden, ist beispielhaft nachzuvollziehen bei Ronald C. Slye: Amnesty, Truth and Reconciliation. Reflections on the South African Amnesty Process. In: Robert I. Rotberg/Dennis Thompson (Hg.): Truth vs. Justice. The Morality of Truth Commissions. Princeton/Oxford 2000, S. 170-188, hier 180-182.

34 Hier zitiert nach: Wolfgang Lienemann: Gerechtigkeit und Versöhnung. Erinnerung erlittenen Unrechts im Kampf um ein neues Südafrika. In: Beestermöller/Reuter (Hg.), S. 197-230, hier S. 204.

sches Verbrechen zu begreifen, darf darüber nicht vergessen werden, um was für Gewalttaten und welches Leid es im einzelnen geht:

> Bei all der Erfahrung, die ich in diesem Höllenloch gesammelt habe, ist mir nie etwas begegnet, was ich sauberer Mord nennen kann. So etwas gibt es gar nicht, das existiert nur in den Köpfen jener, die hier als aufrichtige und anständige Gentlemen erscheinen wollen [...]. Das gibt es nicht – Menschen werden brutal getötet, sie sterben schlimmer als Tiere [...] Sinn und Zweck der Sicherheitskräfte ist nicht nur, die Menschen umzubringen und fertig [...]. Die Grundidee ist die, größtmöglichen Schmerz zuzufügen. Eine sadistische, genau kalkulierte Methode, Menschen zu töten [...].[35]

Der Charakter solcher Taten ist sicherlich ein Hindernis für die Tätereinsicht in die Schwere der Schuld, mehr noch aber kann er uns eine Ahnung von der Zumutung vermitteln, die Verzeihungsgeschehen für die Opfer bedeutet:

> Und warum sind es immer Leute wie ich, die verzichten müssen, warum müssen immer wir Zugeständnisse machen, wenn Einigung erreicht werden soll, warum muß immer ich mir auf die Zunge beißen, warum?[36]

Freilich verhinderte die Konzeption der TRC nicht, daß jemand seinem Gefühl der Reue Ausdruck verleihen konnte – und bisweilen ist das auch geschehen vor der TRC oder sie war Anlaß dafür, daß Reue zwischen Menschen kundgetan wurde. Aber davon klar zu unterscheiden ist der Umstand, daß anders als die Offenlegung der Fakten Schuldeinsicht, Reue und Bitte um Vergebung keinen systematischen Status im Entscheidungsprozeß des AC hatten. Die These von der Reue einschließenden Wahrheit ist moralphilosophisch unhaltbar. Ralf K. Wüstenberg ist der abwegigen Ansicht, daß vor der TRC aussagende Täter auf Gewährung von Amnestie gegen Wahrheit zählen konnten und sich derjenigen Vergebung hätten sicher sein können, die »mit dem Erlaß von Strafe und Schuld« gleichbedeutend sei. Tatsache ist, daß die TRC Amnestie von der Offenlegung des fraglichen Geschehens abhängig machte. Wie wir gesehen haben, hat sie sich aber nicht Wüstenbergs These zu eigen gemacht, sondern auf das Fehlen von Reue, Schuldeinsicht und der Bitte um Vergebung an ausgezeichneter Stelle aufmerksam gemacht (siehe TRC 1, 16 und 19). Wenn Wüstenberg dann die Differenzierung von Wahrheit, Vergebung, Schuld und Strafe in ihrer Eigenschaft als moralphilosophische Kategorien einfach mit dem Hinweis erübrigen

---

35 Dies ist die Aussage von Joe Mamasela, der in den Mord an den »PEBCO Three«, Sipho Hashe, Champion Galela und Qaqawuli Godolozi, Mitgliedern einer Bürgerrechtsbewegung in Port Elizabeth, im Mai 1985 verwickelt war; hier zitiert nach Desmond Tutu: Keine Zukunft ohne Versöhnung. Düsseldorf 2001, S. 111 f. Die Protokolle zu den Amnestieanträgen der beteiligten Sicherheitspolizisten und Mamaselas Befragung finden sich auf http://www.doj.gov.za/trc/amntrans/index.htm unter »Amnesty Hearings Transscript« für die Anhörungen in Port Elizabeth vom 3.-13. 11. 1997, 9.-12. 3. 1998 und 18. 5. 1998 (Stand 8. Januar 2008); vgl. TRC 2, 226-227.

36 So läßt Ariel Dorfman seine Figur Paulina mit der Zumutung hadern, die Verzeihung immer für die Opfer bedeutet; siehe Ariel Dorfman: Der Tod und das Mädchen. Stück in drei Akten. Frankfurt am Main 1995, S. 68.

zu können meint, daß das »schonungslose Aufdecken der Wahrheit [...] nicht ohne persönliche Anteilnahme« vonstatten gehen könne und in der Folge nicht weiter über die Unterscheidung genannter Phänomene nachgedacht werden müsse, dann unterschreitet er damit nicht nur grundlegende begriffliche Standards, er sieht nicht nur von den Einsichten der TRC selbst ab und befindet sich im krassen Gegensatz zur Entscheidungspraxis des AC, sondern er befindet sich auch im Widerspruch zu den Phänomenen selbst. In der aufmerksamen Beobachtung von Verzeihungsgeschehen zeigen sich die genannten Phänomene in aller Deutlichkeit – etwa der fundamentale Unterschied zwischen Wahrheitskundgebung und Reue oder der Umstand, daß Verzeihung keineswegs der Erlaß von Schuld ist.

Wenn aber Wahrheit schon Reue wäre, wäre in der Tat unerheblich, ob jemand glaubhaft Reue bekundet oder was Reue sein kann und wie die Opfer, dem, was in der Kundgebung von Reue an sie gerichtet ist, Glauben schenken können. Nur wenn diese argumentativ unausgewiesene Gleichsetzung von Reue und Wahrheit gilt, kann Wüstenberg behaupten, daß Wahrheit immer auch Schuldeingeständnis sei, daß die TRC-Amnestie zur politischen Verantwortungsübernahme ermutige.[37] Genau das hat sie nicht getan und ebensowenig Verantwortlichkeit in das systematische Bedingungsgefüge der Amnestie eingebunden. Daß es sich nicht so einfach verhält, wie Wüstenberg glauben machen will, und daß kein Weg an der Differenzierung der Phänomene vorbeiführt, ist auf das Genaueste in dem eindrücklichen Erfahrungsbericht der Psychologin Pumla Gobodo-Madikizela, Mitglied des HRVC, nachzulesen, die von ihren Gesprächen mit dem ehemaligen Vlakplaas-Kommandanten Eugene de Kock, dem Chef einer berüchtigten Todesschwadron des Apartheidregimes, berichtet, die eines der raren Beispiele dafür sind, wie das notgedrungen begrenzte und symbolische Versöhnungsprojekt der TRC in der unmittelbaren Auseinandersetzung zwischen Menschen seine eigentlich versöhnende, also von der Last schuldhafter Vergangenheit befreiende und gemeinsame Zukunft eröffnende Wirkung entfaltet.[38]

Buße und Wiedergutmachung als Beglaubigung

Auf welchem Wege aber läßt sich aufrichtige Reue beglaubigen? Wie wird sie unterscheidbar von den Lügen betrügerischer Heuchler? Abgesehen vom Fall unmittelbar zwischenmenschlicher Beziehungen und im Blick allein auf die Di-

---

37 Siehe Ralf K. Wüstenberg: Versöhnung durch Wahrheit: Die politische Dimension der Versöhnung in Südafrika und Deutschland. In: ders. (Hg.): Wahrheit, Recht, Versöhnung. Auseinandersetzung um die Vergangenheit und die politischen Umbrüche in Südafrika und Deutschland. Frankfurt am Main u. a. 1998, S. 107-145, hier S. 115-116, 125.

38 Pumla Gobodo-Madikizela: Das Erbe der Apartheid – Trauma, Erinnerung, Versöhnung. Opladen/Farmington Hills 2006.

mension politischen Handelns ist der Versuch der TRC festzustellen, die Ziele historischer Aufklärung und gesellschaftlicher Versöhnung mit der Leistung von Reparationen zu verbinden. Die Amnestieregelung versprach den Tätern Straffreiheit und befreite sie von zivilrechtlicher Haftung: »The Act [Section 20 (7) des Promotion of National Unity and Reconciliation Act, TD] requires that, once a perpetrator has been granted amnesty, the right of the victims and/or their families to institute criminal and/or civil proceedings is extinguished.« (TRC 6, 100) Eine wirkliche Gegenleistung für solche Beschneidung ihrer fundamentalen Rechte hat die TRC den Opfern nicht anbieten können: Sie hat auf Täterseite Fakten schaffen dürfen (ihr Mandat zur Gewährung von Amnestie), aber die Opfer nur vertrösten dürfen (kein Mandat für Reparationen) und hat also ihrer Aufgabe gemäß Empfehlungen für die staatliche Reparationspraxis gegeben und hat zur Ermittlung der Anspruchsberechtigten beigetragen (TRC 6, 179-180). Aber die Arbeit des RRC ist bisher nicht in faktische Entschädigung der Opfer umgesetzt worden. Der abschließende Bericht des RRC aus dem Jahre 2003 in Ergänzung zu seinem Bericht aus dem Jahre 1998 (siehe TRC 5, 170-195) sah sich daher zu einer dringlichen »Reconfirmation of Reparation and Rehabilitation Recommendations« genötigt (TRC 6, 726-732), wohlwissend, daß alle Entschädigung der Gewalt des »President's Fund« unterliegt, der untätig geblieben ist.[39]

Das hat erheblich zur Enttäuschung auf Seiten der Opfer beigetragen, weil ihre Bereitschaft, »to sacrifice justice in return for reparations« mit einem »betrayal of the promises made to victims« beantwortet wurde.[40] Diese Frage nach der Beglaubigung einer Bitte um Vergebung ist beileibe nicht mit dem zynischen Hin-

39 Im Oktober 2000, also noch vor dem Abschlußbericht der TRC, deckte eine Zeitung die Untätigkeit der Regierung in dieser Sache auf, worauf Finanzminister Trevor Manuel ankündigte, Mittel von 800 Millionen Pfund für das Haushaltsjahr 2001/02 einzuplanen; siehe Christoph Marx: Ubu und Ubuntu. Zur Dialektik von Apartheid und Nation-Building. In: Saeculum 52 (2001), S. 91-120, hier S. 98, FN 29. Bei diesem leeren Versprechen ist es geblieben. Und vier Jahre nach Erscheinen des Abschlußberichtes spiegelt die Dokumentation der TRC im www noch immer diese politische Ohnmacht wieder. Am Ende eines »Summary of Reparation and Rehabilitation Policy, including Proposals to be considered by the President«, also genau jener Empfehlungen zur Entschädigungspraxis, an denen die Befugnisse des RRC ihre engen Grenzen fanden, heißt es: »Please remember that the proposals discussed in this document have not yet been agreed to. They are proposals to the President and Parliament for programmes to help those who suffered gross human rights violations. The President and Parliament will decide whether to implement these programmes and how this will be done.« Siehe http://www.doj.gov.za/trc.reparations/summary.htm (Stand 8. Januar 2008).

40 Walaza, S. 254; vgl. Marx: Ubu, S. 98. Deshalb ist unverständlich wie Michael Battle die bloßen Empfehlungen für Entschädigungen als ausreichend betrachten kann, ohne nur einen einzigen Gedanken daran zu verschwenden, wie es um den politischen Willen zu tatsächlicher Reparationspolitik bestellt ist; siehe Michael Battle: A Theology of Community. The Ubuntu Theology of Desmond Tutu. In: Interpretation 54 (2000), S. 172-182, hier 176.

weis zu erledigen, daß es sich in der Frage der Entschädigung lediglich um die materielle, zumeist finanzielle Ausbeutung von Schuldbekenntnissen handelt. Schöne Worte geheuchelter Reue kosten nichts, weder moralisch noch materiell. Der entscheidende Grund für solche Zeugnisse der Aufrichtigkeit ist der, daß die Opfer neben der Wahrheit über das Geschehen und der Verantwortungsübernahme durch die Täter einen Anspruch darauf haben, materiell wieder in einen Stand gerechter Ausgangsbedingungen versetzt zu werden. In diesem Sinne sind Entschädigungen ein »vehicle for reconciliation and healing« (TRC 6, 137; vgl. ebd. 160-164), bei dessen Ausbleiben sich jedes Verzeihungsgeschehen in Rauch auflösen muß, weil die durch die Tat etablierten und unrechtmäßigen Zustände weiterhin Bestand haben. Entschädigungen sind bei aller Anfälligkeit für Betrug eine Frage materieller wie historischer Gerechtigkeit und vor allem anderen eine Anerkennung des seelischen wie materiellen Schadens der Opfer, ohne die Heilung und Versöhnung nicht erreichbar sind (vgl. TRC 6, 163). Sie sind, wie es einer der Hauptbeteiligten an der deutschen Entschädigungspolitik nach dem Ende des Nationalsozialismus, Walter Schwarz, formulierte, »ein Beitrag zu der Leistung [...], welche die Überlebenden dieser Vernichtung mit der Wiederaufrichtung ihrer zerbrochenen Existenz in aller Welt aus eigenen Kräften vollbringen müssen.«[41]

Man mache sich das klar: Entschädigungen sind keine Wiedergutmachungen, die manche allzu schnell in das Zwielicht gieriger Vergeltung rücken, sondern sie sind gerade deswegen von besonderer Bedeutung für gelingende Verzeihung/Versöhnung, weil sie eine wesentliche materielle und zugleich persönliche Bedingung für ein künftiges Zusammenleben auf Täter- und Opferseite erfüllen. Und um die Ermöglichung dieser Zukunft geht es. Im südafrikanischen Fall hiesse das, daß neben dem Ausgleich des individuell erlitten Leides auch die Folgen des strukturellen Systemunrechts der Apartheid durch umfassende Maßnahmen (Arbeitswelt, Bildungspolitik, Wohnungsbau, Agrarwesen und vieles mehr) Gegenstand von Entschädigungshandeln sein muß. Prinzipiell macht solch tätige Reue in keinem Fall das vergangene Unrecht ungeschehen, »aber die zweite Ungerechtigkeit wird rückgängig gemacht, nämlich der Erfolg der Straftat und ins-

41 Walter Schwarz: Rückerstattung und Entschädigung. Eine Abgrenzung der Wiedergutmachungsformen. München 1952, S. 1. Ich verdanke die Kenntnis dieses Zitats Tobias Winstel: Über die Bedeutung der Wiedergutmachung im Leben der jüdischen NS-Verfolgten. Erfahrungsgeschichtliche Annäherungen. In: Hans Günter Hockerts/Christiane Kuller (Hg.): Nach der Verfolgung. Wiedergutmachung nationalsozialistischen Unrechts in Deutschland? Göttingen 2003, S. 199-227, der zeigt, daß sich Entschädigung nicht mit dem richtigen, aber allzu gern politisch mißbrauchten Argument von der Unmöglichkeit der Wiedergutmachung abfertigen läßt, sondern der Zusammenhang von Entschädigung und persönlicher Lebensgeschichte wesentlicher Legitimationsgrund für Reparationen ist; vgl. dazu die Opfergeschichten aus der TRC in TRC 6, 120-137.

besondere der ungestörte Genuß der Früchte derselben.«[42] Gegenwärtig jedenfalls reproduziert die Ordnung der südafrikanischen Gesellschaft die ehemaligen Rassenunterschiede und -schranken im Gewande von Klassenschranken, geht der Genuß gestohlener Früchte noch recht ungestört vor sich. Mehr noch ist das Bestreben der Regierung unverkennbar, hinter dem propagierten Ziel gerechter Verteilung des gesellschaftlichen Reichtums die persönlichen Ansprüche der Opfer im Dickicht taktischer Winkelzüge verschwinden zu lassen. Der Verzicht auf Rache und Vergeltung ist daher bis heute um so erstaunlicher.[43]

Wahrheit und Nicht-Vergessen

Die Schwierigkeiten der TRC, sich über Art, Status und Umfang der von ihr ermittelten Wahrheit klarzuwerden, und deren Auswirkungen auf die Ermöglichung von Verzeihungsgeschehen lassen sich an Tutus Bezug auf Ariel Dorfmans Theaterstück »Der Tod und das Mädchen« verdeutlichen. Tutus Zusammenfassung liest sich so: Paulina fesselt Roberto, der ihre Anschuldigungen von Folter und Vergewaltigung zurückweist. Sie will ihn töten. Er gesteht seine Schuld. Sie läßt ihn gehen. Tutu folgert: »His admission restores her dignity and her identity. Her experience is confirmed as real and not illusory and her sense of self is affirmed.« (TRC 1, 7) Damit ist die je persönliche Bedeutung der Anerkennung der Wahrheit und des Schuldeingeständnisses für das Opfer benannt:

---

42 Jean-Claude Wolf: Strafe als Wiederherstellung eines Gleichgewichts. In: Jahrbuch für Recht und Ethik 11 (2003), S. 199-216, hier 211.

43 Siehe dazu Marx: Versöhnung, S. 111. In dieses Bild paßt auch, daß auf den Seiten der Regierung und des Justizministeriums keine substantiellen Informationen, Rechenschaftsberichte oder ähnliches zu finden sind, anhand derer sich das Wirken des President's Fund nachvollziehen ließe. Außer der Annahme der Entschädigungsempfehlungen der TRC und deren Ermittlung der Anspruchberechtigten ist eine Adresse für Nachfragen bereits alles; siehe http://www.info.gov.za/speeches/2003/03111709461014.htm (Stand 8. Januar 2008). Die Schwierigkeiten, denen sich das Anliegen der Entschädigung ausgesetzt sieht, haben u.a. ihre (oben genannten) Ursachen in der Einschränkung des Untersuchungszeitraumes der TRC, dem mangelnden Unrechtsbewusstsein, der verschleppten strafrechtlichen Ermittlungsarbeit und dem Arrangement von neuen mit alten Eliten. Vor diesem Hintergrund wird die Fragwürdigkeit von Hermann Lübbes kurzsichtiger Vereinfachung von Fragen eben nicht nur materieller Gerechtigkeit offenbar, indem er die Versuchung materieller Ausbeutung von Schuldbekenntnissen mit der Forderung von 777 Trillionen Dollar für das Leid der amerikanischen Sklaven illustriert. Seine Beobachtung, daß Moral mehr denn je in der Moderne eine ökonomische Dimension habe, ist damit in bezeichnender Weise enggeführt; Hermann Lübbe: »Ich entschuldige mich«. Das neue politische Bußritual. Berlin 2001, S. 46, 54. Thomas McCarthy hat hingegen eine moralphilosophisch wie politisch klug argumentierende Erwägung der von Lübbe belächelten Ansinnen vorgelegt und Wege ihrer Erfüllung vorgeschlagen; siehe Thomas McCarthy: Vergangenheitsbewältigung in den USA. Zu Moral und Politik der Reparationen für Sklaverei. In: DZPh 52 (2004), S. 847-867; vgl. Howard McGary: Achieving Democratic Equality: Forgiveness, Reconciliation, and Reparations. In: The Journal of Ethics 7 (2003), 93-113 sowie die Hinweise in FN 39-41.

die Wiederherstellung von Würde und Identität. Darum ist das Vergessen gerade keine annehmbare Möglichkeit im Umgang mit Schuld. Allerdings mutet uns Dorfman mehr zu als Tutu glauben machen will. Es handelt sich um eine Wahrheit, die Paulina ihrem vermeintlichen Peiniger Roberto mit gezogener Pistole abpreßt. Dieser verbündet sich mit ihrem Ehemann Gerardo, der ihr die Wahrheit über ihre Leiden entlocken und dann an den beschuldigten Roberto weitergeben soll, so daß der ein wahrheitsgemäßes, aber fingiertes Geständnis abgeben kann. Paulina aber durchschaut sie und baut in ihre Erzählung einen Fehler ein, den Roberto in seinem Geständnis berichtigt und sich damit in Paulinas Augen als zu Recht Beschuldigter entlarvt. Roberto aber schreibt jene Korrektur Gerardo zu. Paulina beharrt auf seiner Schuld, Roberto auf seiner Unschuld. Letztlich bleibt ungeklärt, ob er der Täter war. Was Tutus irreführende Verkürzung von Dorfmans Gedankenspiel unterstellt, ist eine gemeinsam gefundene und anerkannte Wahrheit von Täter und Opfer, die er zu Unrecht auch als Leistung der TRC reklamiert. Nicht nur faktische Wahrheit überhaupt, sondern wichtiger noch sind die gemeinsame Anerkennung der Wahrheit von Täter und Opfer und das Schuldeingeständnis des Täters. Erst darauf können Verzeihung und Versöhnung folgen.[44]

In dieser Hinsicht wiederum hat Tutu/die TRC den ambivalenten Status der Wahrheit im Versöhnungsgeschehen zwischen Bedingung der Versöhnung und der Gefahr verschärfter Konflikte klar benannt: »The truth can be, and often is, divisive. However, it is only on the basis of truth that true reconciliation can take place.« (TRC 1, 18) Und trotz dieser unausweichlichen Gefahr und der genannten Einwände bleibt der TRC das Verdienst, allein durch ihre Existenz und die Transparenz und Öffentlichkeit ihrer Verfahren entscheidend dazu beigetragen zu haben, daß das Regime der Apartheid nicht einfach beschwiegen oder gar vergessen wird. Und die symbolische Kraft, daß das überhaupt und gegen alle Widerstände geschehen ist, ist nicht geringzuschätzen. Niemand kann jedoch verzeihen, wenn er gar nicht weiß, was er verzeihen soll. Und in exakt dieser Hinsicht erweist sich die TRC wegen ihrer konzeptionellen Grenzen als ein symbolischer Anstoß zu Verzeihung und Versöhnung. Sie ist ein Beispiel, das andauernde und breit gestreute Nachahmung braucht. Vorerst bleibt auf das gesamte System der Apartheid gesehen jener oft wiederholte, aber darum nicht weniger überzeugende Satz eines Opfers gültig: »I want to forgive, but I don't know whom to forgive.« Steve Bikos Mutter drückte es so aus:

---

44 Siehe Dorfman, 1. Szene des 3. Aktes. Roman Polanskis Verfilmung von Dorfmans Stück ist deswegen kongenial, weil sie den Zusammenhang von Wahrheit, Schuld, Reue, Strafe und Verzeihung durch das Prisma einer ungeklärten Wahrheitsfrage beleuchtet; siehe Roman Polanski (Regie): Death and the Maiden, Großbritannien/USA/Frankreich 1994.

> Yes, I would forgive my son's killers, I am Christian, and we Christian do forgive. But first I must know what to forgive, which means I must be told fully what happened and why.[45]

Verzeihen

Der Umstand, daß das Ziel der Versöhnung das der Wahrheitsfindung dominierte, verschärfte auch die ungünstige Wirkung der Trennung von Täter- und Opfer-Anhörungen vor AC und HRVC im Blick auf die Ermöglichung von Verzeihungsgeschehen in der TRC.[46] Denn im Masterplan der TRC folgten auf die Erinnerung an vergangenes Unrecht Vergebung und Versöhnung. Man gab den Opfern zu verstehen, daß ihre Geschichte gerade nicht ihre Geschichte, sondern Teil einer nationalen Geschichte sei, in deren Zusammenhang von ihrem persönlichen Schicksal zugunsten ihrer Verantwortung für das Projekt des südafrikanischen Nation-building abzusehen sei, legte ihnen versöhnliche Worte in den Mund und setzte sie allgemein unter den Erwartungsdruck, ihren Teil zum nationalen Versöhnungsprojekt beizutragen, die Vergangenheit zu vergessen und den Peinigern die Hand zu geben.[47] Auch auf diese Weise rückte das titelgeben-

---

45 Beide Zitate nach Aletta J. Norval: Memory, Identity, and the (Im)possibility of Reconciliation: The Work of the Truth and Reconciliation Commission in South Africa. In: Constellations 5 (1998), S. 250-265, hier 258.

46 Ich lege für die folgenden Ausführungen Marx: Versöhnung, S. 116-118, zugrunde, der sich seinerseits auf Hermann Giliomee: The Afrikaners. Biography of a People. Cape Town/Charlottesville 2003, S. 647 f.; Anthea Jeffery: The Truth about the Truth Commission. Johannesburg 1999; Ulrike Kistner: The Truth of Justice and the Truth of Reconciliation: Considerations from Non-Narrative and Narrative Historiographies. In: dies.: Commissioning and Contesting Post-Apartheid's Human Rights. HIV/AIDS – Racism – Truth and Reconciliation. Münster 2003, S. 11-44 und M. Bock/K. McCormick/C. Raffray: Fractured truths: Multiple Discourse in South Africa's Truth and Reconciliation Commission Hearings. UCT, Graduate School of Humanities and Centre for African Studies Seminar. unveröff. 2000, beruft.

47 Christoph Marx hat auf die Verbindung von gesellschaftlicher Versöhnung, wirtschaftlicher Entschädigung und Nation-building im südafrikanischen Fall aufmerksam gemacht, innerhalb derer der auf die Opfer ausgeübte Zwang zur Versöhnung mittels einer spezifisch afrikanischen Gemeinschaftsideologie namens Ubuntu (insbesondere von Desmond Tutu) gerechtfertigt werde und in die sich jede Reform als Teil der »restorative justice« einzeichnen ließe, weil solche Maßnahmen als Teil der Reparationen von gesamtgesellschaftlicher Reichweite zu betrachten seien, wie die TRC offensiv behauptete, und daher das einzelne Opfer zugunsten der genuin afrikanischen Orientierung am Kollektiv und hier zugunsten des Aufbaus einer neuen »rainbow nation« seine individuellen Ansprüche zurückzustellen habe; siehe Marx: Ubu, S. 98 f. Marx ist entgegenzuhalten, daß man nicht zugleich, das Versagen der TRC vor dem Systemunrecht Apartheid monieren und die Interpretation von staatlichen Reformen als Teil der »restorative justice« als bloße (sic!) Verbrämung der »universale[n] Schäbigkeit von Politikern« (ebd., S. 98, FN 29) kritisieren kann, wenngleich diese im Falle der TRC deutlich zu Tage tritt. Die schamlose Rechtfertigung von politischer Untätigkeit aus finanziellen Gründen ist deswegen ein Ärgernis, weil sie genau diejenigen moralischen Argumente für die rüde Zurückweisung individueller Ansprüche ausnutzt, die bei Lichte besehen sowohl für individuelle wie auch kollektive Ent-

de Ziel der Wahrheit zugunsten inszenierter Versöhnung in weite Ferne. Man konnte gar den Eindruck haben, »that the TRC's rhetoric of forgiveness was more a reflection of Archbishop Tutu's dominating presence than the spontaneous response of victims.«[48] Das Leid der Opfer zu entindividualisieren und zum bloßen Symbol einer Nation auf dem Weg zu Einheit und künftiger Größe zu machen, hat zweierlei Entsprechung auf Seiten der Täter. Zum einen gab die im Dienste zugerichteter Wahrheit stehende Dämonisierung weißer Täter wie Eugene de Kock, auch »Prime Evil« genannt, der Masse der stillen Nutznießer Gelegenheit, Schuld und Verantwortung an eben diese Täter zu delegieren. Zum anderen hatten diese selbst immer die Möglichkeit, sich auf politische Motive zu berufen, persönliche Verantwortung zu bestreiten und – in manchen Fällen – im Sinne des nationalen Einigungsprojektes Versöhnung von den Opfern geradezu einzufordern. Angesichts solcher unverfrorenen Dreistigkeit kommentierte Wole Soyinka:

> Diese risikofreie Parade von Schuften, die in aller Seelenruhe – gelegentlich sogar mit nur mühsam kaschierter Genugtuung – von ihrer Rolle bei Entführungen, Quälereien, Morden und Verstümmelungen erzählen und denen dann schließlich ohne irgendeine Strafe oder Buße Absolution gewährt wird, ist entweder eine Lektion menschlichen Großmuts oder eine Verherrlichung von Straflosigkeit.[49]

Mit Blick auf ihren Aufbau und ihre tragenden Begriffe, waren der TRC enge Grenzen gesetzt, das Unrecht der Apartheid, das ohne das persönliche Mittun, die Zustimmung oder das Wegsehen so vieler Menschen nicht bestanden hätte, in zwischenmenschliche Begegnung zu überführen. Und die weitgehende Ignoranz der weißen Bevölkerung Südafrikas hat zur Steigerung dieser Schwierigkeiten das Ihre dazugetan. Vor diesem Hintergrund ist Michael Lapsleys Mahnung zu verstehen, daß im Gegensatz zu den übertriebenen Hoffnungen in die ver-

schädigungen, die unverzichtbarer Teil jedes gesellschaftlichen Versöhnungsprozesses sind, Geltung haben; vgl. den vorigen Abschnitt »Buße und Wiedergutmachung als Beglaubigung«. Erst bei Beachtung dieser Dimensionen gewinnt Lübbes Rede von der ökonomischen Bedeutung der Moral analytischen Wert und verkommt nicht zum polemischen Schlagwort (vgl. FN 43), wie anderseits Battles plumpe Affirmation von Tutus »Ubuntu Theology« offenbar wird, weil ihm deren ideologischer Charakter und ihre handfesten haushaltspolitischen Vorteile im Falle der TRC nicht ein Wort wert sind (vgl. FN 40).

48 Audrey R. Chapman: Truth Commissions as Instruments of Forgiveness and Reconciliation. In: Raymond G. Helmick / Rodney L. Petersen (Hg.): Forgiveness and Reconciliation. Philadelphia 2001, 247-267, hier S. 259. Siehe auch die Leserbriefe aus südafrikanischen Zeitungen, die Trudy Govier zu dieser Kritik an Tutu und der TRC zitiert und in denen folgendes zu lesen ist: »What really makes me angry about the TRC and Tutu ist that they are putting pressure on us to forgive«; oder: »Tutu knows very well that he is not the person to forgive on behalf of victims«; hier zitiert nach Trudy Govier: Forgiveness and Revenge, London/New York 2002, S. 93.

49 Wole Soyinka: Die Last des Erinnerns. Was Europa Afrika schuldet – und was Afrika sich selbst schuldet. Düsseldorf 2001, S. 43 f.

meintlich unbegrenzte Leistungsfähigkeit der TRC und zum unbedachten Gerede mancher Priester, daß Verzeihung eine leichte und einfache Sache sei, sie im wirklichen Leben zwischen Menschen viel kostet, qualvoll und schmerzlich ist.[50] Hinter diesem wirklichen Leben mit seinen Möglichkeiten und Gefahren für die Sisyphos-Arbeit des Verzeihens und Versöhnens muß auch die TRC zurückstehen, weil sie in den Phänomenen der Wahrheit und der Verantwortung an zwei unabdingbaren Voraussetzungen gelingenden Verzeihens scheitert. Mit ihren Mitteln kann sie keine zufriedenstellende Antwort auf die von ihr selbst aufgeworfenen Fragen (siehe oben) liefern, wie Schuldanerkenntnis aussehen kann, wie sie ihren authentischen Charakter beglaubigen kann.

V. Verzeihen und Versöhnen

Am Ende dieser Überlegungen muß ein vorläufiges Fazit zur Arbeit der TRC zumindest aus drei Gründen zurückhaltend ausfallen.[51] Erstens sind das die im Vorangegangenen beschriebenen konzeptionellen Grenzen der TRC selbst. Es ist vor allem das Mittel der Amnestie in seinen fatalen Auswirkungen auf die Zuschreibung von Verantwortung als unerläßlicher Bedingung von Verzeihung und Versöhnung, das eine kritische Einschätzung gebietet. Unabhängig von ihrer konkreten Ausgestaltung ist die Amnestie »eher der Gegensatz als das staatliche Pendant zum individuell motivierten Verzeihen, welches allein die Wunden heilen könnte.«[52]

Das wirkt sich zweitens auf den ersten der beiden Titelbegriffe, den der Wahrheit aus. Die TRC hat viele Menschenrechtsverletzungen aus der Geschichte der südafrikanischen Rassendiktatur zwischen 1960 und 1994 zum Teil des nationalen Gedächtnisses gemacht. Das ist eine historische Leistung von bleibendem Wert. Trotzdem galt das Mandat der TRC nur für einen Teil der Unrechtsgeschichte. Und wir können keineswegs sicher sein, daß vor der Kommission ausschließlich die Wahrheit zur Sprache kam. Zudem liegt in der Beschränkung des Untersuchungszeitraumes und der Eingrenzung der zu verhandelnden Untaten immer auch eine Bestimmung darüber, was zu der öffentlich anerkannten Wahrheit über die Vergangenheit des Apartheidregimes gehören soll und was nicht. Das liegt in der Natur der Sache, weil Wahrheitskommissionen immer unter starken politischen und zeitlichen Druck gesetzt werden. Was sie als Wahrheit präsentieren, ist notwendig Ergebnis vornehmlich politischer Aushand-

50 Lapsley, S. 111.

51 Siehe zum folgenden Rajeev Bhargava: The moral justification of truth commissions. In: Villa-Vicencio/Verwoerd (Hg.), S. 60-67; Bennett, S. 75; Martha Minow: The Hope for Healing. What can Truth Commissions Do? In: Rotberg/Thompson (Hg.), S. 235-260; Walaza.

52 Axel T. Paul: Das Unmögliche richten – Schuld, Strafe und Moral in Ruanda. In: Leviathan 34 (2006), S. 30-60, hier 53.

lungsprozesse und dem grundsätzlich freieren Verständigungsgeschehen zwischen Menschen im Privaten unterlegen.

Es wird sicher kein Leichtes sein, gegen diese Vorentscheidung über den Inhalt des kollektiven Gedächtnisses einer neuen südafrikanischen Gesellschaft andere Dimensionen des Unrechtes der Apartheid in das Zentrum der Aufmerksamkeit zu rücken. Auf Ausnahmen wie Eugene de Kock, der aus Verärgerung über die Leugnungsstrategien seiner früheren Vorgesetzten aus höchsten Regierungskreisen auspackte, die politisch Verantwortlichen der Mitwisserschaft und der Anstiftung beschuldigte und dadurch auch andere Täter aus Polizeikreisen, die nicht vor den Amnestie-Ausschuß treten wollten, gerade dazu nötigte, wird man sich in dieser Hinsicht nicht verlassen können.[53] Wenn es nämlich wie im Falle der Streitkräfte keinen »Verräter« gab, dann hatten die alten Kartelle des Regimes zur Beschweigung der Wahrheit auf der ganzen Linie Erfolg gegen die TRC, die damit zwar weder politisch noch moralisch beschädigt ist, deren Grenzen aber dadurch enger gezogen sind, als das viele ihrer Befürworter wahrhaben wollen.[54]

Drittens schließlich ist es um das titelgebende Ziel der Versöhnung zumindest prekär bestellt. Es ist noch nicht entscheidbar, ob die TRC das Ziel der Versöhnung befördert hat. Versöhnung ist ein prinzipiell gefährdetes Geschehen von langer Dauer, das zwischen den beteiligten Menschen immer wieder von neuem bewährt und bestärkt werden muß: »All of us South Africans must know that reconciliation is a long haul and depends not on a commission for its achievement but on all of us making our contribution.« (TRC 6, Foreword) Sie ist ein offener geschichtlicher Prozeß. Daß Menschen einander (wieder) vertrauen können – nach einer gemeinsamen Verständigung über die Vergangenheit, Schuld, Verantwortung, Reue und Ausgleich –, bedarf der geteilten Erfahrung der Tragfähigkeit dieser Verständigung im Alltag. Versöhnung ist in diesem Sinne ein unendliches Geschehen, das auf Verzeihung folgt, aber ebenso gut auf Strafe.

Die TRC hat das getan, was Staaten in Übergangsprozessen tun können – und das in einer beispiellosen Gründlichkeit und Transparenz, vergleicht man sie mit ähnlichen Unternehmungen anderer Staaten im 20. und 21. Jahrhundert. Daß sie ihre Ziele nicht erreicht hat, verweist auf die Frage, was genau die Funktion solcher Kommissionen in Übergangsgesellschaften sein kann, und ist keineswegs ein Argument gegen ihre Legitimität. Wahrheitskommissionen sind ein Versuch, ein genuin zwischenmenschliches Handeln in den Bereich des öffentlichen, politischen Handelns zu überführen. Von ihnen zu erwarten, Verzeihung und Versöhnung nach einem bestimmten Rezept regelrecht herzustellen, verkennt das Leistungsvermögen respektive die engen Grenzen solcher Kommissionen. Sie

53 Siehe Marx: Versöhnung, S. 113; Gobodo-Madikizela; Eugene de Kock: A long night's damage. Working for the Apartheid State. Johannesburg 1998.

54 Siehe etwa Braun, S. 17-21; Slye, S. 180-182; Lienemann, S. 218-222; Wüstenberg.

können glaubwürdiger und leuchtender Anstoß zur Rückübersetzung symbolischen staatlichen Handelns in den Raum zwischenmenschlichen Handelns sein (siehe TRC 6, 83), wo allein Verzeihen seine eigentliche Kraft entfalten kann:

> [T]he Committee [das AC, TD] hopes that its efforts have made a real contribution to the challenge of ensuring that our country and future generations will continue to build on the process towards unity and reconciliation in which the Commission has played so integral part. (TRC 6, 91; vgl. ebd., 83 und 90)

Erst in der Zwischenmenschlichkeit kann eine – immer wieder neue und unvorhersehbare – Antwort auf die Frage gefunden werden, deren fehlende Beantwortung weder der TRC noch ihrem Vorsitzenden anzulasten ist, wie nämlich »these noble ideas of healing, forgiveness and reconciliation could be translated into achievable realities.«[55] Verzeihung und Versöhnung sind letztlich Möglichkeiten menschlichen Handelns, die sich legal gegründetem und staatlichem Handeln entziehen. Sie sind Angelegenheit der Menschen selbst und ihrer Beziehungen. Vergebung braucht Zeit – Zeit für die Opfer für Zorn, Schmerz, Wut und schließlich im günstigen Fall für Vergebungsbereitschaft; Zeit für die Täter für Scham, Reue und Mut zur Bitte um Vergebung. Versöhnung wird unmöglich, wenn dem Akt des Verzeihens zugleich das Vergessen des Geschehenen innewohnen soll. Und auf solchermaßen erinnerndes Vergeben folgt keineswegs von selbst ein wie auch immer näher zu beschreibender Zustand der Versöhnung (vgl. TRC 1, 116-117). Sie ist ein dauerhafter Vorgang der Bewährung des Willens zu jener erinnernden Vergebung, die Opfer vom Leid befreit und Täter nicht auf ihre Schuld reduziert.

Inwiefern also die TRC als staatliches Unterfangen den gesellschaftlichen Boden für das beschwerliche und langwierige Geschäft der Versöhnung bereitet hat, ist eine Frage, die sich erst in Jahrzehnten beantworten läßt. Hoffnung macht die Bereitschaft, Verzeihung zu gewähren. Mehr als nur betrüblich stimmt die Verstocktheit der Täter. Wenig zuversichtlich stimmt auch das Ausbleiben strafrechtlicher Verfolgung derjenigen Täter, die sich der TRC verweigert haben, und der Entschädigung der Opfer, die auch darin ein Dementi ihrer Leiden sehen müssen. Alles kommt darauf an, in welcher Breite und mit wieviel Geduld sich die TRC in ähnlichen Initiativen auf der lokalen Ebene niederschlägt: »But above all, the TRC Report is a call to action.«[56] Das in die unmittelbare Zwischen-

[55] Man kann den Eindruck gewinnen, daß Tutus Einschätzungen der TRC ein klarer und einsichtiger Grundtenor fehlt, daß er schwankt zwischen Mahnung und Kritik auf der einen und teils schwärmerisch anmutender Überschätzung. Aber der Vorwurf, daß er »never fully explained how these noble ideas of healing, forgiveness and reconciliation could be translated into achievable realities«, ist insofern zu ergänzen, daß er und die TRC – auch, wenn er das Gegenteil versprach – der Natur der Sache nach genau das gar nicht konnten; siehe Walaza, S. 250; vgl. van der Merwe, S. 101 f.

[56] So Nelson Mandela in der Parlamentsdebatte über selbigen Bericht, hier zitiert nach Mxolisi Mgxashe: Reconciliation: a call to action. In: Villa-Vicencio/Verwoerd (Hg.), S. 210-

menschlichkeit zurückgekehrte Verzeihen ist dabei so wenig ein Heilsbringer wie die TRC. Es ist eine prinzipiell prekäre Möglichkeit zur Bewältigung zwischenmenschlicher Schuld und Konflikte, die sich ebenso den Problemen der Zuschreibung von Verantwortung, von Reue und Entschädigung stellen muß. Mehr aber steht unter Menschen nicht zur Verfügung.[57]

Summary

Guilt inevitably occurs between men. Therefore, philosophy must think about ways to deal with such experiences of the failing of self-determination. This article focuses on the South African Truth and Reconciliation Commission as a governmental possibility to react to a past burdened by unthinkable guilt and atrocity between men. In this interdisciplinary case study arguments are taken from both historiography and philosophy to compare punishment, amnesty, and forgiveness with regard to how these three possibilities of human action deal with guilt or conflicts in order to mark out the responsibility of human actions in principal, and with respect to what consequences emerge from this, regarding the future lives of perpetrators and victims, and keeping in mind the question of what pre-decisions are linked herewith concerning the aims of the TRC. Mainly due to the terms according to which amnesty is regulated, the TRC turns out to be limited in its ability to promote truth and forgiveness, or even reconciliation. Reasonably, one cannot expect any truth commission to be more than symbolic and governmental acting which cannot proceed from symbolic to real action if it is not complemented by direct interpersonal action, which is the actual space for unfolding forgiveness and reconciliation.

218, hier 218. Die mittlerweile weltweit Schule machenden sogenannten »Healing of Memories Workshops«von Father Michael Lapsley sind eine solche Initiative; siehe www.healingofmemories.co.za (Stand 8. Januar 2008).

57 Es sei angemerkt, daß eine theologisch ausgewiesene Vergebung – im Unterschied zur zwischenmenschlichen Verzeihung – genau dieses Mehr verspricht, nämlich in der Ersetzung des Verzeihungsgeschehens durch die Vergebung der Sünden. Das vormals schuldhafte Geschehen zwischen Menschen wird zur Sünde gegen Gott, der die Menschen durch seine Vergebung vom prekären Status des Handelns überhaupt befreit und ihrer Erlösungsbedürftigkeit um den Preis der Zwischenmenschlichkeit Rechnung trägt und auf diese Weise eine den Menschen nicht mögliche Kompensation der unausweichlichen Erfahrungen des Scheiterns praktischer Selbstbestimmung zur Verfügung stellt. Was mit der Schuld zwischen Menschen geschieht, ist eine demgegenüber nachgeordnete Frage. Der – im Unterschied zu dieser Skizze – komplizierten Aufgabe der Unterscheidung und Verhältnisbestimmung von Vergebung und Verzeihung gehe ich u. a. in meinem Promotionsvorhaben über »Hannah Arendts Begriff des Verzeihens« nach.

Strafe und Herrschaft

Hans-Jörg Albrecht

1. Einleitung

Strafe und Herrschaft weisen eine enge Beziehung auf.[1] Auch dann, wenn man Konsensmodelle des Rechts vertritt,[2] wird der Ursprung von Recht und staatlicher Strafe auf Zwang und Gewalt zurückführen. Zwang und Gewalt stehen am Anfang jeder Monopolisierung der (Kriminal) Strafe.[3] In der europäischen Staatenbildung[4] wie in der begleitenden und nachfolgenden Kolonialisierung der Welt[5] haben Monopolisierungsprozesse gewirkt, in denen überlegene Aktionsmacht in zentrale Herrschaft transformiert wurde. Mit dieser Transformation wurde die rächende Vergeltung abgelöst und die Kriminalstrafe des Rechtsstaats etabliert. Die gewalttätigen Ursprünge des Strafrechts sind freilich ebenso weitgehend vergessen, wie kaum noch darüber nachgedacht wird, wie es gelungen ist, die europäischen Vorstellungen von Strafe und Strafrecht zu globalisieren und deren Grundsätze in Menschenrechtskonventionen zu überführen[6] (wenn dies denn tatsächlich langfristig und beständig gelungen sein sollte). Geldstrafe, Freiheitsstrafe und Bewährungsstrafe sind heute in allen Strafrechtssystemen zu finden, so wie die zentralen Institutionen der Vollstreckung und des Vollzugs, vor allem aber das Gefängnis, in allen Weltregionen präsent sind. Freilich kann auch beobachtet werden, dass sich vormoderne Strafen und solche Mechanismen, die (teilweise) als Gegenentwurf zur Strafe und zum Strafverfahren und als gesellschaftsunmittelbare Konfliktlösungsmechanismen, in Form gewalttätiger Vergeltung, Mediation oder Vermittlung, auftreten, entweder nicht vollständig ver-

---

1 Otto Brunner: Land und Herrschaft. Grundfragen der territorialen Verfassungsgeschichte Österreichs im Mittelalter. 5. Aufl., Darmstadt 1990.

2 Hans Haferkamp: Herrschaft und Strafrecht: Theorien der Normentstehung und Strafrechtssetzung. Opladen 1980.

3 Trutz von Trotha: Die Dominanz von Rechtsnormen in der Organisation sozialen Verhaltens. Zeitschrift für Rechtssoziologie 1(1980), S.141-164; Trutz von Trotha: Recht und Kriminalität. Tübingen 1982.

4 Trutz von Trotha: Koloniale Herrschaft. Zur soziologischen Theorie der Staatsentstehung am Beispiel des »Schutzgebietes Togo«. Tübingen 1994.

5 Vgl. Jürgen Zimmerling: Die Entwicklung der Strafrechtspflege für Afrikaner in Deutsch-Südwestafrika 1884 - 1914. Bochum, 1995.

6 Neville Alexander: Menschenrechte im afrikanischen Kontext. Eine kulturübergreifende Perspektive. In: Willhelm Krull (Hg.): Zukunftsstreit. Göttingen: Velbrück Wissenschaft, 2000, S. 13-31.

drängen ließen[7] oder aber wiederaufleben[8]. Die Herrschaft der Scharia in islamischen Gottesstaaten, gesellschaftsunmittelbare Konfliktentscheidung in entstaatlichten Regionen und Räumen, zu denen sicher teilweise auch Teile der Metropolen in allen Weltregionen zu zählen sind, darüber hinaus Ansätze zu einem wiedergutmachenden Strafrecht (restorative justice) und eine weitreichende Implementation des Täter-Opfer-Ausgleich in der westlichen Welt bieten vielfältige Beispiele.

Trutz v. Trotha hat in einer Untersuchung der Kolonialisierung Togos durch das Deutsche Reich den Prozess, der mit dem Versuch der Etablierung einer Zentralgewalt verbunden ist, unter Berufung auf Arbeiten des amerikanischen Soziologen Charles Tilly[9] in eindringliche Worte gekleidet.[10] Er sagt, dass es dem Recht so gehe wie dem Verbrecher, der seine ruchlose Vergangenheit vergessen machen und respektiert werden möchte. Das Recht versucht, aus dem Schatten seines gewalttätigen Ursprungs herauszutreten und eine Legitimität zu gewinnen, die aus der Strafe mehr macht als die bloß überlegene gewalttätige Vergeltung. Denn die bloß gewalttätige Vergeltung mag effizient sein in der Weise, dass es gelingt, für einen Augenblick die Überlegenheit in der Anwendung von Gewalt zu demonstrieren. Diese Überlegenheit mag sogar zeitweilig in Form von Abschreckung durch Gewalt und Terror fortwirken. Sie ist aber nicht nur bei bescheidenem Gewinn an Gefolgschaft teuer erkauft,[11] sondern gleichzeitig ein Ausdruck von Ohnmacht deshalb, weil diese zeitweilige Überlegenheit auch zum Ausdruck bringt, dass weder die Akzeptanz von Normen noch die Akzeptanz der Strafe als einer legitimen Rechtsfolge der Straftat auf der Seite der Normadressaten erreicht worden sind. Das Problem der allein auf Gewalt gegründeten Macht besteht darin, dass sie nicht auf Dauer gestellt ist. Gegen den andauernden Widerstand der Unterlegenen können Recht und Sanktion nicht durchgesetzt werden.[12] Herrschaft bleibt Despotismus oder Diktatur und die Strafe bleibt punktuelle oder systematische Gewalttätigkeit.

Die Strafe des Rechtsstaats ist demgegenüber eine auf Dauer gestellte Institution. Dies bedeutet auch, dass die Sanktion und das Verfahren der Sanktionierung normiert werden müssen. Erst wenn die Sanktion normiert ist und die die

---

7 Mohammed Abu-Hassan: Bedouin Customary Law. Theory and Practice. 2nd. Ed., Department of Culture and Arts, Amman 1987.

8 Hierzu auch John Pratt: The Return of the Wheelbarrow Men; or the Arrival of Postmodern Penalty? BritJCrim 40 (2000), S. 127-145.

9 Charles Tilly: War Making and State Making as Organized Crime. In: Peter Evans/Dieter Rueschemeyer/Theda Skocpol (Hg.): Bringing the State Back. Cambridge 1985, S. 169-191.

10 Trutz von Trotha: Zur Entstehung von Recht. Deutsche Kolonialherrschaft und Recht im »Schutzgebiet Togo«, 1884-1914. Rechtshistorisches Journal 7 (1988), S. 317-346, S. 334.

11 Daniel Nagin: Criminal deterrence research at the outset of the twenty-first century. Crime and Justice 23 (1998), S. 1–42.

12 Heinrich Popitz: Phänomene der Macht. 2. Aufl., Tübingen 1992.

Voraussetzungen der Strafe regelnden Normen akzeptiert worden sind, kann es zu dauerhafter und stabiler Herrschaft kommen. Voraussetzung der Akzeptanz von Normen und der freiwilligen Befolgung der in Normen enthaltenen Erwartungen ist die Wahrnehmung von Legitimität. In den Prozess der Normierung ist deshalb neben einem Projekt der Kodifizierung auch das Projekt der Herstellung von Legitimität eingeflochten. Die Bedeutung der Legitimität für die Entstehung von Ordnung und ihre Relevanz für die Befolgung von Normen hat bereits die Kontrolltheorie in der Bedingung des Glaubens an die Legitimität (»belief«) von Normen und Werten zum Ausdruck gebracht.[13] Die Akzeptanz von Normen beruht wiederum auf einer Überzeugungskraft, die sich aus verschiedenen Quellen speist.[14] Hier geht es um Vertrauen, das aus dem Versprechen und der Gewährleistung von Sicherheit folgt, um Gerechtigkeit von Austauschprozessen und die Übereinstimmung von in Normen zum Ausdruck gebrachten Werten und sozialen Überzeugungen.

Transformationen wie sie in den oben beschriebenen Prozessen beobachtet werden können, lassen sich nicht nur großräumig, als territoriale Prozesse, abbilden. Sie liegen in gewisser Weise auch dort vor, wo es Gruppen gelingt, aus dem Schatten ihrer gewalttätigen Vergangenheit herauszutreten und sich in respektable, die (Umgangs-) Formen der konventionellen Gesellschaft annehmende Kreise zu verwandeln. Hobbs u. a. haben in einer Untersuchung englischer »Bouncers« überzeugend beschrieben, wie aus einer als gewalttätig und rassistisch eingestuften »Türsteherszene« spezialisierte Sicherheitsunternehmen entstehen können.[15]

Legitimation basiert auf der wirksamen Durchsetzung des Schutz- und Sicherheitsversprechens, das mit staatlichem Recht und staatlicher Strafe daher kommt. Die damit zusammenhängenden Probleme sollen an Hand des Modells der Mediation und des wiedergutmachenden Strafrechts, die in modernen staatlich verfassten Gesellschaften heute als überlegene Alternative angeboten werden, erörtert werden. Es geht dabei um die These der Entmachtung und Entlastung, die mit Recht und Strafe verbunden ist und die aussagt, dass die Entstehung und das auf Dauer Stellen von Recht und Strafe gleichzeitig mit Entmachtung und Entlastung zusammenhängen. Das Schutz- und Sicherheitsversprechen ist nur dann einzulösen, wenn es gelingt, Gewalt in der Form staatlicher Gewalt zu monopolisieren und andere Formen der Gewalt wirksam auszugrenzen und zu entlegitimieren. Dabei kommt es offensichtlich in demselben Maße wie Entmachtung stattfindet zum Aufbau von Macht und Herrschaft, während gleichermaßen ein

13 Travis Hirschi: Causes of Delinquency. 3. Aufl., Berkley 1974.

14 Tom R. Tyler: Psychological Perspectives on Legitimacy and Legitimation. Annual Review of Psychology 57 (2006), S. 375-400.

15 Dick Hobbs/Philip Hadfield/Stuart Lister/Simon Winlow: Bouncers. Violence and Governance in the Night-time Economy. Oxford 2003.

Potential an andersartiger Belastung, nämlich ein Potential an Bedrohung und Belastung durch Herrschaft entsteht.

2. Mediation, Wiedergutmachung, Vergeltung und Strafe

Seit etwa 25 Jahren finden Wiedergutmachung, Mediation, Täter-Opfer-Aus gleich, ferner das Konzept der »restorative justice« in Wissenschaft und Politik erhebliche Aufmerksamkeit.[16] Die Aufmerksamkeit gilt mehreren Linien in der Mediation. So wird das Modell eines restitutiven oder wiederherstellenden Strafrechts als plausible Alternative zum herkömmlichen Strafrecht und zur staatlichen Strafe und damit als Alternative zur vergeltenden Zufügung von Schmerz und Leid als wesentlichem Inhalt der Strafe gesehen.[17] Dem Konzept des staatlichen Vergeltungsmonopols wird ein Modell gegenüber gestellt, das auf Schlichtung und Ausgleich zwischen Täter und Opfer gegründet ist[18]. Eine zweite Linie in der Entwicklung von Mediation und Täter-Opfer-Ausgleich findet sich heute zudem in der Aufarbeitung schwerer Menschenrechtsverletzungen und Kriegsverbrechen, die vor allem aus innerstaatlichen gewalttätigen Konflikten und staatlichem Terror resultieren. »Truth and Reconciliation«-Kommissionen in Südafrika und anderen Regionen zeigen offensichtlich einen Bedarf an einer nicht strafrechtlichen oder wenigstens nicht durch das Strafrecht vollständig geprägten Aufarbeitung und Bewältigung einer verbrecherischen Vergangenheit an.[19] Nach der Beendigung von Bürgerkriegen oder nach dem Sturz von Terrorregimen gilt es, soziale oder ethnische Gruppen wieder zu versöhnen. Teilweise begleiten Mediation und Wahrheitsfindung die Übergänge in demokratische und friedliche Gesellschaften. Bei dem Versuch der Versöhnung zwischen feindlichen Gruppen mag das Strafrecht als überfordert, hinderlich und gar kontraproduktiv erscheinen.[20] Denn vor allem dort, wo die ehemaligen Konfliktpartei-

---

16 The European Forum for Victim-Offender Mediation and Restorative Justice (Hg.): Victim-Offender Mediation in Europe. Making Restorative Justice Work. Leuven 2000; David Miers: Situating and researching restorative justice in Great Britain. In: Punishment & Society 6 (2004), S. 23-46.

17 Tony Peters: Victim-Offender Mediation: Reality and Challenges. In: The European Forum for Victim-Offender Mediation and Restorative Justice (Hg.): Victim-Offender Mediation in Europe. Making Restorative Justice Work. Leuven: Leuven University Press 2000, S. 9-15.

18 Erich Marks/Dieter Rössner: Täter-Opfer-Ausgleich. Vom zwischenmenschlichen Weg zur Wiederherstellung des Rechtsfriedens. Bonn 1989.

19 Georg Bacher: Der Beitrag von Wahrheitskommissionen zur Friedenskonsolidierung und dauerhaften Versöhnung. Frankfurt 2004; Bettina Lang: Strafrechtsbezogene Vergangenheitspolitik. Politischer Wille und Strafrechtsrealität im Spannungsverhältnis am Beispiel von Deutschland und Südafrika. Freiburg 2005.

20 William A. Schabas: Internationalized Courts and their Relationship with Alternative Accountability Mechanisms: The Case of Sierra Leone. In: Cesare P. R. Romano/André

en noch über Machtpotentiale verfügen, wird befürchtet, dass die strafrechtliche Sanktion eher zu einer erneuten Eskalation von Konflikten denn zur Befriedung der Konfliktparteien beiträgt.[21] Dem entspricht es, wenn Forschungen darauf verweisen, dass die Stabilität von Frieden nach Bürgerkriegen wesentlich durch den Aufbau von solchen sicherheitsrelevanten Institutionen gewährleistet wird, in die die verschiedenen Konfliktparteien Vertrauen setzen können.[22] Eine dritte Linie der Mediation schließlich wird in Versuchen sichtbar, zwischen Staaten oder staatenähnlichen Organisationen, die in gewalttätige, kriegerische Auseinandersetzungen verwickelt waren oder sind, zu vermitteln. Dort ist fast selbstverständlich – da es sich bei den Konfliktparteien um Gleiche handelt –, dass allein Mediation im Versuch Anwendung finden kann, auf die Gewalt und die Folgen der Gewalt in der Vergangenheit Antworten zu finden, die dauerhaften Ausgleich gewährleisten.

Die folgenden Ausführungen werden sich mit der ersten Linie in der Entwicklung von Mediation und Restitution im Rahmen der Erledigung konventioneller Straftaten befassen. Dabei geht es um die zentrale Frage, ob staatliches Strafrecht und staatliche Strafe Entlastung oder Belastung für Täter, Opfer und Gesellschaft mit sich bringen. Die aufgeworfenen Fragestellungen lassen sich auch beziehen auf Privatisierungstendenzen im Bereich sozialer Kontrolle und dort auf das damit angesprochene Verhältnis zwischen Staat und Gesellschaft sowie die Entwicklung einer »governance at a distance«[23]. Die Frage danach, ob Strafe Belastung oder Entlastung bedeutet, ist wesentlich provoziert dadurch, dass sich die Begründung von Mediation und restitutiver Ansätze in der Antwort auf Verbrechen vor allem solcher Argumente bedient, die Strafe und Strafrecht als Belastungen und, noch weiter gehend, als Ergebnisse eines »Diebstahls« ausweisen.[24] Mit dem modernen Strafrecht und mit dem im Strafrecht enthaltenen Gewalt- und Strafmonopol, so lautet das Argument, wurde der Gesellschaft und ihren Mitgliedern, den Opfern wie auch den Tätern etwas weggenommen, und zwar die Möglichkeit, sich unmittelbar und selbständig, in eigener Verantwortung mit denjenigen Konflikten zu befassen, als die man Verbrechen verstehen kann, und diese einer (gesellschaftsunmittelbaren) dauerhaften und im Vergleich zur konventionellen strafrechtlichen Antwort überlegenen Lösung zuzuführen. An Stelle solchen selbstverantwortlichen Umgangs mit Konflikten tritt nach diesen Annahmen die staatliche Strafe, mit der dem Täter Belastungen in Form von Stig-

Nollkaemper/Jann K. Kleffner (Hg.): Internationalized Criminal Courts and Tribunals. Sierra Leone, East Timor, Kosovo and Cambodia. Oxford 2004, S. 157-180.

21 Roderic Alley: Internal Conflict and the International Community. Burlington 2004.

22 Caroline A. Hartzell: Explaining the Stability of Negotiated Settlements to Intrastate Wars. In: Journal of Conflict Resolution 43 (1999), S. 3-22, S. 4.

23 Clifford Shearing: Thoughts on Sovereignty. In: Policing & Society 14 (2004), S. 5-12, S. 8.

24 Nils Christie: Grenzen des Leids. Münster 1995.

matisierung und anderem psychischen und physischen Leiden auferlegt werden,[25] verhängt in einem Strafverfahren, aus dem sich auch für das Opfer nur Belastungen ergeben sollen, nämlich der Ausschluss aus dem Verfahren und eine randständige Bedeutung, die dem durch die Straftat erlittenen Verlust jedenfalls nicht gerecht werden soll.[26] Für die Gesellschaft sind nach diesen Auffassungen zu den Konsequenzen der staatlichen Strafe ebenfalls Kosten und Belastungen verbunden.[27] Diese bestehen in erheblichen Rückfallquoten der Bestraften und in der Aufwendung von beträchtlichen Ressourcen für die Durchsetzung des Strafrechts und die Vollstreckung der Sanktionen. Die Nettobilanz dieser Betrachtung staatlichen Strafens ist eindeutig: mit der Strafe ist allein Belastung verbunden. Gleichzeitig geht es um eine Entmachtung, nämlich um das strikte Verbot der Anwendung und Androhung von Gewalt und Zwang, der auf der anderen Seite Herrschaftsbildung in Form des Strafrechts gegenüber steht.

3. Die Entwicklung der Mediation und des Täter-Opfer-Ausgleichs

Tatsächlich wurden in den letzten zwanzig Jahren zahlreiche Experimente mit Mediation und Wiedergutmachung im strafrechtlichen Kontext durchgeführt;[28] ferner sind Mediation und Wiedergutmachung in Systeme strafrechtlicher Sanktionen, in das Strafverfahren und in Strafzumessungsregeln integriert worden.[29] Jedoch wurden in diesem Prozess zentrale theoretische Fragestellungen offen gelassen. Darüber hinaus wurde selten die Frage gestellt, warum sich in den letzten Jahren Mediation und Wiedergutmachung als so attraktiv erwiesen haben. Zwar wurde bereits in den siebziger Jahren beklagt, dass das Opfer im Prozess des Strafverfahrens marginalisiert worden sei,[30] im Übrigen ist das Strafrecht seit je-

---

25 Fritz Sack: Kritische Kriminologie. In: Günter Kaiser u. a. (Hg.): Kleines Kriminologisches Wörterbuch. 3. Aufl., Heidelberg 1993, S. 329-338.

26 Zusammenfassend: Thomas Weigend.: Deliktsopfer und Strafverfahren. Berlin 1989.

27 Heike Jung: The Renaissance of the Victim in Criminal Policy: A Reconstruction of the German Campaign. In: Lucia Zedner/Andrew Ashworth (Hg.): The Criminological Foundations of Penal Policy. Essays in Honour of Roger Hood. Oxford: Oxford University Press 2003, S. 443-462, S. 449.

28 Hans-Jörg Kerner/Arthur Hartmann: Täter-Opfer-Ausgleich in der Entwicklung Auswertung der bundesweiten Täter-Opfer-Ausgleichs-Statistik für den Zehnjahreszeitraum 1993 bis 2002. Bericht für das Bundesministerium der Justiz. Berlin 2005.

29 Hans-Jörg Kerner: Opferrechte/Opferpflichten. Ein Überblick über die Stellung der durch Straftaten Verletzten im Strafverfahren seit Inkrafttreten des Zeugenschutzgesetzes. Mainz: Weißer Ring 1999; The European Forum for Victim-Offender Mediation and Restorative Justice (Hg.): Victim-Offender Mediation in Europe. Making Resorative Justice Work. Leuven 2000.

30 Elmar Weitekamp: Research on Victim-Offender Mediation. Findings and Needs for the Future. In The European Forum for Victim-Offender Mediation and Restorative Justice (Hg.): Victim-Offender Mediation in Europe. Making Restorative Justice Work. Leuven: Leuven University Press 2000, S. 99-121.

her von Kritik und Vorschlägen, es durch (überlegene) Alternativen zu ersetzen (Sozialpolitik ist die beste Kriminalpolitik), begleitet gewesen. Doch wird damit der Kern der theoretischen Probleme nicht getroffen. In der Durchsetzung des staatlichen Gewaltmonopols und in der Entstehung staatlichen Strafrechts als wesentlichem Kern des Gewaltmonopols kam es tatsächlich zu einem Prozess nicht nur der Marginalisierung des Opfers, sondern einer vollständigen Bedeutungslosigkeit des Opfers, darüber hinaus der Zivilgesellschaft bzw. der sozialen Gruppen, denen Täter und Opfer angehören. Die relevanten Beziehungen werden im und durch das Strafrecht auf die Beziehung zwischen Staat und Täter konzentriert. Dies wird auch sichtbar in den Strafzwecken und -zielen, die sich seit dem 19. Jahrhundert auf Spezial- und Generalprävention, ferner auf den Rechtsgüterschutz beziehen.

Mit der Krise des präventiven Strafrechts, insbesondere des rehabilitativen Strafrechts, wie sie sich seit mehr als dreißig Jahren auswirkt, entstand ein Vakuum[31], das sich für die Platzierung neuer Zielsetzungen anbot.[32] Die neuen Zielsetzungen beziehen sich nun auf Wiedergutmachung, Täter-Opfer-Ausgleich und damit allerdings auch auf einen Ansatz, der sich von einer empirischen (präventiven) Rechtfertigung des Strafrechts und der Strafe entfernt und sich wieder annähert an eine normative Begründung der Strafe. Vor allem das Konzept positiver Generalprävention (Normvalidierung)[33] und die Theorie der Strafproportionalität (ausgerichtet auf Gleichmäßigkeit des Strafens)[34] entsprechen dieser Bewegung, stellen einerseits logisch schlüssige, aber andererseits inhaltlich leere Ansätze dar und ersetzen schließlich die naiven Vorstellungen über instrumentelle Eigenschaften und Nutzen von Strafrecht und Strafe, die vor allem mit einer Theorie der Resozialisierung durch Strafe verbunden waren. Eine zunehmende Ausrichtung des Strafrechts und seiner Begründung auf das Opfer von Straftaten beinhaltet dann einen gewichtigen Schritt hin zu einer eher expressiven, politisierten und vereinfachenden Kriminalpolitik, die beträchtliche, aus der Opferperspektive folgende Legitimation auf sich ziehen konnte. Nicht zu unterschätzen sind dann die in den letzten Jahren immer stärker werdenden Interessen an Kostenreduzierung. Mediation und Täter-Opfer-Ausgleich bieten sich hierbei als eine preiswertere Alternative zu justizförmigen Erledigungsformen, insbesondere in Form einer Hauptverhandlung, an.[35]

---

31 Niels Christie: Grenzen des Leids. Münster 1995.

32 Heike Jung: Zur Renaissance des Opfers – ein Lehrstück kriminalpolitischer Zeitgeschichte. In: Zeitschrift für Rechtspolitik 33 (2000), S. 159-163.

33 Günther Jakobs: Schuld und Prävention. Tübingen 1976.

34 Hans-Jörg Albrecht/Wolfgang Frisch/Andrew von Hirsch (Hg.): Tatproportionalität. Normative und empirische Aspekte einer tatproportionalen Strafzumessung. Heidelberg 2003.

35 Hans-Jörg Albrecht: Die Ökonomie des Strafwesens und des Strafvollzugs – Entwicklungen und Trends in der ökonomischen Betrachtung des Strafrechts. In: Caritas (Hg.): Öko-

Es ist klar, dass Restitution und Mediation an Bedürfnisse und Hoffnungen appellieren, die von Allen akzeptiert und unterstützt werden können. Eingeschlossen sind dabei auch Appelle an eine Gemeinschaft und darüber hinaus die Begründung einer Gemeinschaft (der Anhänger von Mediation und restitutiver Gerechtigkeit)[36], die ihre Mitglieder mit Identität, Werten und vor allem auch mit einem guten Feind (nämlich das traditionelle Strafrecht) versieht. Im Rahmen der Akzeptanz herstellenden Ideen sind es vor allem der Konsens selbst, die friedliche Gemeinschaft, Konfliktmediation, Partizipation und direkte Interaktionen, die Konzeption eines sozialisierten und friedfertigen Menschen, die Forderungen nach der Ersetzung des klassischen Strafrechts durch ein System der Mediation und Restitution antreiben.[37] Das Konzept eines restitutiven Strafrechts passt ferner gut zu kommunitaristischen Ideologien. Es weist dann einen Schwerpunkt im Verfahren auf. Denn das restitutive Strafrecht ist nicht bloß als Alternative zur staatlichen Strafe gedacht, sondern als eine Verfahrensalternative. So schlägt beispielsweise Christie vor, dass der Beteiligung an der Mediation eines Konflikts größere Bedeutung zukommen müsse als der Lösung eines Konflikts.[38] Dem entspricht es, wenn im Verfahren gar die Lösung des Konflikts selbst gesehen wird. Dies kommt zum Ausdruck in der Bezugnahme auf »Heilungszeremonien« oder therapeutische Elemente in so genannten »family group conferences«[39].

4. Strafrechts- und Kriminalitätstheorien sowie Mediation

Es ist nicht überraschend, dass das Konzept einer restitutiven oder einer mediativen, manche sagen auch sozialkonstruktiven, Antwort auf Verbrechen nicht aus einem homogenen theoretischen Konzept abgeleitet ist, sondern in weiten Teilen aus ideologischen Elementen besteht, die in viele unterschiedliche Formen der Politik eingesetzt werden können. Das Konzept nimmt auch auf eine Interpretation historischer Prozesse Bezug, mit der die Evolution des Strafrechts und der Strafe wohl missverstanden wird. So besteht beispielsweise Braithwaite darauf, dass am Ende des Mittelalters die Vorstellung von Verbrechen sich gewandelt habe von einem an einem anderen Menschen begangenen Unrecht zu einem Unrecht, das in Ungehorsam gegenüber einem Befehl des Herrschers zum

nomie im Strafwesen. Werden die Mittel im Strafverfahren und im Strafvollzug effizient eingesetzt? Luzern 1996, S. 5-26.

36 Eric Hobsbawm: The Age of Extremes. London 1994.

37 Sharon Levrant: Reconsidering Restorative Justice: The Corruption of Benevolence Revisited? Crime & Delinquency 45 (1999), S. 32-71.

38 Niel Christie: Grenzen des Leids. Münster 1995, S. 98.

39 Elmar Weitekamp: a.a.O., 2000, S. 100 f.

Ausdruck kommt.[40] Eine Transformation fand tatsächlich statt. Jedoch handelte es sich nicht um eine Transformation von einem Unrecht an einer Person zu einem Unrecht am Herrscher. Auch heute handelt es sich beispielsweise bei einem Gewaltdelikt um ein Unrecht, das einer anderen Person zugefügt wurde. Vielmehr handelt es sich um eine Transformation von einem Unrecht an einer anderen Person zu einem Unrecht, das Konsequenzen nicht nur für eine andere Person, sondern für die Gesamtgesellschaft enthält. Die Bedeutung von Verbrechen wurde über die faktischen Konsequenzen des Verbrechens hinaus erweitert auf einen Vertrauensschaden, der alle betrifft, die auf die Normgeltung vertrauen.[41] Ferner enthält die Transformation einen Wandel des Konflikts selbst, der funktional ist und auf die Lösung von Konflikten zielt. Denn die Erweiterung des Konflikts auf den Vertrauensschaden geht Hand in Hand mit dem Verbot für die Konfliktparteien (oder Täter und Opfer), den Ausgangskonflikt, also die Straftat, gewalttätig zu lösen. Gleichzeitig ist das Verbot auch darauf gerichtet, dritte Parteien in die Auseinandersetzung einzuschalten.

Mit den hier vorliegenden Ansätzen sind verschiedene Grundlagenprobleme verbunden, die einmal der Strafrechtstheorie, zum anderen der Kriminologie zugeordnet werden können. Strafrechtstheoretisch stellt sich das Problem, ob und inwieweit die Wiedergutmachung als Strafe verstanden werden und die der Strafe zugedachte Funktion übernehmen kann.

Hierbei geht es zuallererst um die Frage, welcher Bezugspunkt für die strafrechtliche Sanktion in Betracht kommt. Dies wiederum ist abhängig von der Konzeption dessen, was durch Straftatbestände geschützt werden soll. Steht dort die Konzeption eines Strafrechtsguts i. S. der Normgeltung im Vordergrund, dann übernimmt die strafrechtliche Sanktion den Zweck, auf die Erwartungsverletzung zu reagieren und deutlich zu machen, dass die Erwartungsverletzung unmaßgeblich ist. Steht im Vordergrund der Konzeption der Schutz des Rechtsguts, dann kann die strafrechtliche Sanktion auch an den äußeren Erfolg der strafbaren Handlung anknüpfen. Die Rolle der Wiedergutmachung wäre demnach davon abhängig, welcher Bezugspunkt überhaupt akzeptiert wird und wie die Gewichte zwischen beiden Bezugsniveaus verteilt werden. Es ist selbstverständlich, dass in einer systemtheoretischen Konzeption von Norm und Strafe, in der die Strafe die Funktion der Stabilisierung von Erwartungen und damit die Sicherung der Normgeltung übernimmt, die Wiedergutmachung wenig bzw. keine Bedeutung haben kann. Denn wird allein die Normgeltung als Schutzgut strafrechtlicher Normen zugelassen, dann fehlt es der Wiedergutmachung an einem sinnvollen Anknüpfungspunkt. Warum der Ausgleich der äußerlichen Tat-

---

40 John Braithwaite: Restorative Justice: Assessing Optimistic and Pessimistic Accounts. In: Michael Tonry (Hg.): Crime and Justice: A Review of Reserach, Vol. 25, Chicago, London 1999, S. 1-127, S. 2.

41 Günther Jakobs: a.a.O., 1976.

folgen die Erwartungssicherheit demonstrieren sollte, könnte nämlich nicht beantwortet werden. Nur wenn (auch) ein materielles Rechtsgut einbezogen wird, kann im Verhältnis zu den hier eintretenden äußerlichen Folgen der Handlung (in Form von Erfolg oder Gefährdung) ein theoretisch plausibler Zusammenhang hergestellt werden. Freilich bleibt selbst dann, wenn die Bedeutung von Sanktionen nicht allein auf die Sicherung zukünftiger (Geltungs) Erwartungen gerichtet ist, sondern auch auf die Beseitigung der am Opfer eintretenden Folgen bezogen sein sollte, ungeklärt, ob die Wiedergutmachung bzw. Schlichtung den Inhalt annehmen kann, der in strafrechtlichen Sanktionen vorausgesetzt wird. Der Inhalt ist wiederum abhängig von den normtheoretischen Konzeptionen, jedoch unabhängig davon, ob das schutzwürdige Interesse allein in dem Bestand der Strafnorm gesehen wird. Auch wenn man die Folgenkomponente in Form eines Bezugs zwischen Rechtsgutsverletzung und Sanktion aufnimmt, ist von der Sanktion gefordert, dass sie eine Belastung des Straftäters darstellt. Eine solche Belastung ist deshalb gefordert, weil ansonsten eine Enttäuschungsverarbeitung nicht geleistet werden könnte. Wiedergutmachung freilich bezieht sich allein auf den materiellen (oder immateriellen) Schaden, den die Normverletzung angerichtet hat. Sie kommt damit zur Deckung mit dem, was durch die inkriminierte Handlung an Gütern des individuellen Opfers oder der Allgemeinheit aufs Spiel gesetzt wurde. Wenn aber Enttäuschungsverarbeitung nur dann möglich ist, wenn die Verarbeitung auf Kosten des Normverletzers geht, kann eine wiedergutmachende Reaktion im Strafrecht die Erwartungssicherung nicht leisten. Denn die Wiederherstellung des vorherigen Zustands durch Schadensersatz könnte ggf. kognitive Erwartungen sichern helfen, nicht jedoch die normativen Erwartungen, wie sie in der Strafnorm zum Ausdruck kommen. Etwas anderes könnte allenfalls dann angenommen werden, wenn im Zusammenhang mit der Wiedergutmachung mit empirisch und ggf. auch mehr als nur residual bleibenden Kosten in Form des Ermittlungs- und Strafverfahrens operiert würde. Dann aber bleibt der Wiedergutmachung lediglich eine flankierende Funktion.

Probleme stellen sich auch dann, wenn der Versuch unternommen wird, in der schlichtenden Wiedergutmachung ein konstruktives und auf Zwang verzichtendes Modell strafrechtlicher Sanktionen zu entwickeln und zu begründen. Denn in einem solchen Modell wird die Straftat lediglich als Beziehung zwischen einem individuellen Täter und einem individuellen Opfer begriffen. Hieraus wird abgeleitet, dass eine freiwillige Wiedergutmachung auch eine Wiederherstellung des Rechts, Erwartungssicherheit und Anerkennung der Norm oder, um noch einen weiteren Begriff zu nennen, Rechtsfrieden mit sich bringe. Die Erfüllung der so bezeichneten strafrechtlichen Vorgabe soll unter Rückgriff auf die Erklärung des Rücktritts vom versuchten Delikt begründet werden. Denn dort werde das bereits teilweise verwirklichte Unrecht in Form einer nachträglichen Distanzierung als tilgungsfähig erklärt. Natürlich fällt sofort das Paradox auf, das in der Vorstellung von Freiwilligkeit bei der Erfüllung von Rechtszwang entsteht. Denn mit anderen Worten sagt sich hier der Täter, dass er freiwillig dazu gezwungen sei, den Schaden wieder gutzumachen. Dieses Paradox ist auch in sozialen Strukturen selbst angelegt, wenn in der Erziehung und Sozialisation verlangt wird: »Du sollst das tun wollen«. Jedoch wird mit diesem Paradox nur angedeutet, dass Vorstellungen, auf Zwang in der Vermittlung von Orientierungen verzichten zu können, keine plausible Grundlage haben. Normative Erwartungen zeichnen sich im Übrigen gerade durch den Inhalt aus, dass sie unabhängig von der Akzeptanz der einzelnen Normadressaten gelten sollen. Gerade dies gewährleistet die Sicherheit im Verhalten und die Sicherheit in der Planung. Denkt man ferner darüber nach, warum der freiwillige Rücktritt vom Versuch mit Strafbefreiung honoriert wird, dann muss zuallererst auffallen, dass dies dort eine Grenze findet, wo die Handlung und Risikosetzung vollständig abgeschlossen sind. Erklärbar wird diese Strafbefreiung nur dann, wenn der Rücktritt als Bedeutungsänderung des bisherigen Verhaltens gewertet werden kann, wenn also von der Erwartungsverletzung Abstand genommen wird. Dies ist freilich dann nicht mehr möglich, wenn die Handlung komplett ist und natürlich vollständig ausgeschlossen, wenn sich das Risiko bereits verwirklicht hat. Die nachträgliche Distanzierung vom Unrecht hat dann aber nur mehr Folgen, die im Rahmen der Strafbemessung, ggf. im Rahmen der Überprüfung der Größe der Schuld als Voraussetzung für eine folgenlose oder auflagenbehaftete Einstellung Relevanz erlangt.[42]

5. Mediation, Wiedergutmachung und Theoriebezüge

Der Theoriebezug von Wiedergutmachung und Täter-Opfer-Ausgleich bleibt auch dann vage und undeutlich, wenn die Integration in Theorien der Kriminalitätsentstehung versucht wird. Dabei geht es partiell auch um die Frage, wie das Verhältnis zwischen Wiedergutmachung und Prävention beschaffen sein kann.[43]

Ökonomische Kriminalitätstheorien bedürfen ganz offensichtlich des Merkmals der Wiedergutmachung nicht. Denn bei Wiedergutmachungsleistungen

---

42 Martin Kurze: Täter-Opfer-Ausgleich und Allgemeines Strafrecht. Kriminologische Zentralstelle: Wiesbaden 1997.

43 Andrew von Hirsch/Julian Roberts/Anthony E. Bottoms/Kent Roach/Mara Schiff: (Hg.): Restorative Justice & Criminal Justice. Competing or Reconcilable Paradigms? Oxford, Portland 2003; Untersuchungen zum Rückfall nach Täter-Opferausgleich liegen vor, jedoch sind diese wegen problematischer Designs nicht zu vergleichenden Aussagen geeignet. Vgl. hierzu Dieter Dölling/Arthur Hartmann: Re-offending after victim-offender mediation in juvenile court proceedings. In: Elmar Weitekamp/Hans-Jürgen Kerner (Hg.): Restorative Justice in Context. International practice and directions. Cullompton, Portland 2003, S. 208-228; Anke Keudel: Die Effizienz des Täter-Opfer-Ausgleichs. Mainz 2000, wo keine Kontrollgruppe einbezogen wurde. Hier dürfte aber die mitgeteilte Rückfallquote von 26% (S. 110) nach drei Jahren den Raten entsprechen, die auch nach anderen Erledigungsarten zu erwarten sind.

geht es grundsätzlich nur um den Einsatz, den das Opfer oder die Gesellschaft selbst in der Vergangenheit erbracht hat. Das Verhaltenskalkül, das der ökonomischen Kriminalitätserklärung zugrunde liegt,[44] ist ferner nicht zur Deckung zu bringen mit dem Kalkül, das in der Wiedergutmachung enthalten sein dürfte. Denn in ökonomischen Kriminalitätstheorien steht die Variabilität von Kosten und Nutzen als verhaltenssteuernden Elementen im Zentrum der Überlegungen.[45] Diese setzt wiederum voraus, dass die Kosten einer Straftat deren Nutzen überwiegen können. Hier ergeben sich Parallelen zur generalpräventiven Theorie der Strafe.[46] Die Kosten der Straftat überwiegen den Nutzen aber erst dann, wenn die Reaktion auf die Straftat mehr sein kann als bloßer Nutzenwegfall.[47]

Stresstheoretische Überlegungen lassen sich ebenfalls nicht in die Begründung der Wiedergutmachung einführen. Anomische Situationen und hieraus resultierende Plausibilität normverletzenden Verhaltens werden durch die Wiedergutmachung nicht unmittelbar berührt. Denn der Kern dieser Theorie liegt in dem Auseinanderfallen von allseits akzeptierten Werten und Normen einerseits und den beschränkten Zugangsmöglichkeiten andererseits.[48] Im Mittelpunkt stehen in anomietheoretischen Überlegungen soziale Strukturen und soziale Ungleichheit. Hierauf hat das Konzept der Wiedergutmachung keine Antwort. Ähnlich liegt der Sachverhalt im Zusammenhang mit kontrolltheoretischen Ansätzen. Dort sind es emotional und rational begründete Bindungen, die dem Individuum die Freiheit nehmen, sich rücksichtslos und egoistisch, nur auf den eigenen Vorteil bedacht zu verhalten.[49] Einsichtig ist es dann, dass Wiedergutmachung in einem solchen Prozess nicht mehr als eine bloß marginale Rolle spielen kann. Derjenige, der nicht an die Gesellschaft gebunden ist, kann dann weder durch negative, noch durch positive Reaktion erreicht werden.[50] Derjenige, der emotional und rational in eine Gesellschaft eingebunden ist, wird durch die Bedrohung eben dieser Bindungen an abweichendem Verhalten gehindert.[51] Dies erfolgt durch die Sanktionen selbst und mittelbar über die Folgen der Sanktionen in Form der Bedrohung der Bindungen. Dem würde es jedenfalls widerspre-

---

44 Hans J. Otto: Generalprävention und externe Verhaltenskontrolle. Freiburg 1981.

45 Baldo Blinkert: Benachteiligte Jugendliche – Lernen oder kriminell werden? In: Soziale Welt 32 (1982), S. 86-118.

46 Wolfgang Köberer: Lässt sich Generalprävention messen? In: Monatsschrift für Kriminologie 65 (1982), S. 200-218.

47 Jürgen R. Smettan: Kriminelle Bereicherung in Abhängigkeit von Gewinnen, Risiken, Strafen und Moral. Freiburg 1992.

48 Emile Durkheim: Kriminalität als normales Phänomen. In: Fritz Sack/Rene König (Hg.): Kriminalsoziologie. 2. Aufl., Frankfurt 1974, S. 3-8.

49 Travis Hirschi: Causes of Delinquency. Berkley 1969.

50 Baldo Blinkert: Benachteiligte Jugendliche – Lernen oder kriminell werden? In: Soziale Welt 32 (1982), S. 86-118.

51 Carter Hay: Parenting, Self-Control, and Delinquency: A Test of Self-Control Theory. In: Criminology 39 (2001), S. 707-736.

chen, wenn die strafrechtliche Sanktion nicht als zwangsweiser und negativer Eingriff verstanden werden müsste.

Zwar dürften interaktionistische Theorien der Kriminalität, also Labeling approach und Stigmatisierungstheorie,[52] mit mediativen Varianten der Wiedergutmachung oberflächlich in Einklang zu bringen sein, doch wäre dann zu fragen, ob nicht durch eine Alternative in Form der Wiedergutmachung nicht dieselben Prozesse ausgelöst werden können, die der strafrechtlichen Sanktion zugeschrieben werden. Auch positiv und hilfreich gemeinte Interventionen können, jedenfalls lautet so der Forschungsstand, ebenso stigmatisierende Wirkung haben wie die auf Ausgrenzung und Belastung gerichtete strafrechtliche Sanktion.[53]

Lerntheoretische Erwägungen werden in Überlegungen angesprochen, mit denen betont wird, dass der Prozess der Wiedergutmachung Lernmöglichkeiten biete und ferner auch dem Täter selbst ein positives Erlebnis beschere. Durch die Gegenüberstellung von Täter und Opfer nebst den jeweiligen Interessen, Motiven und Sichtweisen von Tat und Tatfolgen, könnten ferner Hemmschwellen in der Täterperson errichtet werden, da dieser auf diese Art und Weise der Subjektqualität des Opfers gewahr werde. Das Erlernen von Motiven (etwas nicht zu tun) ist in vielen Situationen möglich. Warum gerade die Wiedergutmachung für die Einleitung von Lernprozessen besonders gut geeignet sein soll, wird nicht begründet.

Auf Theoriebestände anderer Art verweisen abolitionistische Positionen, auch andere strafrechtskritische Ansätze, die in der Wiedergutmachung ein strafrechtsüberwindendes Potential sehen.[54] Hier wird auf eine Theorie der Vergesellschaftung zurückgegriffen, die auf Fähigkeit und Interesse der an Straftaten und Normverletzungen Beteiligten und ihrer Umgebung setzt, die durch die Straftat entstandenen Konflikte oder Störungen ohne Zuhilfenahme der Zentralgewalt ausgleichen und verarbeiten zu können. Es wird also behauptet, dass die anlässlich der Normverletzung entstehende Enttäuschung auch durch andere Verfahren als der staatliche Strafprozess verarbeitet werden könne. Derartigen Konzepten mediativer Wiedergutmachung ist die Vorstellung gemeinsam, ein unmittelbar aktivierbares System von wenig formalisierter Wiedergutmachung und des Interessenausgleichs könne an die Stelle von staatlicher Streitentscheidung und Sanktion treten. Jedoch gilt es hier zunächst zu untersuchen, was Konflikt oder

---

52 Howard S. Becker: Außenseiter. Zur Soziologie abweichenden Verhaltens. Frankfurt 1973; Erwin M. Lemert: Der Begriff der sekundären Devianz. In: Klaus Lüderssen,/Fritz Sack (Hg.): Seminar: Abweichendes Verhalten I. Die selektiven Normen der Gesellschaft. Frankfurt 1975, S. 433-476.

53 Joan McCord: Cures That Harm: Unanticipated Outcomes of Crime Prevention Programmes. In: The Annals of the American Academy of Political and Social Sciences 587 (2003), S. 16-30.

54 Heinz Steinert: Alternativen zum Strafrecht. In: Günther Kaiser u.a. (Hg.): Kleines Kriminologisches Wörterbuch. 3. Aufl., Heidelberg 1993, S. 9-14.

Störung als Bezugspunkt mediativer Wiedergutmachung bedeuten kann.[55] Mit dem Begriff des Konflikts und dessen Lösung in Verhandlungen und durch Wiedergutmachung wird offenbar an Erinnerungen appelliert, die sich mit der Ausgangslage von Prozessen der Monopolisierung und Zentralisierung der Gewalt, also auch der Entstehung staatlichen Strafrechts verbinden. In diesen Ausgangslagen war der Konflikt beschränkt. Der Konflikt bezieht sich in einer Gesellschaft ohne staatlich organisiertes Gewaltmonopol auf die Bewertung von Interesseneingriffen zwischen zwei Parteien als recht- oder unrechtmäßig. Entsprechendes galt für ggf. folgende Akte der Verhandlung oder Selbsthilfe bzw. Sanktionierung. Die Selbsthilfe dominiert in einer so organisierten Gesellschaft. Denn die Verhandlungen stehen immer unter dem Vorbehalt, dass auf die Selbsthilfe zurückgegriffen werden kann und dass Selbsthilfeakte in eine Eskalation münden. Der Konflikt bleibt allerdings zunächst auf die Ausgangsfrage bezogen, nämlich, welche Interessenverfolgung zu Recht erfolgte. Der Konflikt erweitert sich dann, wenn die Verhandlung keine Lösung erbringt. Beim Scheitern einer verhandlungsorientierten Lösung folgt entweder der Interessenverzicht oder die Selbsthilfe. Aus der erfolgreichen Durchsetzung der Zentralgewalt folgt aber eine weitere Differenzierung der Konfliktdimension. Hieraus folgt wahrscheinlich auch, dass ein Verhalten, das unter den Bedingungen einer fehlenden bzw. schwachen Zentralgewalt als rationale Verhaltensoption gelten konnte, nämlich die Verhandlung, heute als eine anthropologische Konstante begriffen wird. Scheitern aber die Verhandlungen, dann entsteht das Sanktionsproblem. Denn derjenige, der sich im Recht glaubt und sanktionieren will, steht vor dem Problem, dass die als Sanktion verstandene gewalttätige Selbsthilfe oder die Rache und Vergeltung nicht als Recht, sondern selbst als Rechtsbruch verstanden werden kann. Dies wiederum ist geeignet, Eskalationen auszulösen, die nur durch die materiellen Ressourcen der Konfliktparteien (und der sie stützenden sozialen Gruppen) begrenzt sind. Soweit ist es richtig, für derartige Formen der Vergesellschaftung zu sagen, dass hier die Selbsthilfe dominiert (auch wenn tatsächlich nur in mehr oder weniger bescheidenem Umfang davon Gebrauch gemacht wird). Insoweit ist auch der Wunsch verständlich, zunächst über Verhandlungen den Versuch zu unternehmen, den Rechtsverletzer zur Raison zu bringen. Unter Bedingungen einer unkontrollierten und durch die Konfliktparteien nur in bescheidenem Umfang kontrollierbaren Selbsthilfe hat nicht nur das Opfer, sondern auch der Täter dasselbe Interesse, nämlich das Interesse an einer Eskalationsbegrenzung. Denn beide können nicht prognostizierbaren und nicht abschätzbaren Folgen ausgesetzt sein.

---

55 Zum Konfliktbegriff Editorial Preface: Causes and Management of Conflicts. In: Journal of Institutional and Theoretical Economics 159 (2003), S. 1-15.

6. *Das Sanktionsproblem*

Mutmaßlich ist das Sanktionsproblem (bzw. die vergeltende Rache) heute in Vergessenheit geraten. Dies hat wohl auch dazu geführt, dass die heute randständigen Rollen des Opfers und der Zivilgesellschaft im Strafrecht als bearbeitungsbedürftige Fehlentwicklung und nicht als planmäßiges Ergebnis der Entwicklung von Recht als dominantes, weil Rationalität und Zukunftsplanung ermöglichendes Steuerungsmittel verstanden werden kann. Erst eine solche Vernachlässigung und die Nichtberücksichtigung dieser Ausgangsfrage nämlich schaffen die Voraussetzungen dafür, dass in Zusammenhang mit schlichtender Wiedergutmachung regelmäßig eine an das Strafrecht gerichtete Frage beantwortet wird, die so gar nie gestellt worden ist. Dies ist nämlich die Frage, wie der Konflikt zwischen Täter und Opfer beseitigt werden kann. In der Argumentation, die sich für Mediation und Restitution ausspricht, scheint das Verbrechen selbst zu genügen, um von einem Konflikt ausgehen zu können.[56] Allerdings wird der Begriff des Konflikts so zu einer »black box«, in der sich Unscheinbares wie ein kleiner Diebstahl ebenso zu verbergen vermag wie organisierte Gewalt, die einem Bürgerkrieg nahe kommt. Mit dem Bezug auf Konflikt werden offenbar Erinnerungen an die Entstehung von Zentralgewalt und die Monopolisierung der Gewalt geweckt. In der Zeit vor der Monopolisierung der Gewalt konnte ein Konflikt wohl tatsächlich auf die Beziehung zwischen Täter und Opfer sowie die mit diesen in Beziehung stehenden Gruppen reduziert werden. Der Konflikt betraf jedoch die Frage, wie eine Handlung bewertet werden sollte, ob als rechtmäßige oder unrechtmäßige Handlung. Damit verbunden war die Frage, ob die (gewalttätige) Reaktion auf diese Handlung rechtmäßig oder unrechtmäßig sei. Mit der Monopolisierung der Gewalt verändern sich aber die Fragestellungen, auch als Konsequenz einer Differenzierung des Konflikts.

Denn grundsätzlich sind aus dem Sachverhalt einer Straftat folgende Konflikte zu unterscheiden:

1. Das Problem, das zur individuellen Normverletzung geführt hat.
2. Die durch die Normverletzung unmittelbar ausgelöste Störung i. S. von materiellen und immateriellen Schäden.
3. Die Störung, die aus einer mit dem Anspruch auf Berechtigung unterlegten Verletzung einer Norm folgt.
4. Das Konfliktpotential, das aus dem eskalationsträchtigen Sanktionsproblem, das weiter oben beschrieben wurde, resultiert.

Offensichtlich kann erst die grundsätzliche Lösung der mit den Punkten 3 und 4 zusammenhängenden Probleme und zwar in Form der Monopolisierung der Gewalt die täter- und opferbezogenen Konflikte, die in den Punkten 1 und 2

[56] Nils Christie: Grenzen des Leids. Münster 1995, S. 98 ff.

enthalten sind, so in den Vordergrund schieben, dass Probleme der Straftat und der Reaktion hierauf im Wesentlichen nur mehr als individuelle opfer- und täterbezogene Probleme erscheinen. Aus rechtssoziologischer und strafrechtswissenschaftlicher Perspektive sind staatliche Strafverfahren und staatliche Strafe aber die Antwort auf das Geltungs- und Sanktionsproblem, das in dem Unternehmen der Normierung enthalten ist, nicht jedoch auf das, was als der einzelnen Straftat vorgelagerter und aus ihr folgender Konflikt oder Störung verstanden werden kann. Die in Form von Motivation, situativen Elementen, sozialen Gelegenheiten, Täter-Opfer-Beziehungen die Straftat provozierenden Konflikte wurden den Beteiligten nicht weggenommen, ebenso wenig wie dies für Konflikte der Fall war, die aus der Feststellung von Schäden und Verletzungen sowie deren Erstattungspflicht und Erstattungsumfang entstehen können oder in Form von emotionalen Folgen wie beispielsweise Wut, Ärger und Angst durch die Straftat selbst ausgelöst werden. Die Lösung solcher Konflikte setzte die eindeutige Identifikation ihrer Ursachen voraus, was in den seltensten Fällen gelingen kann.

Entzogen wurden lediglich bestimmte Verfahren und Mittel, diese Konflikte zu erledigen oder auf derartige Konflikte zu reagieren. Der Entzug der gewalttätigen Selbsthilfe brachte dabei sowohl für den Verletzten als auch für den Verletzer eine erhebliche Entlastung. Denn die unmittelbare oder ursprüngliche Streitregelung barg mit der grundsätzlichen Möglichkeit der gewalttätigen Selbsthilfe ja immer die Gefahr der nur durch die verfügbaren Ressourcen begrenzten Eskalation in sich.[57]

Es geht ferner nicht um eine aus einer wie auch immer begründbaren Autonomie des wiedergutmachenden Straftäters folgende Wiederherstellung des Vertrauens in dessen Person. Dies hieße, das Vertrauen in eine konkrete Person zu verwechseln mit dem Vertrauen, das normtheoretisch gesehen, in einer Gesellschaft Verhaltenssicherheit erzeugt und Planung, unabhängig von der Rücksichtnahme auf einzelne Personen, ermöglicht. Gestritten wird heute i. d. R. nicht mehr über die Berechtigung zu einem Eingriff in andere Interessen, wenn es um einen Diebstahl, eine Körperverletzung oder andere Delikte geht (lediglich die positivrechtlichen Rechtfertigungsgründe mögen noch einen eng begrenzten Rahmen für solche Fragen bieten). Die Brisanz dieser Art von Konflikten scheint heute nur mehr punktuell im politischen Strafrecht, in der Regulierung der Ökonomie, in der strafrechtlichen Aufarbeitung von gewalttätigen Demonstrationen oder derjenigen des Terrorismus durch. Im Regelfall der Strafrechtsanwendung werden die Normen, die verletzt wurden, aber von allen Beteiligten, einschließlich des Täters selbst, anerkannt. Gestritten wird regelmäßig nicht mehr über die Berechtigung zur Sanktion. Was bedeutet dann aber der Konflikt, der

[57] Otto Brunner: Land und Herrschaft. Grundfragen der territorialen Verfassungsgeschichte Österreichs im Mittelalter. Darmstadt 1984.

durch Mediation und Wiedergutmachung überhaupt bearbeitet werden kann? Dieser Konflikt kann nur so verstanden werden, dass eine Straftat als Produkt einer tieferliegenden Störung im vorhandenen Beziehungsgefüge zwischen einem individuellen Täter und einem individuellen Opfer gilt oder dass über die Art und das Ausmaß dessen, was zurückzuerstatten ist, gestritten wird. Insoweit muss aber unterstrichen werden, dass einerseits das Strafrecht derartige Konfliktlösungsabsichten nie verfolgt hat und wohl auch nie verfolgen sollte, andererseits bei unangefochtener Geltung oder Dominanz des Rechts und dadurch gelöstem Sanktionsproblem die Frage nur lauten kann, inwieweit belastende Sanktionen im Inhalt reduziert oder modifiziert werden können, damit die Normgeltung erhalten bleibt und die Erwartungen gesichert bleiben.

Gerade die These der Dominanz des Rechts in der Konfliktregelung[58] weist auch darauf hin, dass daraus, dass das Dunkelfeld der Kriminalität für eine weite Verbreitung informeller Konfliktlösung spricht, kein Argument für die Ersetzung des Mechanismus' strafrechtlicher Sanktionierung durch strafrechtsunabhängige schlichtende Wiedergutmachung gezogen werden kann. Selbstverständlich müssen neben dem staatlichen System der Rechtsdurchsetzung informelle Regelungsmechanismen in Kraft sein. Denn eine Erfassung aller Konflikte bzw. Straftaten ist weder ökonomisch vorstellbar, noch funktional.[59] Ebenso selbstverständlich kann auch aus einem grundsätzlichen Funktionieren unmittelbarer oder informeller Erledigung von Straftaten nicht geschlossen werden, dass die Fälle, die im strafrechtlichen Verfahren erledigt werden, genauso gut unmittelbar hätten erledigt werden können. Freilich wird manchmal angenommen, dass auch Verbrechen gegen die Menschlichkeit, massive staatliche Repression, schwere Wirtschafts- und Umweltkriminalität den mediativen und restitutiven Ansätzen zugänglich seien.[60] Tatsächlich lassen sich im Bereich der Kontrolle von Wirtschafts- und Umweltkriminalität und, wie einleitend ausgeführt, auch in der Antwort auf Verbrechen gegen die Menschlichkeit Ansätze beobachten, die auf Ausgleich, Mediation und Verhandlung ausgerichtet sind. Dabei können beispielsweise in der Kontrolle von Wirtschafts- und Umweltkriminalität zwei Perspektiven unterschieden werden: Die Perspektive der strafrechtlichen Kontrolle und diejenige der verwaltungsrechtlichen Kontrolle. Verwaltungsrechtliche Kontrolle ist regelmäßig auf Ermessen aufgebaut und in der Ausübung von Ermessen werden ebenso regelmäßig verschiedene Ziele verfolgt, die wiederum nicht nur

58 Trutz von Trotha: Recht und Kriminalität. Tübingen 1983.

59 Heinrich Popitz: Die Präventivwirkung des Nichtwissens. Tübingen 1968.

60 Mark A. Drumbl: Sclerosis. Retributive Justice and the Rwanda Genocide. In: Punishment & Society 2 (2000), S. 287-308; John Braithwaite: Restorative Justice: Assessing Optimistic and Pessimistic Accounts. In: Michael Tonry (Hg.), Crime and Justice: A Review of Research, Vol. 25, Chicago, London 1999, S. 1-127, S. 7.

mit Mitteln des Zwangs verfolgt werden.[61] Deshalb stehen im Vordergrund verwaltungsrechtlicher Kontrolle der Umwelt eher Verhandlung, die Setzung von Anreizen zur Konformität und die Aufrechterhaltung einer positiven Beziehung zwischen Klienten und Verwaltung, während Zwang die ultima ratio darstellt, der eben das Risiko anhaftet, die Beziehungen zu stören oder gar zu zerstören.[62] Demgegenüber kennt das Strafrecht lediglich den Zwang; im Kern ist das Strafverfahren ein Null-Summen-Spiel, das nur Verlierer oder Sieger kennt. Das Strafverfahren selbst ist deshalb auf die Eskalation des Konflikts angelegt, wie sie in Hauptverhandlungen zum Ausdruck kommen kann. Wenn in bestimmten Bereichen deshalb auf das Strafrecht verzichtet wird, dies kann in dem Einsatz von Truth and Reconciliation Commissions zum Ausdruck kommen,[63] in der Gewährung von Amnestien[64] oder einfach in der Nichtanwendung von Strafrecht, dann handelt es sich allemal um Situationen, in denen das Grundproblem, nämlich die Frage, was ist Recht und was ist Unrecht, entweder nicht verbindlich beantwortet ist, oder in denen der Versuch, eine strafrechtliche Antwort auf diese Frage zu finden, in soziale Instabilität, Gewalt, Unordnung, letztlich in Situationen führen würde, die als problematischer angesehen werden als der Verzicht auf die (unmittelbare und sofortige) strafrechtliche Validierung normativer Erwartungen.

Ausschlaggebend ist allerdings die Überlegung, dass das unauffällige und erfolgreiche Funktionieren unmittelbarer Streitschlichtung vollständig von dem Vorhandensein der Rekursmöglichkeit auf staatliche Streitentscheidung und hiermit verbundenem Zwang abhängig ist. Die stets verfügbare und gegenwärtige Drohung, staatliche Sanktionsinstanzen dort einzuschalten, wo die Verhandlung und die Absprache nicht funktionieren, mag einerseits die informelle Einigung fördern, andererseits ist ohne sie die unproblematische Betrachtung von Verhandlung und Schlichtung nicht möglich.[65] An den Rändern der Gesellschaft und in Subkulturen, wo aus verschiedenen Gründen ein Rückgriff auf das Recht abgeschnitten oder drastisch reduziert ist, werden nämlich Wiedergutmachung

---

61 Hans-Jörg Albrecht: Evaluating the Impact of Criminal Law: The Case of Environmental Criminal Statutes. In: Günter Albrecht/Hans-Uwe Otto (Hg.): Social Prevention and the Social Sciences. Berlin, New York 1991, S. 467-478.

62 Renate Mayntz: Vollzugsprobleme der Umweltpolitik. Wiesbaden 1978; Genevra Richardson/Anthony Ogus/Paul Burrows: Policing Pollution. A Study of Regulation and Enforcement. Oxford 1982.

63 Neil J. Kritz: Coming to Terms with Atrocities: A Review of Accountability Mechanisms for Mass Violations of Human Rights. In: Law and Contemporary Problems 59 (1996), S. 127-152.

64 Hans-Jörg Albrecht: Braucht die Politik die Amnestie? Anmerkungen zum Problem der Amnestie aus der Perspektive der Rechtsentwicklung im Ausland. In: Werner Greve (Hg.): Amnestie, Gnade, Politik. Loccumer Protokolle. Loccum 1990, S. 67-95.

65 Gerd Spittler: Streitregelung im Schatten des Leviathan. Eine Darstellung und Kritik rechtsethnologischer Untersuchungen. In: Zeitschrift für Rechtssoziologie 1 (1980), S. 4-32.

und Ausgleich nur ausnahmsweise Ergebnis von »natürlicher« Konfliktentwicklung und Interessendurchsetzung sein. Vielmehr deuten die Klagen, die sich auf familiäre Gewalt, Gewalt gegen Frauen, gewalttätigen Umgang in Drogenszenen, die Ausbeutung illegaler Einwanderer oder das Elend alter Menschen in Heimen und nicht sesshafter Menschen auf der Straße beziehen, darauf hin, dass sich dort, wo die Zuhilfenahme des Rechts nicht möglich ist, nur selten und dann ein eher prekäres Gleichgewicht als Folge informeller Konfliktschlichtung herstellt.[66] Dort regieren im Wesentlichen noch die Selbsthilfe und die Vergeltung, mit allen Problemen, die dann durch Ungleichheit in Ressourcen und Chancen entstehen. Forschungen zur Rolle der (vergeltenden) Gewalt verweisen auf ihre Bedeutung in Drogenmärkten[67] und in Subkulturen.[68]. Dies gilt ferner für alle Regionen, die heute als failed states oder entstaatlichte Territorien bezeichnet werden.[69] Nicht von ungefähr wird deshalb als grundlegende Voraussetzung der Lösbarkeit des Problems familiärer Gewalt die Bereitschaft von Polizei und Justiz mit den Mitteln des Zwangs einzugreifen,[70] so wie für die Lösung von Gewaltproblemen, die sich in Bürgerkriegen äußern, der Aufbau eines starken Staates und damit der Monopolisierung der Gewalt als grundlegende Ordnungsform[71] gefordert.[72] Dem steht nicht entgegen, dass der starke Staat nicht nur als Lösung

66 Carol Hagemann-White et al.: Hilfen für mißhandelte Frauen. Stuttgart 1981; Ursula Schneider: Körperliche Gewaltanwendung in der Familie. Notwendigkeit, Probleme und Möglichkeit einer strafrechtlichen und strafverfahrensrechtlichen Ansatzes. Bielefeld 1987; Wiebke Steffen: Gewalt von Männern gegenüber Frauen. München 1982; W. Steffen u.a.: Ausländerkriminalität in Bayern. Eine Analyse der von 1983 bis 1990 polizeilich registrierten Kriminalität ausländischer und deutscher Tatverdächtiger. München 1992; Dagmar Heine-Wiedenmann/Lea Ackermann: Umfeld und Ausmaß des Menschenhandels mit ausländischen Mädchen und Frauen. Stuttgart, Berlin, Köln 1992.

67 Bruce A. Jacobs/Volkan Topalli/Richard Wright: Managing Retaliation: Drug Robbery and Informal Sanction Threats. In: Criminology 38 (2000), S. 171-198.

68 Christopher W. Mullins/Richard Wright/Bruce A. Jacobs: Gender, Streetlife and Criminal Retaliation. In: Criminology 42 (2004), S. 911-940.

69 Trutz von Trotha: Über die Zukunft der Gewalt. In: Monatsschrift für Kriminologie und Strafrechtsreform 85 (2002), S. 349-368.

70 Ruth Lewis: Making Justice Work. Effective Legal Interventions for Domestic Violence. In: British Journal of Criminology 44 (2004), S. 204-224.

71 Trutz von Trotha: Ordnungsformen der Gewalt oder Aussichten auf das Ende des staatlichen Gewaltmonopols. In: Brigitte Nedelmann (Hg.): Politische Institutionen im Wandel. Kölner Zeitschrift für Soziologie und Sozialpsychologie 1997, S. 129-165.

72 Stefanie Schwandner-Sievers: Humiliation and Reconciliation in Northern Albania. The Logics of Feuding in Symbolic and Diachronic Perspectives. In: Georg Elwert/Stephan Feuchtwang/Dieter Neubert (Hg.): Dynamics of Violence. Processes of Escalation and De-Escalation in Violent Group Conflicts. Berlin 1999, S. 133-152, S. 152; Georg Elwert: Markets of Violence. In: Georg Elwert/Stephan Feuchtwang/Dieter Neubert (Hg.): Dynamics of Violence. Processes of Escalation and De-Escalation in Violent Group Conflicts. Berlin 1999, S. 85-102, S. 100; Karl O. Hondrich: Wieder Krieg. Frankfurt 2002, S. 17; Benoit Dupont/Peter Grabowsky/Clifford Shearing: The governance of security in weak and failing states. In: Criminal Justice 3 (2003), S. 331-350; vgl. auch Henner Hess: Terro-

des Problems, sondern auch als Teil des Problems selbst betrachtet werden kann.[73] Jedenfalls muss die Durchsetzung einer Ordnung, in der private Formen der Gewalt dauerhaft und effektiv ausgeschlossen sind, gewährleistet sein.[74]

7. Schlussfolgerungen

Mit der Herstellung einer ausschließlichen und ausschließenden Beziehung zwischen der Zentralgewalt und einem Täter im modernen Strafrecht sind für Täter, Opfer und die sozialen Gruppen, denen sie angehören, Vorteile (oder Entlastungen) verbunden.[75] Die Vorteile bestehen in der Vorhersehbarkeit der Konsequenzen von Handlungen und der Reduzierung des Risikos einer Eskalation, die ohne die Zentralgewalt lediglich durch die verfügbaren Ressourcen begrenzt war.[76] Mediations- und Restitutionsdiskurse verweisen allerdings auf ein Problem, das eingangs angesprochen wurde, und das in einem Potential an zu viel Herrschaft besteht. Dies wird sichtbar in der Diskussion zu Überkriminalisierung und zu viel Strafrecht. Angesichts des massiven Einsatzes von Strafrecht in den meisten Ländern der westlichen Welt sind Auswirkungen auf das Sicherheitsversprechen und damit auf die Legitimation des Strafrechts zu erwarten. Wenn jährlich knapp eine Million Personen in Deutschland zu staatlicher Kriminalstrafe verurteilt werden, so bedeutet dies nichts weniger als dass knapp 2 Prozent der Bevölkerung pro Jahr bestraft werden. Noch deutlicher wird das Problem, wenn das amerikanische »Gefängnisexperiment« herangezogen wird. Knapp ein Drittel aller männlichen Afroamerikaner werden im Laufe ihres Lebens wenigstens ein Mal zu vollstreckbarer Gefängnisstrafe verurteilt und etwa 13% aller 25-29-jährigen männlichen Afroamerikaner befinden sich derzeit an einem Stichtag im Gefängnis. Dies führt zu eben der Situation, die der Soziologe Popitz als äußerst prekär für die Geltungskraft von sanktionsbezogenen Normen beschrieben hat.[77]

---

rismus und Weltstaat. In: Kriminologisches Journal, 34 (2002), S. 143-149 zu einer verwandten Fragestellung.

73 John Braithwaite: Institutionalizing Distrust, Enculturating Trust. In: Valerie Braithwaite/ Margaret Levi (Hg.): Trust and Governance. New York 1998, S. 343-375.

74 Trutz von Trotha: a.a.O., 1997, S. 129-165.

75 Trutz von Trotha: Limits to Pain. Diskussionsbeitrag zu einer Abhandlung von Nils Christie. In: Kriminologisches Journal 15 (1983), S. 34-53.

76 Gerd Spittler: a.a.O., 1980, S. 4-32; Otto Brunner: Land und Herrschaft. Grundfragen der territorialen Verfassungsgeschichte Österreichs im Mittelalter. Darmstadt 1984.

77 Heinrich Popitz: Die Präventivwirkung des Nichtwissens. Tübingen 1968.

Summary
Modern criminal law establishes an exclusive and excluding relationship between the central state force and the offender. For the latter, but also for the victim and the social groups they belong to this implies certain advantages. These positive effects lie in the predictability of consequences of actions and in the reduction of risking an escalation which otherwise (without a central force) would merely be limited by the resources at hand. Discourses of mediation and restitution, however, point to a problem that lies in a potential of too much governance. This is pointed out in the discussion whether there is too much and too harsh criminal law. The massive use of criminal law in most western countries has a retroactive effect on the aim to maintain security and thus on the legitimation of criminal law.

Strafgerechtigkeit und Milde angesichts der Willensfreiheitsaporie

Martin Hochhuth (Freiburg)

Einleitung

Strafe, das gezielte Übel, verhängt ein durchdachtes Rechtssystem nur äußerst behutsam.[1] Der neuzeitliche, im abendländischen Humanismus wurzelnde Staat bindet sich dabei vor allem an die größtmögliche Gerechtigkeit. Er zieht um dieser Zurückhaltung willen oft und aus immer neuen Gründen Kritik auf sich. Besonders die Bedenken, die Schlink jüngst gegen ein »Zuviel« an Gerechtigkeit geäußert hat, arbeiten wir ab. Der Staat muss dieser Kritik, wie sich zeigen soll, im Kern trotzen, auch wenn es mancher Änderung im Einzelnen bedarf.

Umgekehrt trifft den Staat auch Kritik, weil er *überhaupt* straft. Auch dieser Vorwurf aus der tendenziell entgegengesetzten Richtung geht fehl. Doch ergibt sich eine Differenzierung gegenüber der derzeitigen Praxis und Diskussion.

I. Äußere Umstände und eigener Wille

Zuvor sind einige grundsätzliche Klarstellungen geboten:

Zu Recht geht der Staat grundsätzlich von der Verantwortlichkeit und Willensfreiheit der Subjekte aus. Die Nuancierungen, die die neuere Physik seit Planck und Heisenberg für den Begriff der Ursächlichkeit[2] und die die Neurobiologie für die Zeitfolge von Motivabwägungen, Wille, Entschluss und Bewusstseinsvorgängen[3] nahe legt, ändern hieran nichts. (Die hierzu geführten Debatten

---

1 Vgl. dazu Ivo Appel: Verfassung und Strafe, zu den verfassungsrechtlichen Grenzen staatlichen Strafens. Berlin 1998 (zugl. Dissertation Freiburg i. Brsg. 1996/1997), S. 21 ff.

2 Vgl. dazu grundlegend (aber gleichwohl auch für Nichtphysiker verständlich) Ernst Cassirer: Determinismus und Indeterminismus in der modernen Physik. Historische und systematische Studien zum Kausalproblem. Band 19 der Gesammelten Werke. Darmstadt/Hamburg: WBG/Meiner, 2004. Folgerungen für die Themen dieses Aufsatzes insb. S. 137 ff. (S. 154), 195 ff., 237 ff., 243.

3 Vgl. dazu eingehend Michael Pauen: Illusion Freiheit? Mögliche und unmögliche Konsequenzen der Hirnforschung, 2004, der die Experimente von William Grey Walter, Benjamin Libet und anderen weitergibt (und kritisiert) sowie Martin Hochhuth: Die Bedeutung der neuen Willensfreiheitsdebatte für das Recht. In: Juristenzeitung [JZ] 60 (2005), S. 745 ff., der jene Debatte in die Philosophiegeschichte einordnet, auf andere neurobiologische Befunde hinweist und Konsequenzen für Straf-, Staats- und Zivilrecht zieht; beide mit zahlreichen Nachweisen.

brauchen nicht wiederholt zu werden.[4]) Aus jener Willensfreiheitsdebatte ist jedoch ein Punkt hier aufzugreifen. Die Vielzahl der Determinanten, denen das prinzipiell freie Subjekt ausgesetzt ist, ist höchst verschieden zusammengemischt. Der eine wird in günstiger Lage geboren, und sein spezielles Milieu wie die allgemeinen Zeitläufte begünstigen seine Entwicklung zum willensstarken, friedfertigen Lebensbewältiger. Andere scheinen von vorneherein keine oder wenige Chancen zu haben: zunächst die äußeren Umstände, dann aber, von ihnen geprägt, auch die eigenen Fehlentscheidungen führen zu scheiternden Lebensläufen, in denen schließlich auch die Strafjustiz noch weiteres Leid zufügen muss.

Dass prinzipiell von der Freiheit des Menschen ausgegangen werden kann und muss, verhindert nicht die Einsicht, welche Macht die äußeren Umstände je nach Biografie und Situation – je nach Charakter – besitzen können.[5] Obgleich die Freiheit eine absolute Forderung aufstellt, will „es" mitunter scheinen, als sei sie in graduell nur unterschiedlichem Maße erreichbar. Der gefestigte Charakter widersteht Versuchungen, in denen der Ungefestigte fällt; – fallen kann? – oder muss? So wie innerhalb der gesunden Bevölkerung schon Unterschiede bestehen, so auch unter den seelisch und geistig Gestörten: Jenseits der jedenfalls sehr kleinen Gruppe der unheilbaren Straftäter[6] kann, anders als etwa Gerhard Roth meint, sogar bei gestörten Straftätern von Veränderbarkeit, das heißt also: von *Erziehbarkeit* ausgegangen werden.[7] Selbstverständlich gilt das erst recht für die Normalgruppe.

Daraus folgt Zweierlei. In erster Linie folgt daraus, dass die Strafe eine solche „Erziehung" erleichtern oder verstärken, vielleicht sogar in Gang bringen, und auf keinen Fall erschweren darf. – Diese auf den ersten Blick vielleicht paradoxe Aussage vom „Erschweren" nimmt Rücksicht auf ein statistisches Ergebnis, das immer wieder Zweifel an der menschlichen Autonomie geweckt hat. Die Sozialstatistiken zeigen, dass die Herkunft aus geschädigten Milieus, insbesondere aus Familien von Suchtkranken oder Gewalttätern, Kriminalität um ein Vielfaches wahrscheinlicher macht. Ergründet man, woran das liegt, so stößt man auf zwei

---

4 Vgl. stattdessen die drei soeben, in den Fn. 2 und 3, genannten Schriften..

5 Siehe dazu genauer unten, S. 128, den Abschnitt zur Schuldaporie.

6 Die von Gerhard Roth, Wolf Singer und anderen angeregte, vor allem aber von den Feuilletons betriebene Debatte beruht auf Missverständnissen. Sie galt und gilt *leider* nämlich nicht den philosophisch und strafrechtlich weit fruchtbareren empirischen Befunden, die insbesondere Klaus Grawe gesammelt hat, und die die Veränderbarkeit durch Psychotherapie belegen. Dazu und zu den unterschiedlich stark beeinflussbaren Gruppen von Straftätern vgl. die Nachweise im achten Kapitel (»Zweiter Blick auf die Neurobiologie«) bei M. Hochhuth, a.a.O. (Fn. 3), Seite 751 f., dort auch zur Diskussion der Gerichtspsychiater über die Zahl der unheilbaren Hangtäter. Auch zur Frage, ob es überhaupt unheilbare gibt, siehe die dortigen Nachweise, insbesondere aus den Arbeiten Urbanioks.

7 Vgl. erneut die Nachweise aus Grawe/ Rasch/Konrad/ Leygraf und Urbaniok (der bis zu 47% rückfallsenkende Effekte von intensiven spezialisierten Therapien bei Hochrisikotätern belegt) im eben zitierten achten Kapitel der JZ-Abhandlung.

verschiedene, allerdings miteinander verquickte Probleme. Das eine Problem liegt in verfehlten Maßstäben, die das Kind in zahlreichen geschädigten Milieus vorgelebt bekommt. Ein besonders anschauliches Beispiel des fehlgebildeten Maßstabes ist etwa die Idee, Konflikte seien durch Gewalt, durch Gebrüll und Schläge, oder auch durch die Flucht aus der Beziehung zu „lösen“. Soweit sich dieses Problem isolieren lässt, kann man folgern: Straftätern mit verfehlten Maßstäben müssen erst einmal die humanen und vernünftigen Maßstäbe plausibel nahe gebracht werden, die gesellschaftliches Zusammenleben ermöglichen.

Das zweite Problem erscheint teilweise in Abhängigkeit von jenem ersten. Hat nämlich ein Straftäter an sich abstrakt durchaus vernünftige und humane Vorstellungen vom menschlichen Zusammenleben, so kann er gleichwohl scheitern, weil es ihm selbst nicht gelingt, diesen Maßstäben zu entsprechen. (Man mag hier von Ermüdbarkeit des Willens sprechen.) Er kann etwa wissen, dass es auf Disziplin und Selbstbeherrschung ankommt, aber dazu nicht oder nicht ausdauernd genug imstande sein. Auch die Willensstärke, die z.B. Enttäuschungsfestigkeit („Frustrationstoleranz“) bedeutet, ist trainierbar, muss erst gelernt werden. Die in Selbstbeherrschung liegende „Anpassungsleistung“ fällt *von Natur aus* jedermann schwer. Der Blick auch auf die gelungene Erziehung vom Säugling bis zum beständigen erwachsenen Staatsbürger veranschaulicht es. Jene „Anpassung“ gelingt in aller Regel durch glückliches Ineinandergreifen von Belohnungen, Erschwerungen, Rügen und Strafen, Lust- und Unlusterlebnissen. Sie prägen dem Individuum ein grundsätzliches Vertrauen darauf ein, dass menschlicher Anstand und die Befolgung der Gesetze sich lohnen und das Gegenteil nicht. Wer das nicht, oder nicht vollständig hat lernen müssen und dürfen, dem kann der Schritt von der Einsicht zur Umsetzung immer wieder misslingen. Er „will“ etwa gut handeln, etwa die neue Lehrstelle, die ihm als letzte Chance verschafft worden ist, nicht wieder durch Disziplinlosigkeit verspielen – aber „es gelingt ihm nicht“. Das Strafgesetz trägt mit seiner Unterscheidung zwischen der Einsicht und der Fähigkeit, nach dieser Einsicht zu handeln diesem Problem immerhin bei den bestimmten seelischen Störungen Rechnung, die § 20 StGB nennt. Das Problem – und der Unterschied – besteht aber nicht nur bei jenen »schweren [...] seelischen Abartigkeiten«, bei »Bewusstseinstörung [...] oder [...] Schwachsinn«, die jener Paragraph zur Schuldlosigkeit führen lässt. Vielmehr greifen äußere Freiheitserschwerungen und innere stets ineinander. Milieu, Familie, unverschuldete Erfahrungen auf der einen Seite und „verschuldete“ Erfahrungen aufgrund von Fehlentscheidungen, mangelnder Selbstbeherrschung und so weiter auf der anderen. Was aber der Eine als Anlass ergreift, seinen Willen zu bewähren, ist dem Anderen die Falle zum nächsten Fehltritt. Misserfolge, Frustrationen und persönliches Scheitern können die Mutlosigkeit verstärken: Eine jede Strafe droht daher, zu einer zusätzlichen Erschwerung der vernünftigen Autonomie des Bestraften zu werden. Damit aber verstärkt sie eben das, was den Täter zur Tat geführt hat, und ist kontraproduktiv. Die folgenden Überlegungen sollen helfen, Pfade zwischen Skylla und Charybdis auszumachen.

Anders liegt es bei der – offenbar sehr kleinen – unheilbaren Gruppe. Drohen von einem solchen Täter erneut solche Straftaten, die zu Schäden führen können, die die Gesellschaft ihrerseits nicht mehr am Opfer ausgleichen kann, so ist es eine rechtspolitische Frage, ob ihm die Freiheit dauerhaft entzogen bleibt. Entscheidet der Souverän sich dafür, so ist gleichwohl der Vollzug so milde wie möglich zu gestalten. Die Milde bleibt darum, sowohl allgemein als auch im Zweifelsfalle das Ideal des Straf- und des Maßregel- und Sicherungsrechts. Allerdings darf die Milde, und das gilt vor allem *jenseits* dieses kleinen Spezialbereichs, nicht mit den Zielen des Strafrechts (oder auch des Sozialrechts) konfligieren.

Vor die Milde tritt aber die Erfassung des Sachverhalts: Keinesfalls darf man vorschnell »Unheilbarkeit« eines Hangtäters annehmen. Die Hinweise etwa Gerhard Roths auf solche Empirie, die dazu einzuladen scheinen, vom „geborenen Verbrecher" zu sprechen, das heißt auf die bei bestimmten Straftätern eindeutig „Delinquenz anzeigenden" Hirnstrukturen, mögen als reine Beschreibungen von Hirnstrukturen de facto zutreffen. Solche Täter aber gleich der Gruppe der Unheilbaren zuzuschlagen, wäre der gleiche Fehlschluss, der Roth auch hinsichtlich der gesunden Bevölkerung unterlaufen ist.[8] Solche Befunde können gerade auch als Ansatzpunkte für aktive Veränderung dienen, wie die modernen Möglichkeiten der Neuropsychotherapie, auf die Grawe in seinem Werk *Neuropsychotherapie*[9] hingewiesen hat, zeigen.[10]

II. Gerechtigkeit als Maßstab staatlichen Strafens

Zunächst seien jedoch die neuen Einwände ernst genommen, die der Rechtsphilosoph, Staats- und Polizeirechtler Bernhard Schlink unter dem Titel »Der Preis der Gerechtigkeit«[11] vorgetragen hat.

Dieser Aufsatz lässt in zwölf Kapiteln eine Fülle von Themen anklingen und Einsichten aufleuchten, die auch für die Strafgerechtigkeit und -nützlichkeit von Bedeutung sind. Sie sollen hier vor allem unter zwei Aspekten zur Sprache kommen. Der erste und bedeutsamste Ertrag ist Schlinks Warnung davor, sich dazu verführen zu lassen, die Opferrolle zu spielen. Der zweite interessante

---

8 Vgl. zu diesen Kategoriefehlern eingehend die in Fn. 3 erwähnten Arbeiten.

9 Klaus Grawe: Neuropsychotherapie. Göttingen, Bern: Hogrefe, 2004.

10 Vgl. dazu die in Fn. 6 bezeichnete Passage des in Fn. 3 zitierten Aufsatzes und vor allem das soeben in Fn. 9 genannte Werk Grawes, das noch sehr viel weitere Literatur sichtet und wiedergibt.

11 In: Rechts- und staatstheoretische Schlüsselbegriffe: Legitimität – Repräsentation – Freiheit. Symposion für Hasso Hofmann zum 70. Geburtstag, hrsg. von Horst Dreier. Wissenschaftliche Abhandlungen und Reden zur Philosophie, Politik und Geistesgeschichte, Bd. 35, Berlin: Duncker & Humblot, 2005, S. 9-32.

Punkt ist ein letztlich doch wohl unzutreffender Gedanke Schlinks: nämlich, Ungerechtigkeit könne sittlich zumindest vertretbar sein (siehe unten 3.).

Schlinks Text handelt von dem »Preis«, den die Gerechtigkeit denjenigen kostet oder kosten kann, der sich auf die Gerechtigkeit beruft und verlässt. Grundlage des ganzen Essays ist die Unterscheidung zwischen Sein und Sollen, die die Philosophie bereits seit Hume kennt, die aber erst durch Kant und die Kantianer Allgemeingut geworden ist. Die Sphäre des Sollens umfasst Recht und Gerechtigkeit, die des Seins die Empirie oder rein faktische Wirklichkeit. Schlink geht davon aus, dass die Perspektive des Seins mit der des Sollens prinzipiell im Widerspruch steht, weshalb es der Entscheidung bedarf: »Immer ist die Entscheidung, auf die Gerechtigkeit gegen die Wirklichkeit oder auf diese gegen jene zu setzen, eine zu verantwortende Entscheidung, die ihren Preis hat. Dass das normative Paradigma den Preis entfallen lasse, ist nur ein schöner Schein.«[12] Schlink konstatiert eine Epochenwende: Wir seien bei der Wahrnehmung der Welt und beim Verhalten in ihr vom empirischen zum normativen Paradigma übergegangen.[13] Während es unter dem empirischen Paradigma notwendig war, »Recht und Gerechtigkeit gegen die Wirklichkeit zu behaupten« und auch gegen Widrigkeiten und Niederlagen diese beiden normativen Systeme in der faktischen Welt durchzusetzen, gelte es nunmehr das Gegenteil. Früher durfte man sich vom Faktischen nicht irritieren lassen und musste ihm protestierend entgegen rufen: »Aber es ist nicht gerecht!« Nunmehr aber, in einer verrechtlichten und »vergerechtlichten« Welt, gelte es den gegenteiligen Zuruf: Die Welt sei, wie sie eben sei; gerecht sei sie nicht. Darum sei das »Aber« der Wirklichkeit gegen übertriebene Gerechtigkeitserwartungen zu stellen.[14] Mit dem bereits zitierten hässlichen Ausdruck »Vergerechtlichung« meint Schlink wohl die Moralisierung, die ethische Aufladung unseres Blickes sowohl auf die rein faktische Wirklichkeit wie auch auf die Rechtsordnung. Der Begriff ist eine Parallelbildung zur Verrechtlichung, die Schlink eng damit verknüpft. [15] Verrechtlichung wie Vergerechtlichung beschreiben das anscheinend zumindest in der deutschen Gesellschaft und vergleichbaren Gesellschaften unaufhaltsam vordringende Anwachsen der Normativierung in fast allen Bereichen des Lebens. Diese Normativierung zeigt sich besonders stark im Sozialen. Die Bismarckschen Sozialgesetze linderten das Elend der Arbeiter. Sie setzten »an die Stelle staatlicher Armenpolizei und kirchlicher Mildtätigkeit eine utilitaristische Sozialpolitik [...], die die arbeitende Klasse leistungsfähig, leistungswillig und politisch ruhig halten sollte.«[16] Das Zwanzigste Jahrhundert schmiedete die utilitaristische Sozial- in eine soziale

[12] Schlink: Der Preis der Gerechtigkeit a.a.O., S. 32.

[13] A.a.O., S. 30.

[14] Alles a.a.O., S. 31.

[15] Schlink weist übrigens darauf hin, die Parallelbildung »gerechtlich« zu »rechtlich« sei früher gebräuchlich gewesen.

[16] A.a.O., S. 10.

Gerechtigkeitspolitik um. Sie teilt nicht mehr nach Leistung, sondern nach Bedürftigkeit zu. Auch andere Lebenssphären, die berufliche Ausbildung, das Arbeits- und Dienstrecht, die Ehe, die Familie durchdringt und regelt das Recht, und zwar zunehmend auch ein moralisch gestaltetes und moralisch gestaltendes Recht. Schlink beschreibt all das mit Skepsis.

1. Das Gefährliche am Blickwechsel zum normativen Paradigma

Jene Skepsis des Rechtstheoretikers richtet sich nicht nur gegen gewisse Übertreibungen des bundesrepublikanischen Rechtssystems, die sich so ähnlich auch in anderen modernen Staaten – vor allem Sozialstaaten, aber nicht nur dort – finden. Es geht ihm um etwas anderes, um die Mentalität oder Haltung. Der Soziologe Niklas Luhmann hat ausgesprochen, dass normative Erwartungen notwendig kontrafaktisch sein müssen. Darin aber liegt zumindest die Tendenz, den Blick auf die Wirklichkeit zu verblenden. Wenn die normative Erwartung kontrafaktisch ist, dann bedeutet das eben, dass sie sich auf die Wirklichkeit, die Fakten nicht vollständig, nicht hundertprozentig einlässt. Sowohl Veränderungswille nach innen, also die Lernbereitschaft, wie auch Veränderungswille nach außen, nämlich die Durchsetzung gegen Widerstände, setzen jedoch ein Sich-Einlassen voraus. Die normative Einstellung kann zu Passivität verführen, wenn sie nicht der Motor hoffnungsgetriebenen Handelns, sondern eine erwartungsgepolsterte Ausrede dafür wird, sich nicht selbst zu helfen. Schlink geht sogar so weit, das naturrechtliche Denken insgesamt mitverantwortlich für normative Erwartungshaltungen zu machen. Er meint: Die Annahme des Naturrechts, Gerechtigkeit sei an sich immer schon da, könne zu dem Irrtum verführen, man müsse sie nicht erst einmal schaffen und durchsetzen. Das allerdings wird vielen emanzipatorischen Theoretikern und auch den bisherigen Revolutionen, die allesamt auf naturrechtlichen Überlegungen beruhten, nicht gerecht.

2. Verführung zur Opferrolle durch Gerechtigkeitserwartung

Schlinks Darlegungen des »Preises der Gerechtigkeit« bestechen trotz solcher Fragwürdigkeiten als ein therapeutischer Appell gegen Zimperlichkeit. Es gilt, sich selbst zu verantworten und nicht vom Staat, der Solidargemeinschaft, der Völkergemeinschaft oder auch der Familie diejenige Entlastung und dasjenige Aufgehobensein zu erwarten, das einer vorgestellten – oder auch ideal wirklichen – Gerechtigkeit entsprechen mag. Der Artikel ruft insofern zu Härte und Selbstdisziplin auf. Mitunter schimmert der Hochschullehrer durch, den verwöhnte und bequeme Studenten befremden, und der ein erzieherisches Wort sprechen möchte. Diese pädagogische Empfehlung wendet sich auch gegen eine zu große Anspruchshaltung, wie sie im Bereich des Sozialrechts begegnet (ohne darum aber die Idee des Sozialstaats zu widerlegen). Der Gedanke ist aus der *Innen*perspektive des Subjekts zweifellos richtig: Es gilt, Gerechtigkeit nicht von der Welt, dem Völkerrecht, dem Staat, der Sozialkasse oder Ähnlichem erwartend einzufordern, ohne sie sich selbst zu erkämpfen.

In der Außenperspektive ist Schlinks Appell jedoch schon selbst bei jenen Beispielen nicht unbedenklich, die er selber bringt. Erst recht ist er nur mit großer Vorsicht auf den Bereich des Staates zu übertragen, und gar auf den Bereich des Umgangs mit Delinquenz. Denn hier ist eine eigentümliche Zwiespältigkeit des Blickes auf Täter und Tat zu fordern. Außenperspektive bedeutet: Es muss erkannt und auch angerechnet werden, wie weitgehend der Täter Opfer seiner Verhältnisse, seiner Herkunft und unter Umständen auch seines genetischen Materials ist. Dieses Verständnis für den Täter darf aber nicht dazu verleiten, die *ihm mögliche* Innenperspektive zu vernachlässigen. Seine Psyche zu verstehen und aus ihr zu erkennen, weshalb er sich kriminell verhielt, darf für ihn keine vom Gericht angebotene Verführung werden. Verständnis von außen kann wie eine Art psychoanalytische Couch wirken, die ihn einlädt, es sich bequem zu machen. Schlinks Artikel ist heilsam, wenn sein Grundgedanke, unter den erforderlichen Anpassungen, auf die Strafrechtsphilosophie übertragen wird und dazu führt, dass Täter auch in ihren Potentialen, sich selbst zu beherrschen und zu verändern, ernst genommen werden. Das wird in der Regel bedeuten, den Tatschuld-Vorwurf in seiner vollen Härte aufrechtzuerhalten. Unterscheidet man nicht säuberlich zwischen der Betrachtung des autonomen Wesens und des Einzelfalles der Sozialstatistik, so droht Selbstgerechtigkeit beim Täter, der sich selber nichts übelnehmen mag. Hier steckt der Keim einer Anspruchshaltung, die keine positive Veränderung zulässt. Der Täter sieht sich als Objekt anstatt als Subjekt. Er hat folglich keinen Anlass, sich in der nächsten verführerischen Situation anzustrengen und stark zu bleiben.

3. Bedenkliche Kritik an »zuviel Recht und Gerechtigkeit«

Eine zweite Kernüberlegung Schlinks ist im Wesentlichen wohl zurückzuweisen. Da er sie jedoch mit vielen überzeugenden Einsichten verknüpft, darunter nicht zuletzt der vorerwähnten obigen, sei auf sie eingegangen. Schlink schreibt:

> Daß die Sensibilität für Recht und Gerechtigkeit gewachsen ist, ist kein Schaden. Der Schaden liegt in der Absolutheit, mit der das normative Paradigma die Verwirklichung von Recht und Gerechtigkeit der Verwirklichung anderer Ziele vorordnet. Manchmal können Unrecht und Ungerechtigkeit politisch, wirtschaftlich oder pädagogisch sinnvoll und sittlich vertretbar sein [...].[17]

Schlink wendet sich also an dieser wie auch an anderen Stellen gegen zu viel Gerechtigkeit, zu viel Verrechtlichung. Er will nicht nur dem Schicksal, also sozusa-

---

[17] Schlink, a.a.O (wie Fn. 11), S. 32.

gen der „Welt" die „Freiheit" erhalten, gelegentlich ungerecht zu sein, sondern sogar dem Recht.[18] Das Recht müsse mit der Moral nicht übereinstimmen.

Nun gewinnen seine Überlegungen einen Teil ihrer Überzeugungskraft daraus, dass er schlagende, oder doch zumindest auf den ersten Blick schlagende, Beispiele hat. Eines ist die Wissenschaft, der das Vordringen des Rechts und der Verrechtlichung dadurch schadet, dass es die Wissenschaftler mehr und mehr wissenschaftsfremden Forderungen aussetzt. Zum einen den bürokratischen Belästigungen der Verwaltung, zum anderen den wissenschaftsfremden, gerechtigkeitsbegründeten und verrechtlichten Organisationsanforderungen.[19] Die Wissenschaft braucht Autonomie, um die Wahrheit erforschen und bekannt machen zu können. Während hier aber tatsächlich mit den Mitteln des Rechts – durch eine wie ich im Gegensatz zu Schlink sagen würde, falsche *Politik* – Schaden verursacht wird, gilt das in allen anderen Feldern nicht.

So argumentiert Schlink etwa mit den Beispielen der Renten- oder Begehrensneurose. Das sind diejenigen seelischen Störungen, die bei einem Unfall- oder Kriminalitätsopfer gerade durch die verlässliche Aussicht auf den – von Rechts wegen zustehenden – Schadensersatz entstehen.[20] Für sie haftet der Schädiger, also der Verbrecher oder Unfallfahrer nicht. Eine Haftung widerspräche dem Sinn des Schadensersatzrechts, das ja den Schaden ausgleichen oder wenigstens mildern, nicht aber perpetuieren und vergrößern soll.[21] Es ließen sich auf den ersten Blick noch zahlreiche Beispiele von irregeleiteten Wirkungen des Schadens- und des Sozialversicherungsrechts anführen, die gegen zuviel Gerechtigkeit und zuviel Recht zu sprechen schienen. Wenn der Sozialstaat jedoch mitunter seine Wohltaten zu schematisch ausschüttet, so ist das gerade keine Gerechtigkeit. Es ist ihr Gegenteil, auf Kosten des Arbeitenden demjenigen, der nicht arbeitet, obwohl er es könnte, Leistungen zu überwiesen. Es ist aber nicht nur ungerecht, es ist auch unsozial. Ebenso ist es nicht „ungerecht", den Rentenneurotiker auf seine Selbstheilungskräfte zurückzuverweisen. Mit diesen Kräften hätte er sich ja ohnehin selbst geholfen. Nur seine eigene Fehlreaktion – in Gestalt falscher Hoffnungen auf das Schadensersatzrecht – hat diese Selbstheilung gelähmt. Das zu erlauben und zu fördern wäre aber ungerecht, nicht gerecht. In solchen und vergleichbaren Fallgruppen sind Schlinks Überlegungen kontraproduktiv. Er schüttet das Kind mit dem Bade aus.

---

18 Vgl. Schlinks Kap. IX., S. 24 ff.

19 Vgl. Kap. X, S. 26 ff.

20 Vgl. die zahlreichen Rechtsprechungs-Nachweise bei Helmut Heinrichs in: Otto Palandt (Hrsg.): Kurzkommentar zum Bürgerlichen Gesetzbuch, 65. Auflage, München: Beck, 2006, Rdnr. 70a vor § 249.

21 Vgl. bei Palandt/Heinrichs a.a.O.

> Aus schwacher Begabung kann Verletzung des Rechts auf Chancengleichheit werden, aus der Ruinierung der eigenen Gesundheit Vorenthaltung von Rechten auf Therapie und Rehabilitation, aus einer verfehlten Ausbildungs- und Berufswahl Verletzung des Rechts auf Arbeit, und aus einer Leistungsunfähigkeit oder -willigkeit, die in Abhängigkeit von fremder Hilfe führt, eine Frage der Menschenwürde.[22]

Diese und zahlreiche andere Beispiele bringt Schlink zwar ausdrücklich nicht in »konservativer« Absicht.[23] Er verwahrt sich sogar dagegen, dass die Einrichtungen des modernen Rechts- und Sozialstaates das, »was sie gewähren, zu häufig oder zu reichlich gewähren«[24]. Er sieht hierin vielmehr einen Fortgang der Verrechtlichung, den er nicht kritisieren wolle, er wolle lediglich auf die Folgen hinweisen. – Doch auch mit dieser Rücknahme verdient er Widerspruch. Mit diesen Beispielen sollte man im Sinne der Ethik nicht nur des Sozialstaates, sondern gerade auch des Strafens umgekehrt umgehen. Es handelt sich um Fehler, und sie kommen in der Tat vor. Sie sind aber gerade keine Folge von Gerechtigkeit, sondern von Ungerechtigkeit durch oberflächlichen Schematismus. Die Leistungen müssen so gewährt werden, dass sie nicht zu seelischen Fehlverarbeitungen verlocken (wie bei jenen Rentenneurosen). Es gilt, den Sozialstaat zu verbessern durch Präzisierung. Die Gesellschaft leidet an keiner Stelle an zu viel Gerechtigkeit, und noch nicht einmal an zu viel Recht. Sie leidet an nicht hinreichend differenzierter Handhabung. Differenziertheit bedeutet aber Gerechtigkeit und Rechtmäßigkeit. Sind Schlinks Überlegungen aber in dieser Hinsicht schon grundsätzlich zurückzuweisen, so scheidet erst recht ihre Übertragung auf das Strafrecht aus. Hier kann es mitunter schädliche Weichheit oder schädliche Härte, aber kein Zuviel an Gerechtigkeit und Rechtlichkeit geben.

4. Pädagogik – und Analogie zum Strafrecht

Aber kann nicht ein »Weniger« an Gerechtigkeit pädagogisch sinnvoll sein, und ist nicht die Strafe auch etwas Pädagogisches? – Schlinks Erwägungen der Nachteile von Verrechtlichung und »Vergerechtlichung« beginnen und enden mit einer Anekdote aus seiner Schulzeit. Ein engagierter, guter Sport- und Sprachlehrer benotete den Gymnasiasten Schlink vorsätzlich ungerecht. Als dieser sich empörte, erhielt er die Antwort: »Schlink, so lange du dir in Turnen keine Mühe gibst, gibt es auch in Englisch nur eine Drei.«[25] Während man heute gegen solche Querberücksichtigungen vom Rektor oder doch spätestens vom Verwaltungsgericht geschützt würde, war der Schüler Schlink hier noch schutzlos. Er unterwarf sich also und gab sich künftig auch in Sport hinreichend Mühe.

---

22 Schlink, Der Preis der Gerechtigkeit a.a.O. (Fn. 11), S. 22.
23 Vgl. Schlink a.a.O. (Fn. 11), S. 22.
24 Schlink a.a.O. (Fn. 11), S. 22.
25 Schlink, S. 9.

Das Ergebnis war im nächsten Zeugnis eine Zwei, sowohl in Englisch als auch in Turnen.[26] Schlink neidet, wie er schreibt, »den heutigen Schülern die gerechteren Noten nicht. Trotz der Herrschaft des normativen Paradigmas müssen auch sie lernen, was ich in der Schule gelernt habe – [...] Je später sie es lernen, desto schwieriger und schmerzhafter wird es.«[27] Er geht so weit, zu folgern: »Manchmal können Unrecht und Ungerechtigkeit politisch, wirtschaftlich oder pädagogisch sinnvoll und sittlich vertretbar sein, und in der Liebe geht es ohnehin nicht fair zu.«[28] Gegen diese Folgerungen möchte ich die Gerechtigkeit (und auch die Verrechtlichung) als große Fortschritte entschieden in Schutz nehmen; mit Blick auf das Strafrecht und auf die Pädagogik. Und betont sei auch: Ungerechtigkeit kann sittlich nicht vertretbar sein, da auch die Sittlichkeit in die normative Betrachtungsweise der Welt gehört.

Eine ungerechte Strafsanktion wäre kontraproduktiv, denn der Staat träte dem Täter selbstwidersprüchlich gegenüber. Er soll sich der Rechtsordnung öffnen und der Gesellschaft eingliedern. Wie könnte er das, wenn sie ihm ungerecht gegenüberträte? – Aber beweist denn Schlinks Schul-Beispiel nicht das Gegenteil? Nein. Dem Schüler Schlink wurde jener Sport- und Englischlehrer gerade *gerecht*, indem er ihn durch eine kalkulierte Abweichung vom Notenschema anspornte, das zu treiben, was ihm guttun würde, nämlich Sport. Mit Gerechtigkeit, dem Maß staatlichen Strafens hat jene vielschichtige Schulerinnerung nur insofern zu tun, als Strafe in aller Regel[29] *auch* erzieherisch sein muss. Sie belegt zudem, dass Erziehungsziele mitunter einen wohlüberlegten Regelbruch rechtfertigen. Sie kann aber m.E. nicht der Forderung nach möglichst vollkommener Gerechtigkeit und möglichst präziser Verrechtlichung entgegengehalten werden. Dass ein solches Verhalten des Lehrers heute nicht mehr möglich wäre, ist ein (behebbarer) Mangel des Schulrechts. Es müsste aus Erziehungsgründen zum Besten eines Schülers ausnahmsweise auch Querberücksichtigungen von Leistungen zulassen. Das sähe ein Schüler auch, murrend, ein, während er *echte* Ungerechtigkeit schwerlich einsähe. Sie müsste erzieherisch verheerend wirken.[30]

---

26 Vgl. S. 32.

27 Schlink, a.a.O., S. 32.

28 Schlink, a.a.O., S. 32.

29 Nämlich außer bei jenen erwähnten nicht mehr hinreichend beeinflussbaren Tätern, über deren Zahl die Gerichtspsychiater und -psychologen uneins sind.

30 Wenn nicht ein stabiles Elternhaus – oder ein anderer seelisch verlässlicher sozialer Hintergrund – ein so sicheres Weltvertrauen geben, dass das Ungerechtigkeitserlebnis in der Schule „weggesteckt" werden kann. So aber könnte es bei dem zitierten und kritisierten Rechtsphilosophen gelegen haben, der jene Schulanekdote berichtet. Ich erlaube mir, sie anders einzuordnen, als der Autor selbst: Jener ältere Gymnasiast Schlink war nämlich, wie sich dem Essay »Den Glauben leben« entnehmen lässt, in Verhältnissen aufgewachsen, die ein so unerschütterliches Vertrauen auf Gerechtigkeit verleihen konnten, dass kein einzelner Lehrer etwas dagegen vermocht haben dürfte. – Schon gar nicht bei einem schon halb erwachsenen Burschen. Vgl. die Schilderung in: Bernhard Schlink, Vergewisserungen. Über Politik, Recht, Schreiben und Glauben, Zürich: Diogenes, 2005, S. 350-360.

Man wird also jenen nachdenklich kreisenden, mutigen Text, der zu Recht Aufsehen erregt hat,[31] ernst nehmen, wenn es um die subjektive Seite, also die eigene Lebensführung geht. Er illustriert und verstärkt dann die Überlegungen, die der Freiheitsphilosoph Jaspers im Anschluss an Kants Begriff des »radikal Bösen« angestellt hat.[32] Man kann dieses »radikal Böse«, wenngleich stark vereinfacht, als einen bestimmten Aspekt jenes »Sich-Gehen-Lassens« deuten. – Ebenso verdienen Schlinks rechtssoziologisch-rechtsgeschichtlich tiefgründige Erwägungen zur Reaktion besiegter Völker nach kriegerischen Niederlagen Beachtung. Bei der tatsächlichen Gestaltung der Rechtswirklichkeit jedoch darf man ihm nur in einer Richtung folgen, die der Text unter der Hand, sozusagen gegen den bewussten Willen des Autors, oder jedenfalls ohne ihn einschlägt: Der Vermeidung des zu Schematischen, Schein-Gerechten.

III. Strafe als Aufforderung

Wie gesagt, muss das Strafrecht schon deswegen milde bleiben, weil jede nicht gänzlich berechtigte Härte eine gerechte Empörung hervorrufen und dadurch Besserung gerade ausschließen kann. Nur wenn die beabsichtigte Härte auf das unvermeidliche Minimum beschränkt bleibt, kann die Strafe im günstigsten Falle als Anreiz fruchtbar wirken. Diese Anreizwirkung klingt, wenn ausbuchstabiert, alttestamentarisch. Aber auch die modernste psychologische Wissenschaft, etwa in den Arbeiten Winnicotts, bestätigt, dass keine Erziehung ohne Setzung und Verteidigung von Grenzen auskommt.[33] Die Strafe als Anreiz formuliert kann etwa so lauten: »Der Staat tut dir ein Leid an, weil du dich als jemand gezeigt hast, der sich bessern muss. Der Staat kann dich durch die Strafe nicht bessern. Die Strafe soll aber deinen Selbstentwurf angreifen: Sie fordert dich auf, selbst ein Anderer, nämlich ein Besserer, werden zu wollen.«[34] Die Strafe soll also „Leidensdruck" erzeugen, und dadurch, psychotherapeutisch gesprochen,

---

[31] Vgl. die Besprechung von Miloš Vec in der Frankfurter Allgemeinen Zeitung vom 04.01.2006.

[32] Karl Jaspers: Das radikal Böse bei Kant. In: ders.: Über Bedingungen und Möglichkeiten eines neuen Humanismus. Drei Vorträge. Stuttgart: Reclam, 1993, S. 53 ff. (Hrsg. Kurt Rossmann).

[33] Vgl. etwa in dem Band von Donald W. Winnicott, Aggression: Versagen der Umwelt und antisoziale Tendenz, Stuttgart: Klett, 1988, 24. Kapitel, »Anmerkungen zum Bericht der Untersuchungs-Kommission zum Problem der Bestrafung in Gefängnissen und Erziehungsanstalten«, S. 259 ff. und öfter.

[34] Eine solche Formulierung setzt das „Selbstbewusstsein" des Staates voraus, *im Prinzip* eine vertretbare, trotz aller Mängel hinreichend gute Rechtsordnung zu sein. Die Skepsis und erforderliche Kritik, für die es auch in relativ gut funktionierenden Staaten wie etwa den skandinavischen, den deutschsprachigen, den Niederlanden, Luxemburg, Frankreich oder Kanada Gründe gibt, muss hieran nicht hindern.

„Krankheits"-Einsicht. Damit kehren scheinbar altmodische Strafzwecküberlegungen zurück, und die Idee der Besserungsstrafe.[35]

Eine solchermaßen begründete Leidzufügung kann den Täter aber allenfalls dann überzeugen, wenn sie sich auf das absolut Notwendige beschränkt. Andernfalls setzte sie nicht positive, sondern negative Anreize.

1. Die Schuld-Aporie

Der zweite Grund, nur mit größtmöglicher Milde zu strafen, ist die Schuldaporie. Schon Schopenhauer hat sie in seiner »Preisschrift über die Freiheit des Willens«[36] klar – und ohne Theologie – dargelegt. Knapp gesagt, besteht sie in folgender, oben schon vorbereiteter Überlegung:[37] Jeder ist – in der Regel – für seine Taten selbst verantwortlich, denn er hat sie gewollt. – Warum aber hat er sie gewollt? Er war zwar nicht unfrei, denn er tat ja, was er wollte. Aber dieser Wille ergab sich aus seinem Charakter. Diesen Charakter hat nun zwar jeder Erwachsene, und auch schon der ältere Jugendliche, selbst wesentlich mitgeprägt. Keinesfalls jedoch hat *allein* er selbst ihn geprägt. Auch der Lebenslauf des überlegtesten und entschlossensten, „ruchlosesten" Straftäters führt auf ein Kind und Kleinstkind zurück, bei dem die Weichen anders hätten gestellt werden können. Der Täter kann also wohl etwas dafür, dass er getan und gewollt hat, was er tat. Jedoch ist er nur zu einem Teil daran schuld, jemand geworden zu sein, der dergleichen tut und will.

2. Der Anstoß von außen

Hier ist die Stelle, an der die uralten Debatten der, insbesondere reformatorischen, Theologie ansetzen. Augustinus hatte bereits freimütig gefragt: »Sage mir bitte, ob nicht Gott der Urheber des Bösen ist?«[38] – Denn da das Böse von den Seelen herstammt, die Seelen aber von Gott, so scheint dem Gläubigen kaum eine andere Lösung möglich. Luther hat das in seinem »de servo arbitrio« aufgenommen und verschärft.[39] Das Problem ist jedoch keine Frucht der besonderen,

[35] Vgl. dazu Peter Landau: Die rechtsphilosophische Begründung der Besserungsstrafe/ Karl Christian Friedrich Krause und Karl David August Röder. In: Fritjof Haft, Ulfried Neumann, Winfried Hassemer (Hg.): Strafgerechtigkeit, Festschrift für Arthur Kaufmann zum siebzigsten Geburtstag, Heidelberg: C.F. Müller, 1993, S. 473 ff.

[36] Vgl. Sämtliche Werke, Band III (Kleine Schriften) hrsg. von Wolfgang Frh. v. Löhneysen, Frankfurt a.M.: Suhrkamp, S. 519 ff.

[37] Vgl. oben zur Macht der äußeren Umstände und ihrer prägenden Wirkung für die inneren, also für die Bildung des eigenen Willens.

[38] »Dic mihi, quaeso, utrum Deus non sic auctor mali?« – hier zitiert nach Schopenhauers eben angegebenem Text, S. 589.

[39] Vgl. die Darstellung und Wiedergabe bei Schopenhauer ebd., S. 590.

augustinisch-lutherischen Theologie, sondern könnte zwingend aus der Annahme eines zugleich allmächtigen und allwissenden Gottes folgen. In diesem Sinne übersetzt Luther den Philipperbrief: »Denn Gott ist es, der in euch wirket beides, das Wollen und das Vollbringen, nach seinem Wohlgefallen.«[40] Und auch die anscheinend genauere Übersetzung löst das Problem wohl nicht, sondern mildert es bestenfalls: »Denn Gott ist es, der in euch das Wollen und das Vollbringen bewirkt, noch über euren guten Willen hinaus.«[41]

Wer aber nicht theologisieren,[42] sondern die Welt ohne Gott deuten will, dem können sich hier leicht materialistische Überlegungen aufdrängen. Sie münden in die Frage: Wie viel muss von „außen" helfend hinzutreten, damit diese Freiheit, auf die wir angelegt sind, sich auch verwirklichen kann?

Es liegt logisch nahe, den schon oben gebrachten Begriff der Verführung auch einmal ins Positive zu wenden: So wie zu „Fehltritten" oft Anstöße von außen „verführen", so „lenkt" auch zu positivem, also zu vernünftigem Freiheitsgebrauch, vielfach nur ein äußerer Umstand. Das beseitigt nicht die absolute Freiheitsforderung, die jeder von Sekunde zu Sekunde an sich selber zu stellen hat. Jedoch zeigt diese logische Überlegung und die Erfahrung ebenso, dass auch das Schicksal, die rohe Tatsächlichkeit der Gegebenheiten, vor jedem Schuldurteil auf die Art des Einflusses zu untersuchen ist, den es auf die betreffende Täterpersönlichkeit ausgeübt hat. Das geschieht üblicherweise. Wenn unter Umständen auch hier einzelne Gerichte über die Stränge schlagen und zu schematische „Gerechtigkeit" üben, wie es Schlink (in anderen Bereichen) stört, so ist differenziert zu kritisieren. Von „zu viel Milde" könnte man erst dann sprechen, wenn der für einen Veränderungswillen erforderliche Leidensdruck beim betreffenden Verurteilten dadurch entfiele. Strafe muss aktivieren. Der Kriminelle darf sich wie gesagt, obwohl ursprünglich auch Opfer seiner Sozialisation, nicht im Schwerpunkt als Opfer sehen.

---

40 Kapitel 2, Vers 12.

41 So die Übersetzung bei Eberhard und Erwin Nestle, Barbara und Kurt Aland, Das Neue Testament Griechisch und Deutsch, hier nach der 27. Auflage, Münster und Stuttgart 1986.

42 Vgl. dazu Rudolf Hermann: Zu Luthers Lehre vom unfreien Willen, Greifswalder Studien zur Lutherforschung und neuzeitlichen Geistesgeschichte Heft 4, hg. von der Greifswalder Gelehrten Gesellschaft für Lutherforschung u. neuzeitl. Geistesgesch. Berlin-Leipzig: de Gruyter, 1931, S. 17-31; wieder abgedruckt in Rudolf Hermann, Gesammelte und nachgelassene Werke, Band II: Studien zur Theologie Luthers und des Luthertums, Göttingen, Vandenhoeck, 1981, S. 88-97 sowie das Vorlesungsmanuskript »Luthers Theologie«, Bd. I ders. Werkausgabe, Göttingen, Vandenhoeck 1967, darin »VIII, Die Lehre vom Willen«, S. 146-149. Ulrich Brates, Mainz/Gaienhofen danke ich für diese Texte und den Hinweis auf sie.

3. Aufhebung erschwerender Determinanten

Die Aporie kann nicht beseitigt, aber die ungerechten Wirkungen des Problems, das sie abbildet, können verkleinert, gemildert und seltener gemacht werden. Das Mittel dazu war schon immer die Erziehung zur Autonomie. Die vielfältigen Psychotherapien, die das Zwanzigste Jahrhundert hervorgebracht hat, eröffnen hier ungeahnte Spielräume. Durch bildgebende Verfahren, die die durch Psychotherapie bewirkten Veränderungen des Gehirns sichtbar machen, lassen sich Fortschritte nicht nur am Verhalten und Fühlen der Patienten, sondern auch an der messbaren Hirnaktivität zeigen.[43] Insbesondere die neueren Einsichten der Neuropsychotherapie, die erst seit 1987, in anderen Punkten gar erst seit 1998, allmählich bekannt werden[44], machen effektive von weniger effektiven Heilungswegen unterscheidbar. Das ermöglicht die Effektivierung jener Erziehung und „Nacherziehung", die Psychotherapie bedeutet. Sie hilft, Faktoren auszuschalten, die den Freiheitsgebrauch erschweren oder verunmöglichen. Die stark auszubauende Psychotherapie, deren Entwicklung in den letzten Jahrzehnten so hoffnungsvoll stimmt, und die immer weit billiger sein wird als Strafverfolgung, Gerichtsverfahren und Strafvollzug – erst recht als die Straftaten selbst und ihre Folgen – kann jener „gute Anstoß von Außen" sein. Für ihn macht schon der Leidensdruck den empfänglich, dem es in ungesundem Maße schwer fällt, sich über die blockierenden Determinanten seines Lebens zu erheben. Solchen Leidensdruck muss allerdings – im schlimmsten, leider häufigen Fall – die gerechte staatliche Strafe erst erzeugen. Ob sie selbst schon positiver Anstoß sein kann, bezweifle ich. Doch sie kann, indem sie den bisherigen Lebensentwurf widerlegt, aufrütteln, solche Anstöße zu suchen und zu achten.

Summary

I) *Being lured by inclinations, motives and interests does not mean that there is no liberty. Man must and can be regarded as being free to do what he wants; at any moment completely and absolutely free to decide and to change the direction of his will. This old and new result of both the classical and modern discussions de libero arbitrio is to be approved.*

II) *But on the other hand there remains a group of problems unsolved. They are rooted in the question which could be called the „materialistic rest" of the freedom-of-will-debate especially in the context of criminal law: Although we are always free to*

[43] Grawe, S. 131 (wie Fn. 9) weist auf die Versuche B. A. van der Kolks hin (1987), über die das Journal of Affective Disorders 13 (1987), S. 203-213, berichtet und gibt weitere optimistisch stimmende Befunde an, die die Wirkkraft von Psychotherapien belegen, wie sie auch an Straftätern durchführbar sind.

[44] Vgl. die überwiegend auf das zitierte Buch Grawes über Neuropsychotherapie zurückgehenden Nachweise im achten Abschnitt des in Fn. 3 zitierten Willensfreiheitsaufsatzes, S. 751.

choose, our choice is influenced and motivated by extraneous factors. „Extraneous" means that these motives and influences themselves are not (or at least that they are not totally) the fruits of our own former choices or decisions. They surely are results of our actual situation and character. But our specific character is, at least in childhood and early youth, not our own autonomous creation. – We are free in our operari (in our doing), but are we free in our esse (in our being)? – Especially social statistics can make us doubt about the degree and reality of freedom.

Therefore it seems that in every severe criminal punishment there could be something unjust. – And more than that: Former criminal punishments even seem to turn out quite often as negative factors of criminal biographies. As a consequence, punishment should always be as mild as possible.

III) This knowledge about extraneous factors is only one of the two possible and necessary perspectives on man. It is incomplete. It is an empirical perspective, regarding human beings as objects, as things. Man is a subject. Considering subjects as objects tends to endanger their sense of duty, responsibility, freedom and activity. When we watch ourselves, we are at that very moment inevitably choosing who we want to be. This inevitably means: we are choosing what we are going to do. So we cannot behave as empirists, for we are not interpreting passively. We are at the same moment actively deciding on the character of this so-called „object" itself that we are trying to interpret. Our own future character must always be regarded as being to 100% the result of our own actual and future choice. Otherwise we would confine this choice itself. What my character will be, I will „find out" only by revealing it through the acts that I will perform. And in these acts themselves I am free.

IV) Therefore criminal punishment as well as pedagogical influence has to find its way between Scylla and Charybdis. Mildness is necessary for the reason stated above (II). But mildness must not mislead offenders to regard themselves as an irresponsible object of unhappy youth or other circumstances. Therefore punishment has to take the criminal act of the offender seriously as his free and autonomous choice and then has to reject and refuse it.

II. Aktuelle Folterdebatte

Torture as a Problem of Ordinary Legal Interpretation

*Alan Hyde (Newark)**

Torture, writes Louis Michael Seidman, is hard to talk about.[1] The numbers bear him out. Revelations that torture has been officially practiced as United States policy[2] have engendered a pathetically small response from intellectuals and scholars.[3] Legal scholars have done somewhat better; the best scholarship is outstanding, and I will refer to it non-comprehensively below.

Still, the American national discourse on torture, such as it is, seems to me to take for granted some, usually all, of the following propositions, and I would like to suggest that it is these starting points that make discussion of torture more difficult than it should be. Torture is assumed to present unusually difficult problems of definition, full of vague concepts, fine lines, gray areas, murky moral dilemmas, »dirty hands.« This vagueness is thought to be even more of a problem for the attendant concept of »cruel, inhuman, and degrading treatment.« The legal sources of either prohibition are assumed to be dubious under American law. Prohibiting torture is, perhaps for these reasons, thought to require moral justification not necessarily required of other legal prohibitions discussed in legal scholarship. This moral justification, in turn, is thought to be quite difficult. The advocate of prohibiting torture must be prepared to analyze hypothetical situations in which torture might be appropriate, and the supposed presence of these hypothetical situations casts doubt on the moral justification of the prohibition.

---

* This article is an expanded version of a lecture given at the Law and Literature Colloquium, Law, Norm, and Criminalization: Discursive and Legal Attributions of Non-Normative Behavior, Max Planck Institute for Foreign and International Criminal Law, Albert-Ludwigs-University, Freiburg, Germany, February 11, 2005. Thanks to Monika Fludernik and Greta Olson for arranging that lecture and their warm hospitality; to Mara Cambiaghi, Thomas Duerr, Verena Krenberger, Martin Kayman, Thomas Lederer, and Peter Schneck for their comments; and to Julie Jones of the Cornell Law School Library for research assistance. Thanks above all to my Rutgers colleagues Karima Bennoune and Penny Venetis, without whom this literally could not have been written.

1 Louis Michael Seidman: Torture's Truth. In: University of Chicago Law Review 72 (2005), p. 881.

2 Mark Danner: Torture and Truth. America, Abu Ghraib, and the War on Terror. London: Granta Books 2004.

3 On March 8, 2006, I conducted a search in the JSTOR database of academic journals for all articles containing »torture« and »Abu Ghraib« and retrieved thirteen results, eleven of them in the American Journal of International Law. The same search in the Web of Knowledge database retrieved eighteen results.

I reject all of these starting points. This article will demonstrate that they are all false. The prohibition of torture is firmly established in American, let alone international, law. As legal concepts go, it is rather well-defined. Its reach may be understood through ordinary techniques of legal interpretation. Torture is best understood exclusively through the normal range of its practice and prohibition. The moral appeal of prohibiting torture is intuitive, even a sort of obvious case for legal regulation, and calls for no special moral justification not required in the application of any fairly ordinary legal prohibition. It is neither necessary nor helpful to imagine highly unrealistic hypothetical situations in order to understand when, and how, law prohibits torture.

I mean this, in short, to be a simple, technical, doctrinal study. I cannot believe that it has not already been done – but it has not. I cannot believe that I am the one to do it.

The purpose of this article is to put into as many hands as possible a simple treatment of the treatment of torture in American law. I will make no attempt at a comprehensive survey of the academic writing, nearly all of which concerns other aspects of the topic, such as moral justification. Nor is it feasible at the time of this writing to present a comprehensive picture of American torture practices, as much remains unknown and new revelations occur literally weekly.[4]

Instead I shall proceed in the following order. In part I, to illustrate current problems in the U.S. discourse on torture, I shall briefly review a single example: the press coverage of the recent enactment of the so-called McCain Amendment, prohibiting »cruel, inhuman, or degrading treatment or punishment« of any »individual in the custody or under the physical control of the United States Government.«[5] This illustrates all the themes mentioned above: ignorance of international law; ignorance of American law; belief that these concepts are vague and difficult to define; require special moral justification; and are best approached through imagining highly unrealistic hypothetical cases. In part II, I will show the firm illegality of torture and related practices in international and U.S. law; some examples of their application to particular cases, showing the ordinariness of the legal method involved. In part III, I will discuss three bad ways of thinking about, or, more likely, not thinking about torture. The worst, and best-known, is the approach of the Bush administration, which treats the concept as open to redefinition in bizarre ways. However, this approach shares uncomfortable ground with the two leading academic approaches to discussion of torture: treat-

4 See, e.g., Eric Schmitt and Carolyn Marshall: Secret Unit's »Black Room«. A Grim Portrait of U.S. Abuse. In: New York Times, March 19, 2006. Jane Mayer: The Memo. In: The New Yorker, Feb. 27, 2006.

5 Detainee Treatment Act of 2005, National Defense Authorization Act for Fiscal Year 2006, P.L. 109-163, 119 Stat. 3163, Sections 1401-1405.

ing its prohibition as requiring unusual and difficult moral justification, and hypothetical application to unrealistic invented scenarios.

While this paper may be at a tangent from others in this volume, I think it helpful, in considering the discursive creation of criminality, to consider an ongoing debate making just that assessment. In particular, I expect that most readers of this volume will approach most of its essays, as I certainly do, with a skepticism about the discursive creation of criminality, and considerable sympathy for the person being constituted and reconstituted as a criminal subject. It might therefore be of value to analyze the discursive construction of criminality in a context in which the reader's sympathy may lie instead with the victim of conduct that might be criminal, and thus the reader may be rooting for, rather than against, the discursive creation of criminality, specifically, a discourse under which torture is unambiguously a crime.

1. Some American Understandings of »Cruel, Inhuman, or Degrading Treatment«

The United States Congress recently adopted the following legislation:[6]

> Section 1403. Prohibition on Cruel, Inhuman, or Degrading Treatment or Punishment of Persons Under Custody or Control of the United States Government
>
> (a) In General. – No individual in the custody or under the physical control of the United States Government, regardless of nationality or physical location, shall be subject to cruel, inhuman, or degrading treatment or punishment.
> (b) Construction. – Nothing in this section shall be construed to impose any geographical limitation on the applicability of the prohibition against cruel, inhuman, or degrading treatment or punishment under this section.
>
> (c) Limitation on Supersedure. – The provisions of this section shall not be superseded, except by a provision of law enacted after the date of the enactment of this Act which specifically repeals, modifies, or supersedes the provisions of this section.
> (d) Cruel, Inhuman, or Degrading Treatment or Punishment Defined. – In this section, the term »cruel, inhuman, or degrading treatment or punishment« means the cruel, unusual, and inhumane treatment or punishment prohibited by the Fifth, Eighth, and Fourteenth Amendments to the Constitution of the United States, as defined in the United States Reservations, Declarations and Understandings to the United Nations Convention Against Torture and Other Forms of Cruel, Inhuman or Degrading Treatment or Punishment done at New York, December 10, 1984.

6 Cited in n. 5. Section 1402, which I've omitted here, limits treatment and interrogation of persons »in the custody or under the effective control of the Department of Defense« or in one of its facilities to techniques in the United States Army Field Manual on Intelligence Interrogation. Section 1404 provides government personnel some defenses against criminal or civil liability, and Section 1405 provides for review of the status of detainees at Guantanamo Bay, Cuba, in Afghanistan, and in Iraq. The last two are quite controversial but beyond the scope of this paper.

The point of the legislation is obvious after recent revelations of some U.S. interrogation techniques, well-documented elsewhere, and it is not inherently difficult to understand unless one lacks any will to do so.[7] The terms »cruel, inhuman, or degrading treatment or punishment« are terms of art[8] in both international and U.S. law. The legislation says so explicitly, referring to the 1984 United Nations Covenant Against Torture, as interpreted by the U.S. But even had it said nothing, the terms would still be understood to mean what they mean in relevant international and U.S. law. I shall explain momentarily what that meaning is.

I could not find a single reference in the press coverage of this legislation that recognized this technical aspect of the phrase »cruel, inhuman, or degrading treatment or punishment.« Both the friends and opponents of the legislation treated this language as vague, bordering on meaningless. All assumed that its origins were American and that it would be defined solely by American officials, with respect to American phenomena.

One of the few attempts to explain the language, by a sympathetic observer, got all this completely wrong. Joseph Lelyveld, writing in the New York Times as the legislation was taking shape, equated »cruel, inhuman, and degrading treatment or punishment« with »lightly coercive interrogation« and »counterresistance strategies.« »This broad category of abuse was originally deemed by agile government lawyers to be just inside the realm of what is legal for foreigners held abroad.«[9] But the category was not invented by U.S. government lawyers and is not limited to interrogation. Nor does »lightly coercive« properly characterize the acts perpetrated in Abu Ghraib or elsewhere or is synonymous with »cruel, inhuman and degrading« because, as we shall see, the official U.S. position has been that torture is merely an example or subset of »cruel, inhuman, and degrading.«

As the legislation neared passage, the alleged lack of clarity of the terms became a frequent theme of comment by neutral or sympathetic observers. »But what's ›cruel, inhuman, and degrading‹? [...] The real issue is the definitional issue.«[10] »[I]t depends on how the Justice Department decides to define cruel, in-

---

7 Josh White/Carol D. Leonnig: U.S. Cites Exception in Torture Bar. McCain Law May Not Apply to Cuba Prison. In: Washington Post, March 3, 2006, p. A4. The government position would be true only if words have no meaning at all. Compare Sec. 1403(a) (»regardless of nationality or physical location«); 1403(b) (»nothing [...] construed to impose any geographical limitation«).

8 »Term of art. A word or phrase having a specific, precise meaning in a given specialty, apart from its general meeting in ordinary contexts.« In: Black's Law Dictionary. St. Paul (MINN): West Group [8]2004.

9 Joseph Lelyveld: Interrogating Ourselves. In: New York Times Magazine, June 12, 2005, p. 36.

10 Peter Grier: Congress Moves Toward Clear Policy Against Torture. In: Christian Science Monitor, Dec. 16, 2005, p. 3.

human, and degrading.«[11] The idea that somebody besides the Justice Department might have some authority here – U.S. federal courts, to pick the least controversial example – did not occur to the writer.

Meanwhile, opponents of the legislation seized on this alleged vagueness and have continued to do so since its adoption. »If you take it literally the way McCain pretends it means, it means nothing inhuman, nothing cruel, nothing degrading, then it means we have to abolish all of our interrogations.«[12] »Of course, the phrase ›degrading treatment‹ will now appear in every brief filed by some ACLU lawyer claiming torture on behalf of his terrorist client.«[13]

The most bizarre explanation was by the Vice-President of the United States, asked in an interview: »What's the President's prerogative on the cruel treatment of prisoners?«:

> There's a definition that's based on prior Supreme Court decisions and prior arguments. And it has to do with the 4th, 13th, and – three specific amendments to the Constitution. And the rule is whether or not it shocks the conscience. If it's something that shocks the conscience, the court has decreed that crosses over the line. Now, you can get into a debate about what shocks the conscience and what is cruel and inhuman. And to some extent, I suppose that's in the eye of the beholder.[14]

I mention these examples by way of excuse for the very elementary discussion of the legal status of torture that follows. As we shall see, torture is extensively regulated, tolerably well-defined, and unambiguously illegal. The legal standards have nothing to do with »shocking the conscience.« I shall argue later that academics who dwell on the supposed difficulty of defining torture are closer to the Vice-President than they might like.

2. Torture in International and U.S. Law

I. The United Nations Convention against Torture and Other Cruel, Inhuman or Degrading Treatment or Punishment

The principal international law instrument that outlaws torture is the 1984 UN Convention against Torture and Other Cruel, Inhuman or Degrading Treatment or Punishment. The United States is party to this treaty. The U.S. law against torture is found in the treaty itself, the American reservations to the Convention, U.S. legislation implementing the Convention (as required by its terms), and,

---

11 David Ensor: CNN National Security Correspondent. Dec. 15, 2005, ›http://transcripts.cnn.com/ transcripts/0512/15/lol.05.html‹.

12 Charles Krauthammer: Fox Special Report with Brit Hume. Dec. 16, 2005 (read on-line).

13 Mark R. Levin: John McCain. Weak on Defense. National Review Online, Jan. 23, 2006, ›http://www.nationalreview.com/levin/levin200601231438.asp‹.

14 Interview of the Vice-President by ABC News. White House Documents and Publications, Dec. 18, 2005, ›http://www.whitehouse.gov/news/releases/2005/12/20051218-4.html‹.

most significantly, U.S. judicial cases that interpret the Convention and the U.S. implementing legislation.

As comprehensive accounts of this Convention exist elsewhere, these remarks will focus on two aspects that are particularly relevant to recent torture by the United States.[15] The two principal aspects create a paradox. First, the Convention's specificity as to enforcement, individual liability, and restricted defenses, continue to create justified anxiety in American officials that they may be war criminals. This concern, as we shall show in part III, prompted those officials to commission legal memoranda justifying their use of torture. Second, and paradoxically, the Convention's vague definition of torture invited the strategy of those U.S legal memoranda, which attempted to give an idiosyncratic and bizarrely narrow definition of the meaning of torture. While these memoranda are unconvincing, indeed subprofessional, on their own terms, among their greatest professional deficiencies is their ignoring the relevant U.S. judicial decisions that had already given meaning to the Convention's vaguer formulations.

A. The Convention's Structure and Plan

The Convention[16] is a treaty, binding on countries that have ratified it, including the United States. From an international law perspective, the Convention did not outlaw torture and other cruel, inhuman and degrading treatment and punishment, which were already illegal.[17] Rather the aim of the Convention, to an international lawyer, was to strengthen the existing prohibition.[18] However, the United States does not regard any of the earlier prohibitions as binding law. The Convention, however, as a treaty, has the force of law. It also requires and has received specific implementing legislation. Thus, from a U.S perspective, the Convention does represent a new prohibition on torture.

The Convention makes torture a crime. It requires each State Party to »ensure that all acts of torture are offences under its criminal law.«[19] It specifies that there are no justifications for torture. »No exceptional circumstances whatsoever,

15 See, e.g., Ahcene Boulesbaa: The U.N. Convention on Torture and the Prospects for Enforcement. The Hague: Nijhof 1999.

16 The substantive provisions of the Convention against Torture, Part I, are set out in an appendix to this paper. (Part II creates a Committee on Torture to enforce the document, and Part III deals with processes for its ratification and efficacy.)

17 The Universal Declaration of Human Rights (1948) provides: »No one shall be subjected to torture or to cruel, inhuman or degrading treatment or punishment.« Similar prohibition is contained in the International Covenant on Civil and Political Rights (1966), some regional human rights covenants, and a Declaration of the United Nations General Assembly (1975), on which the Convention was based.

18 J. Herman Burgers/Hans Danelius: The United Nations Convention against Torture. Dordrecht: Nijhof 1988, p. 1.

19 Art. 2, par. 1.

whether a state of war or a threat of war, internal political stability or any other public emergency, may be invoked as a justification of torture.«[20] »An order from a superior officer or a public authority may not be invoked as a justification of torture.«[21] The Convention specifically forbids State Parties from expelling, returning, or extraditing a person to another State »where there are substantial grounds for believing that he would be in danger of being subjected to torture.«[22] Finally, State Parties commit to extending jurisdiction over the crime of torture. Those who torture may be subject to criminal penalties, not only in their own countries, but in any country in which they are present,[23] as well as the State of which their victim is or was a national »if that State considers it appropriate.«[24] As mentioned, the Convention also creates a Committee against Torture to receive reports and investigating complaints.[25]

The Convention also requires that each State Party shall also »undertake to prevent [...] other acts of cruel, inhuman or degrading treatment or punishment which do not amount to torture as defined in article 1 [...].«[26] This, of course, is the origin, unrecognized in recent American press coverage, of the language of the McCain Amendment. States are not obligated to treat such cruel and inhuman treatment as a crime. However, they commit to prohibiting it in the training of law enforcement and military personnel; to keeping records of interrogation rules, methods, and practices; and to receive and investigate complaints, as they would with torture.[27]

The United States has been a party to the Convention since 1994.[28] As part of compliance with the Convention, it made three amendments to federal law. First, the U.S. amended its federal criminal code to make torture committed by U.S. nationals to be a federal crime.[29] Second, it created a Torture Victims Protection Act to provide a civil remedy in damages for some victims of torture.[30] Third, it amended the immigration laws to provide that fear of torture would be a specific grounds by which an alien might resist deportation.[31]

20 Art. 2, par. 2.
21 Art. 2, par. 3.
22 Art. 3, par. 1.
23 Art. 5, par. 2.
24 Art. 5, par. 1(c).
25 Arts. 17-24.
26 Art. 16.
27 Arts. 10-16.
28 In acceding to the Convention, the United States made some reservations that U.S. officials have treated as limiting its scope. I do not think they are so important. I will discuss them later.
29 18 U.S.C. §2340A.
30 Torture Victims Protection Act of 1991, P.L. 102-256, 106 Stat. 73, codified as a note to the Alien Tort Statute, 28 U.S.C. § 1350.
31 P.L. 105-277, 121 Stat. 2681-822, codified as a note following 8 U.S.C.S. §1231.

B. Defining Torture and »Cruel, Inhuman or Degrading Treatment or Punishment«

a. Torture

Recent discussions in the US have concerned the definition of torture. Curiously, the term is not really defined in the Convention.

To be sure, the Convention includes a purported definition:

> For the purposes of this Convention, the term »torture« means any act by which severe pain or suffering, whether physical or mental, is intentionally inflicted on a person for such purposes as obtaining from him or a third person information or a confession, punishing him for an act he or a third person has committed or is suspected of having committed, or intimidating or coercing him or a third person, or for any reason based on discrimination of any kind, when such pain or suffering is inflicted by or at the instigation of or with the consent or acquiescence of a public official or other person acting in an official capacity. It does not include pain or suffering arising only from, inherent in or incidental to lawful sanctions. [32]

One need not be a literary scholar to note that most of this language is not a definition. Indeed, the only parts of the definition that actually define are the phrases »severe pain or suffering,« »intentionally inflicted,« and the requirement that torture involve a public official. Thus, the actual definition might be rewritten, with no ostensible loss of meaning, as: »Torture means any intentional infliction of severe pain and suffering by, or with the involvement of, a public official.«

The rest of the Convention's language is a series of examples of purposes for which torture has been conducted, such as interrogation, obtaining confession, punishment, or intimidation. (There is also a puzzling reference to »discrimination.«) However, none of this list is either necessary, or sufficient, to make a particular government act torture. These purposes are not necessary, for example, because subjecting a prisoner to acts that would otherwise constitute torture would not cease to be torture if the torturers were motivated by some other purpose entirely, such as sadism or brutality. They are not sufficient, because some of the listed purposes of torture are legitimate governmental functions, such as interrogating suspects, obtaining confessions, or criminal punishment. The list of purposes thus adds nothing to the understanding of torture.[33]

One might conclude that the definition of torture should be independent of the purpose for which pain is inflicted, and it is possible to read the Convention this way. Philosophers of the criminal sanction will tell us that this is not the best way to read the Convention. They would say that the actor's purpose must

32 Art. I, par. 1.

33 Burgers/Danelius explain that this list of »purposes« was a »compromise« between those who thought it relevant and those who did not. The drafting history makes clear that the list is not exhaustive; other purposes could be torture (Convention, p. 118).

be relevant to the definition of torture. Some kinds of surgery necessarily inflict pain, but are not torture, even if conducted by government officials, perhaps on a battlefield. We might say of such cases that the infliction of the pain is not »intentional.« It is the unfortunate consequence of the surgery, foreseeable to the actor, but not »specifically intended.« That is, the surgery is not performed *in order to* inflict pain. Or we might say that the »purpose« of the pain infliction matters, and that a therapeutic purpose is not like the purposes for which torture is conducted. This difference matters to philosophers of the criminal sanction. However, it does not appear to me to matter for the real-world cases I will discuss. So, consistent with my promise not to pursue purely academic hypothetical questions, I will not explore it here.

A definition of torture as »severe pain« is puzzling. It unavoidably suggests degrees of pain. We might imagine a kind of geographic or spatial metaphor, a mental image of a continuum, spectrum, or axis of pain.[34] Pain *simpliciter* is not necessarily torture. At some »point« however on the continuum, spectrum, or axis, the pain's severity crosses the line, so to speak, and becomes torture. Any subsequent increase in the severity of pain does not change its status, which became torture when that earlier line was crossed. That is, the convention does not recognize degrees of torture (for example, »aggravated« or »extreme« torture). An act either is torture, or it is not, and that normally reflects the severity of pain.[35]

Of course, this continuum or spectrum is only a metaphor. There is in fact no spectrum of pain. There is no medically-recognized way, no other good way, of measuring the intensity of pain even for one individual. Comparisons across individuals are hopeless. To point out the metaphor of the spectrum is not necessarily to criticize. »Of course, one cannot think without metaphors. But that does not mean there aren't some metaphors we might well abstain from or try to retire.«[36] The metaphor of the spectrum of pain would do no harm if in fact everyone happily agreed on what was, and was not, torture. As we shall see, however, this is not so. In practice, the spectrum metaphor is a poor choice. It sug-

34 I have written elsewhere about spatial metaphors for the body. Alan Hyde: Bodies of Law. Princeton: Princeton University Press 1997; see also Elaine Scarry: The Body in Pain. Oxford: Oxford University Press 1985.

35 Jeremy Waldron, in the most brilliant of recent writing on torture, is highly critical of metaphors like the spectrum, or crossing the line. »There are some scales one really should not be on, and with respect to which one really does not have a legitimate interest in knowing precisely how far along the scale one is permitted to go.« (Jeremy Waldron: Torture and Positive Law. Jurisprudence for the White House. In: Columbia Law Review 105 (2005), pp. 1681, 1701). While I am totally sympathetic to this remark as a matter of political theory, it is in tension with both the drafting history of the Covenant, emphasizing that as a treaty requiring implementing criminal law it had to be precise, and its actual text, which defines torture in terms of the severity of the pain inflicted.

36 Susan Sontag: AIDS and Its Metaphors. In: Illness as Metaphor and AIDS and Its Metaphors. New York: Farrar, Straus and Giroux 1990, p. 93.

gests an arbitrariness in the definition of torture that need not be there, for any line on a spectrum might as easily be moved a degree or two to the right or left.

In the drafting history of the Convention, there was little discussion of the definition of torture. Ultimately, it did not change from the initial, Swedish, draft of 1978. In that draft, the definition, in terms of »severe pain,« had been carried over directly from the United Nations General Assembly's 1975 Declaration on the Protection of All Persons from Torture and Other Cruel, Inhuman or Degrading Treatment or Punishment. At the first meeting of the Working Group of the Commission on Human Rights in 1979, to discuss the Swedish draft, some delegates called for a definition of »more clarification and precision, since what was acceptable in a *Declaration* was not necessarily acceptable in a binding legal instrument such as a convention.«[37] However, no such clarification emerged.

Some alternative formulations were proposed but were not accepted. The United States, in written comments on the Swedish draft, proposed restricting torture to »*extremely* severe pain or suffering, whether physical or mental, [...] *deliberately and maliciously* inflicted on a person by or with the consent or acquiescence of a public official.«[38] Similarly, the United Kingdom proposed »*systematic and intentional* infliction of *extreme* pain or suffering [...].«[39] These formulations were not adopted, although, as we shall see, government lawyers in the United States later pretended they had been. These retain the spectrum metaphor but would have signaled, had they been adopted, a decision to cover fewer cases.

France offered a more categorical or philosophical definition of torture which, however, was also not adopted. »France advocated a clear distinction to be made between, on the one hand, penalties affecting the person and honour of the criminal (*peines afflictives et infamantes*), which could legitimately be imposed as punishment and, on the other, treatment which, by causing violent physical pain or extreme mental suffering, altering the physical capacity of the victim or making the victim an object of derision or hatred, tortures the person to whom it is applied.«[40]

---

37 Burgers/Danelius: Convention, p. 39.

38 Ibid., p. 41.

39 Ibid., p. 45.

40 Burgers/Danelius: Convention, p. 46. Compare definition of torture in Inter-American Convention to Prevent and Punish Torture, Art. 2 (1985): »For the purposes of this convention, torture shall be understood to be any act intentionally performed whereby physical or mental pain or suffering is inflicted on a person for purposes of criminal investigation, as a means of intimidation, as personal punishment, as a preventive measure, as a penalty, or for any other purpose. Torture shall also be understood to be the use of methods upon a person intended to obliterate the personality of the victim or to diminish his physical or mental capacities, even if they do not cause physical pain or mental anguish. The concept of torture shall not include physical or mental pain or suffering that is inher-

Another possible form of legal definition relies more heavily on specific examples. This permits a definition that includes those examples and other things like the examples. However, there was little discussion in the drafting of the Convention of specific techniques of interrogation or punishment. Barbados suggested specific language on medication such as »truth drugs.« Portugal suggested abuse of psychiatry. Switzerland submitted a proposal to include medical and scientific experiments without therapeutic purpose.[41] There appears to have been little discussion of these proposals, and the Convention as adopted does not discuss any specific acts or techniques.

Why is the Convention so reticent about defining torture? Again, this is not simply a problem in hindsight. During the drafting process, it was noted that the Convention was intended to, and did, lay the foundation for criminal prosecution of torturers. It was specifically objected that the definition of torture, carried over from earlier documents, might not be precise enough to support criminal prosecution. Why was this objection not met? The spectrum metaphor, implicit in the phrase »severe pain« (or the rejected versions), is at odds with the norms of criminal law that require specificity in the definition of criminal offenses. In particular, why does the Convention discuss no specific cases or examples? I have located no explanation for this reticence in any of the secondary literature on the Convention. However, we still have work to do in reading the very text of the Convention.

b. The »Lawful Sanctions« Proviso

We are not done with the Convention's definition of torture, which contains one more sentence:

> [Torture] does not include pain or suffering arising only from, inherent in or incidental to lawful sanctions.[42]

What does this mean? The term »lawful« begs the question, making the whole Convention circular. This sentence was »probably the most controversial element of the whole article«,[43] since it seems to open the prospect that a country might torture at will once such practices were authorized by its own law of sanctions. This conclusion is clearly at odds with the entire purpose of the Convention, which is obviously designed to make certain practices violations of international law even when authorized by national law. Yet the text of the Convention

ent in or solely the consequence of lawful measures, provided that they do not include the performance of the acts of use of the methods referred to in this Article.«

41 Ibid., pp. 42-45.

42 Art. I, par. 1.

43 Burgers/Danelius: Convention, p. 121.

does not offer any indication of how this paradox is to be addressed, let alone resolved.

It appears that the earliest versions of this language, from Sweden and the U.S., were not paradoxical. The intent was to exempt from the definition of torture certain practices that were legal under *international*, not *national* law. The initial Swedish draft (1979):

> It does not include pain or suffering arising only from, inherent in or incidental to, lawful sanctions to the extent consistent with the Standard Minimum Rules for the Treatment of Prisoners.

However, this language was objected to on the principle that a binding Convention should not be based on a non-binding instrument such as Standard Minimum Rules.[44]

An early (1979) U.S. proposal read:

> Torture does not include pain and suffering arising only from, inherent in or incidental to, sanctions lawfully imposed; but does include sanctions imposed under color of law but in flagrant disregard of accepted international standards.

»However, it was not possible to reach agreement on any reference to accepted international standards, since it was widely considered that no such standards exist.«[45]

Given this history, it seems to make most sense to read the »lawful sanctions« proviso as adding nothing substantive to the Convention. Rather, it merely clarifies that practices not outlawed by the Convention may be employed by member states according to law. As we shall see, even recent U.S. legal memoranda, that do everything they can to misunderstand the Convention, make nothing of its »lawful sanctions« proviso, so it is possible that even in the U.S. government, this suggested reading has been silently adopted.

c. Cruel, Inhuman or Degrading Treatment or Punishment

Art. 16 of the Convention requires member states to prevent »other acts of cruel, inhuman or degrading treatment or punishment which do not amount to torture

---

44 Burgers/Danelius: Convention, p. 46. This objection was made by the Federal Republic of Germany, the German Democratic Republic, Spain, the United Kingdom, and United States. Boulesbaa: Convention on Torture, p. 28 n. 96. On the Standard Minimum Rules, see generally Roger S. Clark, The United Nations Crime Prevention and Criminal Justice Program: Formulation of Standards and Efforts at their Implementation (1994). The Standard Minimum Rules were adopted at the First U.N. Congress on the Prevention of Crime and the Treatment of Offenders (Geneva 1955) and later by resolution of the U.N. Economic and Social Council (1957). They have always been treated as nonbinding, and there are no current efforts toward their incorporation into a Convention.

45 Burgers/Danelius: Convention, p. 47.

as defined in article I, when such acts are committed by or at the instigation of or with the consent or acquiescence of a public official or other person acting in an official capacity.« This provision was controversial from the start, both in its meaning and in its relation to the prohibition on torture. The operative point is that, while states agree to prevent cruel, inhuman, or degrading treatment, they do not commit to making it a crime.[46] This reflects a continuing theme in the debates that, inasmuch as the Convention was to be the basis for criminal legislation, its terms had to be defined.

The relationship between cruel, inhuman, and degrading treatment, and torture, was never clarified, although interestingly the United States took the position that »torture is the gravest form of cruel, inhuman or degrading treatment or punishment.«[47] The context of this remark was a successful U.S. initiative to replace reference to acts »which do not constitute torture,« substituting instead »which do not amount to torture.« (As we shall see, recent U.S. documents have instead adopted the position of the former Soviet Union that there is a sharp distinction between torture on the one hand, and »cruel, inhuman or degrading treatment or punishment« on the other.) As Burgers and Danelius put it:

> It should be observed that article 1 contains no definition of cruel, inhuman or degrading treatment or punishment, although, according to the title of the *Convention*, it also deals with such treatment or punishment. In fact, it has been found impossible to find any satisfactory definition of this general concept, whose application to a specific case must be assessed on the basis of all the particularities of the concrete situation.[48]

II. U.S. Law Implementing the International Conventions

If the development of the law of torture had stopped here, a government lawyer, asked to opine on whether particular interrogation techniques constituted torture or cruel, inhuman, or degrading treatment, might indeed have faced some uncertainty. As we have seen, the relevant documents of international law define torture only in terms of »severe pain,« which leaves unclear how one even measures »severe« (or »pain,« for that matter). They provide no definition of »cruel, inhuman, or degrading treatment or punishment.«

Our hypothetical government lawyer might pursue the definition of these terms in international law documents such as the important decision of the European Court of Human Rights, which found certain interrogation techniques employed by the United Kingdom in Northern Ireland to be cruel and inhuman but not torture.[49] An American governmental lawyer, however, would face the

---

46 Ibid, p. 71.
47 Ibid, p. 80.
48 Ibid, p. 122.
49 Ireland v. United Kingdom, (1978) 2 EHRR 25.

problem that her country does not automatically recognize international law decisions as binding.

Nevertheless, she would not be free – that is, U.S. lawyers in 2002 were not free – to make up her own plausible definition. Three distinct bodies of U.S. law bound government lawyers in 2002 yet received little attention from them: the law of »cruel and unusual punishment«, the statutes implementing the Convention, and the judicial interpretation of those statutes.

First, the U.S. Senate, in ratifying the Covenant Against Torture, attached a number of reservations, including one understanding its prohibition on cruel, inhuman, and degrading treatment or punishment to be the same as U.S. Constitutional norms prohibiting »cruel and unusual punishment.«[50] While international law scholars are never happy about national reservations of this type, this particular reservation does not strike me as alarming inasmuch as the constitutional prohibition is by no means narrow. While most recent U.S. jurisprudence interpreting »cruel and unusual punishment« deals with the administration of the death penalty, the clause is clearly understood as prohibiting »unnecessary and wanton infliction of pain,« such as beating a prisoner.[51] Largely for reasons of space, I will not be exploring the U.S. jurisprudence of »cruel and unusual punishment« here.

Much more significant are the three U.S. statutes enacted to comply with the Covenant against Torture. These statutes, and their judicial interpretation, provide definitions and examples of torture that have been amazingly overlooked both in Bush administration legal memoranda and, more surprisingly, in the academic critiques. That is, they approach the definition of torture – as the Covenant itself did not – through the discussion of specific techniques and practices.

As required by the Covenant, the U.S. has made torture a crime under federal criminal law, though, oddly, only when committed outside the United States.[52] The criminal statute adopts the international law definition of torture, adding a requirement of intent (which we argued above was probably implicit even in the Covenant): an act committed »under color of law« and »specifically intended to inflict severe physical or mental pain or suffering.«[53] The statute's use of the in-

50 E.g. that the United States considers itself bound by the obligation under article 16 to prevent ›cruel, inhuman or degrading treatment or punishment,‹ only insofar as the term ›cruel, inhuman or degrading treatment or punishment‹ means the cruel, unusual and inhumane treatment or punishment prohibited by the Fifth, Eighth, and/or Fourteenth Amendments to the Constitution of the United States.
See ›http://www.unhchr.ch/html/menu2/6/cat/treaties/convention-reserv.htm‹.

51 Hudson v. McMillian, 503 U.S. 1 (1992).

52 18 U.S.C. §§2340-2340B.

53 18 U.S.C. §2340.

ternational law definition makes that definition relevant under U.S. law. So far, however, there are no cases construing the criminal statute.

Second, Congress created a tort remedy for damages for victims of foreign torture.[54] Unlike the criminal statute, the damages statute had been judicially construed at the time of the Bush administration memos on torture, and had clearly been applied to cover the kinds of conduct that the U.S. was engaged in or soon to be engaged in.

I will limit myself to two examples. Cicippio v. Islamic Republic of Iran[55] was a suit by one of the American hostages held in the embassy in Teheran in 1980. It found that he had been tortured because he had been isolated, blindfolded, beaten, and threatened with death. Even more poignant is Daliberti v. Republic of Iraq,[56] brought by four Americans, doing business in Kuwait, imprisoned in Saddam Hussein's Iraq in the early to mid-1990s. The court found that they had been tortured by being blindfolded, threatened with a gun and with electrocution, physically abused, and held in a prison without light, water, or a proper bed.

Third, and most significantly for the development of the legal concept of torture, Congress amended the immigration laws to provide that the U.S. will not send an alien to a country as to which »there are substantial grounds for believing the person would be in danger of being subjected to torture.«[57] Since this amendment, persons seeking to avoid deportment often allege fear of torture separately from other claims (such as political asylum), so immigration law is the context in which U.S. courts have made their most thorough discussion of what is torture.[58]

Once again, the most relevant decision found torture in Saddam Hussein's Iraq. »Al-Saher testified that he was subjected to sustained beatings for a month on the first arrest. On the second arrest he suffered severe beatings and was burned with cigarettes over an 8-to-10 day period. These are not practices ›inher-

---

54 Torture Victims Protection Act of 1991, P.L. 102-256, 106 Stat. 73, codified as a note to the Alien Tort Statute, 28 U.S.C. § 1350. Federal courts had already found such a right to exist for alien plaintiffs, Filartiga v. Pena-Irala, 630 F.2d 876 (2nd Cir. 1980); the 1991 legislation approved this doctrine and extended it to U.S. plaintiffs as well. Victims of torture by the U.S. government are already covered by the general Federal Tort Claims Act, 28 U.S.C. §2671-2680, but as this has no specific language on torture I will not discuss it further.

55 18 F. Supp. 2d 62 (D.D.C. 1998).

56 97 F. Supp. 2d 38 (D.D.C. 2000).

57 P.L. 105-277, 121 Stat. 2681-822, codified as a note following 8 U.S.C.S. §1231. The implementing regulations track the Covenant's definition, including the U.S. reservations, 8 C.F.R. §1208.18(a).

58 One of the few scholars to note the relevance of the immigration cases is W. Bradley Wendel, Professionalism as Interpretation. In: Northwestern University Law Review 99 (2005), pp. 1167, 1228, though his discussion is brief. Penny Venetis first pointed out their relevance to me.

ent in or incidental to lawful sanctions.‹ These actions were specifically intended by officials to inflict severe physical pain on Al-Saher.«[59] Since the Bush administration memos, courts have continued to expand the definition of torture used in the immigration laws.[60]

While more thorough discussion of these cases is possible, the point is simple and obvious. Torture, though unpleasant and distasteful, is not inherently more difficult to think about than other legal concepts. It lends itself to the normal range of legal interpretive techniques. Potentially vague definitions are made lucid by concrete examples. It is puzzling, therefore, how frequently academics join the Bush Administration in finding torture hard to define, and perpetually open for redefinition. The Bush Administration's motivation for making this claim is, of course, obvious, so we start with that.

3. *Some Bad Ways to Think About (or, Worse Yet, Not Think About) Torture*

I. *Political Vices: Treating Torture as Open to Redefinition*

Much has been written tracing the path by which torture became US practice and policy.[61] Much remains unknown. For this brief discussion of some of the discursive aspects of the construction of torture as a concept, I will deal only with a now-notorious legal memorandum and its consequences.

The best-known of the Bush Administration's legal discussions of torture is a memorandum dated August 1, 2002, from Jay S. Bybee to Alberto R. Gonzales.[62] At the time, Bybee was Assistant Attorney General in charge of the Office of Legal Counsel, which provides legal advice to units of the federal government. He has since been named to be a judge on the United States Court of Appeals. It has been widely reported, however, that the memorandum was largely drafted by John Yoo, at the time serving in the Office of Legal Counsel but since returned to his professorship at the law school of the University of California at Berke-

---

59 Al-Saher v. Immigration and Naturalization Service, 268 F.3d 1143, 1146 (9th Cir. 2001).

60 Zheng v. Ashcroft, 332 F.3d 1186 (9th Circ. 2003) (government refusal to intervene to stop private torture of which it was aware); Zubeda v. Ashcroft, 333 F.3d 463 (3rd Cir. 2003) (rape is torture); Shu Ling Ni v. Board of Immigration Appeals, 439 F.3d 177 (2nd Cir. 2006) (forced sterilization can be torture).

61 Mark Danner: Torture and Truth; Karen J. Greenberg and Joshua L. Dratel (eds.): The Torture Papers. The Road to Abu Ghraib. Cambridge: Cambridge University Press 2005.

62 The memorandum has been reprinted in many sources, e.g. Danner: Torture and Truth; Karen J. Greenberg (ed.): The Torture Debate in America. Cambridge: Cambridge University Press, pp. 317-360. My page references will be to Danner: Torture and Truth.

ley.[63] Yoo signed the cover letter to the memorandum. The nominal recipient, Alberto Gonzales, was at the time Counsel to the President. He subsequently served as Attorney General of the United States. It has been reported that he took an active role in shaping the memorandum.[64]

The memorandum responds to a request from the White House for advice concerning »interrogations outside of the United States.« It is apparent from the text of the memorandum that its main purpose was to provide a potential defense in the case of future criminal prosecution under national or international law; there is no single sentence that makes this clear, but the entire focus was on arguments and defenses that might be raised in hypothetical criminal prosecutions. The White House request has not been made public, and it is still not known exactly why Gonzales asked for a memorandum on the Covenant against Torture. (Nobody asked him at his subsequent confirmation hearings for Attorney General.) At those confirmation hearings, Gonzales repeatedly claimed not to remember details of the memo, just as if he hadn't been briefed on it. The memorandum no longer reflects official policy; the Department of Justice rescinded it the week before Gonzales' confirmation hearings.[65]

At the time the memorandum was written, the war in Iraq still lay in the future; the U.S. was engaged in hostilities in Afghanistan and prisoners were being taken to Guantanamo Bay and other locations. We do not know the precise interrogation techniques contemplated or already employed at these locations, or precisely why the White House was concerned that these might constitute torture. We may be sure that the White House was concerned about specific interrogation practices. It is unlikely that Yoo was researching a law review article. It has been reported that the memorandum was requested from George Tenet, then head of the Central Intelligence Agency (CIA).

The text of the memorandum was released to the public in June 2004, after photographs of the abuses of prisoners at Abu Graib had been made public. It was almost exposed two years earlier, in June 2002, when John Walker Lindh, an American captured in Afghanistan in December 2001, was scheduled to testify as to the voluntariness of his confession. We now know that Lindh, seriously wounded, was kept blindfolded and duct-taped to a stretcher for days in an unheated and unlit shipping container, deprived of food, water, and medication, and threatened with death, before signing his confession. Lindh was prepared to testify to his torture when Michael Chertoff, then head of the Criminal Division of the Department of Justice, now Secretary of Homeland Security, offered to

---

63 Michael Isikoff and Daniel Klaidman: Gonzales's Views on the Question of Torture. Newsweek, Nov. 22, 2004, ›http://www.msnbc.msn.com/id/6479334/site/newsweek/‹.

64 Ibid.

65 ›http://www.usdoj.gov/olc/dagmemo.pdf‹. For an argument that the successor memorandum is no better than the 2002 memorandum, see David Luban: Liberalism, Torture, and the Ticking Bomb. In: Virginia Law Review 91 (2005), pp. 1456-60.

drop the most serious charges and offer 20 years of imprisonment if Lindh would sign a statement that he had »not been intentionally mistreated« and waived any future right to claim mistreatment or torture. This kept news of torture from leaking out for two more years.[66]

Since I have written about the discursive construction of the body in American law,[67] I first read the memorandum in the expectation that it would contain interesting discursive constructions of the body. I anticipated the kind of cold, clinical language that torturers use to deny the pain they cause, and, of course, that is just what we find. However, like others who have read it, I was more powerfully struck by its complete inadequacy as a legal analysis, its ignorance of the relevant law.[68] Confronting this document has reminded me that there are tasks for the progressive commentator of the law besides the deconstruction of its texts.

The memorandum defines torture as including »only extreme acts.«[69] Physical pain amounting to torture must be equivalent in intensity to the pain accompanying serious physical injury such as organ failure, impairment of bodily function or even death.[70] »The victim must experience intense pain and suffering of the kind that is equivalent to the pain that would be associated with serious physical injury so severe that death, organ failure, or permanent damage resulting in a loss of significant body function will likely result.«[71]

The reader will see at once that this definition is totally unknown to law, invented by this memo. It is not the definition of the Covenant to which the United States is party, or U.S. tort or immigration law, certainly as applied against Saddam's Iraq. Under this definition, torture would not include cutting off a limb, or »waterboarding,« reportedly used against Khalid Shaikh Mohammed: submerging prisoner until near death.[72]

The steps in the reasoning were as follows:

1. Insularity. The memorandum first asks what violates the U.S. criminal statute passed to implement the Covenant against Torture, rather than asking what violates the Covenant, or what constitutes an actionable tort under U.S. law. The memo then addresses how to interpret the statutory phrase »severe

[66] Dave Lindorff: Chertoff and Torture. In: The Nation, Feb. 14, 2005, p. 6.
[67] Alan Hyde: Bodies of Law.
[68] Peter Brooks: The Plain Meaning of Torture? In: Slate, Feb. 9, 2005, ›http://www.slate.com/id/2113314‹; Harold Hongju Koh: A World Without Torture. In: Columbia Journal of Transnational Law 43 (2005), p. 641; Wendel: Professionalism as Interpretation, pp. 1167, 1228; Jeremy Waldron: Torture and Positive Law, p. 1681.
[69] Conclusion. Danner: Torture and Truth, p. 155.
[70] Danner: Torture and Truth, p. 115.
[71] Section I.B.4. Danner: Torture and Truth, p. 126.
[72] New York Times, May 13, 2004.

physical or mental pain or suffering,« without recognizing that this precise phrase comes verbatim from the Covenant that it implements.

2. Dictionaries. In interpreting the phrase »severe physical or mental pain or suffering,« the memorandum discusses dictionary definitions. It then conflates two distinct examples from the Oxford English Dictionary. It quotes that dictionary as saying that »severe pain« means pain that is »grievous, extreme,« and that »severe circumstances« are »hard to sustain or endure.« It then concludes, competely illogically, that »severe pain« must be pain that is »difficult for the subject to endure,« though the quoted passage disagrees.
3. Use of the word »severe pain« in other U.S. laws. This is where the memorandum finds its definition. It finds this phrase used in statutes authorizing payment for emergency medical conditions, of which »severe pain« is given as one example of a symptom. The statutes go on to define »emergency medical condition« as one that, if left untreated, might result in serious jeopardy to health, or impairment to bodily functions, or serious dysfunction of a bodily organ or part. The memorandum thus concludes, completely illogically, that the »severe pain« which is the symptom of these conditions exhausts the category of »severe pain,« and that Congress must have meant, by defining torture in terms of »severe pain,« only such pain as would be symptomatic of an emergency medical condition – that is, pain at »the level that would ordinarily be associated with a sufficiently serious physical condition or injury such as death, organ failure, or serious impairment of body functions.«[73]

There are several obvious things wrong with this.[74] First, congress did not use the term »severe pain« in the torture statute because it had used that term in the statute on medical reimbursement. It used it because it is a term of art in international law, part of the definition in the treaty that the criminal statute implements. Second, even that medical definition permits reimbursement for conditions that »might result in serious jeopardy to health,« language that the memorandum simply skips. Third, the statute simply refers to »severe pain« as one example of a symptom of the underlying »emergency medical condition.« »This is not a definition of severe pain in terms of organ dysfunction. It is a definition of emergency in terms of organ dysfunction with possible accompanying severe pain. Imagine a definition of ›winter‹ as ›a season whose manifestations include snow, ice, and cold weather.‹ It does not follow from that definition that cold weather is weather in which there is snow – obviously enough it can be cold outside and not snowing.«[75]

---

[73] Sec. I.B. Danner: Torture and Truth, p. 120.
[74] See also Waldron: Torture and Positive Law, p. 1708.
[75] Wendel: Professionalism as Interpretation, p. 1228.

4. Misunderstanding the relevant international law. Only after this bizarre excursion into irrelevant U.S. statutes does the memorandum turn, in its own fashion, to the Covenant against Torture from which the statutes derive their language and definitions. It starts, as this Chapter did, with the Covenant's definition of torture, and with its distinction from cruel, inhuman, or degrading treatment or punishment. I would not say, as the memorandum does, that torture is »distinct and separate« from the latter, particularly since the U.S. position during the negotiations was that torture was »the gravest form« of the latter. However, I agree that the relationship between the two is, at least in the Covenant, unclear.

The Memorandum then takes a bizarre turn. Consistent with its later deferential view of Presidential power, it turns, not to the negotiating history of the Covenant, but to the interpretations of it submitted to the U.S. Senate by the Reagan administration. The Covenant was not in fact ratified by the U.S. until Reagan had been succeeded by the first President Bush, so, if executive interpretations are relevant at all, it is those of the George H.W. Bush administration, and these differed from the Reagan submissions. Nevertheless, the memorandum goes on for pages on the Reagan version, stating that torture »must be a deliberate and calculated act of an extremely cruel and inhuman nature, specifically intended to inflict excruciating and agonizing physical or mental pain or suffering.«[76] This definition was never used by anyone, including the U.S. Senate, and was never heard from again. In light of later events at Abu Ghraib, however, the grimly amusing aspect of the Reagan administration's interpretation is that even it goes on, illustrating torture as »sustained systematic beatings, application of electric currents to sensitive parts of the body and tying up or hanging in positions that cause extreme pain.«[77] Every one of these has become US practice and policy. The memorandum does not discuss them.

A brief section on the »Negotiating History« of the Covenant (which might logically have preceded the section on U.S. ratification) refers only to U.S. and U.K. proposals that were *rejected* by the drafters.[78] A section entitled »U.S. Judicial Interpretation« discusses a single case, under the Torture Victims Protection Act (TVPA), which found torture by a Bosnian Serb against a Muslim (beating with blunt objects, boots to injured parts, forced extraction of teeth, tied upside down, beat him, dunked head in toilet, knife carving in prisoner).[79] The memorandum says (without any authority) that the court was wrong to find booted

76 S. Treaty Doc. No. 100-20, at 4-5, quoted in Sec. II.A. Danner: Torture and Truth, p. 128.

77 S. Exec. Rep. No. 101-30, at 14, quoted in Sec. II.A. Danner: Torture and Truth, p. 128.

78 Sec. II.B. Danner: Torture and Truth, pp. 132-33.

79 Mehinovic v. Vuckovic, 198 F. Supp. 2d (N.D. Ga. 2002),

kicks to the stomach of a man on his knees to constitute torture.[80] (An Appendix lists but does not discuss other TVPA cases with broader definition of torture, including holding incommunicado, denial of food and water, limited access to toilet, shared toilet with 200 people.)[81] Finally, the memorandum concludes that the law of torture does not matter, because the President, as Commander in Chief, is not bound by any law anyway.[82]

The memorandum soon had an impact; it did not merely sit in the files as a potential defense to war crimes charges that have not yet been brought to trial.[83] Within a few months, lawyers from all the security agencies met to form policy on interrogations. The resulting document, Working Group Report on Detainee Interrogations in the Global War on Terrorism: Assessment of Legal, Historical, Policy, and Operational Considerations (April 4, 2003),[84] is a chilling discussion of thirty-five specific interrogation techniques. Mentioning, but not analyzing, the international and U.S. law on torture, the report authorizes, among other techniques, 20-hour interrogations, prolonged standing, sleep deprivation, enforced physical exercise for fifteen minutes, face slaps, stomach slaps, removal of clothing, and use of dogs and other tactics to create fear.

The best-known application of these techniques was in Abu Ghraib prison in Iraq, but focus on that prison, apart from the underlying U.S. policies, has obscured more than revealed. Curiously we know much more about how enlisted personnel »softened up« for interrogation than we know about the interrogations themselves, as actual interrogation techniques are still classified. Among the practices that have become public: in Guantanamo, the FBI refers to »torture techniques« in a memorandum of December 5, 2003, designed mainly to deflect blame to others.[85] We have learned that in Iraq, interrogators employed »strangulation, beatings, placement of lit cigarettes into the detainees [sic] ear open-

80 Sec. III. Danner: Torture and Truth, p. 138. As mentioned, we do not know which proposed or actual U.S. interrogation techniques prompted the memorandum. It is curious that it went out of its way to discuss kicks to the stomach. As noted, even the Reagan administration, in documents rejected for their narrowness, took the position that »sustained systematic beating« was torture.

81 Danner: Torture and Truth, pp. 156-60.

82 Section V. Danner: Torture and Truth, pp. 142-49. The Supreme Court has since rejected this argument. Hamdi v. Rumsfeld, 542 U.S. 507 (2004).

83 But see Andreas Fischer-Lescano: Torture in Abu Ghraib. The Complaint against Donald Rumsfeld under the German Code against Crimes under International Law (Völkerstrafgesetzbuch). In: German Law Journal 3 (2005), p. 6.

84 Danner: Torture and Truth, pp. 187-98.

85 »Subject: Impersonating FBI at GTMO [...]. These tactics have produced no intelligence of a threat neutralization nature to date and CITF [Criminal Investigation Task Force of the FBI] believes that techniques have destroyed any chance of prosecuting this detainee. If this detainee is ever released or his story made public in any way, DoD [Department of Defense] interrogators will not be held accountable because these torture techniques were done [sic] the ›FBI‹ interrogators. The FBI will be left holding the bag before the public.« ›www.aclu.org/torturefoia/released/FBI_3977.pdf‹.

ings, and unauthorized interrogations.«[86] Other documents describe covering detainee's hands in alcohol and igniting; shocking with electric transformers; four juveniles made to kneel in mock execution then pistol discharged; kneeling, hooded in burlap bag, in empty swimming pool for up to 24 hours.[87] Finally, there has been much discussion of the U.S. practice of transporting prisoners for torture elsewhere.[88]

What can the scholar learn from this shocking episode? Are there lessons here of more lasting value than the obvious truths that some powerful people feel entitled to do whatever they please, irrespective of the law? I think that there are.

A powerful lesson from these memoranda is that discussion of torture is not, in fact, difficult. One need not be vague, or euphemistic, or find oneself perpetually lost in a gray zone without definition or guidance. The memoranda, like the judicial cases, communicate when they discuss actual practices, which they do in remarkably and shockingly blunt and specific terms. People who torture want memos that say what they can and can't do.

People who would like to see less torture in the world can profit from this example. There are three types of people who might become more specific in their discussions of torture, more willing to discuss specific practices, less content with vague formulations like »severe pain« or »cruel, inhuman, or degrading.« These are: diplomats, judges, and academics.

We may put the judges aside. At least in the U.S. cases under the Torture Victims Protection Act or immigration law, they have, as we have seen, been quite ready to discuss specific practices in precise and graphic language. The fact that the Bush administration memos simply ignored all these cases (but one) suggests that they could have ignored a more precise treaty, too.

Still, the question remains why the Covenant against Torture is so vague, which in turn raises the larger question of why international human rights documents often prefer the general to the specific, the adjective to the verb, the abstract to the graphic. No doubt vague language permits the reaching of agreement that would be frustrated by excessive focus on the specific, and the omission may not be serious if domestic and international courts stand ready to apply the vague words of treaties to the raw facts of experience. In this context I can only raise the question of whether we are all best served by a human rights discourse of the general.

The problems that academic writers have discussing torture, however, deserve separate treatment.

---

86 FBI Report 6/25/04, ›www.aclu.org/torturefoia/released/FBI_4910_4912.pdf‹.

87 ›www.aclu.org/SafeandFree/SafeandFree.cfm?ID=172068&c-206‹.

88 John Barry/Michael Hirsh/Michael Isikoff: The Roots of Torture. In: Newsweek, May 24, 2004, ›http://msnbc.msn.com/id/4989436/‹.

II. Academic Vices: Is a Ban on Torture Morally Problematic? Must It Apply to Ticking Bombs?

Academic writing on torture, at least in my country, seems to me to suffer from two principal vices, apart from the principal vice that there is very little of it: amazingly few cultural leaders and intellectuals have addressed the problem, despite recent revelations. It seems plausible to me that the paucity of writing may reflect the reticence of intellectuals to enter a field dominated by two questions that, to me, do not merit the ink spilled on them. The questions are: May a ban on torture be justified in moral theory? Must such a ban apply without exceptions, or might torture be used to extract information that would prevent a much greater harm (the so-called »ticking bomb« scenario)?

A. Torture as a Problem in Moral Justification

An amazingly large literature debates why torture is immoral and thus deserving of legal prohibition.[89] While this might seem obvious, it turns out to make a good academic question. There are numerous reasons for outlawing or criminalizing torture; none of them excludes any of the others; so one can generate a pointless academic debate about which is primary. Is torture illegal because it is cruel? painful? destroys the personal integrity or personality of the victim in a way not found among other criminal punishments or interrogation techniques? because it »is a microcosm, raised to the highest level of intensity, of the tyrannical political relationships that liberalism hates the most«?[90] because it demonstrates a truth that we would prefer to ignore, that ultimately the will is slave to the body?[91] gives too much pleasure to the torturer?

While I admire the brilliance behind some of the analyses that I have cited, I find this discussion extremely odd. It assumes that torture is in some kind of unique category that requires some kind of special justification. My point in this part is that this is not true. Torture is one among many cruel practices rejected in civilized society, outlawed through normal processes of law-making. In the case of torture, the normal law-making went from human rights covenant, to a more specific covenant requiring member states to change domestic legislation, to that legislation, and subsequent administrative and judicial interpretation and implementation.

It requires no sophisticated moral theory to explain why societies, organized as political units, act collectively to eliminate pain, suffering, cruelty, or tyranny.

---

89 See, e.g., Sanford Levinson (ed.): Torture. A Collection. Oxford: Oxford University Press 2004.

90 David Luban: Ticking Bomb, pp. 1425, 1430.

91 Louis Michael Seidman, Torture's Truth, p. 881.

Most legislation shares this motivation. If, someday, the world legislated an effective global minimum wage, this might stem from the very same impulse: to try, however one can, to minimize pain and cruelty. Such a global minimum wage might or might not be efficacious, or result in fair economic distributions, but it would not, on its face, require extraordinary moral justification. Torture should be, and is, obviously a more important case for moral condemnation than low wages. Yet it is torture that appears to many moral philosophers to require sophisticated arguments to support its abolition.

It's not my job to forbid anyone else from writing, or destroy any academic's harmless fun. I believe, however, that the debate about the moral case for outlawing torture has actually become counterproductive. It feeds the rhetorical case of the Bush administration and its supporters that torture is some kind of exceptionally squishy subject: hard to define, lacking clear definition and boundaries, an irritant to moralists and international law prudes who are not quite in the real world. I think it a mistake to respond to this challenge by accepting it, and then trying to supply that definition, those boundaries. It is a mistake in this context to give away the austerity of normal law for the vagaries of moral discourse. The philosophical discourse suggests that one must be a moral philosopher in order to have a respectable opinion against torture. I suggest that the revulsion of ordinary citizens is worth quite a bit more than moral theory, particularly when it takes such an obviously implausible turn as suggesting, as Louis Seidman does, that such revulsion needs explaining as a kind of psychological resistance.

This is obviously what I mean by calling torture a problem of ordinary legal interpretation. If there were no law against torture, its opponents would be obliged to get busy and create one. But, since there is law against torture, of normal-to-better specificity and efficacy, opponents of torture would do better to protect that law, than cast doubt on its existence or foundations. By »protect that law,« I mean educate legal and public audiences about it (for, as I showed in part I, journalists in the U.S. seem quite ignorant of it), build a culture of support for it, and seek its application and enforcement.

Some of the literature on the moral case against torture suggests that special moral justification is needed in order to justify a ban on torture that is absolute and deontological. I will close by disagreeing with this idea, too.

B. Does the »Ticking Bomb« Scenario Show That the Ban on Torture is Either Not Absolute, or Requires Special Moral Justification to Make It So?

One particular hypothetical case dominates the academic literature on torture to such a degree, as to suggest that one cannot possibly write about torture unless one has a position on the hypothetical. In the hypothetical scenario, the origins of which I have been unable to identify with certainty, a captured terrorist knows the location at which a bomb has been planted that, when detonated, will kill hundreds; the question is whether the police may torture the suspect in order to determine the location of the bomb. The range of answers includes (1) never; (2) perhaps, but only after considering that they may face criminal charges; (3) perhaps, if a judge issues a warrant; (4) of course, under the relentless summing up of utilitarianism under which a hundred lives always count a hundred times more than one life, and what's wrong with you for not seeing this? Another response, which I share, is that the hypothetical is so unrealistic as to be of no relevance to the kinds of torture one actually encounters in practice, largely because of the unrealistic assumption that the potential torturers were sure that the prisoner had this information, and the treatment of the decision to torture as a matter of ad hoc moral decision, rather than the real world we have seen, of policies, protocols, handbooks of interrogation practice.[92]

I wish to raise a different objection to the hypothetical. Once again, it suggests, without actually arguing, that the abolition of torture is some kind of unique legal act that must meet unique standards of justification. The »ticking bomb« hypothetical is equally relevant to any field of regulation, but for some reason has become associated with the ban on torture. I lecture ten times a year or so on topics in the law of labor and employment. I have never been asked whether a union election might be rescheduled, or any otherwise normal rule modified, if a ticking bomb is discovered under the factory.

David Luban is quite correct to argue that the function of the »ticking bomb« hypothetical is to force the opponent of torture to admit one potential use of torture, assuming that this would destroy the absolutism of the current ban and put the opponent »in the mud with everyone else.«[93] This conclusion, of course, does not follow, and scholars as diverse as Michael Walzer and Richard Posner have pointed out that an absolute ban is well worth having even in the ticking bomb scenario, for the restraint it would place on those tempted to deviate for anything less.[94]

I would also suggest that another function of the ticking bomb scenario, one shared with the discourse of moral justification, is a kind of silencing of potential discussion of torture. My point, for the last time, is that it is not necessary, in order to discuss the law of torture, to have a position on the ultimate moral justification of the ban, or whether in some possible world there might be an exception to it.

Rather, it is more important for legal scholars and other students of the law, particularly in the insular, self-absorbed country where I live, to build a popular

---

92 Elaine Scarry: Five Errors in the Reasoning of Alan Dershowitz. In: Sanford Levinson (ed.): Torture. A Collection, pp. 281-291.

93 Luban: Ticking Bomb, p. 1440.

94 Michael Walzer: Political Action. The Problem of Dirty Hands. In: Sanford Levinson (ed.): Torture. A Collection, pp. 61-76. Richard Posner: Torture, Terrorism, and Interrogation. Ibid, pp. 291-298.

culture in which everyone understands that there are both international and domestic laws prohibiting torture; that those law create individual civil and criminal liability in torturers; that they admit no exceptions or defenses of following orders; and that they apply, and will be applied before too long, to the lawyers and other government officials who created a culture of torture, and whose co-citizens will yet reap the violence they have sown.

APPENDIX

UN Convention against Torture, Part I

Article 1

1. For the purposes of this Convention, the term »torture« means any act by which severe pain or suffering, whether physical or mental, is intentionally inflicted on a person for such purposes as obtaining from him or a third person information or a confession, punishing him for an act he or a third person has committed or is suspected of having committed, or intimidating or coercing him or a third person, or for any reason based on discrimination of any kind, when such pain or suffering is inflicted by or at the instigation of or with the consent or acquiescence of a public official or other person acting in an official capacity. It does not include pain or suffering arising only from, inherent in or incidental to lawful sanctions.
2. This article is without prejudice to any international instrument or national legislation which does or may contain provisions of wider application.

Article 2

1. Each State Party shall take effective legislative, administrative, judicial or other measures to prevent acts of torture in any territory under its jurisdiction.
2. No exceptional circumstances whatsoever, whether a state of war or a threat of war, internal political in stability or any other public emergency, may be invoked as a justification of torture.
3. An order from a superior officer or a public authority may not be invoked as a justification of torture.

Article 3 General Comment on its Implementation

1. No State Party shall expel, return (»refouler«) or extradite a person to another State where there are substantial grounds for believing that he would be in danger of being subjected to torture.
2. For the purpose of determining whether there are such grounds, the competent authorities shall take into account all relevant considerations including,

where applicable, the existence in the State concerned of a consistent pattern of gross, flagrant or mass violations of human rights.

Article 4

1. Each State Party shall ensure that all acts of torture are offences under its criminal law. The same shall apply to an attempt to commit torture and to an act by any person which constitutes complicity or participation in torture.
2. Each State Party shall make these offences punishable by appropriate penalties which take into account their grave nature.

Article 5

1. Each State Party shall take such measures as may be necessary to establish its jurisdiction over the offences referred to in article 4 in the following cases:
   (a) When the offences are committed in any territory under its jurisdiction or on board a ship or aircraft registered in that State;
   (b) When the alleged offender is a national of that State;
   (c) When the victim is a national of that State if that State considers it appropriate.
2. Each State Party shall likewise take such measures as may be necessary to establish its jurisdiction over such offences in cases where the alleged offender is present in any territory under its jurisdiction and it does not extradite him pursuant to article 8 to any of the States mentioned in paragraph I of this article.
3. This Convention does not exclude any criminal jurisdiction exercised in accordance with internal law.

Article 6

1. Upon being satisfied, after an examination of information available to it, that the circumstances so warrant, any State Party in whose territory a person alleged to have committed any offence referred to in article 4 is present shall take him into custody or take other legal measures to ensure his presence. The custody and other legal measures shall be as provided in the law of that State but may be continued only for such time as is necessary to enable any criminal or extradition proceedings to be instituted.
2. Such State shall immediately make a preliminary inquiry into the facts.
3. Any person in custody pursuant to paragraph 1 of this article shall be assisted in communicating immediately with the nearest appropriate representative of the State of which he is a national, or, if he is a stateless person, with the representative of the State where he usually resides.
4. When a State, pursuant to this article, has taken a person into custody, it shall immediately notify the States referred to in article 5, paragraph 1, of the fact that such person is in custody and of the circumstances which warrant

his detention. The State which makes the preliminary inquiry contemplated in paragraph 2 of this article shall promptly report its findings to the said States and shall indicate whether it intends to exercise jurisdiction.

Article 7

1. The State Party in the territory under whose jurisdiction a person alleged to have committed any offence referred to in article 4 is found shall in the cases contemplated in article 5, if it does not extradite him, submit the case to its competent authorities for the purpose of prosecution.
2. These authorities shall take their decision in the same manner as in the case of any ordinary offence of a serious nature under the law of that State. In the cases referred to in article 5, paragraph 2, the standards of evidence required for prosecution and conviction shall in no way be less stringent than those which apply in the cases referred to in article 5, paragraph 1.
3. Any person regarding whom proceedings are brought in connection with any of the offences referred to in article 4 shall be guaranteed fair treatment at all stages of the proceedings.

Article 8

1. The offences referred to in article 4 shall be deemed to be included as extraditable offences in any extradition treaty existing between States Parties. States Parties undertake to include such offences as extraditable offences in every extradition treaty to be concluded between them.
2. If a State Party which makes extradition conditional on the existence of a treaty receives a request for extradition from another State Party with which it has no extradition treaty, it may consider this Convention as the legal basis for extradition in respect of such offences. Extradition shall be subject to the other conditions provided by the law of the requested State.
3. States Parties which do not make extradition conditional on the existence of a treaty shall recognize such offences as extraditable offences between themselves subject to the conditions provided by the law of the requested State.
4. Such offences shall be treated, for the purpose of extradition between States Parties, as if they had been committed not only in the place in which they occurred but also in the territories of the States required to establish their jurisdiction in accordance with article 5, paragraph 1.

Article 9

1. States Parties shall afford one another the greatest measure of assistance in connection with criminal proceedings brought in respect of any of the offences referred to in article 4, including the supply of all evidence at their disposal necessary for the proceedings.

2. States Parties shall carry out their obligations under paragraph 1 of this article in conformity with any treaties on mutual judicial assistance that may exist between them.

Article 10

1. Each State Party shall ensure that education and information regarding the prohibition against torture are fully included in the training of law enforcement personnel, civil or military, medical personnel, public officials and other persons who may be involved in the custody, interrogation or treatment of any individual subjected to any form of arrest, detention or imprisonment.
2. Each State Party shall include this prohibition in the rules or instructions issued in regard to the duties and functions of any such person.

Article 11

Each State Party shall keep under systematic review interrogation rules, instructions, methods and practices as well as arrangements for the custody and treatment of persons subjected to any form of arrest, detention or imprisonment in any territory under its jurisdiction, with a view to preventing any cases of torture.

Article 12

Each State Party shall ensure that its competent authorities proceed to a prompt and impartial investigation, wherever there is reasonable ground to believe that an act of torture has been committed in any territory under its jurisdiction.

Article 13

Each State Party shall ensure that any individual who alleges he has been subjected to torture in any territory under its jurisdiction has the right to complain to, and to have his case promptly and impartially examined by, its competent authorities. Steps shall be taken to ensure that the complainant and witnesses are protected against all ill-treatment or intimidation as a consequence of his complaint or any evidence given.

Article 14

1. Each State Party shall ensure in its legal system that the victim of an act of torture obtains redress and has an enforceable right to fair and adequate compensation, including the means for as full rehabilitation as possible. In the event of the death of the victim as a result of an act of torture, his dependants shall be entitled to compensation.
2. Nothing in this article shall affect any right of the victim or other persons to compensation which may exist under national law.

Article 15

Each State Party shall ensure that any statement which is established to have been made as a result of torture shall not be invoked as evidence in any proceedings, except against a person accused of torture as evidence that the statement was made.

Article 16

1. Each State Party shall undertake to prevent in any territory under its jurisdiction other acts of cruel, inhuman or degrading treatment or punishment which do not amount to torture as defined in article I, when such acts are committed by or at the instigation of or with the consent or acquiescence of a public official or other person acting in an official capacity. In particular, the obligations contained in articles 10, 11, 12 and 13 shall apply with the substitution for references to torture of references to other forms of cruel, inhuman or degrading treatment or punishment.
2. The provisions of this Convention are without prejudice to the provisions of any other international instrument or national law which prohibits cruel, inhuman or degrading treatment or punishment or which relates to extradition or expulsion.

Zusammenfassung

Alan Hyde zeigt in seinem Beitrag, dass sich Befürworter eines generellen Folterverbots in den Vereinigten Staaten von Amerika mit zahlreichen juristischen Problematisierungen, und unrealistischen Gedankenexperimenten konfrontiert sehen, die ein Folterverbot bewusst (und seiner Meinung nach unnötig) verkomplizieren. Das bekannteste Gedankenexperiment betrifft einen gefangenen Terroristen der den Ort einer tickenden Bombe kennt und die an dieses Szenario angeschlossene Frage, ob dieser dann (zum Zwecke der Vereitelung eines Terroranschlags) gefoltert werden dürfe. Hyde weist darauf hin, dass dieses Gedankenexperiment von völlig unrealistischen Vorannahmen ausgeht, wie z.B. derjenigen, dass der potentielle Folterer sich immer ganz sicher sein kann, dass der Terrorist über die gewünschte Information tatsächlich verfügt. Abgesehen davon zeigt Hyde auch, dass das Gedankenexperiment suggeriert, dass ein generelles Folterverbot auf besondere Weise gerechtfertigt werden müsse, und dies sei mitnichten der Fall. Schließlich weist Hyde darauf hin, dass sowohl die bestehenden US-amerikanischen als auch bestehende internationale Gesetze und Konventionen für ein Folterverbot völlig ausreichen und einfach nur konsequent angewendet werden müssen.

Reading Law Reading

Peter Brooks (New Haven)

The law, to be sure, is always »reading,« especially in the United States, where the basis of law is highly textual: a written Constitution, or prior judicial decisions. What I am particularly interested in here, however, are those privileged moments when the law self-consciously and explicitly performs an act of reading, and in the process comments on its premises and methods in reading. I recently gave a seminar of law students two texts to read together: Supreme Court Justice Antonin Scalia's Tanner Lecture at Princeton University, printed in the volume entitled A Matter of Interpretation; and Paul de Man's short essay – written originally for the Times Literary Supplement – The Return to Philology. Both Scalia and de Man claim to be »textualists«: to predicate understanding on a doggedly literalist reading of what the text says. In interpreting statutes, Scalia for instance wants to rule out any consideration of legislative history: the intent of the statute ought to be derivable from interpreting its text alone. De Man in his essay mainly describes a course at Harvard directed by Reuben Brower (in which, like de Man, I was once a teaching assistant) that – in the manner of the practical criticism of Brower's teacher, I.A. Richards – eschewed any outside information in textual interpretation, depending on an unmediated encounter of reader and text.

The outcomes of these two practices of textualism are – as you might suspect – rather different, and I want to meditate in a moment on the possible meanings of that difference. But on the way to dealing with this topic, I was waylaid by reality, in the form of the release of »torture memos« from the hidden recesses of our national government, and especially the by now notorious »Bybee Memo«: the memo dated August 1, 2002, addressed to then-Presidential Counsel Alberto R. Gonzales and signed by Assistant Attorney General Jay S. Bybee; it was apparently mainly the work of John Yoo, now professor at Boalt Hall, the University of California, Berkeley, law school, and an unrepentant apologist for this and other of what have become known as the »torture memos.«[1] The memo expresses the interpretation of the Justice Department's Office of Legal Counsel on »standards of conduct under the Convention Against Torture and Other Cruel, Inhuman and Degrading Treatment or Punishment as implemented by Sections 2340-2340A of title 18 of the United States Code.« It constitutes a remarkable example of legal textualism run wild.

1 See, in addition to Yoo's many interviews and public statements, his recent book, The Powers of War and Peace. Chicago: University of Chicago Press 2005.

As context, I note that as recently as November, 2004, the U.S. Supreme Court, in an opinion written by the late Chief Justice William Rehnquist, reaffirmed the principles of statutory interpretation in the law. »Our analysis begins with the language of the statute. [...] The plain text states that [...].«[2] And then: »When interpreting a statute, we must give words their ›ordinary or natural‹ meaning« (p. 382, citing Smith v. United States). The case at issue concerned whether a drunk driving offense – in which injury to others occurred – could be construed by the Immigration authorities as a »crime of violence« meriting deportation of the offender. Rehnquist's answer in the negative turns on his interpretation of the word »use« in the phrase »use of physical force.« He concludes – correctly, in my view – that an automobile accident does not involve »use« in this sense. In the course of his opinion, Rehnquist takes a firm stand on the side of a »common sense« interpretation of language, which also generally accords with what are sometimes called the »canons« of statutory interpretation, which emphasize first and last the »Plain Meaning Rule,« affectionately known as the PMR.[3]

The August 1, 2002 memo starts from the same premises. »The key statutory phrase in the definition of torture is the statement that acts amount to torture if they cause ›severe physical or mental pain or suffering.‹ In examining the meaning of a statute, its text must be the starting point.«[4] But, write Bybee and Yoo, the statute does not define »severe.« Absent such a definition, they continue, »we construe a statutory term in accordance with its ordinary or natural meaning.« To find that ordinary and natural meaning, they turn to Webster's New International Dictionary (in the 1935 edition, for some reason), then to the American Heritage Dictionary, and the OED, to discover that severe »conveys that the pain or suffering must be of such a high level or intensity that the pain is difficult for the subject to endure.« But this definition, however ordinary and natural, does not meet their purposes. So they search for other possible uses of the phrase »severe pain« in the U.S. Code, and discover, as they put it: »Significantly, the phrase ›severe pain‹ appears in statutes defining an emergency medical condition.« »Significantly« is their transition word here – and I want to ask whether the use of »severe pain« in the context of medical emergency is in fact more »significant« than any number of other uses of »severe,« in statutes and in ordinary usage. This slide into medical usage then allows Bybee and Yoo to come up with their interpretation that the severe pain that defines torture must involve damage that rises »to the level of death, organ failure, or the permanent

2 Leocal v. Ashcroft, 125 S.Ct. 377, 382.

3 See Michael Sinclair: A Guide to Statutory Interpretation. New York: Lexis 2000.

4 Jay S. Bybee: Memorandum for Alberto R. Gonzales, Counsel to the President, Re: Standards of Conduct for Interrogation under 18 U.S.C. §§ 2340-2340A, available at <www.findlaw.com>, p. 3. For further material, see Karen J. Greenberg and Joshua L. Dratel (eds.): The Torture Papers. Cambridge: Cambridge University Press 2005.

impairment of a significant body function.« They have by now got us well into the emergency room.

Next, they interpret the language used to define »severe mental pain or suffering« in the torture statute, which includes »the prolonged mental harm caused by or resulting from (A) the intentional infliction or threatened infliction of severe physical pain or suffering« (p. 6). »To prolong«, their Webster's (1988 edition this time) tells them, is to »lengthen in time,« and this permits them to segue into: »Put another way, the acts giving rise to the harm must cause some lasting, though not necessarily permanent, damage.« This transition suggests to them that »prolonged mental harm« (words not used elsewhere in the U.S. Code) might resemble the post-traumatic stress disorder, lasting months or even years, noticed in torture victims. This is thoroughly circular. It leads, over the next three paragraphs, to a claim that for torture to be torture requires a specific intent to cause prolonged mental harm by one of the predicate acts listed in the statute, and that a defendant's good-faith belief that the acts he or she committed would not amount to the acts forbidden by the statute would constitute a »complete defense to such a charge,« of torture (p. 8). We may uneasily sense that we are witnessing a kind of free play of the signifier of the sort that literary critics and philosophers are sometimes accused of sponsoring.

The truly »deconstructive« cast of Bybee and Yoo's interpretation of USC §2340 comes in the next section, which takes up »Harm caused by or resulting from predicate acts.« These acts include, inter alia, »the administration or application, or threatened administration or application, of mind-altering substances or other procedures calculated to disrupt profoundly the senses or the personality.« Since these »substances« are not further defined, they set out to make some distinctions. Here a longer quotation is necessary:

> This subparagraph, however, does not preclude any and all use of drugs. Instead, it prohibits the use of drugs that »disrupt profoundly the senses or the personality.« To be sure, one could argue that this phrase applies only to »other procedures,« not the application of mind-altering substances. We reject this interpretation because the terms of Section 2340 (2) expressly indicate that the qualifying phrase applies to both »other procedures« *and* the »application of mind-altering substances.« The word »other« modifies »procedures calculated to disrupt profoundly the senses.« As an adjective, »other« indicates that the term or phrase it modifies is the remainder of several things. See Webster's Third New Dictionary 1598 (1986) (defining »other« as »the one that remains of two or more«) Webster's Ninth New Collegiate Dictionary 835 (1985) (defining »other« as »being the one (as of two or more) remaining or not included«). Or put another way, »other« signals that the words to which it attaches are of the same kind, type, or class as the more specific item previously listed. Moreover, where statutes couple words or phrases together, it »denotes an intention that they should be understood in the same general sense.« Norman Singer, 2A Sutherland on Statutory Construction § 47:16 (6th ed. 2000); see also Beecham v. United States, 511 U.S. 368, 371 (1994) (»That several items in a list share an attribute counsels in favor of interpreting the other items as possessing that attribute as well.«) Thus, the pairing of mind-altering substances with procedures calculated to disrupt profoundly the senses or personality and the use of »other«

to modify »procedures« shows that the use of such substances must also cause profound disruption of the senses or personality. (p. 10)

To use the »or« of »or other procedures« – which are of course supposed to be of the same sort – to argue that »disrupt profoundly« somehow controls and limits the meaning of »mind-altering« seems to me far from commonsensical, a parsing of vocabulary and syntax that appears arbitrary and even a bit demonic. Whether or not this meaning was intended by Congress, the way in which Bybee and Yoo claim to find the meaning derives from an ungoverned and unscrupulous reading that uses – very selectively – dictionary definitions to produce arcane and obfuscating interpretations. It is like a parody of a deconstructive reading written by a detractor of the method such as Frederick Crews.

I will refrain from citing the next paragraph, which takes us into the meaning of »disrupt,« as »to break asunder; to part forcibly; to rend« – here we are back with the 1935 Webster's, and a definition which my 1975 American Heritage finds »obsolete«: what about a more usual definition, such as »to upset the order of«? But Bybee and Yoo need to come out, at the end of their paragraph, with: »Those acts must penetrate to the core of an individual's ability to perceive the world around him, substantially interfering with his cognitive abilities, or fundamentally alter his personality« (p. 11). On their definition, what looks like torture to the rest of us – at Abu Ghraib – does not qualify.

Bybee and Yoo give us Humpty Dumpty interpretation. Recall the exchange from Through the Looking-Glass:

»There's glory for you!«
»I don't know what you mean by ›glory,‹« Alice said.
Humpty Dumpty smiled contemptuously. »Of course you don't – till I tell you. I meant ›there's a nice knock-down argument for you!‹«
»But ›glory‹ doesn't mean a ›nice knock-down argument,‹« Alice objected.
»When *I* use a word,« Humpty Dumpty said, in rather a scornful tone, »it means just what I choose it to mean – neither more nor less.«
»The question is,« said Alice, »whether you *can* make words mean so many different things.«
»The question is,« said Humpty Dumpty, »which is to be master – that's all.«[5]

I find it hard when dealing with the torture memo to get beyond moral outrage. But it is not torture that I want to pursue, but rather what I see as the frequent Humpty Dumptyism of legal interpretation: that is, legal reasoning claiming definitional clarity, and the precise honing of terms of art, in acts of reading that are in fact arbitrary and ungrounded. It is this last condition that most strikes me, and most bothers me. Despite its references to canons of statutory construction and rules of reading, the law can often seem to have little interpretive or semiotic grounding. This may be particularly evident where courts are called

5 Lewis Carroll: Through the Looking Glass. New York: NAL/Signet 1960, p. 186.

upon to resolve disputes in the public reading of symbols and symbolic acts: flag-burning, cross-burning, wearing swastikas, etc. Let me take a slightly less fraught example in an important religious symbolism case from 1984, Lynch v. Donnelly.[6] At issue here is the display of a crèche in a park near the heart of the shopping district in Pawtucket, Rhode Island. »The Pawtucket display comprises many of the figures and decorations traditionally associated with Christmas, including, among other things, a Santa Claus house, reindeer pulling Santa's sleigh, candy-striped poles, a Christmas tree, carolers, cutout figures representing such characters as a clown, an elephant, and a teddy bear, hundreds of colored lights, a large banner that reads ›SEASON'S GREETINGS,‹ and the crèche at issue here. All components of this display are owned by the city« (p. 671).

My quotation is from Chief Justice Warren Burger, delivering the Opinion of the Court, that the Pawtucket display does not violate the First Amendment's ban on laws respecting »an establishment of religion,« that is does not »endorse« Christianity. You can sense from his summary that he wants to claim that the traditional, secularized, and commercialized setting of the crèche neutralizes its religious symbolism. The crèche is to Burger what he dubs a »passive symbol« (p. 685). He analogizes the crèche in the Pawtucket park to paintings with religious messages on display in publicly-supported art galleries – an analogy with dubiously probative results, it seems to me, since the art gallery is radically decontextualizing of messages in ways that are not yet fully clear to us as a civilization that invented the museum to house looted artifacts. But the more ambitious argument about context and message comes in the concurring opinion by Justice Sandra Day O'Connor. She briskly sets out to ascertain »both what Pawtucket intended to communicate in displaying the crèche and what message the city's display actually conveyed« (p. 690).

O'Connor explains: The meaning of a statement to its audience depends both on the intention of the speaker and on the »objective« meaning of the statement in the community. One senses that something on the order of a semantic theory lies behind these words, but there is no footnote given, no reference to its possible sources. I am not sure why the meaning of a statement to an audience should depend both on the speaker's intention and on the »objective« meaning – whatever that means – to the community. I would have thought that the community, the listeners to or spectators of the message, would themselves impute the intentions of the speaker. She concedes that some listeners will not have or will not seek evidence of intent; »for them the message actually conveyed may be something not actually intended.« You might think that would decide the matter. But she argues rather that »examination of both the subjective and the objective components of the message communicated by a government action is [...] necessary to determine whether the action carries a forbidden meaning« (p. 690).

[6] Lynch v. Donnelly, 465 U.S. 668.

She goes on to declare that »the overall holiday setting changes what viewers may fairly understand to be the purpose of the display – as a typical museum setting, though not neutralizing the religious content of a religious painting, negates any message of endorsement of that content. The display celebrates a public holiday, and no one contends that declaration of that holiday is understood to be an endorsement of religion« (p. 692). And a bit later: »The display of the crèche likewise serves a secular purpose – celebration of a public holiday with traditional symbols. It cannot fairly be understood to convey a message of government endorsement of religion« (p. 693).

You may have some doubt about the government's intentions when you discover, in Justice William Brennan's dissent, that Pawtucket Mayor Lynch wanted the crèche as part of an effort to »keep Christ in Christmas« (p. 701). Brennan makes the essential point that the effect of an officially-sponsored Christian symbol »on minority religious groups, as well as on those who may reject all religion, is to convey the message that their views are not similarly worthy of public recognition nor entitled to public support.« In the overwhelmingly Catholic culture of Pawtucket, Jews and other non-Christians read the message as exclusionary, whatever the subtleties of O'Connor's analysis of the »intended« and »objective« meanings of the message. What she claims must »fairly« be understood as the meaning of the message simply shows that »fairly« to be an unwitting message of its own, a lack of awareness of how symbolic speech is given meaning by its listeners or viewers from the context of their own interpretive community.

Brennan's dissent in Lynch v. Donnelly is a masterful rehabilitation of the crèche as symbolic of the central Christian mystery and therefore of its inappropriateness as part of a civic display, and incidentally a refutation of the Court's uninformed history of American traditions of Christmas celebration since, he points out, the Puritans who settled New England abominated the celebration of Christmas as a Popish practice lacking any foundation in Scripture. But it is not the specific question of the crèche in Pawtucket – or similar other cases, such as County of Allegheny v. ACLU or the cross-burning cases, for instance – that interests me so much as the evident lack of a theory of meaning or communication on the part of a Supreme Court that pronounces on such questions as if it knew what meaning is and how it is formed. Any lawyer or law professor will at this point say to me: of course. The law settles matters by way of a kind of rough-and-ready, pragmatic, common-sense understanding of language – just as it interprets statutes according to the »plain meaning rule.« Except that it does neither. The appeal to common sense and practical reason ought to induce suspicion – as we lit crits know at least since the work of Roland Barthes: common sense can itself be an ideological blinder that assumes »plain meanings« on the basis of one's limited perspective. (O'Connor's »what viewers may fairly understand« is an example.) And when faced with a difficult case, such as a potent symbol, legal actors reach for theories of interpretation – and find them I'm not sure where. I think, for instance, that O'Connor's opinion in Lynch v. Donnelly might have been greatly improved by consulting Roman Jakobson's famous diagram of the functions of language – his chart of what is activated in any communicative situation. It will be replied that we cannot expect Justices or even their law clerks to read linguistics or communication theory. Maybe not, but then should they be making pronouncements on how language and communication work?

Yet they have to. One could point to many other scenes of reading in Supreme Court opinions, most often dealing with matters less difficult than religious symbolism, that nonetheless activate theories of meaning and its decoding. I won't, for the risk of frivolity, dwell on one of my favorite instances, Memoirs v. Massachusetts, the case from 1966 that overturned the Attorney General of Massachusetts' attempt to ban the republication of Fanny Hill.[7] While I endorse the Opinion of the Court, written by Brennan, that the book cannot be banned, I find the expert testimony the Court uses to establish its »redeeming social value« – somewhat prissy statements by various famous professors in the Commonwealth of Massachusetts about the literary merit and historical significance of the novel – less honest and accurate than the dissenting view of Justice Tom Clark, based on his own reading, that »There can be no doubt that the whole purpose of the book is to arouse the prurient interest.« The case depressingly tends to demonstrate that an honest response to certain texts cannot be used to produce the right outcome – that the disingenuous and smarmy theory of how and why we read has to be activated instead, in order to disarm the censors.

But I do want to dwell for just a moment on another act of reading by Brennan, this in a case called California v. Brown (1987), which concerns the constitutionality of a California jury instruction in which the judge tells the jurors: »You must not be swayed by mere sentiment, conjecture, sympathy, passion, prejudice, public opinion or public feeling.«[8] Brown had been sentenced to death. His appeal stressed that in excluding any consideration of a »sympathy factor,« the judge had shut the door on any chance that he might have been given a sentence short of death, and that the instruction thus violated the Supreme Court's insistence that capital sentencing needs to take into account any possible mitigating factors. Rehnquist in the Opinion of the Court rejects this appeal, arguing that the »reasonable juror« would have understood »the instruction not to rely on ›mere sympathy‹ as a directive to ignore only the sort of sympathy that would be divorced from the evidence adduced during the penalty phase« (p. 542). Rehnquist considers it »highly unlikely« that the reasonable juror »would almost perversely single out the word ›sympathy‹ from the other nouns

7 Memoirs v. Massachusetts, 383 U.S. 413.
8 California v. Brown, 479 U.S. 538.

which accompany it. [...] Reading the instruction as a whole, as we must, it is no more than a catalog of the kind of factors that could improperly influence a juror's decision to vote for or against the death penalty.« And Rehnquist cites here one of the common canons of statutory construction: »The doctrine of *noscitur a sociis* is based on common sense, and a rational juror could hardly hear this instruction without concluding that it was meant to confine the jury's deliberations to considerations arising from the evidence presented, both aggravating and mitigating.«

But Brennan in dissent demonstrates that the commonsense of *noscitur a sociis* – that you understand the meaning of words in accordance with neighboring words – can cut the other way, perhaps cut to the quick.[9] The State of California, Brennan notes, contended that the antisympathy instruction simply intended to prevent the jury from relying on »untethered sympathy,« unrelated to the circumstances of the offense of the defendant – or as Rehnquist's opinion states, the instruction simply warns against relying on »mere sympathy.« Yet, says Brennan, the phrase: »mere sentiment, conjecture, sympathy, passion, prejudice, public opinion or public feeling« might reasonably lead a juror to conclude that »mere« modifies only »sentiment.« He continues:

> In order for »mere« to be regarded as modifying »sympathy,« as the Court contends, »mere« must be read to modify all the other terms in the instruction as well: conjecture, passion, prejudice, public opinion, or public feeling. By the Court's own logic, since »mere« serves to distinguish »tethered« from »untethered« sympathy, it also serves to distinguish »tethered« from »untethered« versions of all the other emotions listed. Yet surely no one could maintain, for instance, that some »tethered« form of prejudice relating to the case at hand could ever be appropriate in capital sentencing deliberations. [...] The single word »mere« therefore cannot shoulder the burden of validating this antisympathy instruction. (p. 549)

Brennan's fierce textualism here takes him to a kind of DeManian brink: pressing the »plain meaning« of the text begins to animate the dead metaphors used by the Court, and to show the radical instability of a message – the jury instruction – designed precisely to control interpretations. He turns Rehnquist's »plain meaning« against him: »The vast majority of jurors thus can be expected to interpret ›sympathy‹ to mean ›sympathy,‹ not to engage in the tortuous reasoning process necessary to construe it as ›untethered sympathy.‹ [...] The assertion that the instruction in question serves the purpose of channeling the jury's sympathy in a legitimate direction is therefore completely unfounded« (pp. 550-51). That the word at issue should be »sympathy« of course superbly makes the point,

[9] On *noscitur a sociis,* see for example Chief Justice Warren in Jarecki v. G.D. Searle & Co., 367 U.S. 393 (1961): »The maxim *noscitur a sociis*, that a word is known by the company it keeps, while not an inescapable rule, is often wisely applied where a word is capable of many meanings in order to avoid the giving of unintended breadth to the Acts of Congress« (307), cited in Sinclair, A Guide to Statutory Interpretation, p. 152.

since sympathy, as Enlightenment thinkers from Adam Smith on worried, is such a slippery sentiment. If to Rousseau, for instance, sympathy or pity for one's fellow-creatures is innate and the basis of morality, it is also treacherous, since it can lead us to lose our own moral compass, put ourselves in the place of another – see for instance Rousseau's diatribe against the theatre, in his Lettre à d'Alembert, for precisely this reason.[10] The more you try to pin down the anti-sympathy instruction, the more it gets away from you. When you think about it, it would be almost impossible to write a jury instruction on sympathy that accomplished what it intended, since what we intend by sympathy is inherently unstable. The dissenters in California v. Brown – there is an additional, eloquent dissent by Blackmun – sense that Rehnquist's »plain meaning« construed by his »reasonable juror« is something of a fraud, or a move to police meanings that refuse to stay in place.

My simple point here is that the law, for all its evocation of »canons« and other rules controlling judicial interpretation, is strangely unprincipled when it comes to reading and saying what texts mean. This is actually Scalia's starting point in A Matter of Interpretation, where he laments that courts have »no intelligible, generally accepted, and consistently applied theory of statutory interpretation.«[11] But Scalia's own argument seems to me curiously self-contradictory. He wants to rule out any consideration of legislative history, the crutch usually relied on by courts when the »plain meaning« of a statute is not so plain. Legislative committee reports, floor debates, statements of intent by drafters and amenders, are really irrelevant, says Scalia, since they are not part of the text itself that was passed by Congress and signed into law by the President. The inter-

10 See Adam Smith: The Theory of Moral Sentiments [1759]. Oxford: Clarendon 1976; Jean-Jacques Rousseau: Discours sur l'origine et les fondements de l'inégalité parmi les hommes [1755]. Paris: Gallimard 1965; and Lettre à Monsieur d'Alembert sur les spectacles [1758]. Lille: Giard 1948. It is worth citing Smith on how sympathy calls on imaginative identification, putting oneself emotionally in another's place: »Though our brother is upon the rack, as long as we ourselves are at out ease, our senses will never inform us of what he suffers. [...] By the imagination we place ourselves in his situation, we conceive ourselves enduring all the same torments, we enter as it were into his body, and become in some measure the same person with him, and thence form some idea of his sensations, and even feel something which, though weaker in degree, is not altogether unlike them. His agonies, when they are thus brought home to ourselves, when we have thus adopted and made them our own, begin at last to affect us, and we then tremble and shudder at the thought of what he feels« (p. 9).

11 Antonin Scalia: Common-Law Courts in a Civil-Law System: The Role of United States Federal Courts in Interpreting the Constitution and Laws. In: A Matter of Interpretation. Princeton: Princeton University Press 1997, p. 14. Scalia is quoting here from Henry M. Hart and Albert M. Sacks: The Legal Process. In: William N. Eskridge and Philip P. Frickey (eds.): Dynamic Statutory Interpretation. Cambridge: Harvard University Press 1994, p. 1169. Some of my thinking about textualism has been inspired by John Harrison: Rules and Words (unpublished MS presented to the Virginia Law School Workshop, spring 2004).

preter should restrict his or her attention to »the intent that a reasonable person would gather from the text of the law« (p. 17). Yet when he comes to constitutional interpretation, he argues that, while one should not search for the intent of the Framers, one should seek out the »original understanding« of the text, consulting The Federalist, for instance, and views of delegates to the Constitutional Convention. That »reasonable person« reading the text of the law is eclipsed by an original 1787er: Scalia explicitly rejects the notion that the »*current* meaning« of the text has any relevance (p. 38). His excuse is that constitutions are designed precisely to *prevent* change. Scalia believes that we need to get rid of layers of constitutional interpretation that have accreted over the ages and back to what the text first meant. Thus his textualism becomes originalism with a vengeance. He concludes that in constitutional interpretation, the »originalist at least knows what he is looking for: the original meaning of the text« (p. 45). I think that »what« of »what he is looking for« is far more problematic than Scalia allows. It would bear close reading. It might benefit from some consideration of »reception aesthetics,« and the necessarily evolving horizon of the reading of texts. I doubt that we wholly can reinvent the reading of a 1787er even if we think it is a useful exercise.

De Man in Return to Philology proposes that literature should be taught »as a rhetoric and a poetics prior to being taught as a hermeneutics and a history«.[12] In other words, the lesson he draws from the radical literalism of close reading that uses only what is derivable from the text – and demonstrable in the text – is that textual study should begin at the beginning, with the way texts work, the conditions and procedures by which they make meaning, rather than with an attempt to restate those meanings and their unfolding. The »return to philology« means »an examination of the structure of language prior to the meaning it produces« (p. 24). This is a lesson that could be and probably should be taught in law schools. Why it is not is suggested earlier in de Man's essay, when he notes that the focus of most lit crit on interpretation, rather than rhetoric and poetics, makes the study of literature comparable to the study of theology. Legal interpretation, including much legal scholarship, shares this kinship with theology. The law is indeed the closest thing to the sacred in societies that are tentatively, hesitantly secularized, with all sorts of nostalgia for the Law with a capital L. Supreme Court justices are like medieval scholiasts or Talmudists, scribbling in the margins of holy writ. What would it mean if first year law school included study of rhetoric and poetics, including linguistics and narratology, as well as the kind of midrash it now relies on? Could one bring the law to reading? That is the hybristic enterprise that engages me at the moment.

---

12 Paul de Man: The Return to Philology. In: The Resistance to Theory. Minneapolis: University of Minnesota Press 1986, pp. 25-26.

Zusammenfassung
Peter Brooks geht in seinem Beitrag von der Beobachtung aus, dass sich im US-amerikanischen System Rechtsprechung wesentlich über die Auslegung bereits kanonisierter Gesetzestexte, wie etwa der Verfassung von 1787, legitimiert. Dabei hat die Rechtssprechung sich stets an die »einfache und offensichtliche Bedeutung« dieser bereits bestehenden Texte zu halten. Brooks Aufsatz fragt, inwieweit eine solche »einfache und offensichtliche Bedeutung« überhaupt möglich ist. In kritischer Auseinandersetzung mit den »Torture Memos« der Bush-Regierung, in denen der Begriff der Folter beinahe systematisch verwässert wird, zeigt Brooks, wie schmal der Grat zwischen vermeintlich objektiver Begriffsbestimmung und fremd motivierter Begriffsmanipulation sein kann. Dabei wird Paul de Mans grundsätzliche Überlegung stark gemacht, nach der die eindeutige Bestimmung von »Bedeutung« bereits ihrem Anspruch nach zum Scheitern verurteilt ist. Brooks macht außerdem darauf aufmerksam, dass den amerikanischen Gerichten notwendige hermeneutische und »rezeptionsästhetische« Maßstäbe fehlen. In Ergänzung der gängigen Rechtshermeneutik fordert Brooks daher abschließend eine an de Man angelehnte »rhetorische« Analyse von Gesetzestexten.

Durchsetzung und Schutz von Menschenrechten mit allen Mitteln? Zur Folterdebatte in Deutschland und in den Vereinigten Staaten

Verena Krenberger und Greta Olson (Freiburg)[1]

Die großen Menschenrechtsproklamationen des 20. Jahrhunderts hatten ihren Ursprung in dem auf die gravierenden Menschenrechtsverletzungen der Kriegszeit folgenden Wunsch nach Absicherung vor einer möglichen Wiederkehr des gerade überwundenen Terrors. Die Folter als das wirksamste Mittel, den Willen einer Person zu brechen und ein Individuum in den Grundfesten seiner Persönlichkeit zu erschüttern, war zwar nur eine unter vielen Abartigkeiten, doch stellt sie die fundamentalste Beeinträchtigung der Personqualität dar.

Der Tabubruch, der mit der Diskussion um die Androhung polizeilicher Folter anläßlich des Entführungsfalles Jakob von Metzler in Deutschland und mit der tatsächlich durchgeführten Folter in den US-Gefangenenlagern nach dem 11. September 2001 begangen wurde, zwingt uns, das Problem der Folter neu zu durchdenken und auf die gesellschaftlichen Begleitvorgänge hinzuweisen. Diesem Anliegen nähert sich dieser Artikel von zwei Seiten:

Unter Rekurs auf die historisch-philosophische Genealogie der Folter soll zunächst der spezifisch deutsche Umgang mit dem Menschenrecht auf Schutz vor Folter aufgezeigt werden. Nach einer Darstellung des deutschen Menschenrechtsverständnisses und insbesondere des Menschenwürdeverständnisses wird die im Zuge eines speziellen Einzelfalles aufgekommene Diskussion um die Möglichkeit »moderner« Folter einen besonderen Blickwinkel auf das Menschenrechtsverständnis des Bundesverfassungsgerichts und das neue deutsche Menschenrechtsverständnis seit der Neukommentierung des Grundgesetzkommentars von Maunz und Dürig liefern. Die in der deutschen Folterdebatte der letzten Jahre häufig ins Feld geführten Varianten der Folterdefinition liefern im Anschluß einen Hinweis auf ein verändertes Verständnis der Personqualität des Trägers der Menschenrechte.

An die Darstellung der deutschen Diskussion schließt sich die äquivalente aber ungleich heftiger geführte Debatte um die unter amerikanischer Ägide durchgeführte Folter an. Nach einer kurzen Nachzeichnung der Geschichte des

---

[1] Für die deutsche Debatte zeichnet Verena Krenberger verantwortlich, für den amerikanischen Teil Greta Olson.

spezifisch amerikanischen Menschenrechtsverständnisses wird das »neue« Menschenrechtsverständnis seit dem 11. September 2001 aufgezeigt. Das daraus resultierende Aufweichen des Folterverbots durch die Bush-Regierung und die bewiesenen Fälle von Folter im Gefangenenlager Guantánamo Bay und im irakischen Abu Ghraib Gefängnis werden beschrieben, ebenso wie die Rechtfertigungsstrategien der Befürworter dieses »härteren« Umgangs mit Terrorismus-Verdächtigen. Hier liegt das Interesse nicht an der evidenten Illegalität von Folter, sondern daran, wie Mißbrauch und Folter von Gefangenen sprachlich und psychologisch gerechtfertigt wurden und welche Konsequenzen die angewandte Folter für die Personqualität des Opfers und des Täters haben.

Angesichts der Folgerungen eines Vergleiches zwischen der deutschen und amerikanischen Folterdebatte warnen die Autorinnen vor der Gefahr einer Aufweichung des Folterverbots in demokratischen Rechtstaaten sogar in Situationen nur wahrgenommener Gefahr: Eine solche Relativierung führt unweigerlich nicht nur zu einem Verlust an Freiheit, sondern zu einer Marginalisierung grundlegender Prinzipien und zu einer Beeinträchtigung der Menschenrechte aller Bürger. Zum Umgang mit diesen radikalen und weitreichenden Wirkungen der Folter bieten die Autorinnen zwei Lösungsstrategien an.

I Historisch-philosophischer Abriß der Geschichte der Folter

Daß Menschen im Zeichen des vermeintlichen Rechts und unter staatlicher Federführung foltern, ist kein modernes Phänomen. Im Gegenteil entstammt diese verrechtlichte Form der Übelzufügung dem römischen Recht. Da nach damaliger Vorstellung staatliche Strafe (zu der die Folter im Übrigen nicht gezählt wurde) erst mit einem Geständnis des Angeklagten legitimiert wurde, mußte bei Unwilligkeit desselben ebenjenes erzwungen werden. Auch in der griechischen Antike wurde gefoltert, wenn auch nur Sklaven und nicht freie Bürger, da eine Aussage ersterer erst unter Folter Beweiswert erhielt. Jedoch zeigt die Geschichte der Folter deren primäre Wesensmerkmale: Die Triebhaftigkeit der folternden Handlung wie auch ihre Grenzenlosigkeit. Denn später weitete sich der Adressatenkreis in der Polis auf den freien Bürger aus, sofern er unter dem Verdacht staatsgefährdender Delikte stand. Seit dem Mittelalter verschwammen die Grenzen und niemand war mehr von Standes wegen vor Folter gefeit. Seit der Bulle Innozenz' IV. von 1253 vertraute man im gemeinen Strafverfahren ausschließlich auf durch Folter erpreßte Geständnisse.[2] Einsprüche jeweils zeitgenössischer Kritiker wie Cicero, Ulpian, Augustinus oder Montaigne richteten dagegen wenig aus. In dem ihm zugeschriebenen Werk: »De tortura ex foris Christianorum

2 Harald Maihold: Folterknechte im Dienste des Rechtsstaats? – Die »Präventivfolter« vor dem Forum des Strafrechts. In: Humboldt Forum Recht, Beitrag 4 (2004), www.humboldt-forum-recht.de (Stand Juni 2006).

proscribenda« von 1705 prangerte Christian Thomasius die Sinnlosigkeit und Grausamkeit der Folter an und forderte deren Abschaffung:

> O allzu gottlose Schlechtigkeit beim Strafen! Gibt es etwas Ungerechteres? Was läßt sich ausdenken, was auch nur dem Anflug von Billigkeit so zuwider ist, als diese armen Menschen, welche bis jetzt noch unschuldig sind, durch so grausame Strafen zu zerfleischen, an die zu denken ein Herz, das sich noch ein kleines Gefühl von Menschlichkeit bewahrt hat, erschrickt und in Trauer sich flüchtet.[3]

Im Gang seiner Untersuchung konstatierte Thomasius, daß Folter eine auf bloßem Verdacht beruhende Körperstrafe sei, bei der die Gefolterten durch das häufig falsche Geständnis zu Verrätern an sich selbst würden.[4] Diese kleine Studie zeigte zumindest im preußischen Königreich Wirkung und wurde von Friedrich Wilhelm I. und seinem Nachfolger Friedrich II. schrittweise umgesetzt, so daß ab 1740 die Folter untersagt, bzw. nur noch mit königlicher Genehmigung bei Delikten des Landesverrats möglich war und ab 1754 ein gänzliches Verbot erging. Dies allerdings mit der erstaunlichen Finte, daß das Folterverbot nicht öffentlich gemacht werden durfte: Den Gerichten stand frei zur Geständniserzwingung die Folter anzudrohen und bis zum Anlegen der Folterinstrumente fortzuschreiten - doch durfte faktisch keine Folter mehr ausgeübt werden.[5] Die anderen deutschen Länder folgten im Laufe der Jahre dem Vorbild Preußens, so daß mit dem Verbot der Folter in der Markgrafschaft Baden 1831 ganz Deutschland frei von Folterern und Gefolterten war.[6] Erst die nationalsozialistischen Schergen machten diesem vernünftigen Zustand ein Ende, der bis zum Kriegsende bzw. im sowjetisch besetzten Osten noch darüber hinaus andauern sollte.

Mit der Aufnahme der Arbeiten im Parlamentarischen Rat zur Erstellung des Bonner Grundgesetzes schlug der eingangs erwähnte Wunsch nach Absicherung vor der Wiederkehr des Erlebten voll zu Buche und manifestierte sich vor allem im ersten Artikel des Grundgesetzes in der Verbürgung des Schutz- und Achtungsanspruches der menschlichen Würde und in Art. 2 Abs. 2 Grundgesetz mit dem Schutz der körperlichen Unversehrtheit. Schon ein Jahr vorher einigten sich die Delegierten der Generalversammlung der Vereinten Nationen auf den Text der Allgemeinen Erklärung der Menschenrechte, die in ihrem Artikel 5 sowohl Folter als auch grausame, unmenschliche oder erniedrigende Behandlung oder

---

3 Christian Thomasius: De tortura ex foris Christianorum proscribenda – Über die Verbannung der Folter aus den Gerichten der Christen. Halle 1705, übers. und hrsg. von: Rolf Lieberwirth, Weimar 1960, S. 119. Vergleiche auch S. 125: »Unerschrocken spreche ich es aus, daß diese gewaltsame Folter ungerecht, unbillig, trügerisch, durch Förderung der Übel gekennzeichnet und schließlich jedes Anscheines göttlichen Zeugnisses entblößt und daher aus den christlichen Gerichten zu verbannen ist.«

4 »sui ipsius proditores torti constituuntur.« Thomasius, S. 170.

5 Bruno Preisendörfer: Staatsbildung als Königskunst, Berlin 2000, S. 154.

6 Uwe Wesel: Das Fiasko des Strafrechts, in: Die Zeit, Nr. 49 vom 01.12.2005, S. 96.

Strafe verbot.[7] Ein Jahr später verankerte der an die Allgemeine Erklärung der Menschenrechte angelehnte Artikel 3 der Europäischen Menschenrechtskonvention das absolute und notstandsfeste Folterverbot.[8]

II Die deutsche Perspektive

Im westlichen Deutschland trat mit Erstarken der Rote Armee Fraktion das Thema Folter unerwarteterweise wieder auf den Plan, als die verunsicherte Republik über »Schutz durch Folter« nachdachte.[9] Außer der Festigung der Lehre vom besonderen Gewaltverhältnis des Strafgefangenen und der damit einhergehenden Legitimation von Grundrechtseinschränkungen allein durch den Eintritt des Straftäters in die totale Institution Strafvollzugsanstalt wurden jedoch keine Versuche unternommen, die Folter gesetzlich zu verankern. Mit der Aufsehen erregenden »Lebach-Entscheidung«[10] des Bundesverfassungsgerichts im Jahre 1973, die die Grundrechtswürdigkeit auch von Strafgefangenen feststellte, und der Strafvollzugsrechtsreform im Jahre 1977 verlor die Lehre vom besonderen Gewaltverhältnis ihre Gültigkeit.

Erst 1996 nahm die Folterdebatte in Deutschland einen neuen Anlauf, indem ein fiktives Szenario erdacht, diskutiert und das Folterverbot abschwächend in-

---

7 »Niemand darf der Folter oder grausamer, unmenschlicher oder erniedrigender Behandlung oder Strafe unterworfen werden.«

8 »Niemand darf der Folter oder unmenschlicher oder erniedrigender Strafe oder Behandlung unterworfen werden.«

9 So Ernst Albrecht, Ministerpräsident von Niedersachsen. Zitiert nach: Uwe Wesel: Das Fiasko des Strafrechts. In: Die Zeit, Nr. 49 vom 01.12.2005, S. 96.

10 BVerfGE 35, 202. Bei dem sogenannten »Soldatenmord in Lebach« waren 1969 bei einem Überfall auf ein Munitionslager vier Soldaten getötet worden. Die Haupttäter wurden 1970 zu lebenslanger Freiheitsstrafe verurteilt. Im Jahr 1972 plante das ZDF ein Fernsehspiel, in welchem mit Schauspielern die Tat rekonstruiert werden sollte. Ein Antrag seitens eines Täters, die Ausstrahlung zu untersagen, wurde zuletzt vom Oberlandesgericht Koblenz abgelehnt. Das BVerfG erließ eine einstweilige Verfügung, in der die Ausstrahlung bis zur Klärung in der Hauptsache untersagt wurde. Hierbei stellte das BVerfG vor allem auf eine Abwägung zwischen der Rundfunkfreiheit und dem Persönlichkeitsrecht ab. In der Regel überwiege das Informationsinteresse der Bevölkerung bei einer aktuellen Berichterstattung über schwere Straftaten. Allerdings müsse bei einer späteren Berichterstattung, die nicht mehr das Interesse an tagesaktueller Information bedient, eine neue Abwägung stattfinden. Hier kann das Persönlichkeitsrecht des inzwischen verurteilten Täters insbesondere dann überwiegen, wenn durch die Berichterstattung die Resozialisierung gefährdet ist. Hier hat das BVerfG eine solche Gefährdung der Resozialisierung (trotz der lebenslangen Haftstrafe) bejaht. (BVerfGE 35, 202, 233f.) Das Urteil hatte darum grundsätzliche Bedeutung, da es die Rechte des verurteilten Straftäters gleichberechtigt und entgegen der damals herrschenden »Lehre vom besonderen Gewaltverhältnis«, in die Abwägung mit aufnahm. Vgl. auch FN 30.

terpretiert wurde.[11] Mit der Neukommentierung des Artikel 1 Grundgesetz im altehrwürdigen Grundgesetzkommentar von Theodor Maunz und Günter Dürig durch Matthias Herdegen, wurde der Folterdiskussion und der Möglichkeit, eine Abschwächung oder gar Einschränkung des Folterverbots zu erwägen, Vorschub geleistet. Nach einem kurzen Überblick über das bis dato vorherrschende Menschenrechtsverständnis in Deutschland und des Bundesverfassungsgerichts soll die Denkwürdigkeit der genannten Abweichungen und Einschnitte deutlich gemacht werden.

Das deutsche Menschenrechtsverständnis

Das Verständnis der Grund- und Menschenrechte in Deutschland wurde grundlegend in der Nachkriegszeit durch die Erarbeitung des Bonner Grundgesetzes im Parlamentarischen Rat gefestigt. Die Abgeordneten vertraten die Interessen der deutschen Bevölkerung, sahen sich selbst als deren Sprachrohr und hatten den Anspruch, den zu erstellenden Grundgesetzkatalog an die herrschenden Überzeugungen anzupassen, da ja als Adressat der deutsche Bürger angesprochen war, der insofern dem Grundgesetztext nicht nur folgen, sondern sich auch mit ihm identifizieren und ihm zustimmen sollte. So kam im Ausschuß für Grundsatzfragen der Vorschlag, in den ersten Artikel die Formulierung mit aufzunehmen: »In den nachstehenden Artikeln für unser Volk aus unserer Zeit geformt und niedergelegt [...].«[12]

Dementsprechend nahm der Abgeordnete Bergsträsser, der vom Parlamentarischen Rat zur Erstellung eines ersten Entwurfs eines Grundrechtskatalogs beauftragt wurde und der sich dafür stark an den Arbeiten der Commission on Human Rights der Vereinten Nationen zur Erarbeitung der Allgemeinen Erklärung der Menschenrechte orientierte, mit Hinweis auf die »Zeit der Konzentrationslager« das Recht auf Schutz vor Folter in seinen Katalog der Grundrechte auf: »Jeder hat das Recht auf das Leben und auf die Unverletzlichkeit seines Körpers. Niemand, selbst wenn er eines Verbrechens schuldig ist, darf gefoltert oder anderen grausamen Strafen und entwürdigenden Behandlungen ausgesetzt werden.«[13] Daß dieses so grundlegende Recht erst als Artikel 29 erschien, verwundert zu-

11 Winfried Brugger: Darf der Staat ausnahmsweise foltern? In: Der Staat 35 (1996), S.67-97. Ebenso: Winfried Brugger: Vom unbedingten Verbot der Folter zum bedingten Recht auf Folter? In: JZ 55 (2000), S. 165-173.

12 Vorschlag des Delegierten Eberhard für Art. 1 Abs. 3 GG in der 23. Sitzung des AfG vom 19.11.1948. In: Der Parlamentarische Rat 1948-1949, Akten und Protokolle, Band 5/II: Ausschuss für Grundsatzfragen. Bearb. v. Pikart / Werner, hg. v. Schick / Kahlenberg für den Deutschen Bundestag und das Bundesarchiv, Boppard am Rhein 1993, S. 603.

13 Katalog der Grundrechte für die 3. Sitzung des AfG von Bergsträsser vom 21.09.1948. In: Der Parlamentarische Rat 1948-1949, Akten und Protokolle, Band 5/I: Ausschuss für Grundsatzfragen. Bearb. v. Pikart / Werner, hg. v. Schick / Kahlenberg für den Deutschen Bundestag und das Bundesarchiv, Boppard am Rhein 1993, S. 26.

nächst, relativiert sich jedoch in der weiteren Entwicklung, die das Recht auf Leben und körperliche Unversehrtheit mit dem Recht auf Freiheit und Sicherheit der Person kombiniert an zweiter Stelle des Katalogs plazierte.[14] Im Grundrechtsteil des endgültigen Bonner Grundgesetzes findet sich jedoch in Artikel 2 GG kein explizites Folterverbot mehr, statt dessen wird auf Art. 104 GG und Art. 1 Abs. 1 GG rekurriert.[15]

Da die zu Grundrechten positivierten Menschenrechte des Grundgesetzes erst aufgrund des Bekenntnisses zur Menschenwürde zur Grundlage der staatlichen Gemeinschaft wurden,[16] ist es allgemein anerkannt,[17] daß auch und gerade das Folterverbot dem Schutz der Menschenwürde dient, wobei es diese Funktion mit allen Menschenrechten teilt. Die Potenz des Folterverbots zeigt sich aber darin, daß »die Folter nicht nur eine Mißachtung der Menschenwürde darstellt (wie dies bei allen Menschenrechtsverletzungen der Fall ist), sondern die vollständige und systematische Negierung der Menschenwürde bedeutet«, da der Mensch in der Folter »restlos verdinglicht, das heißt zur willkürlich benutzbaren ›Sache‹ herabgewürdigt« wird.[18] Die Menschenwürde wird in diesem Sinne im gesamten System der Grundrechte als tragendes Konstitutionsprinzip anerkannt.[19] Dies vor allem, seit das legendäre Verständnis von Art. 1 Abs. 1 Grundgesetz als »Norm, durch welche der objektive Wert der Menschenwürde im Sinne einer personalen

---

14 »Jeder hat das Recht auf Leben und körperliche Unversehrtheit, auf persönliche Freiheit und Sicherheit.« Parlamentarischer Rat: Grundgesetz für die Bundesrepublik Deutschland – Formulierungen der Fachausschüsse – Entwürfe. Bonn 1948/49, Entwurf vom 15.01.1949, Drucksachen Nr. 517, 548, S. 42.

15 Art. 2 Abs. 2 GG: »Jeder hat das Recht auf Leben und körperliche Unversehrtheit. Die Freiheit der Person ist unverletzlich.« Art. 104 Abs. 1 GG: »[...] Festgehaltene Personen dürfen weder seelisch noch körperlich mißhandelt werden.«

16 Vgl. Artikel 1 GG: »(1) Die Würde des Menschen ist unantastbar. Sie zu achten und zu schützen ist Verpflichtung aller staatlichen Gewalt. (2) Das Deutsche Volk bekennt sich *darum* zu unverletzlichen und unveräußerlichen Menschenrechten als Grundlage jeder menschlichen Gemeinschaft, des Friedens und der Gerechtigkeit in der Welt.« (Hervorh. durch Verf.)

17 Vergleiche unter anderem die Definitionen des Europäischen Gerichtshofes für Menschenrechte: Eine erniedrigende Behandlung, die in der Folter und der menschenunwürdigen Behandlung mit enthalten ist, liegt vor, wenn der Betroffene vor sich selbst oder vor anderen in einer seine Menschenwürde beeinträchtigenden, ihn als Person gröblich mißachtenden Weise erheblich herabgesetzt oder gedemütigt wird. EGMR 27.9.1999 Smith & Grady./.GB (NJW 2000, S. 2089). Eine unmenschliche Behandlung liegt vor, wenn dem Betroffenen in einer seine Menschenwürde mißachtenden Art und Weise schwere und nach den Umständen mit den allgemeinen Geboten der Menschlichkeit schlechthin unvereinbare körperliche oder seelische Qualen oder Leiden zugefügt werden. EGMR 7.7.1989 Soering./.GB (NJW 1990, S. 2183). Folter ist eine vorbedachte unmenschliche Behandlung, die sehr ernste und grausame Leiden hervorrufen soll. EGMR 18.1.1978 Irland./.GB (EuGRZ 1979, S. 153).

18 Heiner Bielefeldt: Das Folterverbot im Rechtsstaat. Policy Paper No. 4, Deutsches Institut für Menschenrechte, Berlin 2004, S.6.

19 Schmidt-Bleibtreu / Klein: Kommentar zum Grundgesetz. 10. Auflage, München 2004, Art. 1, Rn. 7.

Wertethik zum Rechtswert, zum obersten Konstitutionsprinzip des objektiven Rechtes transformiert wird,«[20] der an Kants Instrumentalisierungsverbot[21] angelehnten Objektformel Dürigs zu verdanken ist.

Dürigs Theorie geht von der Unantastbarkeit der Menschenwürde aus, die als sittlicher Wert bereits einerseits im »Ich-Du-Verhältnis als individualethischer Achtungsanspruch« und andererseits »im Verhältnis zu Dritten und zur Gesellschaft als sozial-ethischer Achtungsanspruch« vorhanden war, ehe er durch Art. 1 Abs. 1 Grundgesetz auch gegenüber staatlichem Handeln als eigenständig verrechtlicht wurde.[22] Die Würdenorm liefert somit den »wertausfüllenden Maßstab für alles staatliche Handeln« und bestimmt die Legitimität von Staat und Recht aus den »Werten personaler Ethik« (Dürig, Rn. 15). Mithin begründet Art. 1 Abs. 1 Grundgesetz im zeitlosen Spannungsverhältnis Individuum – Staat eine Ausgangsvermutung zugunsten des Menschen (Dürig, Rn. 15). Die normative Aussage des Verfassungsrechts über die Unantastbarkeit der Menschenwürde, beinhaltet eine Wertaussage, der ihrerseits eine Aussage über die Seinsgegebenheit der Menschenwürde zugrunde liegt, die unabhängig von Zeit und Raum »ist« und rechtlich verwirklicht werden »soll« und von Dürig wie folgt definiert wird:

> Jeder Mensch ist Mensch kraft seines Geistes, der ihn abhebt von der unpersönlichen Natur und ihn aus eigener Entscheidung dazu befähigt, seiner selbst bewußt zu werden, sich selbst zu bestimmen und sich und die Umwelt zu gestalten.[23]

Allerdings ist der allgemein menschliche Eigenwert der Würde mit der gleichen abstrakten Möglichkeit und »potentiellen Fähigkeit« des konkreten Menschen zu ihrer Verwirklichung als vorhanden zu denken (Dürig, Rn. 19, 20).[24] Daraus resultiert die Einsicht, daß die »Grundrechtsinhaberschaft Ausfluß des Menschseins« ist (Dürig, Rn. 85).[25] Getroffen und verletzt ist die Menschenwürde in negativer Bestimmung, wenn »der konkrete Mensch zum Objekt, zu einem bloßen Mittel, zur vertretbaren Größe herabgewürdigt« wird (Dürig, Rn. 28, 34).

Die Stärke der Dürigschen Theorie liegt vor allem in der klaren Derivation der Menschenwürde aus dem Menschsein selbst, in Verbindung mit dem im Grund-

---

[20] So die Zusammenfassung bei Peter Schneider: Menschenrechte in staatlicher Ordnung. In: ARSP, Beiheft Nr. 40 (1964), S. 77-107, S. 83f.

[21] Immanuel Kant: Kant's Gesammelte Schriften. Hg. v. d. Königlichen Preußischen Akademie der Wissenschaften und später v. d. Deutschen Akademie d. W., Berlin 1900 ff. – im folgenden AA, Band. Kant, Grundlegung zur Metaphysik der Sitten (GMS), AA IV, S. 433; sowie Metaphysik der Sitten (MdS), AA IV Tugendlehre, § 38.

[22] Günter Dürig: Art. 1 Abs. 1. In: Maunz / Dürig: Kommentar zum Grundgesetz. Band I, Art. 1-11. München 2003, Rn. 1 (in der Fassung der 1. Auflage) – abgekürzt Dürig.

[23] Dürig, Art. 1 Abs. 1, Rn. 16, 17 (1. Aufl.).

[24] Somit besitzt auch derjenige konkrete Mensch Würde, der die Fähigkeit zur freien Selbst- und Lebensgestaltung von vornherein nicht hat, sie mißbraucht oder freiwillig davon zurücktreten möchte.

[25] Und nicht verhängnisvoller Bestandteil der Staatsangehörigkeit, wie noch zu Zeiten der Weimarer Verfassung.

gesetz festgeschriebenen Bezugsverhältnis der Grundrechte auf die Menschenwürde: Die Unmöglichkeit eines Verlustes oder einer Absprache der Menschenwürde, führt zu einer Verbindlichkeit des Rechtes auf Schutz der eigenen aus dem Grundgesetz deduzierbaren Grundrechte, die durch kein individuelles Verhalten oder individuelle Disposition verloren gehen kann. Das hier interessierende Folterverbot erhält dadurch eine Verbindlichkeit, die kaum zu übertreffen ist.

Das Menschenrechtsverständnis des Bundesverfassungsgerichts

Die Gefahr einer Entpersönlichung und Verobjektivierung des Einzelnen besteht vor allem dann, wenn dieser sich durch seine Handlung aus dem Kreis der Mitmenschen negativ heraushebt. Der Rechtsbruch verführte in der Geschichte der Folter wie eingangs erwähnt leicht zu Verhaltensweisen des Staates, die einer menschenwürdigen Behandlung entgegenliefen. In allen Beiträgen, in denen eine Stellungnahme für ein Aufweichen des Folterverbots gegeben wird, wird der damit in Verbindung stehende Ausdruck eines besonderen Menschenbildes übersehen: Wer die immanent gezogene und durch das Grundgesetz positivierte Grenze überschreitet und eine Legalisierung der Folter fordert, sieht im Rechtsbrecher (und teilweise sogar im nur des Rechtsbruch Beschuldigten) eine Kategorie Mensch, die den Übrigen nicht gleichgestellt ist. Gerade in besonderen Situationen wie dem polizeilichen Gewahrsam oder dem Strafvollzug und den in den Notstandsszenarien der Folterbefürworter gezeichneten, zeigt sich die Gefahr einer ungerechtfertigten Heiligung der Mittel zum Zweck der Informationsgewinnung oder Machtausübung. Der intensive Zusammenhang von körperlicher Integrität, Folter verbot und Menschenwürde ist nur die Kulmination der Überlegungen, die das Bundesverfassungsgericht als Einstellung zur Behandlung von Strafgefangenen allgemein in seiner Rechtsprechung entwickelt hat.

Mit der Objektformel hatte auch das Bundesverfassungsgericht die lange Zeit herrschende Lehre übernommen. Das Bundesverfassungsgericht kritisierte an der Objektformel jedoch insbesondere den Umstand, daß in vielen Situationen der Mensch durchaus als Mittel und nicht als Zweck von Mitmenschen und Staat behandelt werde, die nicht unter eine entwürdigende Objektivierung fallen.[26] Im Schrifttum wird außerdem kritisierend erwähnt, daß die »scheinbar weltanschaulich indifferente Textierung« der Objektformel sich als »passepartout für subjektive Wertungen aller Art« entpuppe.[27] Insofern gilt die Objektformel heute nur

---

26 BVerfGE 30, 1, 25f.

27 Horst Dreier: Grundgesetz – Kommentar. Band I, 2. Auflage, Tübingen 2004, Art. 1 I, Rn. 53.

noch als »Faustregel der Interpretation«,[28] da sie einer »gewissen Instrumentalisierungsrhetorik«[29] zu verfallen drohe.

Trotz der Anwendung der Objektformel in seiner Rechtsprechung und der damit verbundenen Überzeugung, daß der Staat die Rechte jedes Menschen ohne Ausnahme nur aufgrund seines Menschseins zu achten habe, verfocht das Bundesverfassungsgericht wie auch die herrschende Lehre bis zum Grundsatzurteil von 1973 die Lehre vom besonderen Gewaltverhältnis, die es zuließ, »die Grundrechte des Strafgefangenen in einer unerträglichen Unbestimmtheit zu relativieren.«[30] Diese Lehre wurde mit dem Lebach-Urteil[31] aufgehoben, so daß eine Einschränkung seitdem nur in Betracht kommt, »wenn sie zur Erreichung eines von der Wertordnung des Grundgesetzes gedeckten gemeinschaftsbezogenen Zweckes unerläßlich ist und in den dafür verfassungsrechtlich vorgesehenen Formen geschieht.«[32] Zwar muß jemand, der den »Rechtsfrieden bricht«, grundsätzlich gewisse Eingriffe in seine Grundrechte dulden, doch die »zentrale verfassungsrechtliche Bedeutung des Persönlichkeitsrechts verlangt neben der Rücksicht auf den unantastbaren innersten Lebensbereich die strikte Beachtung des Grundsatzes der Verhältnismäßigkeit.«[33] Die grundlegenden Voraussetzungen individueller und sozialer Existenz des Menschen müssen auch dann erhalten bleiben, wenn der Grundrechtsberechtigte seiner freiheitlichen Verantwortung nicht gerecht wird und die Gemeinschaft ihm wegen begangener Straftaten die Freiheit entzieht.[34] Das »Selbstverständnis einer Gemeinschaft, die die Menschenwürde in den Mittelpunkt ihrer Wertordnung stellt und dem Sozialstaatsprinzip verpflichtet ist«, muß auch einem verurteilten Straftäter die Chance geben, »sich nach Verbüßung seiner Strafe wieder in die Gemeinschaft einzuordnen.«[35] Diese Chance resultiert zum einen aus dem Achtungsanspruch gegenüber der Menschenwürde des Täters, zum anderen aus der Pflicht zu »Vor- und Fürsorge für Gruppen der Gesellschaft, die auf Grund persönlicher Schwäche oder Schuld, […] in ihrer persönlichen und sozialen Entfaltung behindert sind […].«[36]

---

28 Josef Isensee: Die bedrohte Menschenwürde – Betrachtungen zur höchsten Norm des Grundgesetzes. In: PEK-Skript, Köln 2005, S. 14.

29 Matthias Herdegen: Art. 1 Abs. 1. In: Maunz / Dürig: Kommentar zum Grundgesetz. Band I, Art. 1-11. München 2003, Rn. 33 (in der Fassung der 44. Lieferung) – abgekürzt Herdegen.

30 BVerfGE 33, 1, 10.

31 BVerfGE 35, 202, 235.

32 BVerfGE 33, 1, 11.

33 BVerfGE 35, 202, 232.

34 BVerfGE 109, 133.

35 BVerfGE 35, 202, 235. Dies ist um so erstaunlicher, als eine Resozialisierungsfähigkeit trotz verhängter lebenslanger Haftstrafe angenommen wurde.

36 BVerfGE 72, 105, 115f.

Doch auch nach der veralteten Theorie verloren Strafgefangene nur jene »Grundrechte, zu deren uneingeschränkter Ausübung sie der persönlichen Freiheit bedürfen«,[37] das heißt alle mit Ausnahme des Rechtes auf Leben und körperliche Unversehrtheit, denen damit ein anderer Status eingeräumt wurde als den sonstigen politischen, sozialen und Freiheitsrechten. An ein Wanken oder Auflösen der grundrechtlichen Systematik oder eine Lockerung des Folterverbots ist dabei von Seiten der deutschen Rechtsprechung nicht zu denken, wie sich auch im Fall Daschner bewies, in dem der stellvertretende Polizeipräsident Wolfgang Daschner im Ermittlungsverfahren einen Hauptkommissar angewiesen hatte, dem festgenommenen Tatverdächtigen Magnus Gäfgen am 1. Oktober 2002 die Zufügung schwerer Schmerzen anzudrohen, wenn er nicht den Aufenthaltsort des entführten 11-jährigen Jungen Jakob von Metzler preisgebe.[38]

Dieser Auffassung liegt die Überzeugung zugrunde, daß jeder Mensch als Person Würde, also einen spezifischen Eigenwert, besitzt, ohne Rücksicht auf seine Eigenschaften, seinen körperlichen oder geistigen Zustand, seine Leistungen und seinen sozialen Status: »Sie kann keinem Menschen genommen werden."[39] Verletzbar ist aber der Achtungsanspruch, der sich aus ihr ergibt. Ausgehend von der Vorstellung des Grundgesetzgebers, daß es zum Wesen des Menschen gehört, in Freiheit sich selbst zu bestimmen und sich frei zu entfalten, und daß der Einzelne verlangen kann, in der Gemeinschaft grundsätzlich als gleichberechtigtes Glied mit Eigenwert anerkannt zu werden, schließt es die Verpflichtung zur Achtung und zum Schutz der Menschenwürde generell aus, den Menschen zum

---

37 Heinz Guradze: Die Europäische Menschenrechtskonvention – Kommentar. Berlin 1968, S. 10.

38 Die Polizei ging zu diesem Zeitpunkt davon aus, daß der Junge noch am Leben war. Tatsächlich jedoch hatte Gäfgen, der im Juli 2003 zu lebenslanger Haft verurteilt wurde, den Jungen bereits vier Tage zuvor getötet und die Leiche versteckt. Gäfgen nannte den Ort nachdem ihm die Folter angedroht worden war. Daschner wurde am 20. Dezember 2004 vom Landgericht Frankfurt wegen des Verleitens zu schwerer Nötigung zu einer Geldstrafe in der Höhe von 10.800 Euro verurteilt, der mitangeklagte Hauptkommissar erhielt eine Geldstrafe von 3.600 Euro, wobei die Strafe weit unter der Maximalstrafe von 5 Jahren Haft blieb. Vergleiche: »Durch den Verstoß gegen das in § 136a I StPO und Art. 3 EMRK enthaltene Folterverbot im strafrechtlichen Vorverfahren werden die Grundrechte des Betroffenen aus Art. 1 Abs. 1 GG und Art. 104 Abs. 1 S. 2 GG mißachtet. Denn die Anwendung von Folter macht die Vernehmungsperson zum bloßen Objekt der Verbrechensbekämpfung unter Verletzung ihres verfassungsrechtlich geschützten sozialen Wert- und Achtungsanspruchs und zerstört grundlegende Voraussetzungen der individuellen und sozialen Existenz des Menschen.« (BVerfG 2BvR 1249/04). Eric Hilgendorf weist in seinem Aufsatz: Folter im Rechtsstaat? In: JZ 7 (2004), S. 331-339, S.332, darauf hin, daß im vorliegenden Fall zu leichtfertig und fast inflationär der Begriff »Folter« verwendet wurde, der durch den Sachverhalt noch bei weitem nicht erreicht worden sei.

39 Tatjana Geddert-Steinacher: Menschenwürde als Verfassungsbegriff – Aspekte der Rechtsprechung des Bundesverfassungsgerichts zu Art. 1 Abs. 1 Grundgesetz. In: Tübinger Schriften zum Staats- und Verwaltungsrecht, Band 5, Berlin 1990, S. 197.

bloßen Objekt des Staates zu machen.[40] Schlechthin verboten ist damit nach Ansicht des Bundesverfassungsgerichts jede Behandlung des Menschen durch die öffentliche Gewalt, die dessen Subjektqualität, seinen Status als Rechtssubjekt, grundsätzlich in Frage stellt, indem sie die Achtung des Wertes vermissen läßt, der jedem Menschen um seiner selbst willen, kraft seines Personseins, zukommt. Die existentielle Negation des Selbstwertes der einzelnen Person, wie sie durch die Folter ausgedrückt wird, läuft dieser Ansicht zuwider.

Neue Meinungen im deutschen Menschenrechtsverständnis

Im Zuge der Neukommentierung des Artikels 1 Grundgesetz im Grundgesetzkommentar von Maunz und Dürig durch Herdegen im Jahr 2003 erfolgte eine fulminante und weitreichende Änderung im Menschenrechtsverständnis, bzw. in der Interpretation der Konstitutionsnorm der deutschen Verfassung. Der gravierendste Unterschied zu Dürig liegt in Herdegens Annahme einer Entwicklungsoffenheit des Menschenwürdegehaltes, da die Anschauungen des Inhalts des Würdeanspruches und würdeverletzender Zumutungen einem kulturgeschichtlichen Wandel unterlägen (Herdegen, Rn. 37). Diese Entwicklungsoffenheit spiegelt sich in der Wertungs- und Abwägungsgebundenheit des Gewährleistungsgehaltes der Menschenwürde: in diesem Sinne proklamiert Herdegen die Existenz eines »Würdekerns«, »dessen Verletzung rein gegenständlich-modal durch die Art der Behandlung in Abstraktion von weiteren Umständen begründet ist« (Herdegen, Rn. 43). Außerhalb des engen Kreises rein modal oder rein final begründeter Verletzungshandlungen ist eine wertende Gesamtwürdigung eines weiteren Rasters relevanter Umstände angezeigt, so daß dem gegenständlich fest umschriebenen »Begriffskern« der Menschenwürde, ein »Begriffshof« zugeordnet ist, der für eine »bilanzierende Würdigung« zugänglich ist (Herdegen, Rn. 43f.). Die Randzonen der Würdegarantie, der »periphere, abwägungsoffene Schutzbereich«,[41] sind relativierbar, da hier, im Gegensatz zu Eingriffen in den Würdekern, Beeinträchtigungen nicht schon kraft ihres Modus generell dem Verdikt einer Würdeverletzung unterfallen (Herdegen, Rn. 44). Genau dies hat die eklatante Folge, daß Herdegen es »im Einzelfall« für möglich halten kann, »daß die Androhung oder Zufügung körperlichen Übels, die sonstige Überwindung willentlicher Steuerung oder die Ausforschung unwillkürlicher Vorgänge wegen der auf Lebensrettung gerichteten Finalität eben nicht den Würdeanspruch verletzen« (Herdegen, Rn. 45). Folter ist somit nach Herdegen keine Verletzung der Menschenwürde, da sie sich nur innerhalb des Begriffshofs abspielt.

---

40 Im folgenden die Ausführungen des Bundesverfassungsgerichts zur Frage nach der möglichen Eingriffsbefugnis des Staates in das Leben des Einzelnen in Notstandssituationen im Luftsicherheitsfall aus dem Jahr 2006, 1 BvR 357/05, NJW 11 (2006), S. 753ff.

41 Dreier, Art. 1 I, Rn. 134.

Kritisiert wird insbesondere die Vagheit des Ansatzes, die zu einer weiteren interpretatorischen Ausdehnung des erweiterten Schutzbereichs geradezu einlade.[42] Die Etablierung eines abwägungsoffenen Begriffshofes trägt mitnichten zur leichteren Faßbarkeit der Menschenwürde bei, noch verstärkt sie den allgemeinen Achtungsanspruch. Das Zugänglichmachen für Abwägungen führt statt dessen zu einer Aufweichung der Würdenorm.[43]

Mittlerweile unterstützt die Neukommentierung Herdegens implizit die Bestrebungen eines anderen Rechtswissenschaftlers, der sich seit 1996 für eine Lockerung und Relativierung des Folterverbots ausspricht. Brugger sieht bei seinem fiktiven »ticking-bomb-Szenario«, bei dem nur durch die sogenannte »Gefahrenabwehrfolter« ein Terrorist, der eine chemische Bombe in einer Stadt deponiert hat, zu einem Geständnis gezwungen und somit die Stadt gerettet werden kann, in der heutigen Rechtslage einen »Wertungswiderspruch«, der in einer Abwägungssituation zwischen der Menschenwürde des Täters gegen die Menschenwürde der potentiellen mehreren Opfer kulminiert.[44] Brugger interpretiert die Rechtslage zudem in seiner Alternativansicht so, daß die Polizei »nicht nur ausnahmsweise in diesem Fall foltern darf, sie muß es sogar in der geschilderten Sachverhaltskonstellation, und die betroffenen Bürger haben einen Anspruch darauf.«[45]

Herdegen wie auch Brugger erfuhren herbe Kritik, da hier direkt oder implizit ein Konstituum aufgegeben werden soll, das die bisherige nationale Rechtsordnung in Balance gehalten hat: »Nein, der Staat darf nicht foltern. [...] Und die Antastung der Menschenwürde durch Folter ist ein Tabubruch ohne Not. Wir haben allen Grund, an der Menschenwürde, auch an dem Tabu, das in ihr liegt, festzuhalten.«[46] Problematisch an Bruggers Ansatz ist zudem, daß er eine Menschenwürdeverletzung des im Polizeigewahrsam befindlichen Täters für unab-

---

42 Dreier, aaO.

43 Die Widersprüchlichkeit des Ansatzes einer strikten Unterscheidung von Begriffskern und -hof wird zudem durch folgendes Zitat deutlich: »Die fließenden Konturen der Menschenwürde erschweren verläßliche Aussagen über den Spielraum des Gesetzgebers, im ›Umkreis‹ von (möglichen) Würdeverletzungen Freiheitsräume zu beschränken.« Herdegen: Art. 1 Abs. 1. Rn. 78 (44. Lfg.).

44 Unter anderem Winfried Brugger als Diskutant in: Darf der Staat foltern? – Eine Podiumsdiskussion. Humboldt Universität zu Berlin, 28.06.2001. In: Humboldt Forum Recht, Beitrag 2 (2002), www.humboldt-forum-recht.de (Stand Juni 2006), S. 4.

45 Winfried Brugger als Diskutant in: Darf der Staat foltern? S. 5. Als Voraussetzungen für die legitime Ausnahme vom Folterverbot listet Brugger auf: 1) Eine evidente 2) unmittelbare 3) Gefahr für die körperliche Integrität und das Leben eines Unbeteiligten, die 4) durch den identifizierbaren Störer verursacht worden ist. Dieser Störer muß 5) die einzige Person sein, die die Gefahr dadurch beseitigen kann, daß er 6) dazu verpflichtet ist, sich 7) in die Grenzen des Rechts zurückzubewegen. Ebenda, S. 7.

46 Bernhard Schlink als Diskutant in: Darf der Staat foltern? S. 6. Weitere Kritik bei Dreier: Art. 1 Abs. 1 GG, Rn. 132, Fn. 433.

dingbar hält.[47] Auch hinkt Bruggers Argumentation des Wertungswiderspruchs in einem äußersten Grenzfall, der in einen »Konflikt von Würde gegen Würde«[48] gipfelt, zudem spätestens an der Behauptung dieser notwendigen Güterabwägung, handelt es sich doch, laut Bielefeldt, ausschließlich um einen Konflikt zwischen staatlicher Schutzpflicht und staatlicher Achtungspflicht hinsichtlich der Menschenwürde bei dem die Achtung Vorrang haben müsse.[49]

Der Umgang mit dem Folterbegriff

Interessant ist an allen Überlegungen zum Umgang mit dem Rechtsprinzip der Menschenwürde und des Folterverbots, die sich ja zumindest in Deutschland momentan noch auf der rein akademischen Ebene bewegen,[50] daß von den Autoren eine besondere Sprachwahl getroffen wird. Herdegen sequentiert und marginalisiert seine Menschenwürde in den abstrakten und lebensfernen »Begriffskern« und »Begriffshof«. Brugger und andere Autoren sprechen sich nicht für eine Ausnahme vom Folterverbot aus, sondern propagieren die Notwendigkeit »maßvollen physischen Drucks«, von »Aussageerzwingung«, »Rettungsfolter«, »Präventivfolter« oder »Gefahrenabwehrfolter«.[51] Diese Sprachregelungen vermeiden bewußt den negativ konnotierten Begriff der Folter, um ihn für eine diskursive Zugänglichkeit zu öffnen und eine natürliche Scheu vor der Antastung dieses Sachverhalts zu zerstreuen. Abgesehen von der juristisch eindeutigen Sachlage der absoluten und abwägungsfreien Geltung des Folterverbots im allgemein verbindlichen Völkergewohnheitsrecht,[52] werden hier schleichend Grau-

---

47 Dies verneinend Hilgendorf, S. 337.

48 Winfried Brugger: Vom unbedingten Verbot der Folter zum bedingten Recht auf Folter? In: JZ 55 (2000), S. 169.

49 Vergleiche zudem weitere Kritik in Heiner Bielefeldt: Das Folterverbot im Rechtsstaat. Policy Paper No. 4, Deutsches Institut für Menschenrechte, Berlin 2004, S. 6: »Mit der Negierung der Würde des Gefolterten verstoßen die Folterer zugleich gegen ihre eigene Würde.«

50 Auch der Fall Daschner hat eine rein akademische Diskussion ausgelöst, da im Urteilsspruch des Gerichts am absoluten Folterverbot festgehalten wurde; die besonderen Umstände des Ermessenskonflikts wirkten sich ausschließlich auf der Ebene der Strafzumessung aus: »Die im Rahmen einer polizeilichen Vernehmung gegenüber dem Vernommenen geäußerte Drohung, man werde ihm Schmerzen zufügen, um ihn zu wahrheitsgemäßen Angaben […] zwingen, stellt eine unzulässige Nötigungshandlung i. S. des § 240 StGB dar. Bei den im juristischen Schrifttum erörterten Ausnahmekonstellationen handelt es sich um Grenzfälle, die jedenfalls dann keine abweichende Bewertung rechtfertigen, wenn die in der konkreten Situation in Frage stehenden Verdachtsmomente noch nicht ausreichend sicher ermittelt und gesetzlich zulässige Ermittlungsmaßnahmen noch nicht ausgeschöpft sind.« LG Frankfurt a.M., Urteil vom 20.12.2004, NJW 10 (2005), S. 692-696.

51 Eine Zusammenfassung dieser Sprachspiele findet sich in Follmar/ Heinz/ Schulz: Zur aktuellen Folterdebatte in Deutschland. Policy Paper No. 1, Deutsches Institut für Menschenrechte, Berlin 2003.

52 Dreier, Art. 1 Abs. 1 GG, Rn. 29; Art. 2 Abs. 2 GG, Rn. 6, 72.

zonen und Ermessensspielräume eröffnet, die von einer theoretischen Denkmöglichkeit zu politischen Handlungsoptionen führen und durch diese Aufweichung dem Inbegriff staatlicher Willkür den Weg ebnen.

Statt dessen sollte bedacht werden, daß gerade ein prägnant gefaßter Folterbegriff von Nöten ist, wie auch ein klarer Begriff der auch hier als Gegenargument angeführten Menschenwürde. Ein präziser Folterbegriff muß 3 Elemente umfassen, die sich in der Definition des Art. 1 Abs. 1 der UN-Folterkonvention[53] finden: 1) ein objektiver Tatbestand, der mit der »Zufügung großer körperlicher oder seelischer Schmerzen oder Leiden« umschrieben wird, 2) ein subjektiver Tatbestand auf seiten des Täters, bestehend aus Vorsatz und einer bestimmten Intention der Handlung, 3) eine besondere Nähe des Täters zur staatlichen Gewalt.[54] Das rechtsethische Hauptargument gegen die Durchführung von Folter in einem Rechtsstaat liegt in der Menschenwürde, die auch dem abtrünnigsten Rechtsbrecher nicht abgesprochen werden darf. Die Folterhandlung greift einige Charakteristika des Menschen an, die sich mit dem Oberbegriff der Menschenwürde zusammenfassen lassen. Die Reduktion des Gefolterten auf seine bloße Körperlichkeit, auf seine vegetative Existenz, die Verletzung seines Selbstbewußtseins, seiner Willensfreiheit und Autonomiefähigkeit stellt den gravierendsten Angriff auf die Menschenwürde dar, da diese Aspekte den angeborenen und unveräußerlichen Eigenwert des Menschen formieren.[55] In dem Verbot der Folter, das auf dem Gedankengut der Aufklärung beruht, wird darum heute ein in der Achtung der Menschenwürde wurzelnder unantastbarer Grundwert demokratischer Gesellschaften gesehen.[56]

Die in der deutschen Folterdebatte tatsächlich verwendete veränderte Sprachwahl hinsichtlich des Folterbegriffs, die zu einer Trivialisierung oder Legitimierung der Folter führen soll, bringt zudem eine Änderung im Menschenbild des Trägers der Menschenrechte zum Ausdruck. Der zu Folternde wird nicht mehr als gleichberechtigtes Mitglied der sozialen Gemeinschaft angesehen, dem die gleichen Rechte zuzugestehen sind wie den übrigen Personen, sondern er wird, teilweise sogar unter Absehung des tatsächlichen Schuldnachweises, reduziert auf das preiszugebende Wissen oder die körperliche Faktizität. Dabei sollte bedacht werden, daß die Funktionalisierung des Menschen zum bloßen Mittel der In-

---

53 Übereinkommen gegen Folter und andere grausame, unmenschliche oder erniedrigende Behandlung oder Strafe vom 10.12.1984, BGBl. 1990 II, S. 247ff.

54 Vergleiche auch Hilgendorf, S. 334.

55 Hilgendorf, S. 336, weist zudem darauf hin, daß diese aufklärerische Fassung der Menschenwürde mit dem Zentrum in der individuellen Autonomie nicht von allen Ideologien und Religionen geteilt wird, da zum Beispiel das Christentum Folter häufig als Glaubensprobe ansieht und einem gefolterten Gott huldigt.

56 Walter Gollwitzer: Menschenrechte im Strafverfahren – MRK und IPBR. Berlin 2005, Art.3, Rn.1.

formationsgewinnung oder Machtausübung vollständig ist, sein Anspruch auf Achtung als Selbstzweck restlos negiert wird.[57]

Das häufig emotional aufgeladene Thema und der tatsächlich fühlbare Interessenskonflikt, in den man gerät, wenn man sich mit den Fallkonstellationen auseinandersetzt und mit welchen Autoren wie Brugger ihre Thesen untermauern wollen, mag dazu verleiten, in akademisch leichtfertiger, da rein theoretischer Weise mit dem Folterbegriff umzugehen. Für den von den Befürwortern der Abschwächung des Folterverbots meist grausam angelegten Beispielfall mag es gerechtfertigt erscheinen, seiner Abscheu dem gesichtslosen Täter gegenüber durch eine intensive Parteinahme für das Opfer Ausdruck zu verleihen. Dabei wird aber die weitreichende Bedeutung einer solchen Haltung meist übersehen: Ideale Prinzipien wie die Menschenwürde als das grundlegendste Faktum der Vernunft leben von einer Beachtung in jedem Einzelfall und negieren Ausnahmen per se. Die Menschenwürde wäre ad absurdum geführt, könnte sie im Einzelfall außer Kraft gesetzt, übersehen, degradiert oder negiert werden. Das von Brugger[58] geforderte Überwinden des Tabus der Menschenwürde innerhalb der rein juristisch zu führenden Diskussion um das Aufweichen des Folterverbots ist dabei evident illegitim: Die körperliche Integrität und die freie Betätigung des autonomen Willens des einzelnen Menschen ist wesentlicher Bestandteil seines Selbstgefühls als individuelle Person und somit Ausdruck der ihm innewohnenden Würde. Das absolute und notstandsfeste Folterverbot ist kein Ausdruck einer »Schönwetter-Jurisprudenz, die gegen Sturm und Blitz nicht gewappnet ist,«[59] sondern diese ist gerade und ausschließlich durch das Festhalten am unumstößlichen Folterverbot gegen Eingriffe, Aufweichungen und Marginalisierungen ihrer Fundamentalnorm Menschenwürde abgesichert.

In all den Notfallszenarien geht es nicht um eine Abwägung der Menschenwürde und körperlichen Integrität des Täters mit der des Opfers oder der Opfer, sondern um ein Abwägen: Soll oder soll nicht das Prinzip der Menschenwürde für alle Menschen gelten. Da diese Frage mit der direkten Deduktion der Menschenwürde aus dem Menschsein heraus beantwortet ist, stellt sich de facto keine Abwägungsfrage.[60] Die sophistisch veränderte Sprachwahl in der Folterdebatte kommt dabei einem Paradigmenwechsel im verhängnisvollen Verhältnis zwi-

---

57 Heiner Bielefeldt: Das Folterverbot im Rechtsstaat. Policy Paper No. 4, Deutsches Institut für Menschenrechte, Berlin 2004, S. 8 Fn. 19.

58 Winfried Brugger als Diskutant in: Darf der Staat foltern? S. 11: »Was ich vorschlage, ist in der Tat ein Tabubruch. [...] Die hohe emotionale Hürde darf aber nicht unüberwindlich sein, dann würde sie nämlich das Denken ausschalten, und das darf nicht sein.«

59 Winfried Brugger als Diskutant in: Darf der Staat foltern? S. 5.

60 Hilgendorf, S. 337f., stellt die interessante und komplizierte Frage, ob nicht auch ein kategorisches Verbot der Folter die Menschenwürde verletze, nämlich die Menschenwürde der Unschuldigen, die im jeweiligen Notfallszenario vom Staat ihrem Schicksal überlassen werden. Hilgendorf schlägt hierfür 3 Lösungswege vor, von denen der von ihm präferierte »leichte Formen des unmittelbaren Zwangs« ausnahmsweise zulassen soll.

schen Individuum und Staat gleich, dessen Neuregelung Inhalt und Auslöser für die Etablierung menschenrechtlicher Normen war. Stand vorher der übermächtig agierende Souverän Staat im Vordergrund, orientierte sich in Deutschland spätestens das Bonner Grundgesetz an den Bedürfnissen des schützenswerten Trägers ihm innewohnender Menschenrechte. Gerade im Zusammenhang mit Folter besteht die Gefahr, daß aus einem Sicherheitsbedürfnis heraus ungerechtfertigte Zugeständnisse in der Einschränkung der persönlichen Freiheit erfolgen: Die Triebhaftigkeit, Grenzenlosigkeit der Folter und der Fakt, daß Folter einer Wiedergutmachung nicht zugänglich ist, begründen eine reelle Gefahr des Dammbruchs. Das Argument des vorrangigen Opferschutzes verfälscht die Perspektive, da Sicherheit auch als Sicherheit der Bürger vor staatlichen Eingriffen verstanden werden muß.[61] Das Postulat menschlicher Würde als normatives Fundament von Moral und Recht[62] wies die Richtung der Rechtstaatlichkeit und muß jegliche Neuinterpretation überspannen.

III Die amerikanische Perspektive

In Amerika läuft derzeit eine äußerst intensive Debatte über die Zulässigkeit und mögliche Definition von Folter. Nach wie vor gibt es Debatanten, die für eine Aufrechterhaltung des juristisch festgelegten Folterverbots plädieren. Elaine Scarrys Buch »The Body In Pain«[63] etwa wird oft von Foltergegnern angeführt. Die in dem Buch durchgeführte grundlegende Analyse körperlicher Nötigung spricht sich klar gegen eine Schwächung des Folterverbots aus. Dort wird aufgezeigt, wie der Folternde die Humanität seines Opfers systematisch zerstört, indem er ihn auf einen sprachlosen Gegenstand reduziert, der nichts außer Schmerzen empfinden kann. Gleichzeitig argumentieren andere Gegner, wie Senator John McCain, der selbst als Krieggefangener in Vietnam gefoltert wurde, erstens mit der praktischen Unzulänglichkeit der Folter als Mittel der Informationsgewinnung und zweitens mit der daraus resultierenden möglichen Gefährdung von in Gefangenschaft gehaltenen amerikanischen Soldaten und Soldatinnen.[64] Nach den Attacken des 11. September 2001 wurde verschiedentlich versucht, das gesetzlich

---

[61] So auch Follmar / Heinz / Schulz: Zur aktuellen Folterdebatte in Deutschland. Policy Paper No. 1, Deutsches Institut für Menschenrechte, Berlin 2003, S. 10.

[62] Vergleiche hier den Rekurs auf die kantische Philosophie in Heiner Bielefeldt: Das Folterverbot im Rechtsstaat. Policy Paper No. 4, Deutsches Institut für Menschenrechte, Berlin 2004, S. 6 Fn. 12.

[63] Elaine Scarry: The Body in Pain – The Making and Unmaking of the World. Oxford 1985, S. 27-59.

[64] John McCain: Torture's Terrible Toll. In: Newsweek (21. November 2005): http://www.msnbc.msn.com/id/10019179/site/newsweek/ (Stand Juli 2006).

geregelte Folterverbot angesichts des »neuen Paradigmas«[65] der Terrorbedrohung sowohl juristisch, als auch diskursiv-begrifflich zu lockern. Folter wird dabei im Vergleich mit der übermächtig erscheinenden Bedrohung durch den internationalen Terrorismus als ein vergleichbar »kleines« Übel beschrieben.[66] Die Ergebnisse dieser Versuche wurden in dem Folterskandal von Abu Ghraib im Frühjahr 2004 besonders eklatant sichtbar.

Das amerikanische Menschenrechtsverständnis

Der ersten Ausformulierung der Menschenrechte in den USA, der amerikanischen Unabhängigkeitserklärung von 1776, liegt die englische Magna Charta Libertatum[67] (dt.: Großer Freibrief) von 1215 zugrunde. Ziel der Magna Charta war zum einen, die absolute Macht des wegen seiner verfehlten Außenpolitik unpopulären Königs Johann Lockland einzugrenzen sowie die Festnahme bzw. Verbannung »freier Männer« (also männlicher Adliger) ohne gerichtlichen Prozeß zu verbieten. Eleanor Roosevelt verlieh in ihrer Rede vor den Vereinten Nationen anläßlich der Ratifizierung der Allgemeinen Erklärung der Menschenrechte (AEMR) im Jahr 1948 ihrem Wunsch Ausdruck, das Dokument möge eine »Magna Carta für die gesamte Menschheit« sein.[68] Tatsächlich finden sich zwei Artikel der Magna Carta (Artikel 38 und 39) in abgeänderter Form in der AEMR wieder: Das Recht eines jeden Angeklagten auf ein öffentliches und gerechtes Verfahren vor einem unabhängigen Gericht (Artikel 10 AEMR) sowie der rechtlich verbürgte Schutz gegen willkürliche Festnahme oder Verbannung (Artikel 9 AEMR).

Einen prägenden Einfluß auf das amerikanische Verständnis der Menschenrechte besaß schließlich auch die »English Bill of Rights« von 1689. Sie untersagte Wilhelm von Oranien Grundrechte in Ausnahmesituationen per Dekret außer Kraft zu setzen. In diesem Dokument wurde auch Folter explizit verboten. Der Hauptvorwurf, der dabei von den beiden Häusern des britischen Parlaments ge-

---

65 Memo: President Bush on Humane Treatment of al-Qaeda and Taliban Detainees, February 7, 2002. In: Mark Danner (Hg.): Torture and Truth: America, Abu Ghraib, and the War on Terror. London 2004, S.105.

66 Vergleiche Sanford Levinson: Contemplating Torture: An Introduction. In: Sanford Levinson (Hg): Torture - A Collection. Oxford 2004, S. 24; Michael Ignatieff: The Lesser Evil - Political Ethics in an Age of Terror. Edinburgh 2004; Alan M. Dershowitz: Why Terrorism Works - Understanding the Threat, Responding to the Challenge. New Haven 2002, S. 131-163.

67 An Act Declaring the Rights and Liberties of the Subject and Settling the Succession of the Crown: http://www.constitution.org/eng/eng_bor.htm (Stand Juli 2006).

68 Eleanor Roosevelt: Address to the United Nations General Assembly on the Adoption of the Universal Declaration of Human Rights, United Nations General Assembly, Third Session, First Part, Official Records, A/PV.136-187, 180th plenary meeting, 09.12.1948, S. 862f.

gen James II. vorgebracht wurde, richtete sich gegen die Einschränkung staatsbürgerlicher Freiheitsrechte sowie gegen James' Einführung »ungesetzmäßiger und grausamer Bestrafungen«.[69] Die gesetzmäßige Reduzierung dieser drakonischen Strafen durch das Parlament, wie auch die Reduzierung des königlichen Privilegs, zu seinen Zwecken außerordentliche Gerichte einzuberufen, brachten ein neues Machtverhältnis mit sich: Der Monarch genoss von nun an nicht mehr absolute Privilegien und die Rechte von Einzelpersonen wurden gegenüber dem Staat gestärkt.[70]

Eine spezifisch amerikanische Prägung erhielten diese frühen Formulierungen der Menschenrechte allerdings erst 1776 mit dem Erscheinen von Thomas Paines anonymem Pamphlet »Common Sense«[71] (dt.: Gesunder Menschenverstand). Dieses Pamphlet verteidigte mit aller Vehemenz das Recht der amerikanischen Kolonien auf Unabhängigkeit von Großbritannien und bestand gleichzeitig auf der Gründung einer vom früheren Mutterland unabhängigen amerikanischen Regierung. Paines Kampfschrift ist dabei getragen vom Glauben an die Unerschütterlichkeit der allen Menschen von Natur aus gegebenen Rechte:

> The conferring members being met, let their business be to frame a CONTINENTAL CHARTER, or Charter of the United Colonies; (answering to what is called the Magna Carta of England) fixing the number and manner of choosing members of Congress, members of Assembly, with their date of sitting, and drawing the line of business and jurisdiction between them: (Always remembering, that our strength is continental, not provincial:) Securing freedom and property to all men, and above all things, the free exercise of religion, according to the dictates of conscience; with such other matter as is necessary for a charter to contain. [...] A government of our own is our natural right.[72]

Im letzten Satz erinnert Paine an die Unterscheidung zwischen Naturrechten und Grundrechten. Wie auch John Locke vor ihm argumentiert Paine, daß Naturrechte allen anderen Rechtsansprüchen vorausgehen. So steht nach Paine das Recht der Amerikaner auf eine eigene Regierung, die Freiheit, Besitz und Religionsfreiheit garantieren soll, jeglichem positiv-rechtlichen Anspruch Großbritanniens vor. In seinen »Second Treatise of Government«[73] von 1690 hatte der englische Philosoph Locke das Recht auf Leben, Freiheit und Privateigentum als von Gott gegebene, ewige und unveräußerliche Naturrechte beschrieben: Dieser

---

69 An Act Declaring the Rights and Liberties of the Subject and Settling the Succession of the Crown, vgl. Fn. 74: »Whereas the late King James the Second, by the assistance of divers evil counsellors, judges and ministers employed by him, did endeavour to subvert and extirpate the Protestant religion and the laws and liberties of this kingdom [...]. And illegal and cruel punishments inflicted.«

70 Isser Woloch: Eighteenth-Century Europe. New York / London 1982, S. 30.

71 Thomas Paine: Common Sense (1776). London 1976.

72 Paine, Section three: »Thoughts on the present state of American affairs«, S. 97f.

73 Thomas Locke: Two Second Treatise of Government (1690). In: Two Treatises of Government. Cambridge 1960, S. 285-446.

Rechtskatalog ist mithin universell und hängt nicht von der Willkür einer rechtsetzenden Staatsmacht ab.

Paines Pamphlet wirkte maßgebend auf die amerikanische Unabhängigkeitserklärung ein, in der der Anspruch auf Freiheit, körperliche Unversehrtheit und das individuelle Streben nach Glück als universelles und unveränderliches Grundrecht verankert ist. Nicht weniger wichtig an der Unabhängigkeitserklärung ist der Verweis auf die Gleichheit aller Menschen: »We hold these truths to be self-evident, that all men are created equal, that they are endowed by their Creator with certain unalienable Rights, that among these are Life, Liberty and the pursuit of Happiness.«[74] Dieser Satz findet sich leicht verändert in der Präambel der AEMR wieder.[75] Wiederum dient der Hinweis auf die »unveräußerlichen Rechte« als Rechtfertigung der Freiheitsbestrebungen der Vereinigten Staaten und als Legitimation der Einsetzung einer unabhängigen amerikanischen Regierung. Trotz dieser menschenrechtlichen Bestrebungen entgeht die Unabhängigkeitserklärung nicht einem inneren Widerspruch. Denn sie proklamiert zwar die Gleichheit »aller Menschen«, läßt aber zugleich die Sklaverei als gravierendes menschenrechtliches Problem unerwähnt. Dieses Problem wurde auch nicht in der Verfassung der Vereinigten Staaten (1787) gelöst. Die implizite Negierung der Personenqualität von Versklavten ebnete den Weg für eine mehrere hundert Jahre dauernde Verletzung der Menschenrechte schwarzer Amerikanerinnen und Amerikaner. Durch Zusatzartikel XIII der Verfassung wurde die Sklaverei abgeschafft; und nach 1868 garantierte Zusatzartikel XIV afroamerikanischen Bürgern den gleichen Schutz durch und gleiches Recht vor dem Gesetz. Erst mit der Verabschiedung des Civil Rights Act von 1964, des Voting Rights Act von 1965 und mehreren Entscheidungen des Obersten Gerichtshofes wurde die öffentliche Rassendiskriminierung de jure abgeschafft, auch wenn sie dennoch de facto weiter praktiziert wurde.[76] Die Unveräußerlichkeit der Grund- und Naturrechte, die im ersten Satz der Unabhängigkeitserklärung als für alle Menschen geltend pos-

---

74 »Wir halten die nachfolgenden Wahrheiten für klar an sich und keines Beweises bedürfend, nämlich: daß alle Menschen gleich geboren; daß sie von ihrem Schöpfer mit gewissen unveräußerlichen Rechten begabt sind; daß zu diesem Leben, Freiheit und das Streben nach Glückseligkeit gehöre; daß, um diese Rechte zu sichern, Regierungen eingesetzt sein müssen, deren volle Gewalten von der Zustimmung der Regierten herkommen.« Traugott Bromme: Die Verfassungen der Vereinigten Staaten von Nord-Amerika, Hoffmannsche Verlags-Buchhandlung 1849, http://www.verfassungen.de/us/unabhaengigkeit76.htm (Stand Juli 2006).

75 »Da die Anerkennung der angeborenen Würde und der gleichen und unveräußerlichen Rechte aller Mitglieder der Gemeinschaft der Menschen die Grundlage von Freiheit, Gerechtigkeit und Frieden in der Welt bildet [...].« Präambel, Abs. 1, AEMR; vergleiche auch Louis Henkin: The Universal Declaration and the U.S. Constitution. In: Political Science and Politics 31 (Sep 1998), No 3. S. 512-515.

76 Alan Axelrod / Charles Phillips: What Every American Should Know about American History. Holbrook, MA 1992, S. 323-325.

tuliert wird, traf nach amerikanischem Gesetz lange Zeit nur auf solche Bürger zu, die der Verfassung tatsächlich als Menschen galten.

In Ergänzung der Unabhängigkeitserklärung legte die 1789 verfaßte und 1791 ratifizierte »Bill of Rights« schließlich einen zehn Punkte umfassenden Grundrechtskatalog für alle amerikanischen Bürger fest. Die in diesen Zusatzartikeln benannten Rechte sind von jedem Bürger beim amerikanischen Obersten Gerichtshof jederzeit einklagbar. Für die folgende Auseinandersetzung mit dem Folterbegriff sind die Zusätze V, VI und VIII[77] von besonderer Bedeutung: Sie formulieren das Grundrecht aller Bürger auf »ein ordentliches Gerichtsverfahren nach Recht und Gesetz« (Zusatz V) wie auch das Recht eines jeden Bürgers auf »einen Rechtsbeistand« und »auf ein unverzügliches und öffentliches Gerichtsverfahren vor einem unparteiischen Geschworenengericht» (VI). Sie garantieren außerdem Schutz vor »grausame[n] oder ungewöhnliche[n] Strafen» (VIII).[78] Trotz seiner Wurzeln in der naturrechtlichen Philosophie des achtzehnten Jahrhunderts argumentiert das amerikanische Menschenrechtsverständnis wenig mit dem kantischen Begriff der Menschenwürde, wenn es um die Diskussion des Folterverbots geht. Statt dessen wird die Verfassungswidrigkeit von Folter betont, die in der Bill of Rights als Recht auf Schutz vor »grausame[n] oder ungewöhnliche[n] Strafen» verankert ist.[79]

Das neue amerikanische Menschenrechtsverständnis nach dem 11. September 2001

Auf die Angriffe auf das World Trade Center und das Pentagon im September 2001 folgte die Aufhebung zahlreicher Zivil- und Menschenrechte in den USA.[80]

77 Verfassung der Vereinigten Staaten von Amerika (17. September 1787), http://usa.usembasy.de/etexts/gov/govconstitutiond.pdf#search=%228.%20Zusatzartikel%20der%20Verfassung%20%22 (Stand September 2006).

78 The Bill of Rights. In: The US National Archives & Records Administration, http://www.archives.gov/national-archives-experience/charters/bill_of_rights_transcript.html (Stand August 2006): »Excessive bail shall not be required, nor excessive fines imposed, nor cruel and unusual punishments inflicted.« Vergleiche Verfassung der Vereinigten Staaten von Amerika.

79 Vergleiche der Apell auf die Verfassungwidrigkeit der grausamen Bestrafung in diesem Gesuch um eine Beendigung von Folter in amerikanischen Gefängnissen: »WHEREAS: We who have signed this petition, and are citizens of the United States and of our respective States, are those in whose name people are arrested, prosecuted, incarcerated, tortured, abused, terrorized, and killed. The public is, with malice aforethought, kept blind of these atrocities even though we are those to whom all authority in the United States and the States is responsible. The United States Constitution, the highest law of the land, guarantees the right to freedom from cruel and unusual punishment and to violate this law is to undermine the dignity and peace of the United States. «Petition – Stop Prisoner Abuse – Torture – Murder in American Prisons« (30. Januar 2005): http://www.petitiononline.com/swiney12/petition.html (Stand September 2006).

80 Vergleiche Fiona Doherty / Kenneth Hurwitz u.a.: Imbalance of Powers – How Changes to US Law & Policy Erode Human Rights and Civil Liberties. New York 2003, S. 1-68.

Am 13. November 2001 erteilte Präsident George W. Bush eine militärische Anordnung, die Terror-Verdächtigen das Recht auf ein Militärgerichtsverfahren nach rechtsstaatlichen Grundsätzen absprach.[81] Kurz darauf, am 26. Oktober 2001, wurde das USA-PATRIOT-Gesetz (»Uniting and Strengthening America by Providing Appropriate Tools Required to Intercept and Obstruct Terrorism Act«) verabschiedet.[82] Der rechtskräftige PATRIOT-Act setzte gleich eine Reihe der in der »Bill of Rights« verbürgten Grundsätze außer Kraft. So können seit dem Erlaß des Gesetzes beispielsweise Telefonate amerikanischer Bürger abgehört, ihre elektronische Post abgefangen und ihre Wohnungen ohne richterliche Befugnis durchsucht werden. Die eilige bzw. übereilte Ratifizierung des PATRIOT-Act spiegelt zum einen eine gerade in den USA nach den Anschlägen des 11. September weit verbreitete Angst wider. Zum anderen illustriert sie geradezu symptomatisch die Lockerung des verfassungsmäßigen Schutzes der Grundrechte zu Gunsten eines wachsenden Sicherheitsbedürfnisses.

Seit Anfang 2002 wurden schätzungsweise 650 in Afghanistan festgenommene Männer[83] in das Gefangenenlager auf dem US-Stützpunkt Guantánamo Bay in Kuba deportiert und dort verhört. Da Guantánamo Bay nominell zu Kuba gehört, fallen die dort inhaftierten Gefangenen nicht unter amerikanische oder internationale Gerichtszuständigkeit, bzw. legte die Bush-Regierung so den undefinierten Rechtsstatus des militärischen Stützpunktes aus.[84] Gleichzeitig bezeichnete der amerikanische Präsident George W. Bush die Häftlinge als »Mörder«, die nicht die gleiche Behandlung wie einfache Kriegsgefangene verdienten.[85]

---

[81] Military Order of November 13, 2001: Detention, Treatment, and Trial of Certain Non-Citizens in the War Against Terrorism. In: Danner, S. 78f.: »[...] e) To protect the United States and its citizens, and for the effective conduct of military operations and prevention of terrorist attacks, it is necessary for individuals subject to this order pursuant to section 2 hereof to be detained, and, when tried, to be tried for violations of the laws of war and other applicable laws by military tribunals. (f) Given the danger to the safety of the United States and the nature of international terrorism, and to the extent provided by and under this order, I find consistent with section 836 of title 10, United States Code, that it is not practicable to apply in military commissions under this order the principles of law and the rules of evidence generally recognized in the trial of criminal cases in the United States district courts.«

[82] President Signs Anti-Terrorism Bill. In: White House Press Releases (26 Oktober 2001): http://www.whitehouse.gov/news/releases/2001/10/20011026-5.html (Stand August 2006).

[83] Doherty / Hurwitz u.a., S. 59f.

[84] Jane Mayer: The Experiment. In: The New Yorker (11. / 18. Juli 2005), S. 60: »From the beginning, however, the Guantánamo Bay prison camp was conceived by the Bush Administration as a place that could operate outside the system of national and international laws that normally govern the treatment of prisoners in U.S. custody. Soon after September 11th, the administration argued that the Guantánamo site, which America had been leasing from the Cuban government since 1903, was not bound by the Geneva Conventions.«

[85] Bush says no POW status for detainees. In: cnn.com (28 Januar 2002), http://www.cnn.com/2002/US/01/28/ret.wh.detainees/index.html (Stand Juli 2006).

Nach einer Anordnung des amerikanischen Präsidenten vom 7. Februar 2002 verloren zentrale Statuten der Genfer Abkommen im »Krieg gegen den Terrorismus« ihre Rechtsgültigkeit.[86] So besitzt nach Präsident Bushs Willen keine der Bestimmungen der Genfer Abkommen Gültigkeit im Konflikt mit al-Quaida, da diese Gruppe nicht zu den Unterzeichnern der Abkommen gehöre; zweitens habe der US-Präsident entsprechend der amerikanischen Verfassung das Recht, die Genfer Abkommen im Hinblick auf die amerikanische Rechtsprechung zeitweilig aufzuheben; drittens treffe Artikel 3 der Abkommen, der die Behandlung von Kriegsgefangenen festlegt, auf Taliban oder al-Quaida-Kämpfer nicht zu, da er ausschließlich im Hinblick auf Konflikte zwischen Staaten konzipiert worden sei; viertens fielen Taliban-Kämpfer nicht unter die Genfer Definition von Kriegsgefangenen entsprechend Artikel 4 der Konvention – vielmehr seien sie als »enemy / illegal combatants« (dt.: feindliche oder ungesetzliche Kämpfer) einzustufen. Der Krieg gegen den Terrorismus stelle, so das Dokument, »ein neues Paradigma« dar – allem Anschein nach ein Paradigma, in dem die Genfer Abkommen keine Rolle mehr spielen. Diese Anordnung des Präsidenten bereitete so den Boden für Verhörpraktiken, die kaum mehr als human gelten können.

Der Begriff der »enemy combatants«[87] erlaubte es der amerikanischen Regierung, in Afghanistan und Pakistan festgenommene Männer in Guantánamo und in anderen Gefangenenlagern ohne konkreten Tatvorwurf und ohne Anspruch auf Rechtsbeistand festzuhalten.[88] Nach der Anordnung des Präsidenten genossen sie weder den Schutz von »Kriegsgefangenen« nach Artikel 3 der Genfer Abkommen[89] noch den Schutz von »Zivilpersonen in Kriegszeiten« nach Artikel 4.[90] Die Häftlinge könnten als »illegal combatants« ohne jeden Prozeß in Länder verschleppt werden, wo jenseits amerikanischer Jurisdiktion körperliche Folter auf sie angewandt werden dürfte.[91] Am 1. August 2002 erhielt der heutige US-

---

86 Memo: President Bush on Humane Treatment of Taliban and al Qaeda Detainees. In: Danner, S. 105f.

87 Zu Geschichte und juristischem Status dieses Begriffes vergleiche Terry Gill / Elies von Sliedregt: Guantánamo Bay – A Reflection on the Legal Status and Rights of »Unlawful Enemy Combatants«. In: Utrecht Law Review 1 (September 2005), No. 1, S. 28-54.

88 Für eine deutsche Zusammenfassung vergleiche Wolfgang S. Heinz und Jan-Michael Arend: Internationale Terrorismusbekämpfung und Menschenrechte – Entwicklungen 2003/2004. Berlin 2004, S. 22 f.

89 Genfer Abkommen vom 12. August 1949 über die Behandlung der Kriegsgefangenen (mit Anhängen) http://www.admin.ch/ch/d/sr/0_518_42/index.html (Stand September 2006).

90 Genfer Abkommen vom 12. August 1949 über den Schutz von Zivilpersonen in Kriegszeiten (mit Anhängen), http://www.admin.ch/ch/d/sr/0_518_51/index.html (Stand September 2006).

91 Charles G.H. Bower II: The Lives of Animals, the Lives of Prisoners, and the Revelations of Abu Ghraib. In: Vanderbilt Journal of Transnational Law 37 (2004), S. 1370; Knut Dörmann: The Legal Situation of »unlawful / unprivileged combatants«. In: RICR 85 (März 2003), No. 849. S. 45-75.

Justizminister Alberto Gonzales ein Memorandum[92] mit dem Zweck, die Verhöre von inhaftierten Taliban- und al-Quaida-Kämpfern außerhalb der USA »effizienter« als bisher zu gestalten. Hierin führen drei der Argumentationsstrategien in dem Memorandum zur Ausweitung des Folterbegriffs: Erstens wird der Begriff »Folter« in Absetzung der Genfer Abkommen radikal eingegrenzt; zweitens verleiht das Memorandum dem Präsidenten als Commander-in-Chief (dt.: Oberster Befehlshaber der Streitkräfte) nahezu unbegrenzte Befehls- und Ordnungsgewalt über alle ihm unterstehenden Personen (einschließlich der »enemy combatants«) in Kriegszeiten; und drittens legt es fest, daß der Tatbestand der Folter nur dann erfüllt ist, wenn die nachweisliche Absicht des Peinigers das Zufügen von Schmerzen und nicht etwa der Gewinn von Informationen war.

Der Erlaß des Memorandums ging einher mit der dramatischen Verschlechterung der Situation im Irak, wo es nach dem anfänglichen Erfolg der amerikanischen »shock and awe«-Strategie (dt.: Schock und Einschüchterung) nun wiederholt zu Übergriffen auf US-Soldaten und -Einrichtungen kam. Dies mag auch der Grund sein, aus dem der Befehlshaber von Guantánamo Bay in den Irak reiste, um dort Einschüchterungsmethoden aus seinem Gefangenenlager an in Abu Ghraib stationierte Soldaten weiterzugeben.[93] Ziel dieser Methoden war jedenfalls, die Häftlinge in Abu Ghraib »weich zu klopfen«,[94] bevor sie ins eigentliche Verhör geschickt wurden.

Die Wirkung dieses Memorandums, wie auch vergleichbarer Memoranden, die systematisch zugunsten härterer Verhörmethoden forderten, ist inzwischen hinreichend bekannt.[95] Zu Beginn des Jahres 2004 wurde publik, daß amerikanische Soldaten im Irak über längere Zeit eine Form von Folter praktiziert hatten, die sich in Teilen als radikale Fortführung bereits existierender brutaler Verhörmethoden beschreiben läßt. Schon im Januar machte Stabsunteroffizier Joseph Darby seine Befehlsgeber auf den praktizierten Machtmißbrauch in Abu Ghraib aufmerksam. Major General Antonio Taguba leitete kurz darauf eine militärinterne Untersuchung ein, in deren Verlauf zahlreiche Fälle regelmäßigen schweren Mißbrauchs dokumentiert wurden.[96]

---

92 Memo: Jay S. Bybee to Alberto Gonzales, August 1 2002, Re: Standards of Conduct for Interrogation under 18 U.S.C. §§ 2340–2340A. In: Danner, S. 115-166.

93 Jane Mayer: The Memo – How an internal effort to ban the abuse and torture of detainees was thwarted. In: The New Yorker (27. Februar 2006), S. 40.

94 Dana Priest / Barton Gellmann: US Decries Abuse but Defends Interrogations. In: The Washington Post (26 Dezember 2002); zitiert in: Danner, S. 34.

95 Die Memoranden sind gesammelt in Danner, S. 108-214.

96 Article 15 – 6 Investigation of the 800th Military Police Brigade (The Taguba Report, March 2004). In: Danner, S. 280-320, dort insbesondere S. 284f. über den Mißbrauch von Gefangenen.

»Persons under Control« (dt.: Personen unter Kontrolle)[97] wurden dabei systematisch geschlagen, sexuell erniedrigt, massiv physisch und psychologisch mißhandelt und teilweise sogar umgebracht. Schuld an dieser Eskalation der Gewalt war jedoch nicht nur das Fehlen von klaren Anweisungen die Reichweite der Genfer Abkommen betreffend. Schuld trug hier in wesentlichem Maße die geduldete, sogar von den höheren Dienstgraden gewollte Ausübung von Gewalt gegen die Gefängnisinsassen:[98] Informationen wurden dringend verlangt, und die Wächter in Abu Ghraib, Militärpolizisten von niedrigem Rang, sollten die Insassen auf die Verhöre effizient vorbereiten.[99] Aber die Logik dieser systematischen Gewaltanwendung ist dabei nicht nur im Erpressen bestimmter Informationen zu suchen, da durch Folter gewonnene Information alles andere als zuverlässig ist[100] und die Mehrheit der Insassen im Abu Ghraib-Gefängnis eher Zivilisten als Terroristen waren.[101] Die Demütigung der Gefangenen diente den Soldaten oftmals als Mittel des Streßabbaus.[102] Die Details dieser qualvollen Handlungen erlangten traurige Berühmtheit durch die im Internet veröffentlichten dramatischen Folterbilder sowie durch Rot-Kreuz-Berichte[103] und den Bericht General Tagubas. Nicht zuletzt erhoben auch ehemalige Häftlinge des Lagers in Guantánamo Bay schwere Foltervorwürfe gegen ihre Wärter.[104]

Rechtfertigungsstrategien der Folterbefürworter

Alan Hyde analysiert in seinem Beitrag zum vorliegenden Band in gebotener Ausführlichkeit die Unrechtmäßigkeit von Folter unter amerikanischem

---

97 Diese Bezeichnung wurde Insassen des Gefängnisses im Irak gegeben. Vergleiche: Torture in Iraq, S. 67.

98 Seymour M. Hersh: Torture at Abu Ghraib. In: The New Yorker (10 Mai 2004), S. 44-46.

99 Hersh, S. 45: »There was evidence dating back to the Afghanistan war, the Ryder report said, that M.P.s had worked with intelligence operatives to ›set favorable conditions for subsequent interview‹ – an euphemism for breaking the will of prisoners.«

100 Mayer: The Experiment, S. 69: Gegen die Einführung härterer Verhörmethoden im Guantánamo Bay von General Miller wurde argumentiert, daß: »even if other interrogators managed to break the detainees through force the intelligence would be unreliable, and it would be impossible to prosecute the cases in any U.S. court.«

101 Hersh: Torture, S. 46; Seymour M. Hersh: Chain of Command. In: The New Yorker (17. Mai 2004), S.42; Taguba Report, S. 293.

102 Torture in Iraq, S. 70.

103 Report of the International Committee of the Red Cross (ICRC) on the Treatment by the Coalition Forces of Prisoners of War and Other Protected Persons by the Geneva Conventions in Iraq during Arrest, Internment and Interrogation (February 2004). In: Danner, S. 243-267.

104 Vergleiche Ferdinand Muggenthaler: Bericht aus dem Niemandsland. Der Anwalt von Murat Kurnaz aus Bremen schildert, wie sein Mandant in Guantánamo gefoltert wurde. In: ai journal (April 2005), S. 32f.; Continued Allegations of Abusive Treatment and Interrogations at Guantánamo Bay. In: The American Journal of International Law 99 (April 2005), No. 2., S. 486.

Recht.[105] Aufgrund der recht eindeutigen Sachlage soll von der juristischen Unrechtmäßigkeit der Folter im Folgenden nicht die Rede sein. Statt dessen soll das Interesse hier den spezifischen Rechtfertigungsstrategien der Folterbefürworter gelten, dem *Wie* ihrer Argumentation sowie den Implikationen solcher Legitimationsversuche für die Humanität der Opfer und der Täter. Bestimmte Metaphern und Bilder dienten sowohl der Rechtfertigung von Gewalt wie auch der Klassifizierung von Gefangenen als der menschlichen Behandlung unwürdig. Grundlage für die Legitimation der Folter an Insassen in Abu Ghraib sowie in anderen, der Öffentlichkeit nur wenig bekannten, Gefängnissen, war eine doppelte semantische und psychologische Verschiebung: Zum einen gab es Versuche, den Begriff der Folter angesichts des Anti-Terrorkampfes zu schwächen und als diffus und der Auslegung bedürftig darzustellen.[106] Zum anderen wurden, wie bereits ausgeführt, die im Irak und in Afghanistan Festgenommenen als »rechtlose Kämpfer«, »Häftlinge« oder als »Personen unter Kontrolle« tituliert – also *nicht* als »Kriegsgefangene«; dies vor allem, um eine mögliche rechtmäßige Bestrafung von Folternden und deren Vorgesetzten zu vermeiden.[107]

Die Abschwächung des Folterbegriffes. Folter ist nicht gleich Folter

Die Neufassung des Folterbegriffs in den Memoranden der Bush-Regierung führte in Guantánamo Bay und Abu Ghraib zu Fällen erniedrigender und gewaltsamer Behandlung von Gefangenen, die ohne Frage unter die allgemeine und frühere Definition von Folter gefallen wären. Doch die bereits erwähnten Memoranden sollten nicht die einzigen Versuche einer systematischen Rechtfertigung von Folter bleiben. So wurde wiederholt versucht, die vermeintliche Brutalität der Folterfälle in Abu Ghraib durch bestimmte Vergleiche zu relativieren. Verteidigungsminister Rumsfeld äußerte etwa, daß die Mißhandlungen in Abu Ghraib im Vergleich zu der per Video aufgezeichneten und über das Internet verbreiteten Enthauptung des amerikanischen Zivilisten Nick Berg im Mai 2004

---

105 Dabei führt er detailliert aus, daß Folter sowohl durch amerikanisches Recht, als auch durch Völkerrecht explizit untersagt wird, sei es durch internationale Abkommen wie z.B. die Genfer Konvention, sei es, wie oben ausgeführt, durch die US-Verfassung und verschiedene, in späteren Urteilen bestätigte Gesetze. Wäre die amerikanische Öffentlichkeit besser über die zahllosen Gesetze zur Folter informiert gewesen, so Hyde, hätte es die Versuche der Genfer Konvention auszuweichen, wohl nicht gegeben.

106 Siehe oben die deutsche Diskussion von Brugger, S. 9. Vergleiche auch Alan M. Dershowitz: Why Terrorism Works – Understanding the Threat, Responding to the Challenge. New Haven 2002, S. 131-163; Oren Gross: The Prohibition on Torture and the Limits of the Law. In: Torture – A Collection.

107 Richard B. Bilder / Detlev F. Vagts: Speaking Law to Power – Lawyers and Torture. In: The American Journal of International Law 98 (Oktober 2004), No. 4, S. 691.

weniger schlimm erscheinen würden.[108] Oder daß der Umgang mit Gefangenen im Nachkriegs-Irak keineswegs mit den folterähnlichen Praktiken von Saddam Husseins Häschern im berüchtigten Abu Ghraib Gefängnis zu vergleichen sei.[109] In einem Memorandum, in dem er eine Reihe neuer Verhörtechniken für Insassen von Guantánamo Bay befürwortete, argumentierte Rumsfeld mit dem Einwand, daß vier Stunden erzwungenes Stehen noch kaum ausreiche, einen feindlichen Kämpfer zur Kooperation zu bringen. Er selbst, so Rumsfeld, verbringe mindestens acht Stunden am Tag stehend.[110] Das Fehlen einer Anerkennung des Unterschiedes zwischen einer selbst gewählten Arbeitshaltung und einer gezwungen, unter enormen Schmerzen zugefügten Bestrafung mutet grotesk an; es ist ein Zeichen für eine Geisteshaltung, die es erlaubt, Folter als harte Verhörtechnik zu umschreiben. In der Öffentlichkeit äußerte sich der Verteidigungsminister moderater: Als er mit den Folter-Fotos aus Guantánamo konfrontiert wurde, entschuldigte Rumsfeld die Vorfälle wie folgt: »I'm not a lawyer. My impression is that what has been charged thus far is abuse, which I believe technically is different from torture.«[111] Wie auch in der deutschen Folterdebatte dient die Umschreibung von Folter hier als Missbrauch der Beschönigung eines juristischen Sachverhalts und der Abschwächung negativer Konnotationen.

Andere Stimmen meinten, daß die Nötigung irakischer Häftlinge, sich vor ihren Wärtern zu entblößen, kaum schlimmer sei als einige so genannte »Reifeprüfungen« an amerikanischen Colleges: James Schlesinger in etwa, der von Rumsfeld im Mai 2004 damit beauftragt wurde, eine Kommission zu bilden, um die Foltervorwürfe zu untersuchen, meinte zu den Ergebnissen ihres Berichts: »There was sadism on the night shift at Abu Ghraib, sadism that was certainly not authorized [...]. It was kind of 'Animal House' on the night shift.«[112] Diese Beschreibung beurteilt einerseits die Handlungen der Abu Ghraib Wächter negativ. Anderseits deutet sie an, daß der Mißbrauch von Gefangenen in Abu Ghraib kaum schlimmer sei als die Streiche betrunkener College-Studenten, die in dem Film »Animal House« aus dem Jahr 1978 gezeigt wurden. Solche Praktiken seien jedenfalls nicht allzu negativ zu beurteilen.[113] Ein weiteres häufig vorgebrachtes Argument faßte die Mißbrauchsfälle als Einzelfälle auf, die nur von einigen we-

---

108 Gregory Hooks / Clayton Mosher: Outrages Against Personal Dignity: Rationalizing Abuse and Torture in the War on Terror. In: Social Forces 83 (Juni 2005), No. 4, S. 1630 f.

109 Hooks / Mosher, S. 1631.

110 Memo: Donald Rumsfeld to General James T. Hill, January 15, 2003. In: Danner, S. 182.

111 United States Department of Defense: Defense Department Operational Transcript (4 Mai 2004): News Transcript, http://www.defenselink.mil/transcripts/2004/tr20040504-secdef 1423. html (Stand Juli 2006).

112 Report: Abu Ghraib was ›Animal House‹ at night. Commanders blamed for lack of supervision. In: cnn.com (25. August 2004), http://www.cnn.com/2004/US/08/24/abughraib. report/ (Stand Juli 2006).

113 Vergleiche Aussagen von Senator Zell Miller und Rush Limbaugh zum Mißbrauch von Gefangenen. In: Hooks / Mosher, S. 1630.

nigen »bad apples« in der Armee ausgingen.[114] Gegen diese Auslegung spricht erstens, daß alle Berichte über Abu Ghraib (durch General Taguba und das Rote Kreuz) unabhängig voneinander die Systematik und Ausweitung von Mißbrauchspraktiken dokumentieren.[115] Zweitens deuten die auf den Fotos festgehaltenen Akte besonders von sexueller Erniedrigung nicht auf Einzelfälle hin, sondern im Gegenteil auf eine systematisch geplante Form ständigen Mißbrauchs.[116]

Die Verleugnung des Menschseins der Insassen

Soldaten, die Gefangene folterten, berichten, daß die Bezeichnung der Insassen als »feindliche Kämpfer« sehr wohl zu ihrem Verhalten beigetragen hat: »We were pretty much told that they were nobodies, that they were just enemy combatants. I think that giving them the distinction of soldier would have changed our attitudes toward them. A lot was based on racism, really. We called them Hajis, and that psychology was really important.«[117] Der letzte Satz ist von entscheidender Wichtigkeit, da »Haji« eine abschätzige, rassistisch angehauchte Bezeichnung für einen Iraker ist. Die Verleugnung ihres Status als »Kriegsgefangene« oder als »Zivilpersonen« bekräftigte den unterschwelligen Rassismus, mit dem den Gefangenen begegnet wurde und ihre Aberkennung als individuelle Personen. Entweder wurden sie als Kriminelle oder als Tiere gesehen.

Die Bezeichnung der Inhaftierten von George W. Bush als »Mörder« und als »sehr, sehr gefährliche Menschen« von Donald Rumsfeld[118] – und nicht als Kriegsgefangene – stellte sie begrifflich und gedanklich in die Nähe von Gefängnisinsassen in den USA. Leider gehört in US-amerikanischen Gefängnissen ein

---

[114] President Outlines Steps to Help Iraq Achieve Democracy and Freedom. In: White House News Releases (24 May 2004), http://www.whitehouse.gov/news/releases/2004/05/20040524-10.html (Stand August 2006): »Under the dictator, prisons like Abu Ghraib were symbols of death and torture. That same prison became a symbol of disgraceful conduct by a few American troops who dishonored our country and disregarded our values. America will fund the construction of a modern, maximum security prison.«

[115] Vergleiche Seymour M. Hersh: Torture at Abu Ghraib, S. 46-47: »Taguba's report, however, amounts to an unsparing study of collective wrongdoing and the failure of Army leadership at the highest levels. The picture he draws of Abu Ghraib is one in which Army regulations and the Geneva conventions were routinely violated, and in which much of the day-to-day management of the prisoners was abdicated to Army military-intelligence units and civilian contact employees. Interrogating prisoners and getting intelligence, including by intimidation and torture, was the priority.«

[116] Mayer untersucht, wie psychologische Praktiken der Manipulation, Demütigung und Desorientierung an Insassen in Guantánamo Bay Lager systematisch angewendet wurden: The Experiment, S. 60-71.

[117] Douglas Jehl / Andrea Elliot: Cuba Base Sent Its Interrogators to Iraqi Prison. In: New York Times (29 May 2004), S. A 1; zitiert in Hooks / Mosher, S. 1639.

[118] Pentagon: Geneva Convention Doesn't Cover Detainees. In: New York Times (11. Januar 2002), http://www.crimelynx.com/nogen.html (Stand Juli 2006).

hohes Maß an Brutalität zum Alltag. Die Überfüllung bestehender Gefängnisse und die Duldung inhumaner Zustände für Insassen hängen mit der Geschichte der Sklaverei in Amerika zusammen. James Whitman weist darauf hin, daß aus historischen Gründen Vorbestrafte gedanklich oft in eine Reihe mit Sklaven gestellt wurden – was in letzter Konsequenz die Legitimierung von Erniedrigungen, Ausgrenzung und körperlicher Bestrafung zur Folge gehabt habe.[119] Durch den öffentlichen Ruf nach und die Einführung von härteren Strafen und die Einstellung von Rehabilitierungsprogrammen für Insassen haben sich die Bedingungen für amerikanische Gefangene in den letzten dreißig Jahren radikal verschlechtert.[120] Nach Berichten über körperliche Bestrafung amerikanischer Gefangener durch ihre Wächter mit Todesfolge lässt sich diese Behandlung in ihrer Brutalität mit der Folterausübung in Abu Ghraib vergleichen.[121] Zweifelsohne spielt die Tolerierung von erniedrigenden Bedingungen in amerikanischen Gefängnissen eine Rolle bei der Ausübung brutaler Gewaltakte in amerikanischen Gefängnislagern.

Gefolterte Gefangene wurden nicht nur wie Kriminelle sondern auch im wörtlichen Sinne wie Tiere behandelt. Ein militärischer Befehl, gerichtet an Brigadegeneralin Janis Karpinski, die Kommandeurin der 800th Military Police Brigade im Irak, bestätigt dies: Geoffrey Miller, General und Befehlshaber in Guantánamo, befiehlt in seiner Order ausdrücklich, die Häftlinge »wie Hunde« zu behandeln. Karpinski gibt Millers Anweisungen, die Häftlinge noch um die kleinsten Dinge betteln zu lassen und wie Tiere zu behandeln, wie folgt wieder: »Diese Häftlinge müssen wie Hunde behandelt werden. Ihnen darf niemals erlaubt werden, sich wie menschliche Wesen zu fühlen.«[122] Von ehemaligen Insassen wurde Ähnliches berichtet. Tarek Dergoul, ein Brite, der im März 2004 aus Guantánamo entlassen wurde, sagte in einem Interview, daß er während seiner Gefangenschaft wie ein Tier behandelt wurde: »Sie haben mich festgebunden wie ein Biest

---

[119] James Q. Whitman: Harsh Justice – Criminal Punishment and the Widening Divide between America and Europe. Oxford 2005, S. 170-177.

[120] Monika Fludernik / Greta Olson: The Prisonization of American Society. In Monika Fludernik / Greta Olson (Hg): In the Grip of the Law: Trials, Prisons and the Space Between. Frankfurt 2004, S. xiii-xix.

[121] Human Rights Watch: U. S. Prisons 2001. http://hrw.org/prisons/united_states.html. (Stand September 2006).

[122] Iraq abuse ordered from the top. In: BBC News (15. Juni 2004): 'http://news.bbc.co.uk/1/hi/world/americas/3806713.stm (Stand Juli 2006): »He said they are like dogs and if you allow them to believe at any point that they are more than a dog then you've lost control of them.« Vergleiche zudem Thomas Kleine-Brockhoff: Unter Generalverdacht: Janis Karpinski hatte als Kommandeurin die Befehlsgewalt über das Foltergefängnis Abu Ghraib. Sie bestreitet ihre Schuld. Eine Begegnung in New Jersey. In: Die Zeit (09.06.2004) No.25, http://zeus.zeit.de/text/2004/25/Titel_2f Generalin_25 (Stand Juli 2006).

und dann knieten sie auf mir und haben mich getreten und geschlagen.«[123] Weitere Indizien für den tierähnlichen Status der Häftlinge traten in den veröffentlichen Fotos und Untersuchungsberichten unmißverständlich zu Tage: Die Häftlinge wurden nackt an Leinen geführt; ein Gefangener wurde gezwungen, wie ein Hund zu bellen und auf dem Bauch zu kriechen, während Soldaten auf ihn spuckten und urinierten.[124] Außerdem wurden die Gefangenen bisweilen wie Esel von Wärtern geritten.[125] Die Nacktheit der Inhaftierten trug auch zu ihrer Entmenschlichung und zu den niedrigen Hemmschwellen auf Seiten ihrer Peiniger bei.[126] Die Häftlinge in Abu Ghraib wurden zudem mit von den Soldaten gehaltenen Hunden gefoltert, um so ihren Status als Lebewesen, die in ihrer Würde sogar noch unter den Tieren stehen, zu versinnbildlichen.

Dem amerikanischen Gesetz nach sind Tiere rechtlose Lebewesen. Und da ihnen keine Rechtsperson »innewohnt«, sind sie im Schadensfall durch keinerlei Rechte geschützt.[127] Als Rechtsperson wird gemeinhin nur bezeichnet, wer mit eigener Stimme Anspruch auf seine Rechte erheben kann und wer im Rahmen des (internationalen) Rechts als Rechtsperson anerkannt wird.[128] Indem die Gefangenen zu Tieren oder rechtlosen Kriminellen herabgesetzt wurden, verloren sie ihren Status als Personen; dadurch wurden die Folterakte gedanklich legitimiert. Man hatte es nicht mehr mit Menschen zu tun, sondern mit Dingen. In dem rechtsfreien Raum, in dem sie sich befanden, waren sie der Folter ausgeliefert.

---

123 »They tied me up like a beast and began kicking me.« In: The Observer (16. May 2004): »They pinned me down and attacked me, poking their fingers in my eyes, and forced my head into the toilet pan and flushed. They tied me up like a beast and then they were kneeling on me, kicking and punching. Finally they dragged me out of the cell in chains, into the rec yard, and shaved my beard, my hair, my eyebrows.«

124 Hooks / Mosher, S. 1629.

125 Bower, S. 1362. Hiadar Al-Aboodi beschreibt seine Gefangenschaft wie folgt: »Then after that they forced us to walk like dogs on our hands and knees. And we had to bark like a dog and if we didn't do that, they start hitting us hard on our face and chest with no mercy.« In: Danner, S. 237.

126 In traditionellen Darstellungen der Kolonialzeit sind »Wilde« und »Barbaren« im Unterschied zu ihrem reich gewandeten europäischen Gegenüber durch ihre Nacktheit als kultur- und zivilisationslose Wesen gekennzeichnet: Diese Darstellungen dienten nicht selten dazu, eine imperialistischen Ideologie der Unterdruckung zu untermauern.

127 Bower, S. 1353.

128 Ian Brownlie: Principles of Public Law 57. 6. Ausgabe (2003); zitiert in Bower, S. 1356.

Die Folgen der Tortur

Wie die Schicksale von Folteropfern bezeugen, sind die Folgen von Folter nie aus dem Leben und der Erinnerung einer Person zu entfernen.[129] Jean Améry schreibt beispielsweise über die Folgen seiner unter den Nazis erlebten Peinigung: »Wer gefoltert wurde, bleibt gefoltert. Unauslöschlich ist die Folter in ihn eingebrannt, auch dann, wenn keine klinisch objektiven Spuren nachzuweisen sind. [...] Wer der Folter erlag, kann nicht mehr heimisch werden in der Welt.«[130] Er erlebte die Folter als eine unrevidierbare Reduzierung seines Ichs. Durch den Folterakt gehe, so Costas Douzinas, die Identität des Opfers verloren, sein Verständnis seiner selbst, wie auch das Selbstvertrauen, von anderen Menschen beachtet zu werden.[131] Angesichts dieser Vernichtung des Selbst der Gefolterten[132] kommt es nicht von ungefähr, daß die Wächter des Gefängnisses in Abu Ghraib von den Einwohnern der irakischen Stadt Fallujah als »die mordlustigen Wahnsinnigen«,[133] und ihre sadistischen Taten als die »von Tieren« beschrieben wurden. Genau wie die amerikanischen Soldatinnen und Soldaten ihr Gegenüber als Unmenschen, etwa als »dogs« titulierten, wurden sie angesichts ihrer sadistischen Handlungen als unmenschlich von ihrer Umwelt verurteilt: Ein Iraker beschrieb z. B. die Folterpraktiken wie folgt: »No religion approves what they did. They do only what brutal animals do«.[134] Nach bekanntem Muster werden hässliche Brutalität und Aggression hier auf vermeintlich minderwertige Tiere projiziert.[135] In den Augen der Iraker machten sich die Wächter von Abu Ghraib so zu gänzlich unmenschlichen Wesen.

---

129 Vergleiche Rajat Neogy: It Only Happens to Other People. In: Transition (1997) No. 75/76. S. 376-378 und Ariel Dorfman: The Tyranny of Terror – Is Torture Inevitable in Our Century and Beyond? In: Torture: A Collection, S. 3-21.

130 Jean Améry: Jenseits von Schuld und Sühne – Überwältigungsversuche eines Überwältigten. München 1966, S. 61, 70.

131 Costas Douzinas: The End of Human Rights. Oxford 2000, S. 293: »The torturer's whip or the *falanga* aimed at the flesh of the victim as the outer shell of the soul. The useless confession, the already known activities, the naming of names was the way of destroying the victim's sense of identity. [...] The evil of torture lies elsewhere: it denies its victim the minimum recognition offered by a liberal social and legal system and, in doing so, it destroys the respect people routinely expect from others.«

132 Vergleiche zu der Fragestellung der Möglichkeit der Vernichtung der Person: Verena Krenberger: Die Vernichtung der Person. In: Hans-Helmuth Gander (Hg.): Menschenrechte – Philosophische und juristische Positionen. Im Erscheinen.

133 Torture in Iraq, S. 67.

134 Bower, S. 1385; vergleiche auch Susan Sontag: Regarding the Torture of Others. In: New York Times (23 Mai 2004): »Softening them up, stressing them out – these are the euphemisms for the bestial practices in American prisons where suspected terrorists are being held.« http://donswaim.com/nytimes.sontag.html (Stand Mai 2006).

135 Mary Midgley: Beast and Man – The Roots of Human Nature. Ithaca, 1978, S. 31f.: »I suggest, that man has always been unwilling to admit his own ferocity, and has tried to deflect attention from it by making animals out to be more ferocious than they are. Sometimes the animals themselves have been blamed and punished. «

Folter kann nur dann und dort stattfinden, wo den Gefolterten ihre Humanität abgesprochen wird und sie als Tiere oder verdinglichte Wesen gelten. Im allgemeinen öffentlichen Diskurs werden Terroristen in Amerika oft als Unmenschen dargestellt. In Populär- und Fachliteratur zum Thema Terrorismus werden sie als unmoralisch, tierähnlich, rechtlos und asozial gezeigt.[136] Nach der Anordnung der Bush-Regierung aus dem Jahr 2002 standen al-Quaida und Taliban-Terroristen außerhalb aller Gesetze. Sie hatten daher keinen Anspruch auf rechtlichen Beistand und die Rechte des *habeas corpus*. Ihr Status als Personen wurde damit zunächst begrifflich-diskursiv, dann juristisch und zuletzt mittels roher körperlicher Gewalt getilgt. Die Fähigkeit der US-Regierung, die Gefangenen bis zuletzt als Nicht-Menschen auszugeben, trat in den öffentlichen Reaktionen auf die Selbstmorde dreier Guantánamo-Häftlinge im Juni 2006 besonders drastisch zu Tage: Der Kommandeur des Gefangenenlagers nannte die Selbstmorde »keinen Akt der Verzweiflung, sondern einen Akt der Kriegsführung gegen uns«; eine Sprecherin der US-Regierung bezeichnete sie als »einen guten PR-Gag, um Aufmerksamkeit zu erregen«.[137]

Ebenso wie der Folterakt immer wieder von dem Opfer im Nachhinein wieder erlebt wird, beeinträchtigen die Folgen seiner Handlungen auch den Folterer auf Dauer. Dies ist zum Beispiel die Erkenntnis des französischen Generals Jacques Massu, der für die Folter algerischer »Terroristen« Anfang der fünfziger Jahre verantwortlich war. Kurz vor seinem Tod berichtete er: »I did not lose my honor [bei der praktizierten Folter, Anm. d. Verf.], but I lost part of my soul.«[138] Während das Heimischsein des Opfers, um Amérys Begriff aufzunehmen, durch den Folterakt verloren geht, büßt der Folterer ebenfalls etwas Essentielles seiner Humanität ein. Auf diesen Punkt geht auch Michael Ignatieff ein:

> A further problem with physical torture is that it inflicts damage on those who perpetrate it as well as those who are forced to endure it. Any liberal democratic citizen who supports the physical torture of terrorist suspects in ticking bomb cases is required to accept responsibility for the psychological damage done, not only to a foreign victim, but to a fellow citizen, the interrogator. Torture exposes agents of a democratic state to ultimate moral hazard.[139]

Ignatieff zufolge stellt die Befürwortung von Folter selbst in extrem hypothetischen Bedrohungsszenarien, wie etwa in dem viel diskutierten »ticking-bomb

136 Ileana Porras: On Terrorism – Reflections on Violence and the Outlaw. In: After Identity – A Reader in Law and Culture. New York 1995, S. 294-313.

137 Guantanamo suicides a ›PR move‹. In: BBC News (11 Juni 2006): http://news.bbc.co.uk/2/hi/americas/5069230.stm (Stand Juli 2006). Vergleiche auch: Mind Your Language – A little politeness goes a long way. In: The Economist (17. – 23. Juni 2006), S. 15.

138 Michael Kaufman: Jacques Massu, 94, General Who Led Battle of Algiers. In: New York Times (31 Oktober 2002) S. A 25, zitiert in: Marianne Hirsch: Editor's Column: The First Blow – Torture and Close Reading. In: PMLA 121 (März 2005) No. 2, S. 363.

139 Ignatieff, S. 142.

Szenario«, eine Form unzumutbarer psychologischer Gewalt dar: Da niemand mit absoluter Sicherheit wissen könnte, ob der Gefolterte über die relevante Information verfügt, zwingt man den Folterausübenden zu einer unmöglichen Entscheidung über die Legitimität seiner Handlung. Das Folterverbot dient also nicht nur der Wahrung der Humanität des Folteropfers sondern auch der des Peinigers.[140]

IV Zusammenfassung

In den vorherigen Ausführungen wurden wesentliche Grundlagen des Ursache-Wirkungs-Zusammenhangs in Bezug auf Folter genannt. Als Ursache für ein Aufweichen des Folterverbots lassen sich zum einen die rechtliche Marginalisierung des Folterbegriffs in Deutschland und in den USA, zum anderen die besondere Stigmatisierung der Folteropfer im öffentlichen und juristischen Diskurs der Vereinigten Staaten ausmachen. Zum anderen resultiert als Wirkung aus einem folterfreundlichen Standpunkt bzw. der tatsächlichen Durchführung von Folter vor allem die Aberkennung des Personstatus des Gefolterten und die Verletzung seiner Menschenwürde.

Jedoch muß der Aspekt der Auswirkungen der Folterdebatte und Ausübung von Folter noch in einem anderen Blickwinkel gesehen werden. Es soll hier die Überzeugung vertreten werden, daß insbesondere die faktische Folterhandlung weiterreichende Konsequenzen nach sich zieht als dies im Einzelfall angelegt ist. Wie bereits festgestellt wurde, besteht die Folterhandlung vor allem darin, daß der Folternde dem Gefolterten Schmerzen zufügen, dessen Willen brechen und seine autonome Selbstbeherrschung auflösen möchte. Dieser Bruch des individuellen Willens hat zur Folge, daß die autarke Selbstbestimmung des Gefolterten im Kern erschüttert wird. Die Folterhandlung stellt demnach einen gezielten und willentlichen Angriff auf den Kern der Person, auf dessen freie Selbstbestimmung, auf deren Subjekt-Sein, auf deren Menschenwürde dar. So Améry: »Ich muß gestehen, daß ich nicht genau weiß, was das ist: die Menschenwürde. [...] Doch bin ich sicher, daß er [der Gefolterte, Anm. d. Verf.] schon mit dem ersten Schlag, der auf ihn niedergeht, etwas einbüßt, was wir vielleicht vorläufig das Weltvertrauen nennen wollen.«[141] Alles was das gefolterte Individuum zu diesem speziellen Individuum macht, wird in seinen Grundfesten angegriffen, ihm wird die personale Qualität abgesprochen. Doch darüber hinaus werden zudem die der Idee der Personqualität zugrunde liegenden allgemeinen Prinzipien, deren Schutz den Kernbestand vieler Menschenrechtskataloge ausmacht, in Frage ge-

---

140 Zur weiteren Kritik an der Verwendung der ticking-bomb Szenarien als Argument für eine Relativierung des Folterverbots siehe Elaine Scarry: Five Errors in the Reasoning of Alan Dershowitz. In: Torture – A Collection, S. 281-290.

141 Améry, S. 51.

stellt. Wer einer einzigen Person den Person-Status abspricht, ihre Menschenwürde verletzen will, sieht sein Gegenüber nicht als gleichberechtigte Persönlichkeit an und spricht dieser daher die als ureigen gedachten fundamentalen Rechte ab. Die Ausübung oder Befürwortung von Folter bedroht diese grundrechtlichen Prinzipien im allgemeinen wie im besonderen.

Zum Umgang mit dieser radikalen Wirkung der Folter, sind zwei Lösungsstrategien denkbar, die hier zur Diskussion gestellt werden sollen: Entweder werden in kantischer Tradition die genannten Prinzipien der Personqualität, der Menschenwürde und der Menschenrechte als ideale Prinzipien formal kategorisch gesetzt, damit eine faktische Verletzung kein Argument für die Auflösung der Prinzipien mehr darstellen kann. Oder, als positivistische Gegenposition, muß Folter tatsächlich und effektiv verhindert werden, damit die übergeordneten Prinzipien real wirksam bleiben können. Eine politisch-pragmatische Durchsetzung des Schutzes der Menschenrechte und ein unbeirrtes Festhalten am Folterverbot sind hier zwingende Voraussetzungen. Dafür ist es allerdings dringend notwendig, daß bei einer Gegenüberstellung von staatlicher Sicherheit und individueller Freiheit, die Entscheidung immer zugunsten der Freiheit ausfällt und eine Aufweichung der Menschenwürdenorm ausbleibt.

Eine Gefahr für demokratische Staaten wie die Bundesrepublik Deutschland und die Vereinigten Staaten ist die zu schnelle Bereitschaft von Bürgern und Regierungsvertretern gewonnene Freiheiten in Zeiten vermeintlicher Bedrohung preiszugeben. Die gesellschaftlichen Umstände, die zur angedrohten Folter im Fall Daschner und der tatsächlich angewandten Folter in den US-Gefangenlagern geführt haben, zeigen mit welcher Schnelligkeit die Illegalität von Folter in Situationen bloß wahrgenommener Gefahr relativiert werden kann. Diese Schwächung liberaler Ideale schlägt sich nachträglich in der Einschränkung juridisch festgesetzter Rechte nieder.

Summary

This essay compares recent debates about torture and human rights in Germany and the United States. After a brief historical overview of the gradual abolition of torture, the second part of the essay »The German Perspective« describes changing legal arguments about human rights, human dignity and torture from the post-war period into the present. Arising out of an actual case in which a suspect was threatened with violence by the police if he did not reveal the whereabouts of a kidnapped child, the German discussion of the prohibition against torture represents a special case in terms of the Supreme Court's and legal commentators' views of human rights. Whereas the earlier commentary on the Basic Law of the German Republic (Dürig) argued that human rights and the inviolability of human dignity could be deduced out of the legal concept of the person, a recent commentary by Herdegen has redefined human dignity as being composed of a periphery and a negotiable kernel. This redefinition admits the legal possibility of torture and has been hailed by other commentators, who have used it to argue that ticking-bomb scenarios necessitate there being recourse to state sanctioned torture. Such efforts to redefine torture rely on a new understanding of the personhood of the subject of human rights.

In the third part of the article »The American Perspective« a brief history of the American understanding of human rights, which is based on the Declaration of Independence and the Bill of Rights, is given as well as a description of how civil and human rights have been compromised in the atmosphere of fear that characterizes post-9/11 America. Semantic, legal, and psychological justifications for the aggressive treatment and interrogation of so-called enemy combatants are reviewed, as well as subsequent administrative efforts to minimize the gravity of the resultant cruelty. The denial of human status to the inmates resulted in their being treated like slaves or caged animals, as revelations of torture in Abu Ghraib prison and Guantánamo Bay have shown. Finally, the irremediable violence that is done to the humanity of the torture victim is remembered.

In conclusion, the authors argue that the absolute prohibition against torture can be argued for in one of two ways: either, the principles of human dignity and human rights can be formally and categorically set as ideal principles in the Kantian tradition; or, in a positivistic counter position, it can be argued that torture must be effectively prohibited in order that the principles of human dignity can be protected. Therefore, debates about the relative value of individual freedom and general security have to be resolved in the interest of freedom.

III. Literarische Perspektiven

Ethik des Strafens – Literarische Perspektiven

Franz Stanzel zum 85. Geburtstag

Monika Fludernik (Freiburg)

In diesem Band wird die Ethik des Strafens in zweierlei Hinsicht diskutiert – einerseits als Frage, ob und in welcher Weise Bestrafung und Vollzug überhaupt ethisch sind; andererseits als Frage nach einem ethisch vertretbaren, also menschenwürdigen Strafvollzug. Die Philosophie befasst sich vorrangig[1] mit der ersten Frage, nämlich mit der moralisch-ethischen Legitimation von Strafe, also damit, ob und wie Strafe »gerecht« ist bzw. sein kann und inwieweit Straftäter für ihre Handlungen verantwortlich sind, weil sie diese aus freien Stücken wählen konnten (Willensfreiheit). Hingegen steht in der Literatur, und somit in der literaturwissenschaftlichen Diskussion, eher die zweite Frage im Vordergrund. Es geht vorrangig um die (Un-)Gerechtigkeit von Strafe, meist wegen der Unschuld des Angeklagten oder wegen der (Un-)Verhältnismäßigkeit der verhängten Strafe; bzw. konzentriert sich die Literatur sehr häufig auf die Figur des Gefangenen und sein Leiden am Strafvollzug, wodurch die (Un-)Menschlichkeit der Bestrafung fokussiert wird. Die Literatur ist somit in der Regel pragmatischer: sie illustriert konkrete Fälle, an denen sich Diskussionen über Gerechtigkeit und Menschenrechte entfalten können. Etwas überspitzt könnte man formulieren, daß die Literatur die »parole« des Strafrechts, nämlich seine Implementierung, vorführt, während die Philosophie sich oft um die »langue« kümmert, nämlich darum, wie sich der Bereich ›Strafen‹ innerhalb einer allgemeinen Ethik verortet.

Trotz der von mir vorgestellten Dichotomie lassen sich zwischen diesen zwei Bereichen einige Überschneidungen feststellen. Fragen nach Verantwortlichkeit, nach Gut und Böse werden auch in literarischen Texten allenthalben gestellt. Umgekehrt sind die Menschenrechte ein wichtiges philosophisches Thema, das jedoch meist im Zusammenhang mit Staatstheorie, Kontrakttheorie und der theoretischen Fundierung von Rechtsansprüchen abgehandelt wird. Allerdings dürften die aktuellen Menschenrechtsverstöße im Irak, in Afghanistan und auf Kuba nun auch allgemeine philosophische Probleme der Menschenrechte in den Vordergrund rücken. Im folgenden möchte ich unter den Titeln »Literatur und Ethik«, »Gerechtigkeit und Strafe« sowie »Strafe als subjektives Leiden« aus literaturwissenschaftlicher Sicht ein paar Aspekte in die Diskussion einbringen, die sich besonders in literarischen Texten zeigen.

---

[1] Vgl. aber den Beitrag von Schmitz in diesem Band.

Literatur und Ethik

Ähnlich wie »Law and Literature«[2] – eine Forschungsrichtung, der die Frage nach der Ethik des Strafens klarerweise zuzurechnen ist – gibt es auch einen florierenden Teilbereich der Literaturwissenschaft, der sich »Ethik und Literatur« (oft auch »The Ethics of Literature«) nennt und eine Reihe verschiedener Fragestellungen behandelt. Während »Law and Literature« sich erwartungsgemäß mit der Darstellung juristischer Fälle in der Literatur bzw. mit der Analyse juristischer Texte unter literaturtheoretischen Gesichtspunkten befasst, konzentrieren sich Studien, die Zusammenhänge zwischen Ethik und Literatur untersuchen, nicht vorrangig auf die Darstellung ethischer Probleme in der Literatur (vgl. aber Newton[3]), sondern auf die ethische Verantwortung von Autor und Leser, wobei die Verantwortung des Literaturkritikers dem Text gegenüber besonders viel Raum in der Diskussion einnimmt.[4]

---

2 Vgl. u.a. Benjamin N. Cardozo: Law and Literature [1925]. In: Margaret Hall (Hg.): Selected Writings of Benjamin Nathan Cardozo. New York: Fallon 1947; Jörg Schönert et al. (Hg.): Literatur und Kriminalität. Die gesellschaftliche Erfahrung von Verbrechen und Strafverfolgung als Gegenstand des Erzählens. Deutschland, England, Frankreich 1850-1880. Tübingen: Niemeyer 1983; Sanford Levinson: Law as Literature. In: Sanford Levinson/Steven Mailloux (Hg.): Interpreting Law and Literature. A Hermeneutic Reader. Evanston: Northwestern University Press 1988, S. 155-173; Jörg Schönert et al. (Hg.): Erzählte Kriminalität. Zur Typologie und Funktion von narrativen Darstellungen in Strafrechtspflege, Publizistik und Literatur. Tübingen: Niemeyer 1991; Brook Thomas: Reflections on the Law and Literature Revival. In: Critical Inquiry 17 (1991), S. 510-539; Richard Weisberg: Poethics, and Other Strategies of Law and Literature. Columbia: Columbia UP 1992; James Boyd White: Acts of Hope. Creating Authority in Literature, Law, and Politics. Chicago/London: Chicago UP 1994; Wai Chee Dimock: Residues of Justice. Literature, Law, Philosophy. Berkeley: California UP 1996; Alan Hyde: Bodies of Law. Princeton: Princeton UP 1997; Theodore Ziolkowski: The Mirror of Justice. Literary Reflections of Legal Crises. Princeton: Princeton UP 1997; Kieran Dolin: Fiction and the Law. Legal Discourse in Victorian and Modernist Literature. Cambridge: Cambridge UP 1999; Michael Freeman/Andrew Lewis (Hg.): Law and Literature. Oxford: Oxford UP 1999; Dieter Paul Polloczek: Literature and Legal Discourse. Equity and Ethics from Sterne to Conrad. Cambridge: Cambridge UP 1999; Peter Brooks: Troubling Confessions. Speaking Guilt in Law and Literature. Chicago/London: Chicago UP 2000; Hal Gladfelder: Criminality and Narrative in Eighteenth-Century England. Beyond the Law. Baltimore: Johns Hopkins UP 2001; Martin A. Kayman: Law-and-Literature. Questions of Jurisdiction. In: Brook Thomas (Hg.): REAL Yearbook of Research in English and American Literature. Law and Literature. Tübingen: Günter Narr 2002, S. 1-20; Monika Fludernik/Greta Olson (Hg.): In the Grip of the Law. Trials, Prisons and the Space Between. Frankfurt am Main: Peter Lang 2004; Martin J. Kayman/Greta Olson (Hg.): Law, Literature, Language, EJES 11 (2007) Sonderheft.

3 Adam Zachary Newton: Narrative Ethics. Cambridge: Harvard UP 1995.

4 Vgl. den bahnbrechenden Aufsatz von J. Hillis Miller: The Ethics of Reading. In: Style 21 (1987), S. 181-191, sowie folgende einschlägige Studien: Wayne C. Booth: The Company We Keep. An Ethics of Fiction. Chicago: Chicago UP 1988; Tobin Siebers: The Ethics of Criticism. Ithaca: Cornell UP 1988; David Parker: Ethics, Theory and the Novel. Cambridge: Cambridge UP 1994; Andrew Gibson: Postmodernity, Ethics and the Novel. Lon-

Für die Belange, mit denen sich dieser Aufsatz bzw. auch dieser Sammelband beschäftigt, ist jedoch gerade das Thema ›Ethik *in der* Literatur‹ am relevantesten, insbesondere die Frage nach Gerechtigkeit, so wie sie z.B. in der fiktionalen Welt thematisiert bzw. wie sie von der Erzählerfigur diskutiert wird. Ich beziehe mich im folgenden hauptsächlich auf Romane, hie und da auf das Drama, klammere jedoch Lyrik aus, obwohl sie sicher eine ganz interessante Gattung wäre.[5]

Ethische Fragestellungen werden in literarischen Texten zumeist in Bezug auf die Handlungen und Entscheidungen literarischer Figuren aufgeworfen. In T. Sivasankara Pillais Roman Scavenger's Son[6], ursprünglich 1948 in Malayalam veröffentlicht, dominieren ethische Fragen auf mehreren Ebenen. Es geht um das Leben des Unberührbaren Chudalamuttu, der von Beruf Latrinenreiniger (*scavenger*) ist. Der Roman zeigt einerseits, wie Chudalamuttu versucht, seinem Sohn ein Leben jenseits seiner Kaste zu ermöglichen. Dies führt dazu, daß Chudalamuttu die Abscheu der höheren Kasten vor dem eigenen Gewerbe übernimmt und seine Familie auf penibelste Sauberkeit trimmt, so daß sein Sohn, als er in die Schule kommt, nicht weiß, was ein Latrinenreiniger ist. Die Verdrängung des Abjekten geht so weit, daß Chudalamuttu seiner Familie auch jeden Kontakt zu anderen Familien verbietet, damit sie nicht indirekt »angesteckt« oder »infiziert« würden. Er predigt einen klaren Schnitt zu seinem Berufsleben und seiner Herkunft und übernimmt gegen Ende des Romans, um nicht mehr Latrinenreiniger zu sein, das Amt des Aufsehers über den Friedhof während einer Cholera-Epidemie, an der er letztlich selbst stirbt. Sein neuer Beruf soll seinem Sohn das Entkommen aus der Unberührbarkeit sichern.

Andererseits wird Chudalamuttu, um seine Ideen durchzusetzen, zum Verräter an seiner Kaste und an den Menschen, die ihm in der Not halfen. Er kooperiert mit den Arbeitgebern und ist dafür verantwortlich, daß sein engster Freund, Pichandi, in Schmach davongejagt wird und seine Familie ins Elend sinkt.

Der Roman endet mit poetischer Gerechtigkeit: Der hartherzige Chudalamuttu wird bestraft für seine Verfehlungen, und zwar gleich dreifach. Einerseits betrügen ihn die Vorgesetzten, indem sie die Ersparnisse, die Chudalamuttu bei ihnen deponiert hatte, veruntreuen. Andererseits stirbt Chudalamuttu am Ende des Romans und es ereilt ihn gewissermaßen das Schicksal des von ihm betrogenen Pichandi: Nach dem Choleratod von Chudalamuttu und seiner Frau wächst

---

don: Routledge 1999; Derek Attridge: Ethical Modernism. Servants as Others in J.M. Coetzee's Fiction. In: Poetics Today 25 (2004), S. 653-671; Philipp Wolff: The Ethics of Literature. A Reconsideration With Three Suggestions. In: Anglistik. Mitteilungen des Deutschen Anglistenverbandes. 17 (2006), S. 151-176; Jutta Zimmermann/Britta Salheiser (Hg.): Ethik und Moral als Problem der Literatur und Literaturwissenschaft. Berlin: Duncker & Humblot 2006.

5 Man müsste erst ein Korpus juristisch relevanter Lyrik zusammentragen.

6 Thakazhi Sivasankara Pillai: Scavenger's Son [Tottiyute makan]. Übersetzung aus dem Malayalam von R. E. Asher. Oxford : Heinemann 1993.

sein Sohn als Bettler auf, bis er wiederum als Latrinenreiniger zu arbeiten beginnt. Chudalamuttus Versuch, mit unethischen Mitteln seiner Kaste zu entfliehen, wird also mit Rückkehr zum Status quo ›bestraft‹.

Diesem Einsatz poetischer Gerechtigkeit wird jedoch im Roman durch die Darstellung der Tragik von Chudalamuttus Situation entgegengesteuert. Die einzigen zwei Alternativen für Chudalamuttu wären gewesen, einerseits sich in sein Schicksal zu fügen und für seine Familie keinerlei Zukunft hinzunehmen, oder andererseits auf eine gewerkschaftliche Konfrontation mit den Arbeitgebern zu setzen. Diese hätte in einem Massaker der Latrinenreiniger durch die Polizei geendet und mit der Entlassung und somit der Verelendung der übrigen Arbeiter und ihrer Familien. Der Roman schließt mit der Schilderung eines solchen Massakers, in dem Chudalamuttus Sohn zu Tode kommt. Dieser stirbt ehrenvoll als Held, aber die Latrinenreiniger haben nicht gesiegt.

Der heroische Ausweg aus dem Schicksal der Unberührbarkeit ist also nicht sehr perspektivenreich. Chudalamuttu bleibt eigentlich keine andere Wahl, als sich radikal von der Kaste abzusetzen, auch wenn die Mittel, die er dazu verwendet, niederträchtig sind. Neben der Frage nach der Ethik von Chudalamuttus Handlungen rückt der Roman folglich die der Ethik der Gesellschaft in den Vordergrund und charakterisiert die geschilderte Gesellschaft als grundlegend ungerecht, da sie Chudalamuttus legitimes Streben nach Besserung seiner Lebensumstände systematisch vereitelt. (So lachen alle Arbeitgeber, als sie erfahren, daß Chudalamuttu seinem Sohn einen Namen gegeben hat, und Chudalamuttu hat größte Probleme, eine Schule zu finden, die seinen Sohn aufnimmt – Latrinenkehrer haben keine Schule zu besuchen.) Gleichzeitig wird klar, daß Pillai eine Art von Gerechtigkeit einklagt, die dem Konzept des westlichen Liberalismus entspricht. Innerhalb des hinduistischen Glaubens erfährt Chudalamuttu eine doppelt gerechte Strafe – für seinen Betrug an der Gemeinschaft *und* für seine Hybris, da er den Status quo nicht akzeptieren wollte, der gottgegeben ist – seine Zugehörigkeit zu einer Kaste auf ewig. Die Ungerechtigkeit, die dem westlichen Leser himmelschreiend erscheint, beruht auf der Ethik des Distributionismus (»the greatest happiness of the largest number« nach Bentham) und unserem demokratischen Verständnis von Chancengleichheit. Gerechtigkeit wird hier als Aspekt eines gesellschaftlichen Systems verstanden, das trotz finanzieller Ungleichheit durch die Eröffnung von Chancen, z.B. auf Bildung, individuelle Möglichkeiten zur persönlichen Weiterentwicklung und zu einer besseren Zukunft, operiert. Des weiteren stellen sich die Lebensbedingungen der Unberührbaren insgesamt als subhuman dar, und ihre soziale Ächtung widerspricht christlich-demokratischen Glaubensgrundsätzen.

Pillai greift im Roman interessanterweise die Religion des Hinduismus selbst nicht an, obwohl diese für die gesellschaftlichen Zustände zentral verantwortlich ist, da sie die Ausbeutung der Unberührbaren stützt und ideologisch untermauert. (Ein Vergleich mit Mulk Raj Anands Roman Untouchable (1935) zeigt, daß dieser die Kritik am Hinduismus viel zentraler in seine Anprangerung des Kastenwesens integriert.[7])

In diesem Abschnitt habe ich versucht zu zeigen, wie Literatur vielschichtig ethische Probleme behandelt. Dabei wurde absichtlich ein Text gewählt, in dem es um poetische Gerechtigkeit und nicht um Strafe im juristischen Sinn geht, um zu zeigen, daß auch in der Literatur selbst eine Ethik zur Anwendung kommt, die diskriminierend Belohnung (Heirat am Ende des Romans) und Strafe (z.B. Tod am Ende des Romans) verteilt. In Texten, die poetische Gerechtigkeit[8] anwenden, kommt eine Ethik zum Vorschein, die Bestrafung als Teil eines ethischen Systems anerkennt. Hingegen gibt es auch literarische Entwürfe, in denen das christliche Gebot des Verzeihens (Jesus und die Ehebrecherin) bestimmend wird und für die (bereuten) Taten des Protagonisten keine weltliche Strafe verhängt wird. Jane Austens Emma (1815)[9] z.B. entlässt die Titelfigur nach reuigem Bekenntnis ihrer Verfehlungen in ein Happy End. Schließlich gibt es noch Texte, die Straftaten glorifizieren und dem Leser ein imaginäres Entkommen aus der auf das Verbrechen logisch folgenden Strafe ermöglichen. Fay Weldons The Life and Loves of a She-Devil (1983)[10] ist ein gutes Beispiel für diese Art von Literatur: Hier rächt sich die von ihrem Ehemann verlassene Ruth in grausamster Weise an ihm und seiner neuen Frau, und zwar unter dem Beifall des (feministischen) Publikums.

Wenden wir uns nun der Diskussion von Gerechtigkeit in literarischen Texten zu.

Gerechtigkeit und Strafe

Es ist nicht von ungefähr, daß im Englischen die Konzepte Recht und Gerechtigkeit im Lexem *justice* zusammenfallen; in der Tat sollte Recht mit Gerechtigkeit koinzidieren. Literarische Texte konzentrieren sich jedoch meist auf Situationen, in denen die Rechtssprechung als ungerecht empfunden wird oder auf Fälle, in denen eine Ungerechtigkeit droht (die dann glücklicherweise abgewendet werden kann). Sehr selten geht es um juristisch unproblematische Fälle, in denen ein Straftäter verurteilt wird, seine Schuld eindeutig feststeht und das Recht formal seinen Lauf nimmt. So wie glückliche Familien im ersten Satz von Leo N. Tolstojs Anna Karenina (1877) (»Alle glücklichen Familien ähneln einander; jede

[7] Mulk Raj Anand: Untouchable [1935]. London: Penguin 1986; dt.: Der Unberührbare. Aus dem indischen Englisch von Joseph Kalmer. Zürich: Unionsverlag 1984.

[8] Das Standardwerk zur ›poetic justice‹ ist Wolfgang Zach: Poetic Justice. Theorie und Geschichte einer literarischen Doktrin. Tübingen: Niemeyer 1986.

[9] Jane Austen: Emma [1815]. Oxford: Oxford UP 1985; dt.: Emma. Übersetzung von Ursula Grawe. Stuttgart: Reclam 1988.

[10] Fay Weldon: The Life and Loves of a She-Devil. London: Hodder & Stoughton 1983; dt.: Die Teufelin. München: Frauenbuchverlag 1988.

unglückliche aber ist auf ihre eigene Art unglücklich.«[11]) sind Strafverfahren ohne Komplikationen oder ethische Probleme nicht interessant, eignen sich kaum für Romane. Das Strafgesetz bzw. die Justiz treten in der Literatur dort als Themen auf, wo sie als problematisch erscheinen, entweder weil Fehlurteile drohen oder dort, wo die Auswirkungen auf den Täter und seine Psyche im Vordergrund stehen (z.B. Dostojewskijs Verbrechen und Strafe (1869[12]).

Ein typisches Beispiel für die Kategorie ›bedrohte Gerechtigkeit‹ ist der Film To Kill a Mockingbird (dt.: Wer die Nachtigall stört; Robert Mulligan, 1962, mit Gregory Peck in der Hauptrolle) nach dem Roman von Harper Lee. Der Anwalt Atticus Finch verhindert in diesem Film heroisch, daß ein Schwarzer wegen Vergewaltigung einer Weißen verurteilt wird, als sich durch sein Kreuzverhör herausstellt, daß das angebliche Opfer, eine alte Jungfer, sich die Geschichte nur ausgedacht hat, weil der Angeklagte sie fluchtartig verließ, als sie ihn verführen wollte. Gegen starke rassistische Einmischung zuungunsten des Angeklagten gelingt es Finch, trotz der Geschworenen (die auf ›Schuldig‹ entscheiden) einen ›Freispruch‹ durch den Richter zu bewerkstelligen, der die Jury wegen Befangenheit heimschickt. Tragischerweise folgt auf diesen vorläufigen Triumph der Gerechtigkeit des Gesetzes der Sieg der Rassisten auf ungesetzliche Weise – sie lynchen den Angeklagten, der in Panik aus dem Gefängnis geflohen ist, und jemand ›rächt‹ sich auch noch an Atticus, indem er seine Kinder auf dem Heimweg von einer Party nachts überfällt. Der Film kann als typisch für viele literarische Werke gelten, die die unleugbare Ungerechtigkeit in der Gesellschaft zumindest teilweise durch den Einsatz eines normativen Rechts mildern, das als Hoffnungsträger für zukünftige Generationen fungiert. Daß diese Konstellation im Falle von To Kill a Mockingbird das amerikanische Rechtswesen und die Justiz in einer Weise idealisiert, die langfristig gesehen die Missstände in der Justiz verschleiern helfen, zeigt, daß der Film typische ideologische Komponenten aufweist. Der Held, gespielt von Gregory Peck, ist einer von vielen Helden des amerikanischen Films, die ihren Beruf, ihr Leben, ihre Familie aufs Spiel setzen oder große Armut in Kauf nehmen, um »das Gute« zu tun, den Verbrecher zu stellen, Korruption in der Regierung aufzudecken, etc. Diese Helden handeln wie Heilige, da sie immer total selbstlos sind, meist fast Schiffbruch erleiden und am Ende ohne finanziellen oder gar moralischen Dank ihrer Umgebung (jedoch mit der Bewunderung des Publikums) zurückbleiben. Die implizite Lehre, daß wir alle so sein sollten, dann wäre die (amerikanische) Gesellschaft eine bessere, ist genauso utopisch wie die Darstellung der Justiz als wirklich neutraler und unvoreingenommener Institution.

---

[11] Leo N. Tolstoj: Anna Karenina. Übersetzung aus dem Russischen von Fred Ottow. München: Winkler 1989. S. 7.

[12] Fjodor Dostojewskij: Verbrechen und Strafe [1866]. Übersetzung aus dem Russischen von Swetlana Geier. Zürich: Ammann 1994.

Noch häufiger sind allerdings literarische Texte, in denen aus ähnlich kritischer Perspektive die Bestrafung durch das Gesetz hinterfragt wird. Dabei kann es sich um Unregelmäßigkeiten im Gerichtsverfahren handeln (der für uns hier uninteressantere Fall) oder um die Ungerechtigkeit der Strafe an sich, weil das Gesetz als ungerecht empfunden wird. Nicht berücksichtigt werden an dieser Stelle tragische Helden wie Robert Bruce im Film Braveheart[13], die aus heroischen Beweggründen (Verteidigung des Vaterlandes) in ihr Verderben rennen und deren Exekution einen moralischen Triumph darstellt.

Ein gutes Beispiel für ein sozialkritisches Werk, das die Unverhältnismäßigkeit von Strafe und Gesetz anklagt, ist Ngugi wa Thiong'os Roman Devil on the Cross (1980)[14], der in der Landessprache Gikuyu verfasste Erstlingsroman des Autors, den der in Kenia geborene Ngugi während seiner Haft schrieb, bevor er ins britische Exil auswanderte. Ich beziehe mich besonders auf eine Szene zu Beginn des Werkes, wo die alte arme Frau Wangari von ihren Erfahrungen berichtet, als sie ihr Land verliert und in die Stadt geht, um sich einen Job zu suchen. Sie wird als Landstreicherin aufgegriffen und ins Gefängnis geworfen.[15] Wie sie dem (europäischen) Richter sagt, kann sie als Eingeborene Kenias nicht Landstreicherin sein, da dieses Land, für dessen Unabhängigkeit sie gekämpft hat, ihres ist, wo sie sich überall aufhalten darf. (Waringa ist eine der Mau-Mau-Anhängerinnen, die gegen die Kolonialregierung kämpften.)

> I am not a foreigner here like you. And I am not a vagrant here in Kenya, and I will never be a foreigner or a vagrant here in Kenya. Kenya is our country. We were born here. We were given this land by God, and we redeemed it from the hands of our enemies with our own blood.[16]

> Ich bin hier kein Ausländer wie Sie! Ebensowenig bin ich ein Landstreicher, hier in meinem Land. Ich werde in Kenia niemals Ausländer noch Landstreicher sein. Kenia ist unser Land. Wir wurden hier geboren, Gott selbst hat und dieses Land geschenkt, und mit unserem eigenen Blut erlösten wir es aus der Hand unserer Feinde.[17]

Der Roman, der aus einer anti-neokolonialistischen Perspektive verfasst ist, stützt diese Sicht: der Neokolonialismus in Kenia ist ungerecht, er beutet die Bevölkerung aus. Seine Gesetze bestrafen die unschuldigen Kenianer, während die wahren Verbrecher die Regierungsgeschäfte führen.

Ähnliche Konstellationen lassen sich in vielen anti-kolonialistischen und postkolonialen Romanen finden, aber auch in Klassikern der afro-amerikani-

---

13 Regie: Mel Gibson; Darsteller: Mel Gibson, Sophie Marceau, Patrick MacGoohan; USA 1994.

14 Ngugi wa Thiong'o: Devil on the Cross. Übersetzung aus Gikuyu vom Autor. London: Heinemann 1987; dt.: Der gekreuzigte Teufel. Übersetzung aus d. Engl. von Susanne Koehler. Frankfurt am Main: Suhrkamp 1988.

15 Ngugi: Devil, S. 43-44; Teufel, S. 51-52.

16 Ngugi: Devil, S. 44.

17 Ngugi: Teufel, S. 52.

schen Literatur wie in Richard Wrights Native Son (1940) oder John Edgar Widemans Brothers and Keepers (1984). Im letzteren autobiographischen Werk Widemans wird die Geschichte seines lebenslänglich inhaftierten Bruders Robby erzählt, der im Zusammenhang mit einem Einbruch in eine Schießerei mit einer gegnerischen Bande verwickelt wurde, bei der ein Mann zu Tode kam. Obwohl Robby nicht für die Schüsse verantwortlich ist, wird er wegen Mordes verurteilt. Das Buch ist bemerkenswert, weil es einerseits ungeschminkt die desolaten sozialen Zustände der Jugendbanden im Ghetto Philadelphias schildert, aber andererseits am Einbruch und seinen Folgen nichts beschönigt. Erzählt wird die Geschichte von einer großen Ungerechtigkeit, die nicht nur im Justizirrtum selbst liegt, sondern an der Unverhältnismäßigkeit der Strafe für das, was in Ghettos unter Jugendbanden eine traurige Normalität ist – es wird gestohlen, und die Banden bekämpfen sich unter Einsatz von Schusswaffen. Die Qualität von Widemans Text lässt sich vor allem daran ablesen, daß seine Darstellung die geschilderte Kriminalität keineswegs verharmlost, aber auch deutlich zeigt, daß sie Teil von seinem sozialen Umfeld ist, das solche Exzesse zur Normalität werden lässt. Wideman schildert sowohl die indirekte Schuld Robbys am Tod eines Menschen wie auch die übertriebene Reaktion der Justiz darauf, die seit der Aussetzung von vorzeitigen Entlassungen auf Bewährung eine de facto lebenslängliche Haftstrafe verfügt hat. Es geht ihm darum, zu argumentieren, daß Jugendliche aus diesem Milieu kaum eine Chance auf eine bürgerliche Existenz haben und daß ›Wegsperren‹ nicht die Lösung sein kann. Implizit plädiert Wideman für Resozialisierungsmaßnahmen und für soziales Engagement der Gesellschaft in den Ghettos, um diese zu Bezirken mit neuen sozialen Perspektiven zu machen.

Viele literarische Werke sind nicht deshalb erinnernswert, weil sie sozialkritische Botschaften vertreten, sondern weil sie komplexe ethische Fragen aufwerfen. So ist Widemans Buch bemerkenswert, weil er die Abwägung von Schuld und Sühne nicht eindeutig klärt, sondern gerade die Unvergleichbarkeit der Kriterien auf beiden Seiten verdeutlicht. Er geht hier ähnlich vor wie Victor Hugo in Les misérables (1862), wo der Protagonist Jean Valjean zwar vor dem Gesetz schuldig ist (er hat ein Brot gestohlen), das Justizsystem aber auch an ihm schuldig wird, wenn es ihn dafür inhaftiert und ihn so in eine kriminelle Karriere hineindrängt. (Der Roman ist natürlich ebenso eine Anklage des französischen Gefängnissystems, aber dies gehört in unser nächstes Unterkapitel.)

Berühmte Werke, die das Problem von Gerechtigkeit und Strafe beleuchten, sind z.B. Herman Melvilles Novelle Billy Budd (posthum veröffentlicht 1924) oder Kleists Michael Kohlhaas (1810)[18]. In Melvilles Text steht ein Seekapitän,

[18] Herman Melville: Billy Budd. In: Selected Writings of Herman Melville. New York: The Modern Library 1952; dt. Billy Budd, Vortoppmann auf der »Indomitable«. Übersetzung

der streng nach dem Gesetz handelt, das er nicht zu umgehen können glaubt[19], einem Delinquenten gegenüber, der des Totschlags schuldig ist. Billy gerät durch die Verkettung unglückseliger Umstände in den Verdacht, an einer Meuterei beteiligt zu sein; im Affekt der Überraschung einer für ihn hinterhältigen Anklage versetzt er, dem es die Sprache verschlägt, dem Beschuldiger einen Schlag, der sich als tödlich erweist. Es ist gerade der Umstand einer drohenden Meuterei, der den Kapitän zu einem überstürzten Urteil verleitet, anstatt die Entscheidung eines Kriegsgerichts abzuwarten. Die Geschichte ist dazu angetan, neben der unglücklichen Verkettung der Vorfälle auch die Fragwürdigkeit irdischer Gerechtigkeit aufzuzeigen. Der Text ist nicht primär sozialkritisch, da er nicht ein bestimmtes System verurteilt und dessen Mangel an Gerechtigkeit anklagt, sondern er unterstreicht die Tragik der unvollkommenen Gerechtigkeit im Diesseits.

Ähnliche Unabwägbarkeiten sind das Thema von Kleists Michael Kohlhaas. Einerseits empfängt Kohlhaas eine gerechte Strafe für Mord und Totschlag; andererseits ist er Opfer einer Serie von Ungerechtigkeiten, die die moralische Autorität jenes Gesetzes, das ihn aburteilt, markant in Frage stellen. Auch hier endet die Geschichte so, daß man Recht und Gerechtigkeit nicht eindeutig in Einklang bringen kann.

Es sind gerade solche Texte, die die Grenzen menschlichen Gesetzes aufzeigen, die an juristischen Fakultäten in Nordamerika als wesentlicher Beitrag zum Nachdenken über eine Ethik des Rechts empfunden werden.

Strafe als subjektives Leiden

Literatur konfrontiert die Frage nach Gerechtigkeit nicht nur auf der Ebene des Rechtsspruchs, also der Entscheidung, eine Person zu bestrafen, sondern auch extensiv auf der Ebene des Vollzugs, wobei sowohl Hinrichtungen wie Gefängnisstrafen behandelt werden. Diese beiden Arten des Vollzugs haben nicht nur unterschiedliche historische Wurzeln – das Gefängnis im heutigen Sinn ist eine Innovation des späten 18. Jahrhunderts, die sich aus der Disziplinierung von Landstreichern und Prostituierten im Amsterdamer Zuchthaus bzw. dem Londoner Bridewell des 16. Jahrhunderts entwickelte. Auch die literarischen Traditionen der Darstellung von Hinrichtung und Gefängnis sind gänzlich andere.

Hinrichtungsszenen in der Literatur, auf die ich im Folgenden nicht näher eingehen werde, speisen sich aus der Gattung der Tragödie, in der der meist moralisch exemplarische Held an der Kleinlichkeit seiner Umgebung oder der Verkettung unglücklicher Ereignisse scheitert. In diesem Kontext kann der Tod des

von Richard Möring. Frankfurt am Main: Fischer 1979. Heinrich von Kleist: Michael Kohlhaas. Frankfurt am Main: Insel-Verlag 1991.

19 Es gibt jedoch widersprüchliche Lesarten der Novelle, nach der Captain Vere sich über die Gesetzgebung hinwegsetze.

Helden nicht als ›Strafe‹ verstanden werden. Auch dort, wo der tragische Held tatsächlich vom Gesetz hingerichtet wird, hat er diesen Tod meist für eine Tat in Kauf genommen, die ihm einen moralischen Triumph über seine Henker sichert: Antigone, Don Carlos, John Proctor in Arthur Millers *The Crucible (1952; dt.: Hexenjagd*[20]) sind als Ideale und Vorbilder konzipiert, die ihr Leben für die gerechte Sache opfern. Der Aspekt, den ich in diesem Abschnitt näher beleuchten möchte, nämlich die Grausamkeit der Strafe als Strafe bzw. die Legitimität von tatsächlichen Praktiken des Vollzugs, kommt in der Konstellation des tragischen Helden nicht vor. Dennoch sind in den letzten Jahren einige Filme (und Romane, auf denen diese basieren) entstanden, die die Menschenunwürdigkeit von Hinrichtungen thematisieren. In der Tradition von Brendan Behans Theaterstück The Quare Fellow (1959; dt. Der Spaßvogel[21]) können hier z.B. Stephen Kings The Green Mile[22] sowie der Film Dead Man Walking[23] genannt werden. Generell wird jedoch in der Literatur Hinrichtung meist nicht als ethische Frage im hier relevanten Sinn bzw. nur als Ethik der Zuseher behandelt.[24] In der Tradition des Erhabenen und des Assoziationismus (Edmund Burke, Adam Smith) wird die gerechte Strafe als moralisch erhebend interpretiert (der Missetäter sieht seine Strafe als Sühne) – das Tragische und Erhabene werden miteinander verschmolzen[25]. Noch weit eindrücklicher sind Schilderungen der Reaktionen des moralisch verabscheuenswürdigen Publikums, das Exekutionen nur aus Sensationslust besucht. Hier beginnt die Kritik an öffentlichen Hinrichtungen in England mit den Stichen von William Hogarth im 18. Jahrhundert und führt über journalistische Kritik (u.a. in Beiträgen von Charles Dickens und W. M. Thackeray) zur Abschaffung öffentlicher Exekutionen, da sie die Moral der Zuseher korrumpierten.[26]

Womit ich mich in diesem Abschnitt näher auseinandersetzen möchte, ist jedoch die Darstellung von Gefangensein und Gefängnisstrafe. Die Tradition geht hier auf mittelalterliche religiöse Modelle zurück, die die Gefangenschaft von

20 Arthur Miller: The Crucible. Harmondsworth: Penguin 1970; dt. Hexenjagd. Berlin: Fischer 1954.

21 Brendan Behan: The Quare Fellow. London: Methuan 1974; dt. Der Spaßvogel. In: Brendan Behan: Die Geisel und andere Stücke. Berlin: Wagenbach 1993.

22 Stephen King: The Green Mile. New York: Signet 1996; The Green Mile: Regisseur Frank Darabont; Hauptdarsteller Tom Hanks und Michael Clarke Duncan; USA 1999.

23 Direktor Tim Robbins, Hauptdarsteller: Susan Sarandon, Sean Penn; USA 1995.

24 Ich verweise hier auf eine lange Tradition der Kritik an öffentlichen Hinrichtungen, die in Großbritannien im 18. Jahrhundert einsetzt und im 19. Jahrhundert kulminiert, als 1868 öffentliche Hinrichtungen abgeschafft werden.

25 Vgl. William P. Albrecht: The Sublime Pleasures of Tragedy. Lawrence: Kansas UP 1975.

26 Charles Dickens: Capital Punishment. Letter to the Daily News, 9 March 1846. In: Miscellaneous Papers. Millwood: Kraus 1983; William Thackeray: »Going to See a Man Hanged«. The Works of William Makepeace Thackeray. Bd. III. New York: Harper & Brothers 1898, S. 635-49. Vgl. auch Jeremy Tambling: Dickens, Violence and the Modern State: Dreams of the Scaffold. Basingstoke: Macmillan 1995.

Heiligen in den Heiligenlegenden nachschreiben, so in Boethius' berühmtem Traktat De consolatione philosophiae[27] (6. Jahrhundert). In dieser Tradition werden die Qualen der Inhaftierung einerseits philosophisch und andererseits theologisch gedeutet. Da unser Leben vergänglich ist, stellt in platonischer Tradition der Körper ein Gefängnis der Seele dar, und erst im Tod werden wir in die Ewigkeit erlöst. Im Vorgriff auf den Märtyrertod wird so das Leben an sich als unbedeutend abgetan, die Leiden der Gefangenschaft sind temporär, und die Hoffnung auf christliche Erlösung stärkt die Tugend der *constantia*, der Festigkeit im Glauben und der Leidensbereitwilligkeit. In dieser Tradition wird die Unbill der Gefangenschaft als unausweichlich, ja gottgewollt gedeutet. Es geht in diesen Texten darum, dem Leidenden psychische Stärkung und Trost zu spenden.

Seit dem späten 16. Jahrhundert (jedenfalls in der englischen Literatur) entsteht darüber hinaus eine Tradition, die Gefangenschaft weniger religiöstrostspendend sondern eher sozialkritisch und auf die (veränderbaren) Zustände in Gefängnissen bezogen darstellt. Diese Literatur nimmt offensichtlich Bezug darauf, daß breite Bevölkerungsschichten von Inhaftierung betroffen waren, einerseits wegen der religiösen Konflikte und andererseits wegen des Schuldgefängnisses, das viele Autoren aus eigener Erfahrung kennen lernten. Es gibt daher bereits vor der Erfindung des modernen Gefängnisses im späten 18. Jahrhundert zahlreiche literarische Darstellungen, die das Elend der Inhaftierung beschreiben.

Diese Tradition wendet sich im 18. Jahrhundert vermehrt zum Sozialkritischen. Während noch bei Thomas Dekker und anderen Autoren um 1600 allegorische Muster dominierten, wonach Gefängnisse als Schiffe bzw. Universitäten dargestellt wurden,[28] kommt in John Gays The Beggar's Opera[29] (1728; dt.: Die Bettleroper) das Gefängnis sehr realistisch auf die Bühne, und das Verbrechen wird als endemisch in der Gesellschaft, auch, ja gerade, in den oberen Schichten beschrieben. Neben dem Sozialkritischen findet sich auch die sentimentale Tradition. Besonders die englische Literatur kennt bereits im 18. Jahrhundert zahlreiche Darstellungen von Gefängnissen, die explizit oder auch indirekt die menschenunwürdige und ungerechte Behandlung von Insassen thematisieren. Zu nennen wären hier z.B. Richardsons Clarissa (1747-48),[30] Fieldings Amelia (1751)[31] oder Godwins Caleb Williams (1794)[32] und natürlich der sentimentale

[27] Anicius Manlius Severinus Boethius: De consolatione philosophiae. Opuscula theologica. Hg. Claudio Moreschin. München/Leipzig: Saur 2005.

[28] Vgl. Monika Fludernik: The Prison as World - The World as Prison: Theoretical and Historical Aspects of Two Recurrent Topoi. Symbolism 3 (2003), S. 147-89.

[29] John Gay: The Beggar's Opera [1728 erste Aufführung]. Edinburgh: Oliver & Boyd 1973; dt.: Die Bettleroper. Übersetzung von Hans Magnus Enzensberger. Frankfurt am Main: Insel 1973.

[30] Samuel Richardson: Clarissa, or The History of a Young Lady [1747-8]. London: Penguin 1985.

[31] Henry Fielding: Amelia [1751]. Oxford: Oxford UP 1983; dt.: Amelia. Übersetzung von Rudolf Schaller. Weimar: Aufbau 1981.

Roman, der Gefängnisszenen als prototypische Anlässe zum Tränenvergießen einsetzt. (Man denke etwa an den imaginären Gefangenen in der Bastille in Laurence Sternes Sentimental Journey (1768)[33] bzw. an die Gefängnisszene in Henry Mackenzies The Man of Feeling (1771)[34].) In allen diesen Beschreibungen wird der Gefangene als Opfer eines inhumanen Gefängnisbetriebs dargestellt. Parallel zu diesen fiktionalen Darstellungen entsteht John Howards Studie The State of the Prisons (1777),[35] welche die Missstände in britischen Gefängnissen so eindrücklich anprangert, daß politischer Handlungsbedarf entsteht und das moderne Gefängnis, *penitentiary*, ins Leben gerufen wird. Eine große Rolle in dieser Geschichte spielen auch Cesare Beccarias Schrift Dei delitti e delle pene (1764)[36] und Jeremy Benthams Modellentwurf des Panoptikums als architektonischem Rahmen für den Strafvollzug.

Gerade im Zusammenhang mit dem neuen Gefängnis stellt sich die Frage nach dem Nutzen der Strafe. Das neue Modell der Strafanstalt sollte humaner sein, keine Körperstrafen verhängen (auch wenn in Großbritannien noch bis 1862 öffentliche Auspeitschungen stattfanden) und hauptsächlich der Abschreckung durch zwangsläufige Strafe (dank höherer Aufklärungsraten sollte jedes Verbrechen bestraft werden) und durch Zwangsarbeit dienen. Der ins Auge genommene Straftäter ist ein Vagabund und Dieb, der durch Arbeit bestraft wird, diese aber auch als Teil einer Disziplinierung zur modernen Industriegesellschaft erlernen soll. Nach Foucault geht es beim modernen Gefängnis um die »Normalisierung« der Bürger, ihre Disziplinierung.

Dennoch schwindet das Element der Bestrafung nicht aus den Straftheorien oder gar aus dem Gefängnisalltag. Strafe hat immer mit »Pein« zu tun, wobei im minimalsten Sinn der Verlust der Freizügigkeit, Selbstbestimmung und freien Entscheidung (Reglementierung des Alltags), insbesondere der Verzicht auf Konsumgüter, verschiedene Annehmlichkeiten des Lebens und natürlich auf Sexualität auch heute noch bestehen sowie schwerwiegende Folgewirkungen einer Inhaftierung (soziale Ächtung, Schwierigkeit, eine Arbeitsstelle zu finden, Verlust des beruflichen Marktwertes, Mangel an Kranken- und Pensionsvorsorge) zu berücksichtigen sind. Selbst Beccaria, der äußerst humane Ansichten vertritt, will die Hinrichtung durch eine lebenslange »Sklaverei« ersetzt wissen, die, wie er

32 William Godwin: Things as They Are or, the Adventures of Caleb Williams [1794]. London: Penguin 1988; dt.: Die Abenteuer des Caleb Williams. Übersetzung von Rudolf Rocker. München: Heyne 1980.

33 Laurence Sterne: A Sentimental Journey through France and Italy [1768]. Oxford: Oxford UP 1968; dt.: Eine empfindsame Reise durch Frankreich und Italien. Übersetzung von Rudolf Stamm. Zürich: Bühl-Verlag 1946.

34 Henry Mackenzie: The Man of Feeling [1771]. Oxford: Oxford UP 2001; dt.: Der Mann von Gefühl. Übersetzung von C.G. Lessing. Danzig 1774.

35 John Howard: The State of the Prisons in England and Wales. With Preliminary Observations, and an Account of Some Foreign Prisons. London 1777.

36 Cesare Beccaria: Von den Verbrechen und von den Strafen. Berlin: BWV 2005.

meint, einen viel größeren abschreckenden Effekt hätte, da sich der Bürger diese als größeres Leiden vorstelle als den kurzen Moment des Todes.[37]

Inhaftierung ist also trotz sämtlicher Reformen selbst unter den allerfortschrittlichsten Haftbedingungen immer noch eine Erfahrung von ›Leiden‹, meist jedoch von Leiden am Verlust von selbstverständlicher Lebensqualität. Im 19. und 20. Jahrhundert – und auch noch heute in weiten Teilen der Welt – inkludiert(e) Gefängnis jedoch auch Leiden an ungerechter Behandlung und Bestrafung, an Menschenrechtsverletzungen verschiedenster Art und generell an Haftbedingungen, die an und für sich bereits entwürdigend waren und das physische und psychische Überleben des Häftlings gefährdeten. Mayhew/Binnys Beschreibung viktorianischer Gefängnisse von 1862[38] bietet ein eindrückliches Bild davon, z.B. in seiner Schilderung von Kerzen essenden Gefangenen, die an der Gefängniskost auf die Knochen abgemagert waren. Um auf einen früher zitierten Beispieltext zurückzugreifen: Die wegen Landstreicherei inhaftierte Wangari beschreibt ihre Unterbringung drastisch wie folgt.

> I was then pushed into a police vehicle and taken to a cell. But was it a cell, or rather a lair for mosquitoes, lice, fleas, and bedbugs.[39]
>
> Ich wurde in ein Polizeifahrzeug geschoben und in eine Zelle gebracht. Ich frage mich noch, ob es eine Zelle war oder vielmehr ein Nest voller Moskitos, Läuse, Flöhe und Wanzen![40]

Die Betonung von Missständen in Gefängnissen und ihre sozialkritische sowie sentimentale Aufbereitung in der Literatur des 18. Jahrhunderts wurde auch gespeist von der politischen Kritik der Aufklärung am Absolutismus und an den feudalen Rechtspraktiken des *ancien régime*. Beccarias einflussreiche Studie, die zuerst anonym erschien und auf den Index kam, stellte sich explizit gegen die religiöse Basis von staatlichem Recht und forderte einen bürgerlichen Rechtsstaat, wobei Beccaria wiederholt die Missstände der absolutistischen Rechtssprechung und Rechtspraxis anprangerte. Eine allgemeine Bewegung zu einem Strafrecht unter dem Banner der Humanität wurde im 18. Jahrhundert begünstigt durch die generelle Humanisierung der britischen Gesellschaft[41] und durch die Tatsache, daß viele Opfer des Strafvollzugs unschuldig waren: politische Gegner; Bürger, die im Absolutismus unter die Räder kamen; Schuldner, etc. Die gesellschaftlichen Umstände waren also besonders günstig für eine Strafrechtsreform.

---

[37] Beccaria: Verbrechen, § XXVIII.

[38] Henry Mayhew/John Binny: The Criminal Prisons of London and Scenes of Prison Life [1862]. London: Cass 1971.

[39] Ngugi: Devil, S. 43.

[40] Ngugi: Teufel, S. 51.

[41] Vgl. u.a. Thomas L. Haskell: Capitalism and the Origins of Humanitarian Sensibility. The American Historical Review 90 (1985), S. 339-61 und 547-66.

In der Literatur, besonders im Roman, wird die gesellschaftliche Debatte um den Vollzug in vielen Texten des 18. Jahrhunderts reflektiert und unterstützt.

Seit Godwins Caleb Williams (1794), dessen Held in Untersuchungshaft für angeblichen Einbruch sitzt, und dessen Arbeitskollege ihn besuchen kommt und über die Haftbedingungen entsetzt ist (Caleb Williams, Buch II, Kapitel 11), hat die Literatur das Gefängnisregime in zahlreichen Texten angeprangert. So kann man Teile von Dickens' Werk und besonders Charles Reades It is Never Too Late to Mend (1856)[42] als eindrucksvolle Dokumente sehen, die die überbordende Disziplinierungswut viktorianischer Vollzugsanstalten bzw. die psychischen Auswirkungen von Gefangenschaft deutlich vor Augen führten. Reades It is Never Too Late to Mend griff einen aktuellen Selbstmord im Gefängnis von Birmingham auf und kritisierte die dort betriebenen Praktiken, die de facto als Folter bezeichnet werden konnten.[43] Auch Hugos oben genannter Roman Les misérables schildert das unmenschlich harte Leben der Strafgefangenen, und in neuerer Zeit kann man an Alexander Solschenizyns Ein Tag im Leben des Iwan Denissowitsch (1969)[44] denken.

Diese Belege thematisieren in der Literatur die Unmenschlichkeit von Strafvollzug (der ja heute immer Inhaftierung bedeutet). Dabei werden offensichtliche Fehlpraktiken bloßgestellt und kritisiert – vor allem in sozialkritisch orientierten Texten –, es wird aber auch ganz generell die Frage nach der Ethik des Strafens laut. Hier geht es nicht mehr darum, ob prinzipiell, abstrakt, Strafe legitim ist, sondern darum, ob, und vor allem *wie*, man strafen kann, ohne moralisch-ethische Grenzen zu überschreiten, die in der Behandlung des »anderen« Menschen zulässig sind.

Das Problem, wie Strafe einerseits noch Strafe bleibt und andererseits keine Menschenrechte verletzt, ist ein prekäres. So stehen Mord und Entführung unter schwerer Strafe; dennoch dürfen Gesetzträger »morden« (Kriege führen, Exekutionen ausführen) und inhaftieren, und zwar im Rahmen des Gesetzes. Noch viel schwieriger werden diese Fragen zu beantworten, wenn es darum geht zu bestimmen, was minimale Rechte sind. Literarische Texte schildern eindrücklich, daß Inhaftierung in vielfacher Weise Einschränkungen auferlegt, die als menschenunwürdig empfunden werden. Dabei sind die Auffassungen, was als akzeptabel zu gelten hat, kulturell höchst unterschiedlich, was sich auch in der Literatur zeigt.

Das Problem ist, daß Strafe auch »sein muss«, bzw. wo die Grenzen erlaubter Einschränkungen liegen. Interessanterweise thematisieren literarische Texte diese

[42] Charles Reade: It is Never Too Late to Mend. Whitefish: Kessinger 2004.

[43] Vgl. u.a. Giles Playfair: The Punitive Obsession. An Unvarnished History of the English Prison System. London: Gollancz 1971, S. 88-92.

[44] Alexander Solschenizyn: Ein Tag im Leben des Iwan Denissowitsch. München: Herbig 1969.

Frage kaum. Eine seltene Ausnahme ist der Aufsatz The Crime of Imprisonment von George Bernard Shaw[45], der vorschlägt, außer für wirklich gefährliche Straftäter, das Gefängnis abzuschaffen und durch nicht abschreckende Resozialisierungsmaßnahmen zu ersetzen. (Playfair kommt im oben zitierten Buch zu ähnlichen Ergebnissen. Da selbst die Todesstrafe nicht abschreckend genug ist, hat Strafe an sich keine legitime gesellschaftliche Funktion, sondern produziert nur immer gefährlichere Straftäter, die mit Haß auf die Gesellschaft entlassen werden.) Allgemein gesprochen kreieren literarische Texte viel Sympathie für das Leiden am Gefängnisalltag, stellen jedoch (mangels besserer Alternativen?) das Gefängnis als Strafvollzug und den Strafvollzug als solches nicht in Frage. In der Tat ist die Abwägung zwischen der gesellschaftlichen Reaktion auf Straftaten (außerhalb finanzieller Abgütung) und den legitimen Bedürfnissen des Straftäters (nur: wer bestimmt, was hier legitim ist?) schwierig, ja wahrscheinlich unmöglich. Diese Unmöglichkeit rührt von zweierlei Entwicklungen in unserer Vollzugspraxis: dem Ersatz direkter Ahndung durch das staatliche Rechtssystem, und - damit zusammenhängend - der Ökonomisierung des Rechts. Diesem Punkt wende ich mich in meinem letzten Abschnitt zu.

Grundsätzlich lässt sich beobachten, daß die Literatur, sofern sie Strafe und Gefängnis zentral thematisiert, fast ausschließlich die Perspektive des Inhaftierten einnimmt (Detektivromane seien hier nicht berücksichtigt). Der Gefangene ist zudem beinahe immer entweder ganz unschuldig[46] oder zumindest ergeben sich mildernde Umstände. Wie Lauterbach und Alber dargestellt haben, dient diese Konstellation oft auch einer indirekten Bestärkung der gängigen Ideologie: Der unschuldige Protagonist sieht sich abgebrühten Verbrechern gegenüber, für die die Strafe als durchaus passend dargestellt wird.[47] Andererseits könnte man auch argumentieren, dass die Gunst des Publikums nur erwirkt werden kann, wenn ihnen eine nicht-kriminelle Bezugsperson als Sympathiewerber entgegentritt.[48]

Schließlich mag die Betonung der Erfahrung von Gefangenschaft in der Literatur auch in der menschlichen Psyche begründet liegen. Freiheit und Ungebun-

---

45 George Bernard Shaw: The Crime of Imprisonment. New York: Philosophical Library 1946.

46 Ausnahmen vor allem in autobiographischen Texten wie Jack Abbots: In the Belly of the Beast. New York: Random House 1981; oder Eldridge Cleavers: Soul on Ice. New York: Delta 1999.

47 Frank Lauterbach: From the Slums to the Slums: The Delimitation of Social Identity in Late Victorian Prison Narratives. In: Jason Haslam/Julia Wright (Hg.): Captivating Subjects: Writing Confinement, Citizenship, and Nationhood in the Nineteenth Century. Toronto 2005, S. 113 - 143; Jan Alber: Narrating the Prison: Role and Representation in Charles Dickens' Novels, Twentieth-Century Fiction, and Film. Youngstown: Cambria Press 2007.

48 Monika Fludernik: Stone Walls Do (Not) a Prison Make: Fact and Fiction in Nineteenth-Century Literary and Non-Literary Representations of Imprisonment. In: Captivating Subjects, S. 144-174.

denheit sind allgemein menschliche Bedürfnisse, und dementsprechend wird Eingeschlossensein klaustrophobisch-traumatisch erfahren. Auch der Verlust von Selbstbestimmung, Unterwerfung unter externe Regeln und die Tatsache, daß man der Willkür des Wachpersonals ausgeliefert ist, korrelieren mit kindlichen Ängsten, die wohl in Zeiten autoritärer Erziehung auch durch Einsperr- und Bestrafungserfahrungen in der Jugend bestärkt wurden. Die mitleidsvolle Schilderung von Gefangenschaft als Strafvollzug in der Literatur speist sich daher wohl auch tiefenpsychologisch aus Ängsten und Traumata, die mit Strafe und Strafvollzug nicht unbedingt direkt zu tun haben, aber die Erfahrung von Gefangensein als grundsätzlich furchterregend besetzen.

Die Ökonomie des Strafens als Ethik

Cesare Beccaria, einer der Ahnherrn des modernen Gefängnisses, beschreibt den Effekt der neuen Strafvollzugsanstalt als Abschreckung – der Strafgefangene als Sklave, der in Ketten Schwerarbeit verrichtet, soll dem Bürger Angst einjagen. Der Nutzen der Strafe liegt also in der Abschreckung.[49] In ihrem faszinierenden Buch Residues of Justice (1996)[50] zitiert Dimock Beccaria. Er ist, wie auch Jeremy Bentham, ein Utilitarier, einer der Begründer jener Messbarkeit von Strafe am Vergehen, jenes Kalküls von Leiden, das gemäß der Schwere einer Straftat in Jahren dem Delinquenten zugemessen wird. Dimock interessiert in ihrem Buch jedoch die Inkommensurabilität zwischen Gesetz und Gerechtigkeit, die Tatsache, daß sich doch alles nicht so leicht ›berechnen‹ lässt.

Literarische Texte belegen diese Bedenken weitgehend. Sie unterstreichen die Komplexität von Schuld und daher auch von Strafzumessung, ja von Strafe überhaupt, und sie stellen vielfach das Leid an der Strafe ausführlichst dar, um sozialkritisch das Justizsystem zu kritisieren oder um genau jene Inkommensurabilität zu verdeutlichen, die das Thema von Dimocks Buch ist.

Dabei liegt das Problem unter anderem darin, daß das Strafsystem einer Ökonomisierung in gleich dreifacher Weise unterworfen ist, wobei sich die Frage nach der Vereinbarkeit von Ökonomie und Recht (Gerechtigkeit) stellt.

Das Strafsystem ist ökonomisch konstituiert, da es ein ›Preis‹-system für Delikte einsetzt: Betrug ›kostet‹ zwischen 10 Euro und 5 Jahren, der entlassene Strafgefangene hat für seine Straftat mit Haftzeit ›bezahlt‹. Dabei ist, wie auch im Leben, außerhalb der Gefängnismauern Zeit gleich Geld – die Buße wird also in Lebenszeit ›bezahlt‹, die jedoch wiederum in Geld umgerechnet werden kann (so und soviel Euro pro Strafgefangenen pro Monat an Kosten des Strafvollzugs). Absurderweise zahlt der Staat meist die Zeche, da der Einsitzende mit seiner Ar-

49 Beccaria: Verbrechen, §XXVIII.

50 Wai Chee Dimock: Residues of Justice: Literature, Law, Philosophy. Berkeley: California UP 1996.

beit kaum je die Kosten des Vollzugs ausgleichen kann. Es ist ein ökonomisches System, das eigentlich unökonomisch ist. Die Ökonomie des Vollzugs ist somit also auch eine des Staatshaushalts. Dabei geht es aber auch um eine Ökonomie des Leidens bzw. des Entzugs von Lebensqualität. Da der Staat direkte Aushandlungen zwischen Opfer und Täter auf eine abstrakte Ebene verlagert, die dank geringerer emotionaler Bindung an das Geschehen neutralere und unvoreingenommenere Urteile erlauben soll, wird von Justiz wegen gerechnet und gleichgesetzt. Die Ökonomie von Schwere des Verbrechens einerseits und Inhaftierungszeit andererseits, die die Zeitskala mit einer Schadensskala von materiellem bis zu physischem Schaden (Verletzung, Tod) parallelisiert, vergleicht nicht nur Inkommensurables; sie unterstellt auch, daß das absichtlich hervorgerufene Leid der Inhaftierung sich durch Zeitextension der Schwere des Leids annähert, das des Opfers entspricht. Der Vollzug bzw. das ihm zugrunde liegende Strafrecht sind also ökonomisch determiniert. Einerseits wird das Leid des Opfers mit dem Leiden des Täters abgerechnet. Diese Ahndung von Gleichem mit Gleichem funktioniert nur über die zweite, abstraktere Ökonomisierungsebene, auf der die Zeitdauer der Inhaftierung und die Schwere des Verbrechens parallelisiert werden. Drittens wird der Strafvollzug durch die Produktion von Arbeit und daher von Geld im Vollzug ökonomisiert – der Insasse zahlt auch durch Arbeit, also durch produktive Zeit.

Nun ist das ursprüngliche Kalkül, das dem Wert gestohlener Güter einen Gegenwert in produziertem Mehrwert der Zwangsarbeit gegenüberstellte, durchaus kommensurabel im rein ökonomischen Sinn. Erst wenn die geahndeten Straftaten sich auf Gewaltverbrechen zu beziehen beginnen, zeigt sich, daß die Kompatibilität nicht mehr gegeben, ja widersinnig ist: Geld (aber auch ein wie auch immer leidender Gefangener) kann das Verlorene nicht wieder ersetzen. Letztlich speisen sich diese pseudo-ökonomischen Vergleiche aus dem monastischen Modell, das für das moderne Gefängnis als »Reueanstalt« (*penitentiary*) Pate gestanden hat. Allerdings wurde Arbeit dort nicht primär als produktiv gesehen und die Zeit viel intensiver als Meditationsraum genutzt. Und natürlich war das Kloster kein Gefängnis, sondern selbstauferlegter Rückzug aus dem weltlichen Leben. (Es kann jedoch spekuliert werden, ob die Wahl des Klosters als Modell für das Gefängnis nicht auf den Vorurteilen der protestantischen Engländer und Amerikaner gegenüber dieser katholischen Einrichtung beruhte, die u.a. im Schauerroman als Kerkerszenarium beschrieben wird.) Der meditative Mehrwert des Gefängnisses besteht in der Buße, die zu einer moralischen Besserung der Insassen führen soll. Diese geht über eine ökonomische Ebene hinaus, macht jedoch wiederum Schuld auf der einen Seite und Reue auf der anderen kompatibel. Allerdings hat sich diese Vorstellung der Besserung im Strafvollzug als unrealistisch erwiesen.

Der Vollzug war noch nie moralisch bessernd und wird es auch nicht sein, solange er auch (und mittlerweile wieder primär) abschreckend ist, also inhärent so angelegt ist, daß man daran leidet. Genau das System, das also idealiter Strafe durch Ökonomisierung sublimieren wollte, endet damit, daß die Ökonomie zu einer Ökonomie des Erleidens wird – zuerst der des Opfers, dann der des Täters, allerdings über den Umweg der Justiz. Bezeichnenderweise kommt jedoch auch ein Modell der Resozialisierung und der Abschaffung des Gefängnisses nicht über die Notwendigkeit hinweg, daß man potentielle Täter abschrecken muss.[51]

Literarische Texte verweilen meist auf der Ebene der praktischen Auswirkungen dieser Ökonomie – sie werben für humaneren Strafvollzug und versuchen, das Gewissen des Lesers als Bürger wachzurütteln, was in seinem Namen (»im Namen des Volkes«) institutionell geschieht. Literarische Texte sind daher eine primäre Quelle für eine Ethik des Strafens und sollten auch in den »Law and Literature« Kursen rechtswissenschaftlicher Fakultäten genau diesen Aspekt einbringen. Während noch im 18. Jahrhundert Gerechtigkeit, auch bei Fehlurteilen der menschlichen Gesetze, im Verhältnis von Mensch und Gott restituiert werden konnte, hat das Strafgesetz der Gegenwart und sein Vollzug das Problem, sowohl gesellschaftliche Notwendigkeiten (Abschreckung, Ökonomisierung auf abstrakter Ebene) wie auch ethische Zwänge (Humanität der Strafe, Gerechtigkeit) zu bewältigen. Hier gewinnt oft die Staatsraison zuungunsten der Ethik. Andererseits bleiben die zwei inkompatiblen Moralebenen (die der Strafe als Ordnungspraxis und die der Ebene der Menschlichkeitsforderung) in kreativem Austausch, der die Komplexität des Problems widerspiegelt. Literarische Texte unterstreichen diese Komplexität, aber sie sind – als Texte über Menschen – mehr auf der Ebene des humanen Strafvollzugs als auf der Ebene des Gesetzgebers und Politikers angesiedelt. Darüber hinaus vollführen literarische Texte jene Untersuchung der Ursachen von Kriminalität, die bislang von der Wissenschaft nicht ernsthaft betrieben wurde und allein zu einer erfolgreichen Prävention von Verbrechen führen kann:

> [...] if penal history has any lesson to teach us it is that punishment inevitably become less severe as time goes on, and cannot in any case be made severe enough to fulfil its presumptive potentiality as general deterrence. [...] the time [is] come to seek out and eradicate the *causes* of the mounting crime rate, instead of vainly persevering with measures to suppress it.[52]

Dieses Plädoyer für die weitgehende Abschaffung von Strafe und punitiver Prävention hält Strafe für nicht legitimierbar, da die moralischen Kosten von Abschreckung gegenüber dem geringen Erfolg zu hoch eingeschätzt werden, und es sieht die derzeitige Strafvollzugspraxis trotz aller Bemühungen um eine Humanisierung des Vollzugs als ethische unvertretbar, da die Resozialisierung, die auf dem Papier steht, in der Institution des punitiv organisierten Gefängnisses nicht durchführbar ist. In der Literatur ist die inhärente Unmenschlichkeit des Ge-

[51] Vgl. Playfair: Punitive Obsession, S. 235-237.
[52] Playfair: Punitive Obsession, S. 231-232.

fängnisses deutlich dargestellt. Vielleicht kann man sagen, dass die Literatur das Gewissen der Menschen darstellt, indem sie jene Wahrheit schildert, die die Gesellschaft verdrängt hat: daß Strafe, so gerecht sie auch sein mag, den Gesetzesbrecher stets (pace Kant) zum Objekt des Strafens degradiert und ihn als den ›Anderen‹ und nicht als gleichwertigen Menschen behandelt – dass sie also moralisch fragwürdig bleibt, auch wenn sie praktisch eine Notwendigkeit sein mag.

Summary

This essay explores the ways in which literary fiction deals with the ethics of punishment as contrasted with philosophy. Whereas moral philosophy asks questions about the ethical justification of punishment, literature tends to concentrate on the inhumanity of punishment as illustrated through the figures of unjustly punished or incarcerated characters. The first section of the paper »Literature and Ethics« describes how literary fiction more often features illustrations of poetic rather than juridical justice. The second section »Justice and Punishment« then traces how any number of literary fictions concentrate on figures who have been wrongly accused or sentenced; such texts serve to critically question legal punishment. In »Punishment as Subjective Suffering« the history of depictions of the incarcerated is then described within the context of the history of the prison reform movement. Finally, the last part of the essay discusses how literature and literary theory demonstrate the incommensurability of law and justice and the impossibility of calculating ›right‹ punishments. Literature then functions like moral conscience to remind us that punishment, however just it is intended to be, inevitably involves the criminal's being degraded into an object.

»Morality is a social fund« Jack London's Strait-Jacket Ethics

Jason Haslam (Halifax)

In a letter written two years after the publication of his 1915 novel, The Star Rover, Jack London stated that he »wrote the book as an attack upon our horrible prison conditions«, and implied that the novel was part of »a wave of prison reform sweeping over the United States.«[1] London based the novel in part on the prison experiences of Ed Morrell, who served several years in Folsom and San Quentin prisons, many of them in solitary confinement. Because of Morrell's tales, London became especially interested in condemning the treatment of Jake Oppenheimer, who spent time in another solitary cell near Morrell's, and who was sentenced to death for assaulting a guard – a capital offence at the time for an inmate in California.[2] London also wanted to expose the brutality of strait-jacketing, a punishment meted out arbitrarily to prisoners, in which they were quite literally crushed inside a strait jacket. London wrote in the same letter that »I have seen the hundreds of scars on [Ed Morrell's] body, caused by the straight jacket.«[3] Certainly Morrell himself saw London's novel as a successful attack on this practice and American imprisonment in general, writing nine years after The Star Rover's publication that

> Jack London's masterpiece, the crowning achievement of his life, will live imperishable in American Literature, as one of the greatest pen pictures ever created by an American artist. More, in depicting the horrors of my torture in the strait-jacket in the dungeon at San Quentin, Jack London hurled the most damning indictment ever recorded against our whole iniquitous American Jail System.[4]

Beyond the explicit critique of specific punitive practices, though, The Star Rover also engages in a critique of the »reformatory« promises of the prison project, specifically analyzing the constrictive theory of identity lying behind modern penology that, theoretically, bolsters the effectiveness of the prison, just as the constrictive strait jacket, in London's allegory, supposedly bolstered prison

---

1 Jack London: To Mrs. R. C. Grosvenor, 17 November 1915. In: Earle Labor/Robert C. Leitz III/I. Milo Shepard (eds.): The Letters of Jack London. 1913-1916. Stanford: Stanford University Press 1988, p. 1520.

2 According to the editors of London's letters, the author met Morrell in 1911 (The Letters of Jack London, p. 1129). Morrell's own account of his time in prison (The 25th Man. The Strange Story of Ed Morrell, the Hero of Jack London's Star Rover. Montclair (NJ): New Era Publishing 1924) is discussed at length below.

3 London: To Mrs. R. C. Grosvenor, p. 1520.

4 Morrell: The 25th Man, p. 368.

discipline. Specifically critiquing the Enlightenment, individualist underpinnings of solitary confinement and the internal reflection it was supposed to inculcate, The Star Rover emphasizes instead a dialogic, cross-class ethics that nurtures a social and community-oriented, rather than individual and transcendental, response to transgression and »correction«. The novel further expands on this ethical model in order to critique a society that is based on a constrictively defined and defining individualism rather than what London sees as a more individually nurturing, because socialist-oriented, theory of identity.[5]

I. Terminology

Before continuing, a discussion of terminology may be necessary in order to clarify the interrelated concepts that undergird my analysis here. Throughout the paper, I discuss the »theories of identity« or »ontology« of the modern prison system, and the ethics involved therein. The term ontology, used generally to signify the branch of philosophy that is concerned with the study of being, or the nature of (human) existence, can also serve as a useful shorthand for theories of human identity. Thus, the ontology of the penitentiary system is one, as I describe below, in which each individual is understood to have the ability to reform his or her self through internalized reflection. This branch of philosophy in fact lies close to the heart of the penitentiary system: Jeremy Bentham, whose writings on the panopticon have come to stand in for the origins of the penitentiary, also wrote a »Fragment on Ontology,« recently collected with his panopticon writings in order to elucidate the theories lying behind that structure.[6] I use this term also because the nature of being or human identity is, of course, intimately connected to discussions of ethics, the general study of human relations and social codes of behaviour (which usually include such concepts as moral and civic responsibility). Ethics and ontology are thus inherently related, as social systems and codes of interaction would seem to rely on our understanding of the nature of human existence, while the latter would also seem to be informed by our understanding of the centrality (or not) of social interaction in human life. This is why Michel Foucault argues that, for the ancient Greeks, to »take proper

5 For an extended analysis of the complexities surrounding London's political stance see, for example, Carolyn Johnston's Jack London: An American Radical? London: Greenwood 1984. For a discussion of the relationship between London's socialism and his use of »rugged individualism«, see Katherine M. Littell: The ›Nietzschean‹ and the Individualist in Jack London's Socialist Writings. In: Jack London Newsletter 15 (1982), pp. 76-91. For a roughly contemporary analysis of socialism as nurturing individualism, see Oscar Wilde: The Soul of Man under Socialism. In: Complete Works of Oscar Wilde. Glasgow: Harper 1994, pp. 1174-1197.

6 Jeremy Bentham: The Panopticon Writings. Ed. with an introduction Miran Božovič. London: Verso 1995.

care of yourself« – that is, to »know ontologically what you are« – and to »know what it means for you to be a citizen of the city« were interrelated forms of knowledge.[7]

More specifically, my discussions of ethics and ontology also appropriate linguistic terminology from Mikhail Bakhtin, whose theories of the social basis and function of discourse relate inherently, as I see them, to discussions of ethics. I rely on Bakhtin's distinctions between monologic, heteroglossic, and dialogic languages. Put simply, a monologic system is constituted of the »forces that struggle to overcome the heteroglossia of language [...], creating [...] the firm, stable linguistic nucleus of an officially recognized language«; heteroglossia, meanwhile, can be defined as »the uninterrupted processes of decentralization and disunification« in language; while the dialogic (or, more properly, »dialogic heteroglossia«) is constituted of both the centralizing and decentralizing forces of language, allowing a communication between disparate groups without reducing them to a centralized whole: »dialogized heteroglossia [is] anonymous and social as a language, but simultaneously concrete, filled with specific content and accented as an individual utterance.«[8] I expand from the use of these terms within narrow linguistic discussions to use them to understand larger discursive social systems, specifically as they relate to the prison and the penitentiary. As I will argue, for London, such institutions of punishment rely, in practical terms, on monologic, or constrictive, notions of the unitary, »proper« ethical identity. This »proper« identity, for London, is defined generally, to appropriate Foucault's terms, as the docile citizen whose »ethics« are limited to obeying the codes of conduct issued unilaterally by the State and/or dominant culture (rather than the »internalized reflection« that the penitentiary is, theoretically, supposed to inculcate). In response, London's novel itself attempts point us toward a more dialogic, open and dynamic notion of our ethical relations to one another.

7 Michel Foucault: The Ethics of the Concern of the Self as a Practice of Freedom. An interview conducted by H. Becker, R. Fornet-Betancourt, and A. Gomez-Müller. In: Paul Rabinow (ed.): Ethics. Subjectivity and Truth. Essential Works of Michel Foucault 1954-1984. Vol. 1. New York: New Press 1997, p. 288.

8 M. M. Bakhtin: Discourse in the Novel. In: Michael Holquist (ed.): The Dialogic Imagination. Transl. Caryl Emerson/Michael Holquist. Austin: University of Texas Press 1981, pp. 270-272.

II. The Prison's Punishing Ethics[9]

By the mid-nineteenth century, as I have argued at length elsewhere, and moving into the turn of the century, prisons had become a center of both American debate and transnational efforts. The penological theory behind these efforts was, at this time, defined by the competing, but in many ways similar, Auburn and Philadelphia systems. As Orlando Lewis wrote only seven years after The Star Rover's original publication, in his report on the development of American prisons, the practices of and theories behind these systems had »become fairly well established; methods were fairly well fixed; traditions had already formed.«[10] Furthermore, these practices constructed reformation and productivity as mutually reinforcing categories, a relationship which was, as John M. Sloop writes, reflected practically by the use of »silence and hard labor: silence in order to allow reflection and redemption, labor in order to make the criminal ›productive‹«[11]. At the root of the use of silence is the assumption that personal reflection necessarily inculcated a spiritual redemption with concomitant behavioural changes.[12] This emphasis on the individual's innate ability to change is, of course, further discussed by Foucault as a shift in punitive practices that reflects a change in the conception of subjectivity, away from the notion of a thoroughly embodied subject, which reacts mostly to externally enforced punishments, to an ethical subjectivity more thoroughly based on Enlightenment principles: an ethical subjectivity constituted by an internalized notion of propriety, which inherently supports dominant social hierarchies and authorities. Foucault writes of the Philadelphia system that »it is not [...] an external respect for law or fear of punishment alone that will act upon the convict but the workings of the conscience itself.«[13]

---

9 For an expanded and more detailed version of this section's discussion of general prison history and practices, see my monograph: Fitting Sentences. Identity in Nineteenth- and Twentieth-Century Prison Writings. Toronto: University of Toronto Press 2005, especially the introduction and first chapter. Also, see my and Julia M. Wright's introduction to Captivating Subjects. Writing Confinement, Citizenship, and Nationhood in the Nineteenth Century. Toronto: Universtiy of Toronto Press 2005, pp. 3-21.

10 Orlando F. Lewis: The Development of American Prisons and Prison Customs. 1776-1845. Montclair: Patterson Smith 1967, p. 324.

11 John M. Sloop: The Cultural Prison. Discourse, Prisoners, and Punishment. Tuscaloosa: University of Alabama Press 1996, p. 22.

12 De Beaumont and de Tocqueville make this clear when they note that »communication between« prisoners »renders their moral reformation impossible«, whereas when a prisoner is »thrown into solitude he reflects. Placed alone, in view of his crime, he learns to hate it«. Gustave de Beaumont/Alexis de Tocqueville: On the Penitentiary System in the United States and its Application in France. Transl. Francis Lieber, ed. Herman R. Lantz. Carbondale: Southern Illinois University Press 1964, p. 55.

13 Michel Foucault: Discipline and Punish. The Birth of the Prison. Transl. Alan Sheridan. New York: Vintage 1979, p. 238.

The prisons run on the Philadelphia system were not nearly as profitable as the Auburn prisons, simply because each prisoner was required to remain completely isolated, thus rendering factory-like work impossible. Hard labour was, however, still one of the central facets of prison life in the Philadelphia system. Rothman states this explicitly, writing that »in retrospect, the differences between the two plans do not seem very notable. Both [...] emphasized isolation, obedience, and a steady routine of labor.«[14] In other words, while critics can easily separate labour as a function of the market from labour as a personal means for individual salvation, they were not as easily disjoined within the prison context. In the burgeoning industrial revolution, and in the established republic that was America, both labour and one's innate ability to »further« oneself went hand in hand. Despite Auburn's emphasis on working in groups, the rule of silence enforced in both systems are in fact structurally reliant on, and supportive of, a notion of interiority as a reflection of dominant mores and values, in a materialization of a system of ethics that is at once social and individualist, at once democratic and completely uniform.

The result of the emphasis on the people's innate reformative ability and the use of labour to aid that ability led to a uniformity of punishment that was embodied in the identical rows upon rows of cells in the panoptic structures of the larger prisons. Prisons became man-factories, churning out supposedly rehabilitated, properly ethical citizens.[15] In other words, liberal-humanist ideals (if not practices) concerning the equality and »inalienable rights« of individuals went hand in hand with the need for unbiased, objective, and therefore uniform systems of jurisprudence and punishment. Because each individual was (theoretically) equal, each individual had to be treated in the same manner. As Martin Wiener has argued, the stress on the power of the individual paradoxically removed any notions of tailored, individualized punishment.[16] Thus, the power of the single person rapidly degenerates into the uniform treatment of »the people« as a civic body, each member of which supports and reacts to, and can thus be disciplined by, the universally applicable rulings of the State.

In addition to this subtle redefinition of the ethical relation between citizen and democratic State, the actual practice of the prisons – which did treat prisoners as bodies that could be affected through pain – belies not only the effectiveness of the rule of silence, but also the general notions of human subjectivity

---

14 David J. Rothman: Perfecting the Prison. United States, 1789-1865. In: Norval Morris/David J. Rothman (eds.): The Oxford History of the Prison. The Practice of Punishment in Western Society. Oxford: Oxford University Press 1995, p. 117.

15 For a discussion of the prison as a »factory of men«, see Dario Melossi/Massimo Pavarini: The Prison and the Factory. Origins of the Penitentiary System. Trans. by Glynis Cousin. London: Macmillan 1981, p. 144.

16 See Martin J. Wiener: Reconstructing the Criminal. Culture, Law, and Policy in England, 1830-1914. Cambridge: Cambridge University Press 1990, p. 11.

that enable it. While socially sanctioned violence and even torture was removed from the public eye, it was not removed altogether, but was instead re-ordered in intent and purpose (insofar as the intent was both to punish the criminal and to demonstrate to the public the dangers of criminal activity, and the purpose was to minimize such activity). Rather than using pain as a direct means of punishment for crime, the American prison system of London's time used it in part as a means of enforcing the prison rules, including those of silence and labour. Rather than following through with the emancipatory liberal rhetoric of the possibility of the individual's reformation through meditation and reliance on conscience, these prisons in fact beat, brutalized, and killed many of those inside their walls. Indeed, as Ed Morrell himself writes of San Quentin: »To a student of penology, San Quentin must have represented a strange admixture of insanity and coddling paternalism under the cheap pretense of a system, with brute force and ignorance answering for rules and regulations.«[17] The difference between the prisons' theoretical models and their practices raises ethical questions concerning socially sanctioned violence inside the prison walls. Rather than reconfiguring the inmates' identities from deviant and criminal to »productive« subjects who have authentic relationships with their essential consciences, these prisons consistently alienated prisoners (not only from the product of their labour but from all aspects of social life), treating them as objects and tools, but also as vulnerable bodies against whom the exercise of the most extreme forms of violence was legally and ethically permissible.[18]

---

17 Morrell: The 25th Man, p. 3. Peter Oliver supports this view, writing that, when officials from Upper Canada were reviewing the Auburn plan with American prison officials before setting up Kingston Penitentiary, »nothing was said about how men could be forced to work together twelve to fourteen hours a day, month after month, year after year, without ever speaking to each other, or about the punishments that such a system would require.« (Peter Oliver: Terror to Evil Doers. In: Prisons and Punishments in Nineteenth-Century Ontario. Toronto: Toronto University Press 1998, p. 112)

18 To invoke a Habermasian analysis of the public sphere, here, the distinction between penological theory and practice also alters the identification of the prison as public mode to reawaken individuals to their enlightened, ethical selves. Instead, as Michael Meranze argues in his study of the punishment debate in Philadelphia at the turn of the nineteenth century, »the disciplinary realm offered an inverted extension of the public sphere. Within disciplinary institutions, the power of the better argument was supplanted by the argument of power, and the reason of the public materialized on the bodies of those without ›sufficient‹ reason. [...] Social discipline worked to individualize and contain those citizens who remained outside the bourgeois public sphere – and who thereby embodied its limits.« Meranze: Laboratories of Virtue. Punishment, Revolution, and Authority in Philadelphia, 1760-1835. Chapel Hill 1996, pp. 11-12.

III. Strait-Jacketing Ethics

London's novel attacks all of these (by-his-time) ingrained policies and practices of American penology. Incorporating as characters both of the real-life prisoners Ed Morrell and Jake Oppenheimer, The Star Rover is ostensibly the narrative of the fictional character Darrell Standing who, like Oppenheimer, is sentenced to death, and who is ultimately executed for punching a guard in the nose while serving a life sentence. Before he is convicted of this secondary offence, Standing spends several years in solitary confinement, falsely accused of smuggling dynamite into the prison. In order to discover the location of the fictional dynamite, the warden of San Quentin continually »jackets« Standing, torturing and nearly killing him.

During the process of being strait-jacketed (the horrors of which London, relying on Morrell's actual experiences, describes in painful detail), Standing learns how to astral project, that is, to disengage his spirit and mind from his body – a skill Morrell himself claimed to have perfected. Indeed Morrell's autobiography – The 25th Man: The Strange Story of Ed Morrell, the Hero of Jack London's Star Rover – details this ability, and so before turning to London's novel, I will first examine Morrell's own description of his transformation. Specifically, Morrell ties his mental projection to his desire to reform prisons (after his pardon and release, Morrell became a well-known speaker and champion for penal reform). In a chapter doubly entitled »The Black Terror of San Quentin. The Revelation,« Morrell describes his projection:

> It was not as Jack London described my »little death,« not a willing to die of first the toe and joint by joint and bit by bit the rest of the body, but the entire body at one time. [...] There was a period of brain enlargement, an expansion of time and space, a receding of the walls of my cell and even of the outer walls of San Quentin, and leaving my old painracked body laced tightly in the dungeon strait-jacket I bounded away, no longer held to earth but on a quest through space and an eternity of time.[19]

Morrell's description of this »mind projection«[20] follows the tradition of much Utopian and early science-fiction literature, wherein the narrator mentally travels to the future (or a futuristic location), and has a vision of a society that is founded purely on rationalist principles, and sees massive social improvements that are then used to critique the narrator's own society.[21] In Morrell's case, his vision is of »The New Era Penology«, which shows him a reformed court system that includes a centralized sentencing agency that focussed on reparation or res-

---

19 Morrell: The 25th Man, p. 319.

20 Ibid., Author's Preface, no page number.

21 For one of the best-known versions of this device, from roughly the same period as London's oeuvre, see Edward Bellamy: Looking Backward 2000-1887. Ed. Mathew Beaumont. Oxford: Oxford UP 2007.

titution, an individualized vocational training system, and outdoor »reservations« for prisoners that are based on the honour system, rather than the actual system of forcible confinement in which Morrell was physically located:[22]

> Then marvel of all came the vision of the jail of future. I saw the jails of the nation leveled to the ground. I saw the practical operation of the Honor System. [...] What a contrast to the dark and loathesome [*sic*] cells, the dungeon and condemned pens, the disease ridden atmosphere, leg irons, chains, whipping-posts, walls, guns and brutal guards! What a contrast to the two extremes in the prison of today: either idleness, or brutal convict contract labor where the prisoner is robbed of the fruits of his toil becoming a slave for the term of his sentence. The men were self-governing in this institution. The public opinion was as strong there as in the outside world. It held in check those who might be inclined to do wrong. It functioned for good.[23]

Morrell's vision of future penology is thus both a critique of the isolating conditions of contemporary prisons and an attempt to re-form prisons as a functioning public sphere unto themselves – where the public sphere is the proper basis for the creation of the ethical subject, since it is »at once [...] the principle of legal order and [...] the method of enlightenment.«[24] In Morrell's version of »corrections«, the interaction of prisoners with each other is a guarantee of good behaviour, rather than the primary cause of corruption, as the proponents of the silent systems at Auburn and Philadelphia would have it.

To turn back to my central focus, London's novel, published nearly a decade before Morrell's autobiographical account, expands on this Utopian vision, moving from Morrell's material critique of the prison system to a critique of the ethical and philosophical beliefs that enable that system. Unlike Morrell, the fictional Darrell Standing realizes that, through his »mental projection«, he can travel back to experience and live his past lives. The novel recounts his previous lives, among others, as a young boy who is killed at the Mountain Meadows Massacre during Westward Expansion, as a Western sailor who comes to power, and is then overthrown, in ancient Korea, as a Roman legionnaire who helps oversee the execution of Jesus, and as another sailor marooned in isolation for eight years on a small rock island in the middle of the ocean. While much could be said about the relationship between the specifics of each of these »lives« and Standing's experience of San Quentin, I will focus on the way in which Standing's experience of these past lives in general serves to critique and isolate, so to

22 Morrell: The 25th Man, pp. 322-323. Also included with Morrell's book is a pamphlet that describes this »New Era Penology,« based on his vision, published by the American Crusaders for the Advancement of the New Era Penology.

23 Ibid., 323.

24 Jürgen Habermas: The Structural Transformation of the Public Sphere. An Inquiry into a Category of Bourgeois Society. Transl. Thomas Burger. Cambridge: MIT Press 1991, p. 104.

speak, the inherent ethical failings of the punishments of the modern penal system, as London saw them.

Standing views the prison first and foremost as an attempt to rigidly define and subjugate those under its control, turning them, in Foucault's terms, into docile bodies to be acted upon and used by the dominant class. This aim becomes evident for Standing in the prison workshops. In his outside life, Standing had been a professor of agronomics, basically attempting to find new and more productive methods of operation for the agricultural industry. When he first gets to San Quentin, he is put to work. Standing states,

> The prison, like all prisons, was an affront and a scandal of waste motion. They put me in the jute mill. The criminality of wastefulness irritated me. [...] The crime of waste was abhorrent. I rebelled. I tried to show the guards a score or so of more efficient ways. I was reported. [...] I was enraged by the motion-wastage of the loom-rooms and was persecuted by the guards into becoming an »incorrigible«. One's brain worked and I was punished for its working.[25]

Labour, here, is not used to reform Standing into a productive citizen, as the penological theory traced above would have it, but instead is decried as creating waste, both in its production of cloth, and in its »reformation« of the prisoners. Rather than labour being both productive in the material sense and in the rehabilitative sense, furthering the »proper« and »ethical« (because socially and productively oriented) senses of self in the prison-worker, the *wastefulness* of prison labour is tied to the punishment of individual thought: Standing is punished not because he refused to work, but precisely because he thinks of ways to be more productive. Labour does not rehabilitate »the workings of the conscience« of the prisoner, to quote Foucault;[26] it instead is geared precisely to silence it, and so Standing, following what is portrayed as his already productive, already efficient and conscientious interiorized relationship to society, portrays the prison as the true space of criminal behaviour, the punishment meted out by the guards as the primary goad to, rather than corrective of, prisoner incorrigibility.

This silencing of the individual's conscience, rather than the supposedly rehabilitative re-enforcing of it, is also tied for Standing to the subordination of the larger populace to the hegemonic control of the State. The abuses of the prison, for Standing, are merely stand-ins for the abuses of the larger society: prison's de-individuation of prisoners, its transformation of them into an amorphous, unthinking, docile mob, is done at the behest of a citizenry which in turn finds itself in a similar relationship to State power. Throughout the novel, Standing reminds his readers that in a supposedly democratic society, the responsibility for

---

25 Jack London: The Star Rover. Introd. by Lorenzo Carcaterra. New York: Modern Library 2003, pp. 8, 9. Subsequent references will be to this edition and will be cited parenthetically.

26 Foucault: Discipline, p. 238.

any abuses perpetrated (and perpetuated) by the State officials lies squarely with the people who are represented by those officials. For example, Standing asserts that the guards who beat the prisoners in solitary are »paid bravos of the smug citizens who constitute the state« (p. 18), and later he states that the guards who strait jacket him are the citizens' »hang-dogs«:

> The jacket is spread on the floor. The man who is to be punished, or who is to be tortured for confession, is told to lie face-downward on the flat canvass. If he refuses, he is man-handled. After that he lays himself down with a will, which is the will of the hang-dogs, which is your will, dear citizen, who feeds and fees the hang-dogs for doing this thing for you. (p. 45)

This passage presents a complicated series of replacements and assertions of individual and collective will. The prisoner's *will* to resist the torture is beaten out of him, and replaced by the guards' *will* for the prisoner to lie down; the guards' *will* in the meantime is merely representative of the *will* of the citizenry who pay that guard to represent them; but, that citizenry's *will* is not the properly formed and informed conscience of a Lockean, Enlightenment individual and citizen because, just before this passage, Standing states that »perhaps, dear citizen, who permits and pays his hang-dogs to lace the jacket for you – perhaps you are unacquainted with the jacket« (p. 45). The properly socialized citizen, who represents the type of person the prisoner is supposed to be rehabilitated into, is unaware of what is done at the behest of his or her will.

We are left then, not with the theoretically enlightened penitentiary that through isolation and hard labour reconnects the prisoner to a proper, transcendental conscience, enabling the prisoner to become a productive citizen. Instead, London uses his description of prison practices to describe a larger society in which all citizens are will-less, where their representatives have instead become their ideological controllers, their conscience is replaced by the dominance of State power. Furthermore, that power is only geared to its own perpetuation, rather than to the benefits of its citizens:

> And here I am, my hands dyed red, in Murderers' Row, in the State Prison of Folsom, awaiting the day decreed by the machinery of state, when the servants of the state will lead me away into what they fondly believe is the dark – the dark they fear; the dark that gives them fearsome and superstitious fancies; the dark that drives them, driveling and yammering, to the altars of their fear-created, anthropomorphic gods. [...] the state, which includes all the citizens of the state, believes that it can blot out this wisdom of mine by means of a rope about my neck in the abruptive jerk of gravitation [...]. (pp. 6-7)

The continual repetition of and emphasis on »state,« especially in the final doubled reference to »the state, which includes all the citizens of the state,« effectively shouts that the State is comprised of a servile and ineffective citizenry. The institutional structures of the State are revealed as its actual driving force, perpetuating a fear of extinction in order to maintain its power, no matter how wasteful that power is.

IV. The Roving »Social Fund« of Ethics

So, prison becomes the synecdoche for the ideological deadening of each citizen's own conscience to State-sponsored hegemony. In the novel, as can be expected, Standing resists this interpellation, asserting his own conscience against the State's power. And he does so, as many prison authors do, by – at first – ironically repeating the reformatory rhetoric and theory of the modern prison project itself. Victor Brombert has named this common literary device »the happy prison motif.« As Frank Lauterbach writes, Brombert »traces a Romantic tradition which portrays the cell not only as a ›place of suffering‹ but as a ›place of protection, of reverie, of freedom‹ as well.«[27] The prison cell becomes a space wherein the author can achieve a Romantic, individualist transcendence beyond the constraints of society and the material world. Kenneth Rivers sees just such a »happy prison« in The Star Rover, despite his highly problematic assertion that »in the United States [...] there is no tradition of political prisoners.«[28] The »happy prison« motif, as I have argued elsewhere, can perhaps be most clearly seen, within the very much active American political-prison-writing tradition, in Thoreau's »Civil Disobedience,« wherein the prison cell becomes an idealized space of freedom. Thoreau writes, »as I stood considering the walls of solid stone [...] I could not help being struck with the foolishness of that institution which treated me as if I were mere flesh and blood and bones, to be locked up.«[29] London directly echoes Thoreau's statement (and their possibly mutual source in Richard Lovelace's seventeenth-century poem, »To Althea, from Prison«) through his fictional Ed Morrell, who says that »Stone walls and iron doors are to hold bodies in. They can't hold the spirit in« (p. 58).[30] Like Thoreau, then,

---

27 Frank Lauterbach: ›From the Slums *to* the Slums‹. The Delimitation of Social Identity in Late Victorian Prison Narratives. In: Jason Haslam/Julia M. Wright (ed.): Captivating Subjects. Writing Confinement, Citizenship, and Nationhood in the Nineteenth Century. Toronto: University of Toronto Press 2005, p. 118.

28 One might wonder what other terminology besides »political prisoners« could be used for US citizens imprisoned over the centuries for involvement in such political activities as abolition, the fights for civil and equal rights, various union struggles or even the more complex example offered by the Rosenbergs. Kenneth Rivers: Infinite Identities, Endless Environments: Jack London's The Star Rover. In: Lamar Journal of the Humanities 23 (1997), p. 31.

29 Henry David Thoreau: Civil Disobedience [Resistance to Civil Government]. In: Wendell Glick (ed.): Reform Papers. Princeton: Princeton University Press 1973, p. 80. See my Fitting Sentences for an extended analysis of Thoreau in relation to the prison and the tradition of political prison writing.

30 Lovelace's poem, »To Althea, from Prison«, includes the lines: »Stone walls do not a prison make, / Nor iron bars a cage« (The Collected Works of Sir Richard Lovelace. Ox-

London seems to reproduce the romantic, neo-platonic notion of the »happy prison«, where punishment is smugly ignored by prisoners whose spirits outstrip their punitive surroundings.[31]

The difficulty with this ontology is that it also undergirds the notions of individual reformation espoused by those in support of the penitentiary system. Again, the character of Ed Morrell tells Standing, »You are you, and your body is something else that don't amount to shucks. Your body don't count. You're the boss. You don't need any body. And thinking and believing all this you proceed to prove it by using your will« (p. 57). Coaching Standing about how to survive the torture of the jacket through astral projection, Morrell here repeats the Cartesian split from the physical, emphasizing the power of both mind and will in a way that, while denying the effects of physical punishment, also replicates the penitentiary theory (if not practice), wherein the individual's conscience is supposedly reawakened by, in part, nullifying physical stimuli (through isolation, darkness, and so on, which would supposedly lead to inward reflection, as discussed above). The problem with such an ontology, as Sidonie Smith points out, is that it is grounded on an exclusion of the »other«, which generally denotes, in this context, anyone who is not white, male, and of a certain class.[32] Michael Ignatieff places this structuring principle in the prison context, writing that American penal and criminal policies arise from »an increasing intolerance towards ›deviant‹ minorities« which was itself a characterization of »the advent of democracy.«[33] Thus the supposedly democratic, universally accessible, transcendent and rational conscience that the penitentiary awakens, and that Ed Morrell here points to in his version of the happy prison motif, could be seen as a fur-

ford: Oxford University Press 1963, pp. 78-79). Given the explicitly political aims of London's novel, however, as well as their shared national history, the connection to Thoreau seems appropriate here.

31 In a paper delivered at the 2004 conference of the American and Popular Culture Associations, Howard Cunnell reads the resistance offered by what I see as Standing's revisioning of the »happy prison« motif in terms of gender: »Standing's alternate dreamt or conjured selves, most often idealised, hypermasculine, dominant, and »indestructible«, are in great part enlisted as allies to augment and amplify his imaginatively constructed sense of self and so to combat, in gendered terms, those men who threaten via their abandonment of Standing to the enclosed space of an isolation cell and attendant starvation and torture, his erasure. Standing's attachment to and belief in the »reality« of his out of body experiences then shores up his ability to resist, endure, and to deny the permanence of his imprisonment and the proximity of his execution, in addition to being central to a self defiantly constructed under gendered siege. »An abridged version of Cunnell's paper appears as Stop! A Buddhist is here! Bodhisattva Masculinity on Death Row in Jarvis Masters' Finding Freedom. In: Journal of Global Buddhism 6 (2005), pp. 46-65.

32 See Sidonie Smith: Subjectivity, Identity, and the Body. Women's Autobiographical Practices in the Twentieth Century. Bloomington: Indiana University Press 1993, especially pp. 1-23.

33 Michael Ignatieff: A Just Measure of Pain. The Penitentiary in the Industrial Revolution, 1750-1850. New York: Pantheon 1978, p. 212.

ther assertion of the power of the privileged social subject, the dominant citizenry on behalf of whom the »hang-dogs« of the guards beat the subordinate class of prisoners – with Morrell's derision of the need for »any body« also sounding like an exclusion of the necessity of others in general.

Of course, the philosophical and ethical problems with perpetuating this construct are also rendered visible by the material horrors of prison existence, which are not so easily ignored. London, I would argue, understood this, leading him to commit to minute detail the physical sufferings caused by Standing's punishment, especially in the torture of the strait jacket. Furthermore, working against Rivers' argument, London's novel offers an implicit critique of the neo-platonic underpinnings of both the »happy prison« motif and of the prison project itself. Rather than the cohesive Enlightenment cogito that Ed Morrell points to, Darrell Standing's astral projection involves travelling into his past lives, all of which London based, as James Williams notes, »on a variety of historical sources«[34]. As such, Standing's projection is necessarily more heteroglossic than his rendition of Morrell's cohesive »you are you.« Standing is precisely not himself, singular, during these past lives; rather, his transcendent spirit is necessarily multiple. If Gayatri Chakravorty Spivak can point to a »strategic essentialism« as a form of political action,[35] London seems to point to a »strategic transcendentalism,« where a singular, dominant version of what Thoreau calls »higher laws« seems to be lauded, only to be exposed as necessarily heterogeneous:

> All my previous selves have their voices, echoes, promptings, in me. My every mode of action, heat of passion, flicker of thought, is shaded, toned, infinitesimally shaded and toned, by that vast array of other selves that preceded me and went into the making of me. The stuff of life is plastic [...] and yet the stupid dolts about me think that by stretching my neck with a rope they will make me cease. (p. 201)

Through the allegory of reincarnation, London points to a social – and socialist – critique not just of the material practices of the prison, but of the ethics of correction lying behind it. He makes the referents of this allegory explicit in the opening pages:

> Read back into your childhood [...]. You were then not fixed, not crystallized. You were plastic, a soul in flux, a consciousness and an identity in the process of forming – ay, of forming and forgetting. [...] Wordsworth knew. He was neither seer nor prophet, but just ordinary man like you or any man. What he knew you know, any man knows. But he most aptly stated it in his passage that begins »Not in utter nakedness, not in entire forgetfulness . . . .« Ah, truly, the shades of the prison house close about us, the new-born things, and all too soon do we forget. (pp. 3-4)

[34] James Williams: Authorial Choice and Textual Meaning. The Sources of The Star Rover. In: Jack London Newsletter 21 (1988), p. 1.

[35] Spivak has since argued against this term, because she sees it as being too often misused. See Sara Danius and Stefan Jonsson: An Interview with Gayatri Chakravorty Spivak. In: Boundary 2, 20 (1993), pp. 34-36.

If identity, for London, is socially constructed and mutable, then the prison is both metaphor and synecdoche for the ways in which the dominant society attempts to fix and crystallize identities in ways beneficial to hegemonic concerns.[36] Standing's vaguely neo-Platonic multiplicitous past lives offer a refiguring of this fixed and constrained identity, offering a heterogeneous understanding of democratic ethics that looks forward to Alan Keenan's recent argument that

> a more fully, radically, democratic practice of identity could emerge from abandoning the belief in our being essential – separate, persisting, and autonomous – selves that characterizes so much moral and political discourse. Challenging the standard liberal-democratic imaginary, it would treat the ›individual‹ self as a bundle of contradictory habits, resistances, gaps, tendencies, and possible developments, which can, with more or less difficulty, be transformed by skillful rhetorical and environmental interventions.[37]

Rather than showing Standing's identity as being »fixed« (in its many senses) through brutal treatment in prison, London instead shows precisely how this vision of self as radically multiple allows Standing to disable the prison's violence against him, allowing him a different vision of himself and his world. In this way, The Star Rover meditates on what Judith Butler, silently revising a title by Simone de Beauvoir, has called »Ethical Ambivalence«, wherein »the subject who might seek to become righteous […] will be one who is not only accused and persecuted from the start, but one who is also accusing and persecuting. In this view, there is no innocence, only the navigations of ambivalence.«[38] For London, the prison is a superficial and blatantly obvious example of the attempts to constrain *social* awareness of the »waste motion« of society, reducing the necessary ambiguities of the ethical subject to easily definable and containable juridical and moral distinctions between just and unjust, punisher and punished, »us« and »them.«

But, London does not simply assert the glories of a heteroglossic society or an ambivalent ethics, in which all voices are somehow heard and acted upon

36 In saying that prison functions metaphorically and synecdochically in this passage, I am following Monika Fludernik's argument (Metaphorical (Im)Prison(ment) and the Constitution of a Carceral Imaginary. In: Anglia 123 (2005), pp. 4-5) that most prison metaphors (where prison is either the target or source domain – as in »PRISON IS X« and »X IS (a) PRISON«) also »interact with metonymic features of the carceral condition, as aspect that is very well accounted for in the Fauconnier/Turner model of blending. In the blend, source domain, generic space and target domain merge and superimpose themselves on one another; as a consequence, functional equivalences between the domains frequently rely on constituents of the domains that are metonymically associated with the major source term.«

37 Alan Keenan: Generating a Virtuous Circle. Democratic Identity, Moralism, and the Languages of Political Responsibility. In: Jane Bennett/Michael J. Shapiro (eds.): The Politics of Moralizing. New York: Routledge 2002, p. 51.

38 Judith Butler: Ethical Ambivalence. In: Marjorie Garber, Beatrice Hanssen and Rebecca L. Walkowitz (eds.): The Turn to Ethics. New York: Routledge 2000, p. 26.

equally, in some form of constantly shifting democratic utopia. The »plastic« »flux« of such a system is just as untenable as the overly »fixed« and »crystallized« static social and ethical system epitomized by the prison. Standing realizes this problem when he first learns to project himself: »I became able to put my conscious mind to sleep and to awaken and loose my subconscious mind. But the latter was an undisciplined and lawless thing. It wandered through all nightmarish madness, without coherence, without continuity of scene, event, or person« (p. 40). The psyche here, because of the larger connection to reincarnation, becomes a social metaphor. A »lawless« existence, without »coherence,« is completely »nightmarish«. For Standing, as for Foucault, »freedom is the ontological condition of ethics. But ethics is the considered form that freedom takes when it is informed by reflection.«[39] In other words, individual freedom without reflection on the social and ethical nature of that freedom becomes chaos, but without freedom, ethics itself is not possible. Standing's past-life regressions all, to one degree or another, highlight the dangers of these conditions, just as the last – when he is a sailor marooned on a rock island – parodies prison isolation as a form of rehabilitation.

Against these dangers, London suggests that a functioning social ethics – materialized as a system of laws that avoids both an overly crystallizing control by the dominant group and the chaos of an anarchic system – involves a cross-class, dialogic union, one that recognizes both the benefits of the plastic nature of identity and the need for cohesive societies. Taken together, though, Standing's existence as a dialogic, communal entity points to London's socialist critique of what he describes as the bastardization of the use of »American individualism«, as a category, by the hands of the ruling class.[40]

London therefore uses the figure of Standing to embody the entire range of society:

> I have sat in the halls of kings, above the salt and below the salt [...]. I have worn the iron collar of the serf about my neck [...] and, solemn-voiced and grave as death, I have enunciated the law, stated the gravity of the infraction, and imposed the due death on men, who, like Darrell Standing at Folsom Prison, had broken the law. [...] Now, the foregoing were the glimpses and glimmerings that came to me when, in Cell One of Solitary in San Quentin, I stared myself unconscious by means of a particle of bright, light-radiating straw. How did these things come to me? Surely I could not have manu-

39 Foucault: The Ethics of the Concern of the Self as a Practice of Freedom, p. 284.

40 While this argument holds true for The Star Rover, it is complicated for London himself. William E. Cain (Socialism, Power, and the Fate of Style. Jack London in His Letters. In: American Literary History 3 (1991), p. 603) argues that while London »identifies himself as an advocate of socialism and spokesman for the ›brotherhood of man‹«, London, in his personal letters, instead »flaunts a zealous belief in dominating leaders, self-approvingly detaches himself from the workers with whom he claims to be in sympathy, indulges in raw stereotyping of gender roles, and haughtily endorses lurid assumptions about the unconquerable greatness of Anglo-Saxons and the animalistic backwardness of everybody else.«

> factured them out of nothing inside my pent walls [...]. One cannot make something out of nothing. In solitary, I could not so make thirty-five pounds of dynamite. Nor in solitary, out of nothing in Darrell Standing's experience, could I make these wide, far visions of time and space. (pp. 41-42)

Solitary confinement, for London, is both the example of and metaphor for the problems created by a static monologic social system. »Nothing« can come out of (or be produced by) viewing society as a merely a collection of crystallized, isolated, rugged individuals. Rather, as Standing notes at the end of the novel, »morality is a social fund, an accretion through the painful ages« and

> the morality we practised in those old days [fifty thousand years ago] was a finer morality than is practised to-day. Don't dismiss this thought hastily. Think of our child labor, of our police graft and our political corruption, of our food adulteration and of our slavery of the daughters of the poor. When I was a Son of the Mountain and a Son of the Bull prostitution had no meaning, We were clean, I tell you. We did not dream of such depths of depravity. [...] I read hastily back through the many lives of many times and many places. I have never known cruelty more terrible, nor so terrible, as the cruelty of our prison system of to-day. (p. 258)

The study of history, the incorporation of many voices into the analysis of present society, and thus the recognition of the plastic and mutable condition of the individual and the nation exposes the hypocrisy, both theoretical and practical for London, of a prison system that is theoretically based on the notion of a »universal« identity which is, practically, beaten into its inmates by the »hang-dogs« of an uninquisitive citizenry, who in turn do not question the monologic ethic on which the prison is based. London thus prefigures Chantal Mouffe's analysis of the tense relation between ethics and politics, when she writes, citing Lyotard, of »a conception of democracy inspired by another type of ethics, an ethics not of harmony but of *dis-harmony*. Such a conception of democracy would be suspicious of any attempt to impose a univocal model of democratic discussion and would make room for the ›differand‹.«[41] Darrell Standing's multiple identities thus become a »stand-in« for the multiple identifications of just such a post-Enlightenment (if not postmodern) ethics.

Zusammenfassung

Jason Haslams Aufsatz setzt sich vor philosophischem und historischem Hintergrund mit Jack Londons Gefängnisroman »The Star Rover« (1915) auseinander. Im Zentrum von Haslams Analyse steht dabei Londons Kritik am amerikanischen Gefängnissystem. Anhand der halb-fiktiven Geschichte des unschuldig einsitzenden Gefängnisinsassen Darrell Standing beschreibt Londons Roman dabei den alltäglichen Sadismus der Gefängnisaufseher sowie die psychischen und physischen Leiden der Gefangenen. Haslam stellt hier eine

41 Chantal Mouffe: Which Ethics for Democracy? In: Marjorie Garber/Beatrice Hanssen/Rebecca L. Walkowitz (eds.): The Turn to Ethics. New York: Routledge 2000, pp. 93-94.

Diskrepanz zwischen dem von Foucault beschriebenen, aufklärerisch inspirierten Modell des Reform-Gefängnisses und den in Londons Roman geschilderten grausamen und erniedrigenden Praktiken der Gefängnisaufseher fest – eines der Hauptmerkmale des beschriebenen Gefängnistyps ist dabei die Entindividualisierung der Gefangenen zugunsten einer stummen, anonymen Masse. Neben seiner Kritik entwirft Londons Roman eine Alternative zu diesem Gefängnismodell, die zugleich eine »neue Ära« des Strafvollzugs einläuten soll. Haslam illustriert diesen utopischen Entwurf eines »offenen Gefängnisses« unter Verwendung von Henry David Thoreaus Traktat »Civil Disobedience« sowie Bakhtins Konzept der Dialogizität.

Utopia and Punishment

W. B. Carnochan (Stanford)

»One word which characterizes all Utopias is harmony.«
(Adam Ulam: Socialism and Utopia)[1]

I

Is Adam Ulam's proposition correct? Taking More's Utopia (1516) and Swift's Gulliver's Travels (1726) as prototypes of the genre, then setting them beside William Morris's socialist fantasia News from Nowhere (1890), I propose that it is not, or at least not quite or not always; that the absence of a perfect harmony is reflected in the very presence of certain punishments in these utopias; and that the nature of these punishments, often Draconian, offers an insight, by contrast, into ethical dilemmas that envelop the question of punishment in ordinary human experience. We do not live in a Utopia, and decent systems of punishment take that plain fact into account. Yet the pitfalls of a bureaucratic reality turn out to be as considerable in their way as those of Utopia.

Utopia and Gulliver's Travels are canonical and familiar texts at different ends of an imaginative spectrum. More considers Utopia as a human possibility; Swift's land of the Houyhnhnms, a race of rational horses, is a fantasy of perfection in a world that is nonetheless not immune to the dilemmas of imperfection. More and Swift both knew that perfect harmony could never be achieved by human beings, and both grappled with questions of punishment – More in a conventional manner, Swift in a manner that follows as the perhaps unintended consequence of the structure of his fiction. Neither text supports the belief that in Utopia, all is harmony.

At the end of the nineteenth century, however, there appeared a utopian fiction that accords better with Ulam's claim: William Morris's socialist paradise, set in the 22nd century, where punishment by the state is a thing of the past. In News from Nowhere prisons are relegated to the dustbin of history, a hopeful dream that Morris thought might some day come to be called a vision. The evolution of Utopia from More to Swift to Morris is a gathering triumph of the visionary imagination – but the history of modernity leads us to wonder, as many have, whether triumphs of the visionary imagination may not yield dystopian consequences. In the utopian societies of More and Swift, we end up with the

---

1 Adam Ulam: Socialism and Utopia. In: Frank E. Manuel (ed.): Utopias and Utopian Thought. Boston: Houghton Mifflin 1966, p. 128.

feeling that, when it comes to punishment, everything is not perfectly well, far from it. In Morris's Utopia, we end up wondering whether the absence of state-enforced punishment is not itself an uncertain blessing.

***

Most contemporary readers will be struck by what seem, at the distance of almost five centuries, incongruities in punishment as it exists in More's Utopia: it ranges in kind from what we would regard, on the one hand, as enlightened and humane to what one would regard as almost barbarously extreme on the other. On the one hand, these incongruities enforce a truism that, true as it is, does not suffer from restatement: punishment is culture bound, even if the culture claims to be that of a mostly perfect world. The ethics of punishment, in this society or that, are inflected by cultural norms; therefore, any values we bring to the table are subject to corrections of time and place. On the other hand, Utopia, being of no place and no time, harbors dreams of the absolute. The contradictory character of the enterprise, poised uneasily between things as they are and things as they ought to be, accounts for much of the suspicion that the utopian dream so frequently incurs.

The first time More brings up the matter of punishment, his mouthpiece, Raphael Hythloday (or Raphael Nonsenso, as he appears in one translation), relates a three-way conversation between himself, the Cardinal Archbishop of Canterbury, in whose household More was brought up from the age of twelve, and »a certain English lawyer« who is unnamed (p. 22).[2] The lawyer waxes enthusiastic about the »stern measures... being taken against thieves« in England: »›We're hanging them all over the place,‹« he says cheerfully, only then to wonder why thievery is still common. As throughout the satiric tradition, a lawyer, almost any lawyer, is the satirist's perfect target. Raphael answers: »›What's odd about it?‹« The death penalty for thieves is cruel and bound not to work: »›This method of dealing with thieves is both unjust and socially undesirable. As a punishment it's too severe, and as a deterrent it's quite ineffective‹« (p. 22). Philosophers might say that Raphael invokes, *seriatim*, deontological and consequentialist theories of punishment; that is, rule-centered practices, on the one hand, and outcome-centered practices, on the other.[3] But philosophical language is hardly needed here: even though thievery may still be punished by death in some outlying societies, most of us would regard it as plain common sense that »petty larceny isn't bad enough to deserve the death penalty« (p. 22). As for Raphael's proposition that the penalty is ineffective, that is almost redundant: the evidence is handed to him by the lawyer himself: »›we [are] still plagued with so many

2 References in the text are to Thomas More: Utopia [1965]. Trans. with an introduction and notes by Paul Turner. London: Penguin 2003.

3 On the philosophy of punishment, see Hugo Adam Bedau: Punishment. In: Stanford Encyclopedia of Philosophy. <http://plato.stanford.edu/contents.html>.

robbers.«« Raphael offers a reason: »no penalty on earth will stop people from stealing, if it's their only way of getting food« (p. 22) – a proposition affirmed by North American experience, after hurricane Katrina, in the city of New Orleans. Raphael also gives reasons for the great number of thieves: enclosures, for example, evict hundreds of farmers – »and then what can they do but steal?« (p. 26). Whatever the reasons for thievery, however, its prevalence is all the evidence required to prove that the death penalty is not effective as a deterrent.

And not only is it ineffective, Raphael argues, but, if murder and thievery carry the same penalty, that is an incentive to do away with your victim. »»If a thief knows that a conviction for murder will get him into no more trouble than a conviction for theft, he's naturally impelled to kill the person that he'd otherwise merely have robbed«« – because then he's less likely to be caught and has in any case eliminated the only witness (p. 29). This proposition is harder to prove than the charge that the death penalty is a poor deterrent. But it is persuasive. In 1748 Montesquieu would make the identical argument, using Russia as his example: »In Muscovy, where the punishment for robbery is the same as for murder, one always murders. Dead men, they say, tell no tales.«[4]

As an alternative to the way they handle these matters in England, Raphael, who is a great voyager, describes the practices of an autonomous and isolated people in the interior of Persia, the Polyleritae or »Tallstorians«. In this society, the penalty for thievery is not death but hard labor. Convicted thieves are »not put in prison or made to wear fetters« (p. 30). They wear clothes of a single color, their hair is cut short, their ears are clipped – but only a »tiny piece« of one of them. They wear badges, answer roll call in the evenings, and are locked up at night but, long and hard work aside, have »a perfectly comfortable life«. Their food is passable. It seems a reasonably humane regimen, cropped ears notwithstanding.

Though the manner of initial punishment may seem reasonable, however, that is not the whole story. Enforcing the criminal code, as it applies to convicted thieves among the Polyleritae, requires very harsh measures. These measures are the consequence of a penological system dependent on some extremely crude discriminations. The only available punishments to the Tallstorian imagination are hard labor or death, and this stark gradation entails greatly increased jeopardy for offenders who fail to abide by the terms of their punishment and unusually severe consequences for anyone who abets them. It is a case, in North American parlance, of »two strikes« – not three – »and you're out«. Or »one strike and you're out« if you are caught abetting a prior offender. Convicted thieves are not allowed to accept money; the penalty for breaking the rule, both

---

4 Charles-Louis de Secondat, Baron de la Brède et de Montesquieu: The Spirit of the Laws. Trans. and ed. by Anne M. Cohler, Basia Carolyn Miller, and Harold Samuel Stone. Cambridge: Cambridge University Press 1989, p. 92.

for the convict and for the giver of the money, is death. That is the penalty also for anyone accepting money from a convict, for convicts who touch a weapon of any kind, for those who remove the badge that identifies them, and for those who plan to run away – the planning of an escape being as serious as actually carrying it out. What is missing in this quasi-utopian world is a graduated system of punishment that goes beyond the initial, intuitive insight that petty theft and murder do not equally merit hanging.

And, though things seem better when we arrive in Utopia itself, the island kingdom that is »the most civilized nation in the world« (p. 50), the penal code there nonetheless displays the Draconian stringency that, we are starting to see, marks the representation of Utopia in the human imagination. We can assume theft is absent, since money is not the standard of value. But still there is crime. Those convicted of a »major crime« are sentenced to the hard labor of slavery and »adulterers are sentenced to penal servitude of the most unpleasant type« (p. 85). We do not learn what constitutes a major crime nor what separates more unpleasant servitude from less. And the dilemma posed by a legal code short on discriminations surfaces again: a second conviction for adultery means death. »Otherwise« no fixed penalties are prescribed in law; instead they depend on what is judged »appropriate« in each case. The questions that More skirts here include not only what constitutes a major crime (adultery signally excepted) or what constitutes more or less unpleasant servitude but also, what is or might be appropriate in individual cases? Branding, cropped ears, the whipping post, the stocks and pillory? These are all-too-human and less-than-utopian measures, depending as they do on physical pain and public humiliation. Fines or forfeitures? Meaningless in Utopia, where money and private property are absent. Not until the days of Beccaria, Montesquieu and Bentham, and the introduction of incarceration for a variable period of time, would there be a system of punishments for major crime that did not depend on the infliction of physical pain and that offered more measured gradations. Faced with the societal imperatives of order and the imaginative imperative of creating an improved world, More retreats from the question of crime, adultery again excepted, and its punishments. In Utopia punishment feels like an embarrassment, both to the Utopians and to More as well, an awkward and troublesome intrusion in a less-than-perfectly perfect world.

***

Turning to Gulliver's Travels, we note that in the land of the Houyhnhnms punishments do not exist among the horses, for they are free of anti-social instincts. Gulliver's master cannot understand the nature of those crimes committed by Gulliver's crew that have forced them to flee and hazard their lives at sea: »Murder, Theft, Poisoning, Robbery, Perjury, Forgery, Coining false Money, Rapes or

Sodomy« – and more (p. 224).[5] All this lies beyond the Houyhnhnm master's comprehension, and Gulliver has to use »many Circumlocutions in describing to him the Nature of the several Crimes, for which most of our Crew had been forced to fly their Country« (p. 225). In Houyhnhnmland terms for the human institutions of social control are lacking: »Power, Government, War, Law, Punishment, and a Thousand other Things« (p. 225) – all these concepts are absent. It is a very utopian Utopia, saving one thing: the Yahoos and, therefore, Gulliver himself. Here is another version of the generic problem: Utopia cannot be anything but a product of the human imagination; the land of the Houyhnhnms would not be Utopia if Gulliver were not present to observe it.

The Yahoos, in whom Gulliver comes to see, at the Houyhnhnms' prompting, mirror images of himself and of the human race, brought Swift his posthumous reputation as a supreme misanthrope, an inaccurate but not inexplicable judgment: the Yahoos are horrid creatures. As servants to the horses they are useful, like More's slaves, but they are so unruly that the horses, wondering whether they are worth all the trouble they create, undertake a judicial deliberation, the only such debate »which ever happened in that Country« (p. 249). Why not, instead of Yahoos, use asses, a »comely Animal, easily kept, more tame and orderly«, as servants? But then what to do with the Yahoos? Suddenly Houyhnhnmland is bedeviled by issues not quite of »crime«, but of behavior resembling crime and its possible punishment. The Yahoos' offenses include sucking the teats of the Houyhnhnms' cows, killing and devouring their cats, trampling their oats and grass. Something has to be done, but the alternatives, as in More's Utopia, are limited. And what is to be done with Lemuel Gulliver, whose crime is simply that of being a Yahoo?

The question debated by the horses is: »whether the *Yahoos* should be exterminated from the Face of the Earth« (p. 249). And, looking for a less extreme alternative, they ponder one that has been unwittingly suggested by Gulliver himself, who has told his master of the European custom »of *Castrating Houyhnhnms* when they were young, in order to render them tame«, an operation that he calls »easy and safe« (p. 250). It is not surprising that some readers have thought that Swift saw Houyhnhnmland as an anti-Utopia and the horses' project as a type of genocide.

In the event, Swift does not tell us the result of the horses' debate. Had he done so, his representation of their ideal world would have run the risk of obvious excess – and underscored the tendency of utopian thinking to go to extremes. Extermination, whether by castration or still more violent means, would be an immoderate response to the Yahoos' purloining of milk, cat-killing, and rumpling the horses' no doubt well-tended fields. Though we do not learn what

---

5 References in the text are to Jonathan Swift: Gulliver's Travels. Ed. with an introduction by Robert Demaria, Jr. London: Penguin 2003 [[1]2001].

happens to the Yahoos, however, we do learn what happens to Gulliver: he is sent home. The assembly gives his master the semblance of a choice: either »to employ me like the rest of my Species, or command me to swim back to the Place from whence I came« (p. 256). But those Houyhnhnms who know Gulliver reject any idea of employing him; his rudiments of reason might make him a dangerous agitator if turned loose among his fellow Yahoos. Swimming home is even farther out of the question, so Gulliver pleads for, and is granted, time to build a vessel. In due course, he sets out on his »desperate Voyage« back where he came from (p. 259). In 1713 Swift had been poorly rewarded for his political services to the government, so he thought, with the Deanship of St. Patrick's Cathedral, Dublin. For him, returning to Dublin meant returning in exile to the place where he had started – not that he was under any illusion that his political masters in England were so rational as the Houyhnhnms. Gulliver's destiny, like Swift's, is banishment. Or, having in mind the evolving penal customs of eighteenth-century Britain, we might think of him as transported to a far-away land with no chance of return – a less immoderate outcome than death or castration but still a penalty that is in its own way absolute. Utopia does not tolerate deviancy.

***

The coming of the penitentiary and a concomitant social pressure towards prison reform were at the center of nineteenth-century experience – and at the center, also, of Morris's News from Nowhere. On November 13, 1887, only a few years before its first publication, police had violently broken up workers' demonstrations in Trafalgar Square and arrested its leaders, who were convicted of unlawful assembly and served short prison terms. The events of this »Bloody Sunday« are the occasion of an impassioned tirade on the evil of prisons by the waterman Dick Hammond, who plays informant to Morris's time-traveler, William Guest.

»›Have you no prisons at all now?‹« (p. 46) is Guest's question.[6] It produces a storm of emotion at odds with the normal course of feeling in this strange new world. Guest realizes he has entered dangerous territory: »As soon as the words were out of my mouth, I felt that I had made a mistake, for Dick flushed red and frowned.« Then Dick says »angrily, yet as if restraining himself somewhat«:

> Man alive! How can you ask such a question? Have I not told you that we know what a prison means by the undoubted evidence of really trustworthy books, helped out by our own imaginations? And haven't you specially called me to notice that the people about the roads and streets look happy? and how could they look happy if they knew that their neighbours were shut up in prison. [...] Prisons, indeed! O no, no, no! (p. 46)

6 References in the text are to William Morris: News from Nowhere. Ed. Krishnan Kumar. Cambridge: Cambridge University Press 1995.

From these indignant heights, Dick climbs down sheepishly: »He stopped, and began to cool down, and said in a kind voice: ›But forgive me! I needn't be so hot about it, since there are *not* any prisons: I'm afraid you will think the worse of me for losing my temper‹« (p. 16). Anger is not altogether absent in Morris's pastoral Arcadia, and the price of harmony is repression. What might happen if the natural instincts were ever allowed to reign, say in the presence of sexual passion? We learn the answer later.

During the journey up the Thames with which Morris's fable ends, the travellers visit Dick's friend Walter Allen (proper names in News from Nowhere are of an almost ostentatious simplicity), who lives in the village of Mapledurham. Dick asks him why he seems melancholy. The answer: »›We have had a death here‹« (p. 171). But what in fact they have had is a homicide, the result of a love feud. Having exchanged »some hot words with the successful lover«, the unsuccessful lover, we learn, »got hold of an axe and fell upon his rival« (p. 172). In the struggle that followed, the successful lover hit his rival »an unlucky blow« and killed him. Taking the story at face value, we would call the killing self-defense and justifiable homicide. The violence is surprising in the Arcadian setting, but the legal outcome, in our world, would hardly be in doubt. And the lovers, we might think, could as well go on and live happily ever after. That is not the way things work, however, in Morris's world; in it, the successful lover, overcome by guilt at what has happened, is suicidal and, Walter Allen fears, the woman he loves is also likely to commit suicide if he does. The only alternative offered to this operatic ending is to take the poor deranged fellow away from it all, »to cross the seas«, in a cure that unhappy lovers of the Victorian world – and after – would recognize as conventional therapy for love madness. Why, Dick Hammond wonders, »should a man brood over a mere accident for ever?« (p. 172). A fair question, to our way of thinking. And should there not, he also wonders, have been a trial: »[I] could not help wondering at first that the man who had slain the other had not been put in custody till it could be proved that he killed his rival in self-defence only« (p. 173). But there had been no eyewitnesses and therefore none to testify to anything more than »the ill-blood between the two rivals«. Yet this is scarcely relevant: in Morris's Utopia it is remorse that punishes the guilty. The slayer does not »expect society to whitewash him by punishing him« (p. 173).[7]

---

7 I am grateful to my colleague Sepp Gumbrecht for pointing out a related episode in Sebastien Mercier's Utopia, L'An 2440. In chapter 16, »Exécution d'un Criminel«, a murderer (as in News from Nowhere, it was a crime of passion) is sentenced to death – but is offered the choice either of living in disgrace or submitting to the penalty. He submits, knowing that he deserves to die. He is formally forgiven, dressed in white as an emblem of pardon and reconciliation, given a kiss of peace – and shot. (Sebastien Mercier: L'An 2440. With an introduction by Alain Pons. Paris: France Adel 1977, pp. 93-100.)

In December, 1971, the American Psychoanalytic Association sponsored a panel on »the role of aggression in human adaptation« at a meeting in Philadelphia. Among the participants was Lionel Trilling, who took for his subject News from Nowhere in a paper titled »Aggression and Utopia«. In it he confessed to having re-read Morris's book with a new and (to him) puzzling sense of unease, »a mild distress, a degree of anxiety.« Trilling's reaction had to do with the times he was living in. Would the utopian ideology of the 1960s and early 1970s, he worried, mean the end of art and, worse yet, usher in less obvious modes of aggression? He closes with a Delphic pronouncement: »Whether this tendency« – that of regarding the aggressive instincts of nationalism and capitalism as identical with those supposed to be essential to the artistic life – »has for its end a regenerate peaceableness or a new and ingeniously clandestine mode of aggression, will scarcely fail to be a subject for future speculation and study.«[8] If Trilling had been less reticent in stating his reservations about the movement that had for its slogan to »make love, not war«, we would have had a clearer view of what dangers he foresaw.

The uneasiness Trilling experienced in re-reading News from Nowhere is something we can share, even without reference to the violence and aggression that scarred the peace movement during the Vietnam years. Consider the moral calculus in Morris's story of the lover who accidentally killed his rival. The potential consequences are: a lifetime of regret; or exile »across the sea«; or even, at worst, two self-inflicted deaths; or some combination of these. Retribution, however it comes about, is as drastic as anything a legal system could inflict – and certainly more drastic than anything a legal system would in this case have decreed. Punishments that have the effect of »whitewashing« a criminal act are less stringent than those that are self-inflicted. Quite possibly this is true: Gulliver's self-hatred and hatred of humankind are an example. But this is not the basis for a code of criminal justice.

The hypothesis that punishment in Utopia by its nature runs to absolutes could be tested against other instances of the genre – or indeed against the practices of particular societies. Take the case of the United States, a nation built from the start on the strength of utopian longings. In 1630, John Winthrop, first governor of the Massachusetts Bay Colony, called the new world and its settlers a city upon a hill. Is the survival of the death penalty in the United States, at a time when it has long since been abolished in Europe and elsewhere, a remote legacy of the nation's millenarian beginnings? And might the same be asked of the lure of imperial hegemony that now distorts the American ideal of a city

---

8 Lionel Trilling: Aggression and Utopia: A Note on William Morris's News from Nowhere. In: Psychoanalytic Quarterly 42 (1973), pp. 214-225. I am grateful to my colleague Peter Stansky for this reference.

upon a hill? In ways like these does Utopia begin to look like its dystopian counterpart.

II

What is to be done in our less than utopian world? Even in the United States, after all, thieves are not put to death. The seismic shift that inspired modern practices of punishment can be attributed to reformers like Beccaria and Bentham and the entire project of enlightenment. On the famously influential view of Michel Foucault, the modern penitentiary is first of all an instrument of surveillance, an Orwellian mode of social control. I would say, not entirely to the contrary, that it is a bureaucratic answer to the intractable difficulties reflected in the absolutism of Utopia. Montesquieu and Beccaria and Bentham all believed that punishments should fit the crime. And Bentham set out to refine the general proposition in its particulars:

> Establish a proportion between crimes and punishments – has been said by Montesquieu, Beccaria, and many others. The maxim is, without doubt, a good one, but whilst it is thus confined to general terms, it must be confessed it is more oracular than instructive. Nothing has been accomplished till wherein this proposition consists has been explained, and the rules have been laid down by which it may be determined that a certain measure of punishment ought to be applied to a certain crime.[9]

But laying down rules to determine a fair measure of punishment is as much a utopian project, in its own way, as anything to be found in Utopia itself. One thing to be said for the death penalty, indeed perhaps the only thing, is the fact of proportionality in cases of homicide: an eye for an eye, a tooth for a tooth, a life for a life. No such proportionality exists in the case of lesser crimes. Imaginably, punishments for theft could be made proportional to the amount of the theft, but the absurdity would be palpable. One month for a hundred dollars? Two months for two hundred? Even the most resolute proponent of prisons and incarceration could not claim that systems of sentencing do more than approximate some perfectly suitable justice. The project is burdened with inescapable difficulties in attempting to rationalize what is beyond full rationalization. Yet we are Bentham's heirs, still struggling to establish proper proportions between crimes and their punishments.

In 1829 the state of Pennsylvania, known for innovations in its penal system, passed a statute to establish a sentencing schedule. The schedule included the following provisions, among numerous others:

---

9 Jeremy Bentham: The Rationale of Punishment. London: Robert Heward 1830, p. 32.

First degree murder: death
Kidnapping: 5-12 years
High treason: 3-6 years
Rape: 2-12 years
Manslaughter: 2-6 years
Sodomy and buggery: 1-5 years
Horse theft: 1-4 years

Penalties for second offenses were also specified: a life sentence for rape, up to 21 years for kidnapping, up to seven years for horse theft, and so on. All sentences were to be served in solitary, thus adding to a variable sentence an invariant discipline designed to encourage reflection yet also intensifying, in a non-measurable way, the severity of the punishment.[10] I suspect the framers of the Pennsylvania law were proud of their work. Children of enlightenment, they surely thought they had achieved a precision of measurement that was a hallmark of enlightenment thinking. But, as with other efforts to take exact measurements, whether of human behavior or of the physical world, the dream of precision opens the way to new uncertainty.

In the first place, when a statutory sentence is expressed as indefinite in duration – »five to twelve years«, or »three to six« – at least two interpretations, not incompatible, are possible. One: the judge who imposes the sentence has discretion to set any term within the stated boundaries. Two: the eventual length of the indefinite term may be determined by the behavior of the prisoner while incarcerated or by any other circumstances that the judicial authority deems appropriate. In either case, exactitude is subject to human interpretation. Most judges would not want it otherwise. Some legislators, desirous of greater consistency, would think differently. The desire for consistency, however, only exposes in the long run the shaky intellectual foundations of statutory sentencing. A more particular illustration will follow.

A history of sentencing guidelines over the last two centuries would be a prodigious labor, requiring knowledge not only of many countries but, in the case of the United States, of all the fifty, semi-autonomous states. It is an almost unthinkable task; controversies in recent decades alone would fill volumes. What I offer here is a snapshot taken near the starting point, namely the Philadelphia legislation of 1829, and now a second instance from the present, namely excerpts from a manual published by the »Sentencing Guidelines Commission« of the State of Washington, dated 2004.[11] Taking these points as beginning and end of

10 William Francis Kuntz, II.: Criminal Sentencing in Three Nineteenth-Century Cities: Social History of Punishment in New York, Boston, and Philadelphia 1830-1880. New York/London: Garland 1988, p. 23. Thirty years later, another code was created that included fines as well as incarceration. Fornication, for example, carried a fine of up to $100 but no prison term; sodomy and buggery, a fine of up to $1,000 and prison for a maximum of ten years (p. 26).

11 Available at <http://www.sgc.wa.gov/default.htm>.

an imaginary trend line will demonstrate how the bewildering calculus of sentencing has increased in complexity over the years.

The Washington commission had some 23 members and a staff of eight, a major commitment of resources in a state with a population of under six million people. The report is a model of thoroughness, and I suspect the commissioners, like the framers of the Pennsylvania statute 175 years earlier, were proud of their work. And not wrongly so, if sheer earnestness of purpose counts for something. Yet the amateur observer can only view the result with fascinated unbelief. Every offense has a »level of seriousness«, calculated on a scale of one (»unlawful use of food stamps«) to sixteen (»aggravated murder«). In category eight, at the middle level of seriousness, are arson, homicide by watercraft, manslaughter, promoting prostitution, theft of ammonia, and vehicular homicide. By what possible calculus can the theft of ammonia, promoting prostitution, vehicular homicide, and homicide by watercraft all be ranked at the same level of seriousness? And, as every offense can be ranked, so does every offender have a »score« based on his or her prior record. Thus an offender with a score of zero who is convicted of a crime at the fifth level of seriousness (which includes such startling juxtapositions as »child molestation« and »taking [a] motor vehicle without permission«) can expect a sentence of nine months, while an offender with a score of seven convicted of a fifth level offense can expect a sentence of five years. All this would be almost laughable if it were not so serious.

How things actually work out in the give-and-take of Washington courtrooms, I do not know. But the conceptual basis of these sentencing guidelines supposes an extravagant degree of precision that cannot escape being ever less precise in its applications.

III

We are left with a dilemma that is both psychological and ethical, caught as we are between the Scylla of utopian hopes and the Charybdis of practical necessities. The dilemma lies close to the heart of human experience. Few of us would actually choose to live in More's Utopia, or with Swift's horses, or in Morris's perpetual springtime, even if we were offered the opportunity. Yet the mind-numbing bureaucratic detail of things as they are makes an oppressive weight. One need not buy all the way into Foucault's demonology to raise some questions. Does the false precision of sentencing guidelines rise to the level of the unethical? Is there no alternative?

In fact I see no good alternative to a reliance on duration, with its inconsistencies and imprecision, as a component of fair punishment. Even if (unlikely thought) the prison were to be supplanted by a system of hard labor, problems of duration, hence of severity, would not go away. An ambiguous precision in sentencing is therefore inescapable, unless one decides to rule out punishment entirely, even granting that it is surely wrong to regard the crime of arson and the theft of ammonia as equally serious. Within systems of imprisonment, however, there is better – and there is worse.

In conclusion I submit three propositions and priorities, each with only brief elaboration. First, prison conditions must be acceptably humane, as has been conceded in theory if not always in practice since the time of John Howard; not only is this an ethical imperative in itself but sentences become more or less onerous depending on the conditions of incarceration. Second, rehabilitation should be a goal, whatever may be the different means of bringing it about and whether or not it leads to alleviation of any individual sentence. This proposition is more controversial: in the United States, support for the ideals of rehabilitation and reform has lost ground in recent years. Third, a machinery of review should be available, not only at the judicial level but independently, even if corrections can only be implemented by the judiciary. Advances along these lines have been made recently in systems with which I have some acquaintance: those of the United States and the United Kingdom. In the United States, »innocence projects« have sprung up outside the judicial system itself, often depending on DNA evidence to exonerate those who have been convicted (and sometimes served long sentences). In the United Kingdom, a Criminal Cases Review Commission established by Parliament in 1997, now receives some 1,000 applications each year, refers about 40 of them to the Court of Appeal, and succeeds in having convictions quashed or the sentence varied in about two-thirds of the cases. In a fallible system, an extra-judicial review process is a uniquely valuable counter-weight. The founding chairman of the Commission tells me that he knows of no other such institution besides that in the United Kingdom; but perhaps others will come into being over time. There could hardly be a better way to alleviate the strains with which criminal justice systems, here in the real world, are burdened.[12]

Zusammenfassung

W.B. Carnochan zeigt in seinem Beitrag auf, dass in vermeintlich harmonischen Utopien wie »Utopia« (1516) von Thomas More und »Gulliver's Travels« (1726) von Jonathan Swift Gesetzesbrecher auf besonders drakonische Art und Weise bestraft werden, wohingegen William Morris das Strafen in seinem sozialistischen Wunschtraum »News from Nowhere« (1890) völlig abgeschafft hat. Ausgehend von diesen zwei Extremen beschäftigt sich Carnochan innerhalb des Spannungsfeldes von utopischen Hoffnungen und praktischen Notwendigkeiten mit der Frage nach der Verhältnismäßigkeit von Vergehen und de-

12 I am grateful to the founding chairman of the Commission, Sir Frederick Crawford, long a friend, for information about its work. A word of caution for any who contemplate the possibility of such a commission: Fred Crawford would be a hard act to follow though also a model of how to do the job.

ren Ahndung durch den Staat. Carnochan gelangt schließlich zu der Überzeugung, dass Verbrechen bestraft werden müssen. Das staatliche Strafen soll aber seiner Meinung nach durch drei Prinzipien abgefedert werden. Erstens müssen Haftbedingungen grundsätzlich menschenwürdig sein; zweitens soll das Ziel der Strafe nicht Vergeltung, sondern immer die Rehabilitation des Verbrechers sein; drittens soll es die Möglichkeit der außergerichtlichen Prüfung und Revision von Strafverfahren geben, wie etwa durch die »innocence projects« der Vereinigten Staaten oder die Criminal Cases Review Commission im Vereinigten Königreich.

IV. Grenzen des Strafens

Moderne Medizin an den Grenzen des Strafrechts Aktuelle und zeitlose Fragen[1]

Hans-Georg Koch (Freiburg)

I. Einleitung

Medizin bewegt sich nicht selten an den Grenzen des Erlaubten. Wo diese Grenzen verlaufen, kann politisch sehr umstritten sein. Grenzziehungsprobleme sind vielfach nicht nur für die Fachwelt in Medizin und Rechtswissenschaft von Interesse. Man denke etwa an die schier endlosen Debatten um die Regelung des Schwangerschaftsabbruchs, die anhaltende Diskussion um die Stammzellforschung oder die Auseinandersetzungen um die Grenzen erlaubter Sterbehilfe. Zu all diesen Fragen Position zu beziehen fühlen sich mit gutem Grund auch die Philosophen aufgefordert – aber nicht nur sie. Im folgenden Beitrag soll versucht werden, aus juristischer Sicht Stellung zu nehmen zu der Frage, was Strafrecht als Instrument der Handlungsleitung leisten soll und kann. Dabei werden zunächst Probleme aufgezeigt, die sich hinsichtlich der Bestimmung dessen ergeben, was als verbots- oder strafwürdig gelten soll (II.). Anschließend werden einige problematische Rahmenbedingungen des Strafrechts unter dem spezifischen Blickwinkel der Medizin als Regelungsgegenstand erörtert (Strafbedürftigkeit und Straftauglichkeit, Handlungen mit Auslandsbezug; III.-IV.) Den Schluss bilden einige Bemerkungen zum Verhältnis zwischen Medizinethik als einer eigenen und eigentümlichen Disziplin und Strafrecht (V.).

II. Zur Frage der Verbots- bzw. Strafwürdigkeit

1. Strafrecht zwischen Handlungsfreiheit und Pönalisierungsgebot – Einstufung medizinischer Maßnahmen

Wenn Philosophen etwa über Möglichkeit und Wesen von Schuld nachdenken, wird das Vorliegen einer strafbaren Handlung bereits vorausgesetzt. Aber wer entscheidet nach welchen Kriterien, ob ein bestimmtes Verhalten strafbar sein und, falls ja, mit welcher Strafdrohung es belegt sein soll? Das deutsche Grund-

---

1 Überarbeitete und ergänzte Fassung eines am 25.6.2005 gehaltenen Vortrags im Rahmen der Tagung »Ethik des Strafens«, veranstaltet vom Englischen Seminar mit dem Husserl-Archiv der Albert-Ludwigs-Universität Freiburg und dem Max-Planck-Institut für ausländisches und internationales Strafrecht, Freiburg.

gesetz sagt – wie viele andere Rechtsordnungen auch –, die Strafbarkeit eines Verhaltens müsse *gesetzlich* bestimmt sein, und zwar *vor der Tat*. Das sind – ohne ihre Bedeutung unterschätzen zu wollen – aber eher formale Garantien. Ist der Gesetzgeber damit frei in der Auswahl, welche Handlungen er unter Strafe stellen will? Er ist es nicht. Dies gilt es gerade zu Zeiten in Erinnerung zu rufen, in denen auf neuartige Herausforderungen politisch nur allzu gerne der Ruf nach dem Strafrecht laut wird. Es gibt verfassungsrechtliche Grenzen in Gestalt der Grundrechte, aber es gibt auch strafrechtsimmanente Grenzen im Sinne einer Dysfunktionalität des Strafrechts, das heißt, einer Art Zweckverfehlung oder Untauglichkeit des Mittels zu dem angestrebten Zweck. Der Medizinsektor liefert Beispiele für beides. Hier soll zunächst von den Grundrechtsschranken für Strafbarkeit die Rede sein – und vom Gegenpol in Gestalt eines verfassungsrechtlichen Pönalisierungsgebotes.

2. Maßnahmen zur Familienplanung/Geburtenregelung

Noch in den 60er Jahren des vorigen Jahrhunderts ist ernsthaft darüber gestritten worden, ob die familienplanerisch motivierte freiwillige Sterilisation zulässig sein sollte. Nicht wenige Juristen stigmatisierten sie bereits verbal als »Gefälligkeitssterilisation« und meinten, es handele sich um eine gegen die »guten Sitten« verstoßende Körperverletzung, die damit der Dispositionsbefugnis entzogen sei, bzw. forderten die Schaffung eines entsprechenden Straftatbestandes. Heute dürfte es kaum noch jemand geben, der eine solche Auffassung vertritt. Im deutschen Recht im Rahmen der allgemeinen Handlungsfreiheit angesiedelt, international bisweilen in der Forderung nach einem Recht, »Anzahl und Abstand der Geburten eigener Kinder selbst frei bestimmen zu können« (Recht auf Familienplanung), gilt der Gedanke weithin als geradezu abstrus, der Staat könne sich mit Strafdrohungen zum Hüter der Fortpflanzungsfähigkeit aufschwingen.

Aber: Ist ein so striktes Entweder – Oder der richtige Weg? Oder sollte der Gesetzgeber nicht wenigstens – im Sinne eines sanften Paternalismus – gewisse Regeln der Entscheidungsfindung für einen solchen, mit großer Wahrscheinlichkeit irreversiblen Eingriff vorsehen und deren Einhaltung mit dem Mittel der Strafdrohung sichern? Zu denken wäre etwa an Mindestaltersgrenzen, Beratungserfordernisse oder gar an die Notwendigkeit einer bestimmten Anzahl eigener Kinder, verstanden als negativer Indikator für Fehlentscheidungen. Für all die genannten Instrumente lassen sich rechtsvergleichend Beispiele anführen, und sie sind auch in der deutschen rechtspolitischen Diskussion vorgeschlagen worden. Die derzeitige deutsche Rechtslage sieht so aus: An Minderjährigen ist die Sterilisation strikt untersagt. Das Verbot steht zwar im BGB (§ 1631 a). Verstöße wären aber auch strafrechtlich zu ahnden, und zwar als wissentliche schwere Körperverletzung mit Freiheitsstrafe nicht unter 3 Jahren, § 226 Abs. 1 u. 2 StGB. Erwachsene können sich frei entscheiden, wenn sie in eigenen Angelegenheiten rechtlich kompetent sind – und wenn sie einen Arzt finden, der ihre Maßstäbe für sein eigenes Tätigwerden akzeptiert. Letzteres gilt es deshalb zu betonen, weil offenbar nicht wenige Ärzte sich nicht als schlichte Serviceleister einfach dem Willen des Patienten unterordnen wollen, sondern ihre eigenen Maßstäbe anlegen und etwa die Durchführung an Unverheirateten oder Kinderlosen ablehnen, höhere Altersgrenzen praktizieren oder zusätzlich die Einwilligung des Ehepartners fordern. Stehen Erwachsene unter rechtlicher Betreuung, sind gegenüber einer Sterilisation auf der Grundlage stellvertretender Betreuerentscheidung nur äußerst schwer zu überwindende rechtliche Hürden errichtet (vgl. § 1905 BGB). Für Kriminologen interessant wäre es vielleicht, solchen (bei der familienplanerischen Sterilisation) privaten Normsetzungen – gibt es z.B. Unterschiede zwischen Gynäkologen und Urologen? – bzw. (bei der Sterilisation von unter Betreuung stehenden Personen) bestehenden regionalen Divergenzen nachzugehen – die (bezogen auf die Zahl der Betreuten) bei weitem meisten Sterilisationseingriffe gemäß § 1905 BGB wurden im Jahr 2003 übrigens in Baden-Württemberg durchgeführt.[2]

Für den im Verhältnis zur Sterilisation noch weitergehenden Eingriff der Geschlechtsumwandlung hat sich der deutsche Gesetzgeber eine wahre Kuriosität geleistet: Die einschlägigen Regelungen des Transsexuellengesetzes regeln die Voraussetzungen für personenstandsrechtliche Korrekturen (Änderungen des Eintrags von Vornamen bzw. Geschlecht), und sie sehen hierfür teilweise die vorherige Durchführung von Operationen zur Angleichung an das äußere Erscheinungsbild des anderen Geschlechts vor. Aber zu den Voraussetzungen, unter denen diese gravierenden Operationen vorgenommen werden dürfen, verliert der deutsche Gesetzgeber kein einziges Wort!

Die Reihe der Beispiele fraglicher Strafwürdigkeit lässt sich gerade im Hinblick auf ärztliche Eingriffe beliebig verlängern. Ein besonders heikles Beispiel ist der Schwangerschaftsabbruch; hierauf wird noch zurückzukommen sein. Zunächst jedoch einige Bemerkungen zu anderen Bereichen, um die Breite des thematischen Spektrums aufzuzeigen:

3. *Andere Grenzfälle – Breite des thematischen Spektrums:*

Kosmetische Medizin – hier stellt sich nicht nur die Frage nach den Grenzen der Dispositionsbefugnis bei gestaltverändernden Eingriffen, sondern etwa auch die nach den Grenzen des elterlichen Sorgerechts im Hinblick auf Eingriffe, die schon im Kindesalter vorgenommen werden sollen.

2 Vgl. dazu die Übersicht bei Birgit Hoffmann. In: Thomas Klie (Hg.): Heidelberger Kommentar zum Betreuungs- und Unterbringungsrecht. Stand Dezember 2006. § 1905 BGB Rn. 104c.

Lebendorganspende – hier ist lebhaft umstritten, ob – anders, als es das geltende Recht vorsieht – auch eine altruistische anonyme Spende zulässig sein soll.[3]

Organspende vom toten Spender: Widerspruchslösung wie in Österreich oder Zustimmungslösung wie in Deutschland oder eine der vielen Zwischenformen? und: Wann ist der Mensch als tot anzusehen: Ist der für weite Bereiche der Transplantationsmedizin essentielle Gehirntod überhaupt ethisch und rechtlich akzeptabel? Wie tot muss der Mensch sein, um im Rechtssinne als »Leiche« gelten zu können?

Voraussetzungen wirksamer Einwilligung in ärztliche Behandlungsmaßnahmen, insbesondere Umfang der Aufklärungspflicht und Modalitäten der Aufklärung – ein schier uferloses Feld, das ich heute gar nicht erst betreten möchte.

Verantwortlichkeit für ärztliche Behandlungsfehler: Welche Behandlung richtig ist oder welche falsch, ist primär eine medizinische Frage. Aber die Frage der Verantwortlichkeit für Fehlleistungen ist eine rechtliche mit vielen Facetten: Haftet der Arzt bei jedem Verschulden des Arztes oder nur bei gravierender Pflichtverletzung (im Sinne grober Fahrlässigkeit), wie nicht nur von Ärzten gefordert? Gelten gleiche Maßstäbe für zivilrechtliche Haftung auf Schadensersatz und strafrechtliche Sanktion? Welche Anforderungen sind, insbesondere im zivilrechtlichen Arzthaftungsprozess, in beweisrechtlicher Hinsicht zu stellen? Inwieweit bedarf es des Strafrechts als Instrument der Gewährleistung angemessener Standards, oder umgekehrt, was können diesbezüglich das Haftungsrecht oder auch das Berufsrecht (mit Präventionsmöglichkeiten wie des Entzugs oder der Beschränkung der Berufszulassung) leisten? In diesem Zusammenhang auch: Inwieweit sollen Ärzte verpflichtet sein, Patienten auf eigene frühere Behandlungsfehler oder auf (vermutlich) von Kollegen begangene hinzuweisen, um auf diese Weise den Betroffenen »Rechtshilfe« zu gewähren, aber auch, um zur Qualitätssicherung über den Einzelfall hinaus beizutragen?

Schweigepflicht: Im Grundsatz unumstritten, in der Praxis – man denke nur an Versicherungen – vielfach durchlöchert, gibt es zahlreiche Grenzsituationen, in denen teils pragmatische Lösungen gefunden werden müssen (wie etwa bei der Praxisübergabe an einen Nachfolger hinsichtlich der Daten von Altpatienten), teils Interessen Dritter auf ihre Berechtigung zu prüfen und abzuwägen sind: Darf oder muss ein Arzt den Lebenspartner eines HIV-positiven Patienten über dessen Infektion informieren?[4] Darf oder muss ein Arzt die Füh-

---

[3] Nach Meinung des Bundesverfassungsgerichts ist es verfassungsrechtlich nicht zu beanstanden, wenn der Gesetzgeber diesen Weg nicht eröffnen will, vgl. Bundesverfassungsgericht (BVerfG) Neue Juristische Wochenschrift (NJW) 1999, S. 3399-3403; Medizinrecht (MedR) 2000, S. 28-33.

[4] Vgl. dazu die in mehrfacher Hinsicht juristisch-kunstfehlerhafte Entscheidung des OLG Frankfurt Neue Zeitschrift für Strafrecht (NStZ) 2001, S. 149 (Urteil) und 150 (Beschluss über Prozesskostenhilfe) mit kritischen Anmerkungen von Albrecht W. Bender: Versiche-

rerscheinbehörde informieren, wenn er es mit einem krankheitsuneinsichtigen Patienten zu tun hat, der als Verkehrsteilnehmer eine Gefahr für sich und/oder für andere darstellt?

All diese je für sich vielfältigen Fragen können hier nur angerissen werden. Auf zwei noch nicht genannte Bereiche sei noch etwas näher eingegangen, weil sie besonders nachhaltig in der Diskussion sind: Sterbehilfe und Schwangerschaftsabbruch.

4. Sterbehilfe

Obwohl in Meinungsumfragen regelmäßig eine deutliche Mehrheit für eine Legalisierung aktiver Sterbehilfe auf entsprechenden Wunsch des Patienten votiert,[5] hat der deutsche Gesetzgeber bislang keine ernsthaften Anstrengungen zu einer Reform unternommen. Nach wie vor gilt § 216 StGB, der die Tötung auf Verlangen im Ergebnis als eine minder schwere Form des Totschlags behandelt. Der straffreien Mitwirkung am Suizid sind durch eine rigide Rechtsprechung des Bundesgerichtshofs seit den 1950er Jahren enge Grenzen gesteckt, obwohl das deutsche Strafgesetzbuch im Unterschied zu anderen Rechtsordnungen (z.B. Österreich, Schweiz) einen eigenen Straftatbestand der Suizidteilnahme nicht kennt. Selbst die Voraussetzungen, unter denen weitere ärztliche Bemühungen zur Lebenserhaltung unterlassen werden dürfen[6] oder gar unterbleiben müssen, sind in praktisch wichtigen Bereichen umstritten – man denke nur an das Abschalten lebenserhaltender Apparaturen oder die künstliche Ernährung von Personen im Langzeitkoma. Fälle wie denjenigen der *Terry Schiavo* gibt es nicht nur in Amerika.[7]

Befürworter der geltenden Rechtslage verweisen auf die Unverbrüchlichkeit des Lebensschutzes, auf Missbrauchs- und Dammbruchgefahren; Anhänger einer Liberalisierung demgegenüber auf das Selbstbestimmungsrecht, das gerade in derartigen Grenzsituationen nicht vorenthalten werden dürfe. Beide Parteien

---

rungsrecht (VersR) 2000, S. 320-323; Andreas Spickhoff. In: NJW 2000, S. 848-849 und Gabriele Wolfslast. In: NStZ 2001, S. 151-152. Zum eigenen Standpunkt siehe den von Witold Kulesza referierten Diskussionsbericht: Aids und strafrechtliche Probleme der Schweigepflicht. In: Andrzej J. Swarcz (Hg.): Aids und Strafrecht. Berlin 1996, S. 155-168.

5 Selbst auf die von interessierter Seite tendenziös formulierte Frage: Sind Sie für Palliativmedizin *oder* für die Freigabe aktiver Sterbehilfe? stimmten über 40 % für Letzteres!

6 Dies ist die klassische ärztliche Sichtweise, die für ihr Entscheiden und Tun gerne einen Freiraum »ärztlichen Ermessens« in Anspruch nimmt; vgl. dazu Albin Eser: Der Arzt zwischen Eigenverantwortung und Recht. In: Dietmar Mieth/Helmut Weber (Hg.): Anspruch der Wirklichkeit und christlicher Glaube. Düsseldorf 1980, S. 166-189.

7 Vgl. nur BGH NJW 2005, S. 2385-2386 im Anschluss an LG Traunstein Neue Juristische Wochenschrift – Rechtsprechungs-Report (NJW-RR) 2003, S. 221-224 und OLG München NJW 2003, S. 1743-1745 (Zivilrecht) sowie Amtliche Sammlung der Entscheidungen des Bundesgerichtshofs in Strafsachen (BGHSt) Band 40, S. 257-272 (Strafrecht).

nehmen das (Verfassungs-) Recht für sich in Anspruch. Während sich die deutsche Ärzteschaft bislang erfolgreich gegen alle Liberalisierungsbemühungen gewehrt hat und mit schöner Regelmäßigkeit in Ärztetags-Entschließungen die Beibehaltung des geltenden Rechts fordert, wäre der holländische Weg der kontrollierten Entkriminalisierung dort nicht ohne die konstruktive Beteiligung der organisierten Ärzteschaft denkbar gewesen. Immerhin macht sich inzwischen auch die deutsche Ärzteschaft für die Verbindlichkeit von Patientenverfügungen stark[8] - und zwar ohne die Einschränkungen, die von der Enquete-Kommission des Deutschen Bundestages kürzlich gefordert wurden[9] - aber es ist klar, dass solche Patientenverfügungen allenfalls im Rahmen des rechtlich generell Erlaubten verbindlich sein können.

Bedeutet diese Rechtslage aber auch, dass aktive Sterbehilfe bzw. Suizidhilfe in Deutschland von Ärzten tatsächlich nicht geleistet wird? Wohl kaum. Mediziner beschwichtigen Reformbefürworter, in Fällen unerträglichen und untherapierbaren Leidens wüssten sie schon, was zu lassen oder gar zu tun sei, und signalisieren damit die Bereitschaft zum Normbruch im als ausweglos tragisch empfundenen Einzelfall. Aber: Wer bestimmt, wann ein Leiden unerträglich ist - der Arzt oder nicht vielleicht doch besser der leidende Patient selbst? Und: Soll Sterbendürfen ein ärztlicher Gnadenakt sein, vom Arzt erwiesen unter dem bewussten Eingehen strafrechtlicher Risiken? Alles in allem: Mit dem Thema Sterbehilfe verbindet sich eine rechtlich schwierige Gratwanderung zwischen (unter bestimmten Umständen) erlaubt und verboten; schwierig nicht zuletzt deshalb, weil die Thematik in Deutschland - wenngleich sachlich verfehlt - immer wieder mit der NS-Euthanasie in Verbindung gebracht wird.

5. *Schwangerschaftsabbruch*

Das Thema »Schwangerschaftsabbruch« hat die rechtspolitisch interessierten Gemüter in Deutschland über Jahrzehnte beschäftigt. Auch das Bundesverfassungsgericht war damit mehrfach befasst.[10] Der Grundkonflikt ist klar: Welchen Stellenwert haben Selbstbestimmungsrecht der schwangeren Frau und Lebens-

---

8 Vgl. dazu zuletzt die Neufassung der Sterbehilfe-Richtlinien (»Grundsätze der BÄK zur ärztlichen Sterbebegleitung«), Deutsches Ärzteblatt 2004, A1298-A1299.

9 Vgl. Enquete-Kommission »Ethik und Recht der modernen Medizin«, Zwischenbericht Patientenverfügungen, Bundestags-Drucksache 15/3700 vom 13.9.2004. Dem ist zu entgegnen, das mit dem Instrument der Patientenverfügung viele Bürger gerade dem Risiko eines auf unabsehbare Zeit protrahierten Ablebens begegnen wollen.

10 Jeweils zu den strafrechtlichen Regelungen: Amtliche Sammlung der Entscheidungen des Bundesverfassungsgerichts (BVerfGE) Band 39, S. 1-95; BVerfGE 88, S. 203-366; zu Ausführungsbestimmungen des Freistaats Bayern BVerfGE 98, S. 265-365; sowie - kontrovers - zur Möglichkeit zivilrechtlichen Schadensersatzes in Gestalt von Unterhaltsleistungen bei »Familienplanungsschäden« BVerfGE 96, S. 375-407 (1. Senat) und BVerfGE 96, S. 409-414 bzw. BVerfGE 88, S. 203-366 (296) (2. Senat).

recht des Ungeborenen in Relation zueinander? Ist – angesichts von mindestens 130.000 jährlich in Deutschland vorgenommenen Schwangerschaftsabbrüchen – Abtreibung Massenmord?

Gerade wenn man sich, wie der Verfasser dieses Beitrags, als Rechtsvergleicher betätigt, gerät man über die Frage der Strafwürdigkeit des Schwangerschaftsabbruchs ins Grübeln. Höchstens noch im Bereich der Fortpflanzungsmedizin (der thematisch verwandt ist: auch dort geht es nicht zuletzt um Embryonenschutz) divergiert die Rechtslage im internationalen Vergleich stärker. Für die rechtspolitische Festlegung ist es sicher von wesentlicher Bedeutung, sich auf das Maß der Schutzwürdigkeit des ungeborenen Lebens zu verständigen. Insoweit dürfte sich international inzwischen weitgehend ein gradualistisches Konzept durchgesetzt haben, das dem Embryo bzw. Fötus eine umso stärkere Position einräumt, je fortgeschrittener die Schwangerschaft ist. Aber welch eine Auseinandersetzung ging dieser Erkenntnis voraus? Und: Beginnt in diesem gradualistischem Konzept die Schutzwürdigkeit nach der Befruchtung quasi bei null oder hat sie nach dieser schon einen bestimmten Schwellenwert überschritten? Welches Gewicht kommt im Vergleich dazu der Nidation = Einnistung in der Gebärmutter zu, welches der (potentiellen) extrauterinen Lebensfähigkeit? Welchen Stellenwert hat die – wörtlich gemeinte – Symbiose von Mutter und dem in ihr heranwachsenden Kind? Kann man diese »Zweiheit in Einheit« (Bundesverfassungsgericht) beliebig substituieren, insbesondere im Fall des Hirntodes der Schwangeren – eine Konstellation, die gerade jetzt wieder für Schlagzeilen sorgt, aber in Deutschland schon vor gut 10 Jahren unter dem Signum »Erlanger Baby«[11] ausgiebig diskutiert wurde? Umgekehrt: Welche Gründe können den Status des Embryos so sehr tangieren, dass ein Schwangerschaftsabbruch zulässig erscheint: Nur Gefahren für Leben und/oder Gesundheit der schwangeren Frau oder auch bestimmte (negative) Eigenschaften des Embryos (etwa genetische Defekte) oder auch bestimmte negative Begleitumstände der Zeugung (aufgezwungene Schwangerschaft, fehlgeschlagene Familienplanung)?

---

11 Vgl. dazu Hans-Georg Koch: Hirntod und Schwangerschaft. Überlegungen aus rechtlicher Sicht. In: Jarmila Bednarikova/Frank C. Chapman (Hg.): Festschrift für Jan Stephan zum 80. Geburtstag. Zürich 1994, S. 187-201. – Die Wortwahl ist bezeichnend. Üblicherweise wird die Bezeichnung »Baby« erst nach der Geburt gebraucht. Andererseits scheint die Bezeichnung »Kind« nicht zwangsläufig eine geschehene Geburt vorauszusetzen, sie aber doch nahe zu legen: Man sagt zu Schwangeren nicht: »Sie haben ein Kind«, sondern »Sie bekommen ein Kind«. Und wenn die Dauer der Schwangerschaft festgestellt wird, ist die übliche Redeweise: »Sie (die werdende Mutter und nicht der Embryo/Fetus) sind jetzt in der xy. Woche.« Das Alter des Kindes wird ab der Geburt gerechnet, nicht ab Beginn der Schwangerschaft.

6. *Medizinisch unterstützte Fortpflanzung*

Besondere Statusprobleme im Hinblick auf Embryonen werfen die Möglichkeiten der modernen Fortpflanzungsmedizin auf, durch die Embryonen extrakorporal erzeugt, aber auch untersucht, gelagert und zu anderen Zwecken als denen menschlicher Prokreation verwendet werden können. In diesem Lebensbereich hat sich der deutsche Gesetzgeber strafrechtlich in besonderem Maße engagiert. In vielen anderen Ländern wertet man entschieden »medizinfreundlicher«, angefangen von der Zahl der Embryonen, die erzeugt werden dürfen, über deren Qualitätskontrolle (Stichwort: Präimplantationsdiagnostik) bis zur intendierten Surrogatmutterschaft. Auch die Frage der Verwendung extrakorporaler Embryonen zu Forschungszwecken bis hin zum sogenannten therapeutischen Klonen gehört hierher. Es gilt nicht nur zu entscheiden, unter welchen Voraussetzungen wie mit Embryonen umgegangen werden darf, sondern auch und insbesondere, welche Kriterien eine Entität aufweisen muss, um überhaupt als »Embryo« gelten zu können – eine Frage, über die man schon für sich eine ganze Tagung veranstalten könnte.[12] Wenn insoweit der Ruf nach strafbewehrten Verboten vom Gesetzgeber gerne aufgegriffen wird, so geschieht dies vielleicht auch deshalb, weil entsprechende Forderungen durch bloße Normierung erfüllt werden können, da die Rechtsdurchsetzung mit ihren praktischen Problemen die politischen Akteure und die von ihnen zu bedienende Klientel nur noch wenig zu interessieren scheint.

*III. Zur Frage der Straf*bedürftigkeit *und Straf*tauglichkeit

Mit einer positiven Entscheidung zur Verbotswürdigkeit ist es noch nicht getan. Denn die Möglichkeiten rechtlicher Reaktion sind vielfältig. Das Strafrecht soll nur als *ultima ratio* Anwendung finden. Es muss sich daher mit anderen Instrumenten des Rechtsgüterschutzes messen lassen. Aber das Instrumentarium des Strafrechts stößt – gerade im Bereich der Medizin – auch auf immanente Grenzen. Dies gilt nicht zuletzt für die Strafverfolgung: Nicht nur, dass die Komplexität medizinischer Zusammenhänge den Nachweis der Ursächlichkeit eines (als solchen erwiesenen) Fehlverhaltens (d.h., eines Behandlungsfehlers) für den eingetretenen Schaden oft unmöglich macht. Auch vorsätzliche Normverletzungen müssen oft ungeahndet bleiben: Der Kontakt zwischen Arzt und Patient ist in der Regel privater Natur. Normübertretungen, über die sich beide einig sind, haben daher nur geringe Aussicht darauf, den Strafverfolgungsorganen bekannt und dadurch erst verfolgbar zu werden. Die gewünschte Vertraulichkeit des Arzt-

---

12 Näher dazu Hans-Georg Koch: Embryonenschutz ohne Grenzen? In: Jörg Arnold u. a. (Hg.): Menschengerechtes Strafrecht. Festschrift für Albin Eser zum 70. Geburtstag. München 2005, S. 1091-1118.

Patienten-Verhältnisses limitiert nicht unerheblich die Realisierung staatlicher Strafverfolgungsinteressen. Dies gilt erst recht, wenn der Arzt nicht selbst an der Straftat beteiligt ist, sondern einen an dieser Beteiligten (etwa einen bei einer Schlägerei Verletzten) nachträglich medizinisch versorgt. In diesem Fall steht die ärztliche Schweigepflicht polizeilichem Wissensdurst entgegen. Weitgehend schutzlos sind Patienten allerdings, wenn wegen Straftaten von Ärzten ermittelt wird, etwa wegen Abrechnungsbetruges. Hier können enorme Datenmengen mit sensiblen Patienteninformationen den Ermittlungsorganen zugänglich werden.

Angesichts der immanenten Grenzen der Verfolgbarkeit von Fehlverhalten in der Medizin liefert diese denn auch nicht ganz zufällig instruktive Beispiele für andere Formen der Handlungsleitung, die – etwa in Gestalt prozeduraler Verfahrensregeln zur Forschungskontrolle *ex ante* durch Ethikkommissionen – neben anderen Zwecken als Alternative zur strafrechtlichen Sanktionierung *ex post* fungieren. Einige (im Anschluss an die oben erwähnten Themenfelder ausgewählte) Beispiele mögen die Grenzen strafrechtlicher Reaktion beleuchten:

1. Verantwortlichkeit für ärztliche Behandlungsfehler

Die bereits angesprochene Diskussion um das Maß der Verantwortlichkeit muss im Zusammenhang mit den gerade für ärztliches Handeln oder Unterlassen typischen Beweisproblemen gesehen werden. Selbst wenn feststeht, dass ein Behandlungsfehler geschehen ist, und dass der Patient einen Schaden erlitten hat, bleibt zu klären, ob der Fehler für den Schaden ursächlich war. Im Zivilrecht führen Beweislastregeln zu pragmatischen Lösungen. Im Strafrecht mit seinem »in-dubio-pro-reo«-Prinzip wird die Beweislage für eine Verurteilung oft nicht ausreichen. Ist es dann nicht besser, auf den Einsatz des Strafrechts zu verzichten, als immer wieder Belege dafür zu liefern, dass es als Waffe gegen ärztliche Behandlungsfehler kaum mehr ist als ein stumpfes Schwert? Oder sollte die strafrechtliche Sanktion nicht erst an den eingetretenen Schaden anknüpfen, sondern schon an die (eher zu beweisende) Pflichtverletzung? Bedürfte es zu deren Ahndung der staatlichen Gerichtsbarkeit oder könnte diese Aufgabe der berufsständischen Selbstorganisation übertragen werden? Und: Wäre nicht dem Rechtsfrieden insgesamt mehr damit gedient, dem geschädigten Patienten ein ordentlich bemessenes Schmerzensgeld zu gewähren, das ja – wie die Strafe – auch eine Genugtuungsfunktion erfüllen soll?

2. Sterbehilfe

Auch in Sterbehilfe-Fällen steht die Strafjustiz vor erheblichen Aufklärungsproblemen: Wenn es schon Monate oder gar Jahre dauert, um Serientätern auf die Spur zu kommen, die eigenmächtig »Mitleidstötungen« (oder das, was sie dafür halten) begehen, um wie viel schwerer ist es dann, Ärzte zu überführen, die im

Einvernehmen mit den Angehörigen dem Patienten zum Tod verhelfen? Welcher Staatsanwalt erhält überhaupt davon Kenntnis und hätte dadurch überhaupt erst die Gelegenheit, misstrauisch zu werden, wenn bei einem sagen wir 80-Jährigen ein natürlicher Tod infolge Herz-/Kreislaufversagen auf dem Totenschein vermerkt wird, obwohl Sterbehilfe im Spiel war? Verspricht unter diesen Vorzeichen nicht eine »kontrollierte Legalisierung« nach holländischem oder belgischem Muster effizienteren und überzeugenderen Rechtsgüterschutz?

Hinzu kommt, dass Fälle aktiver einverständlicher Sterbehilfe nachgerade typisch durch ausgeprägte Konfliktkonstellationen gekennzeichnet sind, in denen sich die Frage nach dem Sinn von Strafe geradezu aufdrängt. Ein besonders eindrucksvolles, aber keineswegs einmaliges Beispiel ist der im September 2005 entschiedene Fall einer Mutter, die ihren einzigen, nach einem neun Jahre zurückliegenden Motorradunfall zum absoluten Pflegefall gewordenen Sohn auf dessen Verlangen tötete. Das Gericht sprach die Angeklagte schuldig, sah jedoch – offenbar in großzügiger Auslegung von § 60 StGB – von einer Bestrafung ab.[13] Ist es legitim – diese Frage drängt sich auf – in derartigen Fällen den Sterbewilligen auf medizinisch zweifelhafte und den Sterbehelfer auf juristisch brisante Wege zu verweisen?[14]

3. Schwangerschaftsabbruch

In der rechtspolitischen Diskussion um den Schwangerschaftsabbruch ist schon früh das Argument vorgetragen worden, Strafrecht gerate hier zum Willkürakt. Erwischt und bestraft zu werden, sei schon ausgesprochenes Pech oder Zeichen erheblicher Dummheit.[15] In der Tat hat die Polizei kaum eine Ermittlungschance: Wo ist das Opfer, das Anzeige erstatten könnte? Woher sollen sonst Informationen kommen, die es ermöglichen würden, strafrechtliche Ermittlungen aufzunehmen? Bei Einhaltung medizinischer Standards ist die Wahrscheinlichkeit auffallender Komplikationen äußerst gering. Die Zahlen sprechen Bände: Jährlich

---

13 Vgl. Jens Todt: Spiegel-online vom 13.9.2005. – Zu weiteren Fällen siehe http://dgpalliativmedizin. de unter »kurze Meldungen« bzw. »Archiv«.

14 Fälle des beabsichtigten Behandlungsverzichts bei bewusstlosen, aber noch nicht im Sterben befindlichen Patienten mit infauster Prognose beschäftigen zunehmend die Zivilgerichte (Genehmigung der Betreuerentscheidung entsprechend § 1904 BGB). Damit ist eine Verlagerung von strafrechtlicher »Nachschau« auf forensische Handlungskontrolle ex ante verbunden. Dies ist grundsätzlich zu begrüßen, auch wenn die Frage gestellt werden muss, ob es nicht sachgerechter wäre, an die Stelle einer Überprüfung der Betreuerentscheidung durch Gerichte eine solche des intendierten ärztlichen Vorgehens durch berufsständische Gremien, etwa nach Art von Ethik-Kommissionen, treten zu lassen.

15 Vgl. Hans-Jörg Albrecht: Schwangerschaftsabbruch. Empirische Untersuchungen zur Implementation der strafrechtlichen Regelung des Schwangerschaftsabbruchs. In: Albin Eser u. a. (Hg.): Zweites deutsch-polnisches Kolloquium über Strafrecht und Kriminologie. Baden-Baden 1986, S. 195-223 (196, 206 ff.).

mindestens 130.000 als straffrei registrierten (damit aber nicht automatisch materiell rechtmäßigen) Schwangerschaftsabbrüchen steht eine niedrige zweistellige Zahl an strafrechtlichen Ermittlungsverfahren gegenüber. Ein Verfahren gegen einen Arzt, der wegen weit über 100 illegaler Schwangerschaftsabbrüche verfolgt wurde,[16] kam nur auf dem Umweg über Steuerermittlungen in Gang. Was zur generalpräventiven Demonstration der Normgeltung gedacht war, führte zum genauen Gegenteil, nämlich zum gesicherten öffentlichen Bewusstsein eines »So nicht«. Auch dem Bundesverfassungsgericht ist dies nicht verborgen geblieben: Hatte es in seiner Entscheidung von 1975 noch ein ziemlich weitreichendes Pönalisierungsgebot statuiert,[17] liest sich die Entscheidung von 1993[18] schon wesentlich zurückhaltender. Sie setzt offenbar auf die generalpräventive Wirkung einer feinsinnig gewählten, aber nicht einmal für Juristen überzeugenden Syntax, die zwischen »straffrei« und »nicht rechtswidrig« unterscheidet. Unter dem Strich bleiben mehr als gelinde Zweifel, ob ein solches Normkonzept geeignet ist, Wertüberzeugungen von der Schutzwürdigkeit des ungeborenen Lebens in der Bevölkerung zu stärken. Daher drängt sich der Eindruck auf, es gebe einleuchtendere Mittel und Wege, die Botschaft zu vermitteln, verhüten sei besser als abzutreiben.

Aber nicht jeder effiziente Weg ist auch rechtlich gangbar. Das damals von dem Diktator *Ceaucescu* regierte Rumänien hat in den 1970er Jahren vorgemacht, wie ein effektives Vorgehen gegen Schwangerschaftsabbrüche bewerkstelligt werden könnte: nämlich durch eine monatliche gesundheitspolizeiliche Überwachung aller Frauen im gebärfähigen Alter – und ist damit letztlich auch gescheitert, wohl weil es an den zur Kontrolle erforderlichen Ressourcen gefehlt hat. Dass in einem Rechtsstaat eine solches spezialpräventives Vorgehen völlig undenkbar wäre, versteht sich von selbst. Was aber soll eine Pönalisierung zum Rechtsgüterschutz beitragen, deren Ineffizienz den Normunterworfenen täglich bewusst gemacht wird?

IV. Zur Frage grenzüberschreitender Strafbarkeit

Ein letzter Problemkreis: Wie soll sich im Zeitalter der Globalisierung der Strafgesetzgeber gegenüber Akteuren verhalten, die internationale Regelungsunterschiede für sich nutzen? Gerade der Medizinsektor liefert eine Fülle praktischer Beispiele: Schwangerschaftsabbruch in England oder den Niederlanden, vor allem Ende der 1960er bis Mitte der 1970er Jahre (»Abtreibungstourismus«), Suizidbeihilfe in der Schweiz (mehrfach verfilmt), Präimplantationsdiagnostik in Belgien, Eizellspende in Tschechien oder Nierenkauf in Indien. Ist, wer solche

16 Vgl. dazu BGHSt 38, S. 144-165 (»Fall Theissen«).
17 BVerfGE 39, S. 1-95.
18 BVerfGE 88, S. 203-366.

Möglichkeiten in Anspruch nimmt, nur überdurchschnittlich lebenstüchtig – vergleichbar mit dem Unternehmer, der seine Produktion zwecks Profitoptimierung ins Ausland verlagert – oder aber kriminell? Über das Internet an entsprechende Informationen zu gelangen, ist kein Problem.

Rechtspolitisch derzeit besonders kontrovers diskutiert wird das Thema der internationalen Kooperation in der Embryo- und Stammzellforschung. Auf Länder wie England, in denen in-vitro-Embryonen zu fortpflanzungsfremden Forschungszwecken verwendet und sogar erzeugt werden dürfen, werden von deutschen Forschern nicht nur neidvolle Blicke geworfen. Vielfach wird in der rechtspolitischen Debatte auf permissivere Länder verwiesen und deren liberalere Rechtslage eingefordert. Aber solange der deutsche Gesetzgeber noch nicht tätig geworden ist – und er wird sicher nicht alle Forscherwünsche erfüllen – steht die praktisch bedeutsame Frage im Raum, welches Maß an internationaler Kooperation rechtlich möglich ist und wo das Strafrecht den legalen Weg ins Ausland versperrt.

Herkömmliches räumliches Anwendungsgebiet für Straftatbestände ist das Inland. Die Erstreckung des deutschen Strafrechts auf Auslandstaten ist für zahlreiche Delikte speziell geregelt, etwa für den Schwangerschaftsabbruch und den Organhandel, wenn der Täter zur Zeit der Tat Deutscher ist (§ 5 Nr. 9 bzw. 15 StGB), oder – ohne diese Einschränkung – für den Vertrieb von Betäubungsmitteln (§ 6 Nr. 5 StGB). Für die Embryoforschung fehlt es an einer solchen speziellen Bestimmung. Wenn der Forscher sich nicht gerade in ein Land begibt, wo sein Vorhaben ebenfalls mit Strafe bedroht ist (er wird dies klugerweise nicht tun, da er dort kaum entsprechende Ressourcen vorfinden wird), bleibt er (sofern er nicht als Amtsträger fungiert, vgl. § 5 Nr. 12 StGB) straffrei (vgl. § 7 StGB). Aber er wäre gut beraten, die Finger von einer Kooperation mit ausländischen Kollegen auf strafrechtlich heiklem Gebiet zu lassen, bei der er, wenn auch in untergeordneter Rolle, im Inland tätig wird. Und sein normalerweise im Ausland tätiger Kollege, der in ganz anderer, strafrechtlich unbedenklicher Mission nach Deutschland kommt, wäre ebenfalls gut beraten, sich während seines Aufenthalts nicht – etwa per Telefonkontakt – um Projekte zu kümmern, denen das deutsche Recht einen strafrechtlichen Riegel vorschieben würde.

Die Frage ist, ob dieses Konzept der mehr oder weniger willkürlich anmutenden beschränkten Strafgewalt für Auslandstaten so beibehalten werden sollte. Sie hat einen generellen und einen rechtspraktischen Aspekt. Der rechtspraktische besteht darin, dass Ermittlungen wegen Straftaten, die im Ausland begangen wurden und dort gar keine sind, in aller Regel so wenig Aussicht auf Erfolg bieten, dass man sie gleich gar nicht erst aufzunehmen braucht. Die generelle, grundsätzliche Frage lautet: Was soll mit der Erstreckung deutschen Strafrechts auf Auslandstaten bezweckt werden? Ist Normadressat eher der Deutsche (bzw. der mit Lebensmittelpunkt in Deutschland tätige Bürger), der, egal wo, davon abgehalten werden soll, gegen Rechtsregeln zu verstoßen, mit denen er groß geworden ist, die also sein Rechtsempfinden geprägt haben sollen, oder will der

Gesetzgeber nur deutschen Boden von Normverstößen freihalten? Wenn ich recht sehe, hat sich noch nicht einmal hinsichtlich des reproduktiven Klonens eine größere Zahl von Ländern dafür entschieden, die dagegen gerichteten Straftatbestände auch auf Auslandstaten für anwendbar zu erklären, und dies angesichts einer internationalen Strafrechtslage, bei der es hinsichtlich des Klonverbots noch viele weiße Flecken auf der Landkarte gibt.[19]

V. Schlussbemerkung

Um allmählich zum Schluss zu kommen: Was kennzeichnet die Diskussion um all die oder doch die meisten der vorhin angesprochenen Themenfelder? Sie ist typischerweise interdisziplinär unter besonderer Anteilnahme der *Medizinethik*. Hinter diesem Begriff verbirgt sich etwas durchaus Schillerndes.

Zunächst einmal: Medizinische Ethik versteht sich als Disziplin mit langer, auf *Hippokrates* und seine Schule zurückgehender Tradition. Dahinter steht das Selbstverständnis, Medizin sei nicht nur eine Technik, die Anwendung von bestimmtem Fachwissen, sondern auch eine *Haltung*. Sie scheint in den Jahrhunderten seit *Hippokrates* so sehr zu einer Selbstverständlichkeit geworden zu sein, dass man zur Ausbildung des medizinischen Nachwuchses darin keine besondere fachliche Spezialisierung für erforderlich hielt. Stattdessen etablierte sich die Medizingeschichte als eigenes Lehrfach, und sie war es, die, z.B. in Person des Freiburger Medizinhistorikers *Eduard Seidler*, die Medizinethik wieder entdeckte. Medizinethische Journale, Publikationsreihen und Institutionen wurden etabliert – übrigens auch solche, die sich dem Grenzgebiet von Medizinethik und Medizinrecht verpflichtet fühlen. Inzwischen kämpft an vielen Universitäten die Medizingeschichte um ihre Existenz; medizinhistorische Lehrstühle werden umgewidmet. Ethik als Ersatz für die Pflege der eigenen Geschichte also? Man könnte es fast meinen, aber hier ist nicht der Ort, diese Frage zu entscheiden. Jedoch möge es dem außen stehenden und gleichwohl interessierten Betrachter dieser Entwicklungen gestattet sein festzustellen, dass die Medizin bemüht zu sein scheint, das »ethische Heft« in der Hand zu halten: Schaut man sich die Berufungslisten auf entsprechende Lehrstühle an, so dominieren eindeutig die Mediziner, im Idealfall mit Doppelqualifikation. Ist Medizinethik also eine Ethik von Medizinern für Mediziner? Das denn doch nicht, und zwar vor allem, weil inzwischen auch die nichtmedizinischen Fächer die Medizinethik als Spezialdisziplin entdeckt haben, man denke etwa an Philosophen wie *Dieter Birnbacher*[20] oder auch Theologen wie *Dietmar Mieth* oder *Klaus Tanner*. Ganz gleich, wer sich

19 Näher zu diesen Fragen Hans-Georg Koch: Embryonenschutz ohne Grenzen? In: Jörg Arnold u. a. (Hg.): Menschengerechtes Strafrecht. Festschrift für Albin Eser zum 70. Geburtstag. München 2005, S. 1091-1118 (zit. Anm. 12), insbesondere S. 1111 ff.

20 Von diesem Autor ist kürzlich ein Sammelband wichtiger Arbeiten erschienen: Dieter Birnbacher: Bioethik zwischen Natur und Interesse. Frankfurt 2006.

mit Medizinethik befasst: Im Vergleich mit dem *Medizinrecht* besteht ein ganz wesentlicher Unterschied: Der Ethik geht es darum, welche Verhaltensweisen als mehr oder weniger wünschenswert, gut oder böse einzustufen sind; sie muss sich aber im Gegensatz zum Recht, insbesondere zum Strafrecht, keine Gedanken darüber machen, wie das gesetzte Recht durchgesetzt werden soll, mit welchen Sanktionen Normverstöße belegt werden – und damit auch: auf welche Weise Verstöße verfolgt werden sollen. Dies gibt der Ethik den Anschein eines größeren Maßes von Beliebigkeit.

Inhaltlich ergeben sich natürlich gleichwohl viele Berührungspunkte zwischen Medizinethik und Medizinrecht. Für letzteres sind medizinethische Analysen ein wichtiges Element bei der Wahrnehmung rechtspolitischer Gestaltungsaufgaben. Allerdings – und das sollte dieser kleine Beitrag in Erinnerung rufen – muss die Rechtspolitik (und insbesondere die Kriminalpolitik) darüber hinaus die spezifischen Bedingungen der Normdurchsetzung ins Kalkül ziehen. In ethisch umstrittenen Themenfeldern, deren Rahmenbedingungen einer effizienten Kontrolle des mit dem Anspruch auf Autorität auftretenden rechtlichen Normbefehls entgegenstehen, zeugt eine Beschränkung auf die Vorgabe von *prozeduralen Regelungen*[21] zur Entscheidungsfindung im Einzelfall regelmäßig von größerer legislativer Weisheit als eine apodiktische Parteinahme für die eine oder andere Seite.

Summary

On many occasions medicine is in danger of exceeding legal borderlines. Where these borderlines lie may be politically very controversial. But drawing borderlines is often not only of interest for medical and law experts. One only has to think of the almost endless debates on the regulation of abortion, the present discussion on stem-cell research, or the dispute about the borders of legal euthanasia. With good reason also philosophers feel themselves called upon to define their position – and not only them. In the following contribution an attempt shall be made to comment from a judicial point of view on the question whether criminal law can accomplish what is expected from it as a behaviour guideline. Problems are pointed out that arise when deciding what shall and shall not be punishable (II.). Thereafter a few problematic general conditions under the specific perspective of medicine as a subject of regulation are addressed (necessity and suitability of punishment, acts involving international aspects; III.-IV.). In conclusion, a few remarks are made concerning the relation between criminal law and medical ethics as a singular and self-contained discipline.

21 Grundlegend dazu Winfried Hassemer: Prozedurale Rechtfertigungen. In: Herta Däubler-Gmelin u.a. (Hg.): Gegenrede. Aufklärung – Kritik – Öffentlichkeit. Festschrift für Ernst Gottfried Mahrenholz. Baden-Baden 1994, S. 731-751; die Beiträge in: Lorenz Schulz (Hg.): Verantwortung zwischen materialer und prozeduraler Zurechnung. ARSP Beiheft Nr. 75, Suttgart 2000 sowie Frank Saliger: Legitimation durch Verfahren im Medizinrecht. In: Erwin Bernat/Wolfgang Kröll (Hg.): Recht und Ethik der Arzneimittelforschung. Wien 2003, S. 124-170.

»Hart aber gerecht«? Ethik und Strafen im öffentlichen Diskurs: Das Gefängnis als missbrauchtes Abschreckungsmittel am Beispiel der Kampagne gegen Raubkopierer

Jan Alber und Martin Brandenstein (Freiburg)

1. Einleitung

Unter den Slogans »Raubkopierer sind Verbrecher« und »Hart aber gerecht« werden von der »Zukunft Kino Marketing GmbH« (ZKM) sowohl in Kinospots als auch auf Plakaten Bilder von Menschen verbreitet, die als Raubkopierer verurteilt wurden oder Gefahr laufen, verurteilt zu werden. In diesem Beitrag soll über eine vergleichende und verschränkte filmanalytische und rechtlich-kriminologische Perspektive exemplarisch einer dieser Spots, in denen das Gefängnis als abschreckende staatliche Institution in Szene gesetzt wird, analysiert und bewertet werden. Dabei soll aufgezeigt werden, dass die eingesetzten film-technischen Mittel bei Zuschauern zu bedenklichen Assoziationen und Schlüssen führen müssen. Unter anderem wird bei der Darstellung von Strafgefangenen auf jene Sorgfalt verzichtet, die geboten erscheint, um Etikettierungs- und Stigmatisierungsprozesse zu vermeiden. Nach der hier vertretenen Ansicht handelt es sich um eine ethisch verwerfliche Darstellung des Strafens, die nicht nur schwer erträgliche Klischees über Homosexuelle und deutsche Gefängnisinsassen verbreitet, sondern auch implizit argumentiert, es sei eine zwar harte, letztlich aber gerechte Folge, wenn Raubkopierer im Gefängnis zu Opfern sexueller Nötigungen und Übergriffe werden. Eine solche Argumentation ruft nicht zuletzt auch gravierende rechtsstaatliche Bedenken hervor. Im abschließenden Teil des Beitrags wird der Spot als Symptom einer zweifelhaften Instrumentalisierung des Gefängnisses im medialen Umgang gedeutet, und seine Auswirkungen auf die allgemeine Wahrnehmung und Diskussion von kriminellem Verhalten erörtert werden.

2. *Die Ausgangssituation*

Das Anfertigen so genannter Raubkopien, also die rechtswidrige Herstellung und Verbreitung von Kopien urheberrechtlich geschützter (meist elektronischer) Medien,[1] richtet größte wirtschaftliche Schäden an. Dies betrifft insbesondere die Informationstechnik (IT)-Branche.[2] So gehen der Softwareverband Business Software Alliance (BSA) und das internationale Marktforschungsinstitut IDC nach einer am 8.12.2005 vorgestellten Studie davon aus, dass ein härteres Vorgehen gegen Raubkopierer 30.000 zusätzliche Jobs und dem Fiskus 3,6 Milliarden Euro mehr Steuern einbrächte. Dafür, so Georg Herrnleben, Europachef der BSA, müsse die Piraterie-Quote binnen eines Zeitraums von vier Jahren von 29 auf 19 Prozent gesenkt werden. Der Beitrag der IT-Branche zum Bruttoinlandsprodukt könne dann von derzeit 80 Milliarden Euro auf 105 Milliarden Euro steigen. An der gesamten deutschen Wirtschaftsleistung ist die IT-Branche mit einem Anteil von 2,5 Prozent beteiligt. Nach dieser Studie wäre ein Wachstum von mehr als 400 Milliarden auf 1,45 Billionen Dollar Umsatz möglich. Für Herrnleben ist der Anknüpfungspunkt für eine solche Entwicklung in der Justiz zu sehen. Erst wenn die Gerichte aufhörten, zu sanft oder gar nicht zu bestrafen, könne die gewünschte Entwicklung in Gang gesetzt werden.[3]

Das Problem der Raubkopien stellt sich bekanntermaßen auch in der Filmbranche. Im November 2003 hat sich die deutsche Filmwirtschaft unter dem organisatorischen Dach der Zukunft Kino Marketing GmbH (ZKM) zusammengeschlossen und gemeinsam mit der Filmförderungsanstalt (FFA) die Kampagne »Raubkopierer sind Verbrecher – eine Initiative zum Schutz des Originals« ins Leben gerufen, unterstützt und begleitet vom Bundesverband Audiovisuelle Medien e.V. (BVV) und vom Interessenverband des Video- und Medienfachhandels in Deutschland e.V. (IVD). Seit längerem werden von der Filmbranche Brenner und Nutzer von Online-Tauschbörsen für die Umsatzeinbußen verantwortlich gemacht. Elke Esser, Geschäftsführerin der ZKM, gab an, dass die Verluste von Kino, DVD und Verleih im Jahre 2002 etwa 800 Millionen Euro betrugen. Ihre Verlustrechnungen fußen auf folgenden Zahlen: Insgesamt kommen nach Essers Angaben zirka 18 Millionen Menschen mit Raubkopien in Berührung, wovon

---

1 Das Wort »Raubkopie« kommt allerdings im deutschen Gesetz nicht vor, vgl. hierzu auch Evrim Sen/Jan Krömer (Hg.): Raubkopierer sind Verbrecher?! unter ›http://www.raubkopierer-sind-verbrecher.de/raubkopierer-sind-verbrecher.htm‹ (Download: 22.2.2006).

2 Das Anfertigen von Raubkopien gilt gemeinhin als Kavaliersdelikt. Beispielsweise gaben im Rahmen einer Untersuchung von Jörg Kinzig in der Vorlesung »Kriminologie I« an der Universität Freiburg, 31 der 51 befragten Studierenden (also ca. 60%) an, schon einmal unerlaubt Computersoftware kopiert zu haben. Siehe Schwarz fahren und Raubkopieren. In: Freiburger Uni-Magazin, Heft 1/2006, S. 11.

3 Thomas Magenheim-Hörmann: Raubkopierer vernichten Arbeitsplätze. In: Badische Zeitung vom 9.12.2005, S. 9.

dann etwa 10 Prozent nicht mehr ins Kino gehen und rund 20 Prozent von einem schon gesehenen Film keine DVD mehr kaufen.[4]

Mit der Kampagne »Raubkopierer sind Verbrecher« scheint die Filmwirtschaft also ein hehres Ziel zu verfolgen.[5] Die Botschaft dieser Kampagne lautet »Hart aber gerecht«, wobei sich »hart« stets auf eine zu erwartende oder angedrohte Sanktion von Raubkopieren bezieht. Es mag sein, dass man zu drastischen Maßnahmen oder Darstellungsformen greifen muss, um das Ziel der ZKM, nämlich die Senkung der Anzahl an Raubkopien, zu erreichen. Jedoch kann, wie in diesem Beitrag verdeutlicht werden soll, auch ein noch so hehres Ziel nicht jedes beliebige Mittel rechtfertigen.

Die Kampagne »Raubkopierer sind Verbrecher« besteht hauptsächlich aus verschiedenen Spots von jeweils knapp einer Minute Länge,[6] die im Kino regelmäßig in der Vorlauf- und Werbezeit zu sehen sind. Der Spot, der im Zentrum der folgenden Ausführungen stehen soll, hebt sich von den anderen Spots dadurch ab, dass er als einziger Spot (zwei) Raubkopierer im Setting des Strafvollzugs darstellt. Dieser Spot ist seit November 2004 nicht mehr im Kino zu sehen. Dabei legen die Verantwortlichen Wert darauf, dies nicht etwa als (einsichtige) Reaktion auf kritische Stimmen verstanden zu wissen. Im Gegenteil – ihrer Meinung nach war die Kampagne ein voller Erfolg, das Bewusstsein für die Problematik habe sich geschärft; soweit die Kampagne kritisiert wurde, habe das nur die

---

4 Vgl. heise-online (Hg.): Filmwirtschaft startet Abschreckungskampagne gegen Raubkopierer am 27.11.2003.
›http://www.heise.de/newsticker/meldung/42431‹ (Download: 22.2.2006)

5 Da es in diesem Beitrag um die Mittel der Kampagne an sich, und weniger um die Nachweisbarkeit des tatsächlich entstandenen Schadens durch sogenannte Raubkopierer gehen soll, wird hier und im Folgenden davon ausgegangen, es handle sich bei Raubkopien tatsächlich um ein so schadensträchtiges Problem, dass es einer spürbaren Reaktion bedarf. Nur so kann auf die Darstellung von Raubkopierern im Kontext des Strafvollzugs im Spot der Kampagne unabhängig von Verlustrechnungen und der Frage ihrer Interpretation eingegangen werden. Schlagende Argumente dafür, dass mitnichten die Rechnungen der Filmindustrie so aufgehen müssen, wie sie von ihr vorgerechnet werden, gibt 3DCenter (Hg.): Raubkopierer sind Verbrecher. ›http://www.3dcenter.de/impressum/feedback.php‹ (Download: 22.2.2006). Aber selbst bei einer im Sinne der filmwirtschaftlichen Argumentationslinie ›günstigsten‹ Interpretation der Schadenszahlen ändert sich nichts an der hier vertretenen Ansicht, dass der Kampagne »Hart aber gerecht« ein verächtliches Menschenbild zugrunde liegt und sie aus den im Folgenden dargelegten Gründen zu verurteilen ist.

6 Daneben umfasst die Kampagne die Verbreitung von Plakaten, auf welchen Raubkopierer wie seinerzeit RAF-Terroristen abgebildet sind. Diese Gleichsetzung von Raubkopierern und Terroristen ist nach der hier vertretenen Auffassung auch äußerst fragwürdig, denn der finanzielle Schaden, den Raubkopien verursachen, steht in keinerlei Zusammenhang mit echtem Terror wie etwa dem Entführen oder Töten von Menschen. Zudem gibt es eine Aktion mit dem Titel »Knast on Tour«. Dort können Interessierte in einem nachgebauten Gefängnisraum fünf Minuten »im Leben eines verurteilten Raubkopierers« nacherleben und dafür einen Kinogutschein erhalten, sich am integrierten Infostand aber auch über die Problematik von Filmraubkopien informieren. Vgl. ›http://www.hartabergerecht.de‹ (Download: 22.2.2006) sowie Caroline Schmidt/Markus Verbeet: Fluch der Silberlinge. In: Der Spiegel, Heft 4/2006, S. 42.

Kampagne im Gespräch erhalten. Die Absetzung dieses Spots sei nur Folge der Einführung einer neueren Staffel von Spots, die den nun zu besprechenden Spot infolgedessen abgelöst hätten.[7]

3. Der Spot

Dieser Spot handelt vom Eintritt zweier verurteilter Raubkopierer in die ihnen unbekannte Welt des Gefängnisses. Wie auch die anderen Spots soll er potentielle Raubkopierer abschrecken – hier durch die besonders schockierende Modellierung der Gefängniswelt. Die beiden Neuzugänge werden als ›Fremde‹ dargestellt, die mit der bedrohlichen Welt des Gefängnisses und ihren Regeln nicht vertraut sind. Des weiteren suggeriert der Spot, dass die Identität der Raubkopierer in diesem angsteinflößenden System aufgelöst werden wird. Der Clip verwendet hierfür zahlreiche Klischees über Homosexuelle und deutsche Gefängnisinsassen und spielt mit der Vorstellung, dass Raubkopierer im Gefängnis mit Vergewaltigungen durch Insassen rechnen müssen, die im Spot als lüsterne ›Monster‹ dargestellt werden.

Zunächst werden wir als Zuschauer in die Gefängniswelt eingeführt, indem wir in drei kurzen Einstellungen jeweils Inhaftierte zu sehen bekommen, die offensichtlich schon länger einsitzen. Der erste dieser drei Gefangenen sitzt in der Hocke auf dem Fenstersims seiner Zelle und starrt durch das vergitterte Fenster nach draußen. Das Fenster stellt die einzige Lichtquelle dar – der Rest der Zelle verbleibt im Dunkeln. Man spricht hier in der Filmtheorie von »low-key illumination«.[8] Solche eher spärlichen Lichtverhältnisse werden vor allem in Horrorfilmen wie Alien (Regie: Ridley Scott, 1979) oder Blair Witch Project (Regie: Daniel Myrick und Eduardo Sanchez, 1999) eingesetzt, um beim Zuschauer ein Gefühl des Unbehagens zu erzeugen. Die Lichtverhältnisse in dieser Aufnahme des Spots reduzieren den Inhaftierten zu einem Schatten; er existiert, metaphorisch gesprochen, nur noch als Schatten seiner selbst.[9] Der Blick nach draußen stellt den einzigen Lichtblick oder Hoffnungsschimmer im Leben des Gefangenen dar und ist durch die Gitter verstellt. Mit diesem Bild soll vermutlich die zukünftige Situation der Raubkopierer im tristen Gefängnis vorweggenommen werden.[10]

---

7 Vgl. ›http://www.hartabergerecht.de/index.php?id=3‹ (Download: 22.2.2006).

8 David Bordwell/Kristin Thompson: Film Art. An Introduction. New York 2003, S. 196.

9 Siehe hierzu auch ebd., S. 192.

10 Man kennt solche Aufnahmen, die die von Insassen geschlossener Anstalten empfundene Hoffnungslosigkeit simulieren, aus Filmen wie Birdy (Regie: Alan Parker, 1984) oder Sleepers (Regie: Barry Levinson, 1996). Das zweite Beispiel ist besonders interessant, denn hier sitzt ein Insasse des Wilkinson Home for Boys (in New York) am vergitterten Fenster nachdem er zum ersten Mal vom Aufsichtspersonal vergewaltigt wurde. Wie im Folgenden

Bei den nun folgenden beiden Einstellungen handelt es sich ebenfalls um Bilder von Insassen, die schon länger einsitzen und mit dem Gefängnissystem hinlänglich vertraut zu sein scheinen. Zum einen wird ein tätowierter Muskelprotz, der in seiner Zelle Klimmzüge macht, von hinten, also ohne Blick auf sein Gesicht, in Nahaufnahme gezeigt.[11] Zum anderen bekommt man unmittelbar danach einen beleibten, glatzköpfigen Brillenträger zu sehen, der sich an den Gitterstäben seiner Zelle in einer hilflosen Weise festhält, die an ein eingesperrtes Tier denken lässt.

Diese Aufnahmen bilden einen Kontrast zwischen der Gefängniswelt und den beiden Neuzugängen, die nun als Raubkopierer vorgestellt werden. Diese sind direkt im Anschluss an die eben geschilderten ›Porträts‹ der bereits länger einsitzenden Häftlinge bei ihrem Haftantritt zu sehen, und stehen jenen diametral gegenüber: Wie wir in Nahaufnahmen sehen können, handelt es sich bei den Neuankömmlingen um gepflegte junge Männer mit weichen, wenn nicht androgynen Gesichtszügen, die sich als Mitglieder der Mittelschicht schon rein optisch von den anderen Insassen deutlich unterscheiden. Die beiden Raubkopierer tragen jeweils ein Handtuch, eine Decke, eine Zahnbürste und ein Stück Seife vor sich her. Diese Requisiten sollen nun einerseits die Entpersönlichung im Gefängnis demonstrieren; andererseits lassen sie sich aber auch als Residuen der vormaligen Identität der Raubkopierer deuten. Diese Requisiten sind, anders ausgedrückt, das Einzige, was von ihnen als Menschen übrig bleibt. Das Tragische am Gefängnis, nämlich dass es seiner Natur nach die vormalige Identität von Neuzugängen zerstört,[12] wird hier als willkommenes Phänomen dargestellt, das zur Strafe mit dazu gehört.[13]

---

noch deutlicher zu zeigen sein wird, enthält der Spot zahlreiche solcher intertextueller Verweise auf Hollywoodfilme.

11 Frank E. Beaver beschreibt Nahaufnahmen (»close-ups«) wie folgt: »a shot that provides a limited, magnified view of a character or an object in a scene. [...] If focused on an object, the close-up bestows dramatic or symbolic value on the isolated element.« Frank E. Beaver: Dictionary of Film Terms: The Aesthetic Companion to Film. New York 1994, S. 69. Eine mit dem Spot fast identische Einstellung bekommen wir im Film Cape Fear (Regie: Martin Scorsese, 1991) zu sehen. In diesem Film schauen wir auf den tätowierten und durchtrainierten Körper des Gefangenen Max Brady (Robert de Niro), der unschuldig verurteilt wurde und sich im Gefängnis auf seine Rache vorbereitet. Diesen Hinweis verdanken wir Martin Hermann. Wie im Folgenden noch aufgezeigt werden wird, sollen durch diese Aufnahme im Spot vor allem die »harten« alten Insassen von den »weichen« Neuzugängen unterschieden werden.

12 Vgl. Yvonne Jewkes: Captive Audience. Portland 2002, S. 31 f.

13 Strafgefangene bringen bei Haftantritt praktisch nur sich selbst mit ins Gefängnis. Im Strafvollzug müssen sie sich in eine neue soziale Welt aus Gefangenen und Bediensteten einordnen, was dazu führt, dass sie auch ihr Selbstbild neu konstituieren oder zumindest anpassen müssen, um sich adäquat und effektiv innerhalb des Gefängnissettings bewegen zu können. Anhaltspunkte darüber, welche Bedeutung sie in ihrer neuen Welt haben, können Strafgefangene lediglich über die Interpretation von Reaktionen ihrer stark be-

Die Angst einflößende Darstellung des Strafvollzugs wird im Spot durch die Audio-Ebene untermauert. Diese wird zunächst von Geräuschen der Institution (wie dem Zuschlagen von Stahltüren oder dem Rasseln der Schlüssel des Aufsichtspersonals) dominiert, die mit starkem Hall versetzt wurden. Diese Geräusche erzeugen (ebenso wie das Fehlen menschlicher Stimmen) beim Zuschauer einen Eindruck von der Kälte der Institution, die durch die Dominanz von kalten Farben (wie grau, blau und weiß) in der gesamten Kulisse noch weiter unterstrichen wird. Des weiteren bekommen wir einen störend wirkenden nichtdiegetischen Klang[14] zu hören, der an ein Nebelhorn erinnert. Dieser sound effect wurde vermutlich verwendet, um das generelle Gefühl des Unbehagens beim Zuschauer zu steigern.

Der Eintritt der beiden stets nebeneinander gehenden Raubkopierer ins System »Gefängnis« wird über Bilder der Füße bzw. Schuhe vermittelt. Hierbei handelt es sich um ein filmisches pars pro toto[15]: ein Teil (nämlich die Füße) steht für das Ganze (nämlich den Raubkopierer). Diese bildhafte Zerstückelung der Neuankömmlinge lässt sich als Anspielung auf die Auflösung der Identität der Gefangenen im Gefängnis lesen. Die zukünftige Identitätskrise wird nun im weiteren Verlauf des Spots spezifiziert.

Nachdem die Kamera für diese ersten Sekunden die Raubkopierer beim Eintreten in das Gefängnis verfolgt hat, sehen wir nun eine Einstellung aus der Sicht der beiden Raubkopierer. Genauer gesagt blicken wir ›mit ihren Augen‹ zu zwei weiteren Häftlingen auf, die über dem Geländer eines höher liegenden Treppenabsatzes lehnen.[16] Im Anschluss daran bekommen wir eine Einstellung der beiden Raubkopierer aus der Obersicht zu sehen, die nun wiederum der Perspektive der beiden Alteingesessenen entspricht. Diese Einstellungen etablieren eine Art Hierarchie, da die Neuzugänge zu den beiden Insassen aufblicken müssen, während diese auf jene herabblicken.[17] Kurz darauf müssen die Neuankömmlinge an

grenzten sozialen Umwelt erlangen, die aus ihnen zunächst unbekannten Kriminellen und Bediensteten besteht.

14 Nicht-diegetische Klänge können in der von einem Film projizierten Welt (oder diegetischen Welt) nicht gehört werden; sie können nur vom Zuschauer vernommen werden und sollen in erster Linie bestimmte Stimmungen (wie z.B. Unbehagen) evozieren. Siehe auch Bordwell/Thompson: Film Art, S. 366.

15 Trevor Whittock: Metaphor and Film. Cambridge 1990, S. 61.

16 Hierbei handelt es sich um einen »point-of-view shot«, der die optische Perspektive bzw. Wahrnehmung der Raubkopierer im Spot simulieren soll. Edward Branigan: Point of View in the Cinema. A Theory of Narration and Subjectivity in Classical Film. Berlin et al. 1984, S. 6. Wir werden hier als Zuschauer dazu aufgefordert, die bedrohliche Gefängniswelt aus der Perspektive der beiden Neuzugänge zu sehen und uns mit diesen und ihrem Schicksal zu identifizieren. Diese Identifikation spielt vor allem im Kontext der Abschreckungsfunktion des Spots eine wichtige Rolle.

17 Aufnahmen aus der Untersicht (»low-angle shots«) suggerieren in erster Linie Macht und Dominanz, da wir zu Figuren oder anderen Entitäten aufblicken müssen. Siehe Steven Blandford et al.: The Film Studies Dictionary. London 2001, S. 139. James Monaco unter-

diesen beiden älteren Häftlingen vorbeimarschieren. Diese entpuppen sich als Männer, die grundsätzlich zu ›homosexuellen‹ Kontakten bereit sind. Darüber hinaus aber lässt die Art und Weise, wie sie über die Neuzugänge reden, nachdem diese schließlich an ihnen vorbeigelaufen sind, den Zuschauer nicht daran zweifeln, dass sie nicht vor sexuell nötigenden Handlungen zurückschrecken. Sie scheinen es geradezu gewohnt zu sein, sexuelle Belästigungen bis hin zu Vergewaltigungen im Gefängnis auszuüben, zumindest aber, es auf Versuche ankommen zu lassen. Dies wird spätestens deutlich, als die beiden Insassen nun den einzigen Dialog des gesamten Spots führen:

A: »Mmmmmh, Raubkopierer« [kreist sich lüstern um die Brustwarzen].
B: »Noch ein Raubkopierer« [bückt sich, um den Neuzugängen hinterher zu schauen und das ›Frischfleisch‹ zu begutachten].
A: »Ja, aber meiner hat den geileren Arsch« [spitzt den Mund zum Kuss].

Der einleitende Satz (»Mmmmmh, Raubkopierer«) suggeriert, dass sich Raubkopierer zunächst überhaupt als solche klar von Straffälligen anderer Deliktsbereiche unterscheiden lassen. Auch diese Kategorisierung trägt dazu bei, dass die Raubkopierer weniger als Menschen, denn als besondere ›Spezies‹ unter den Kriminellen, und hier wiederum als ›Delikatesse‹ für diese Häftlinge dargestellt werden. Raubkopierer scheinen leichte Beute für sie zu sein, weil jene sich als eher unerfahrene, ›verweichlichte‹ Neulinge – beispielsweise im Gegensatz zum vorher dargestellten Muskelprotz – im Gefängnis nicht wirklich zu wehren wissen. Offensichtlich soll dem Zuschauer die Vermutung aufgedrängt werden, dass die beiden Häftlinge A und B bereits Erfahrung im (sexuellen) Umgang mit Raubkopierern und möglicherweise schon mehrere von diesen ›vernascht‹ haben. Zudem scheint es auch nur von ihrem Willen abzuhängen, ob oder vielmehr dass sich ihre sexuellen Wünsche mit den Raubkopierern erfüllen. Der eine der beiden Insassen (A) wird durch seine Mimik und Gestik (er kreist sich lüstern um die Brustwarzen und spitzt den Mund zum Kuss) als typische und klischeehafte ›Schwuchtel‹[18] dargestellt, während der andere (B) durch seine ungepflegten, langen grauen Haare und seine tierhaften Mundbewegungen eher wie ein Monster erscheint. Diese Kombination von Eigenschaftsmerkmalen illustriert eindeutig den homophoben Charakter des Spots.

scheidet zwischen Aufnahmen aus der Obersicht (»high-angle shots«) und Aufnahmen aus der Untersicht wie folgt: »it goes without saying that high-angle shots diminish the importance of the subject while low-angle shots emphasize its power.« Siehe James Monaco: How to Read a Film. The World of Movies, Media, and Multimedia. Language, History, Theory. New York/Oxford 2000, S. 198.

18 Wenn im Folgenden der Begriff ›Schwuchtel‹ verwendet wird, ist nicht intendiert, homosexuelle Orientierungen lächerlich zu machen bzw. zu kritisieren. Der Begriff passt vielmehr auf die Verwendung von Klischees über Homosexuelle im Spot.

In dem Moment, in dem wir die Zellentür von einem der beiden Neuzugänge ins Schloss fallen hören, wird der Slogan »Hart aber gerecht« in rot[19] eingeblendet. Dem Slogan folgt ein Text, der in weiß auf schwarzem Hintergrund erscheint: »Raubkopierer werden seit dem 13.09.03 mit Freiheitsentzug bis zu fünf Jahren bestraft.« Der Text wird von einem (nicht-diegetischen) Sprecher mit emotionsloser Intonation vorgelesen. Unmittelbar danach wird der Satz »Raubkopierer sind Verbrecher« eingeblendet. Im selben Moment hören wir eine weitere Tür ins Schloss fallen. Diese beiden ins Schloss fallenden Türen mögen wohl illustrieren, dass die Raubkopierer nun in doppelter Hinsicht weggesperrt sind: zum einen sind sie von der Außenwelt weggesperrt, zum anderen kann ihnen niemand helfen, wenn sie in ihrer Zelle vergewaltigt werden.

Der Slogan »hart aber gerecht« kann sich nun einerseits auf den unmittelbar folgenden Text (»Raubkopierer werden seit dem 13.09.03 mit Freiheitsentzug bis zu fünf Jahren bestraft«) beziehen. Damit würde der Spot suggerieren, dass es hart aber gerecht sei, dass Raubkopierer mit einem Freiheitsentzug von bis zu fünf Jahren bestraft werden. Andererseits suggeriert der Spot durch die Einblendung am Ende des Dialogs der beiden Vergewaltiger und im Zusammenhang mit dem Zufallen der Zellentür aber auch, dass das, was wir auf der Leinwand zu sehen bekommen, »hart aber gerecht« sei. Damit würde der Clip nahe legen, dass es sich bei der Tatsache, dass einer der beiden Raubkopierer nun allein in seiner Zelle sitzt und wehrlos einem vermeintlichen Monster ausgeliefert ist, um eine zwar harte, letztlich aber gerechte Strafe für Raubkopierer handelt.

Diese zweite Lesart (»es ist hart aber gerecht, wenn Raubkopierer im Gefängnis vergewaltigt werden«) wird durch die Schlusseinstellung des Spots, die nach dem eingeblendeten Slogan erscheint, bestärkt. Hierbei handelt es sich um eine Aufnahme aus der Untersicht, die den langhaarigen (monströsen) Vergewaltiger B zeigt, wie er lüstern vor der Zellentüre eines der beiden Raubkopierer steht und sich (ganz ähnlich wie Hannibal Lecter (Anthony Hopkins) im Film The Silence of the Lambs (Regie: Jonathan Demme, 1991)) in Vorfreude auf die nun wohl folgende sexuelle Eskapade den aus dem Mund triefenden Speichel hochzieht.[20] Damit endet der Spot.[21]

---

19 Die Farbe rot ist in diesem Zusammenhang sehr interessant, da sie sich markant vom Rest der Sequenz abhebt. Hierbei handelt es sich um ein aggressives ochsenblutrot, das hilft, die Härte und Gewalt des Gesetzes visuell zu untermalen.

20 Wobei Hannibal Lecter im Film *The Silence of the Lambs* zwar niemanden vergewaltigt, dafür aber der pathologischen Neigung nachgeht, anderen Leuten die Zunge heraus zu beißen.

21 Obwohl der Spot inzwischen aus dem Kino-Vorprogramm genommen wurde, sind auch heute noch Plakate zu sehen, welche die beiden abschreckenden Häftlinge zeigen, die den Betrachter mit – um das Mindeste auszudrücken – äußerst unfreundlichem Gesichtsausdruck anblicken. Das Foto auf diesem Plakat ist in ebenfalls roter Schrift überschrieben: »Liebe Raubkopierer, wir freuen uns auf Euch!«

Man könnte versucht sein, dem Spot vor allem wegen seiner zahlreichen intertextuellen Verweise auf Hollywoodfilme einen gewissen Sarkasmus oder gar ein Augenzwinkern zu unterstellen. Die für die Präsentation dieses Spots Verantwortlichen äußern sich diesbezüglich jedoch uneinheitlich. Tatsächlich meint Johannes Klingshorn, Geschäftsführer des Verbandes der Filmverleiher: »Wir wollten testen, ob auch schwarzer britischer Humor in Deutschland ankommt. Bisher überwiegen mit weitem Abstand die positiven Stimmen.«[22] Allerdings erklärt Elke Esser, Geschäftsführerin der ZKM: »Der Ton der Kampagne ist bewusst deutlich gewählt. Bisher haben Verständnis suchende Kampagnen nichts bewirkt. Daher müssen wir laut und deutlich unsere Stimme erheben, um das Thema illegale Filmkopien in das öffentliche Bewusstsein zu rücken und zu diskutieren.«[23]

Nach dieser filmtheoretischen Analyse sollen nun im Folgenden die rechtstaatlichen und ethischen Implikationen des Spots genauer untersucht werden.

4. *Suggerierte Implikationen der Kampagne*

4.1. Die fragwürdige Verwendung rechtlicher Begriffe im Spot

Der Begriff »Raubkopie« ist zwar nicht von der Kampagne erfunden worden, allerdings wird er von ihr sehr stark mit all seinen Assoziationen und kriminalisierenden Konnotationen in Anspruch genommen. Aus juristischer Sicht ist der Begriff aufgrund des ersten Wortteiles »Raub« irreführend. Denn Raub (vgl. den Wortlaut des § 249 StGB) bezeichnet zum einen eine Handlung, bei der Gewalt gegen eine Person oder Drohungen mit gegenwärtiger Gefahr für Leib und Leben angewendet werden. Zum anderen beinhaltet ein Raub im Sinne des Gesetzes die Absicht, eine Sache sich oder einem Dritten rechtswidrig zuzueignen. Beim Vorgang des Kopierens wird aber i.d.R. niemandem Gewalt zugefügt oder eine entsprechende Gefahr angedroht, ebenso wenig wie eine Sache rechtswidrig zugeeignet wird. Die durch das UrhG geschützten Rechtsgüter betreffen nicht Sachen, sondern die schöpferischen Werke von Urhebern auf dem Gebiet der Lite-

---

22 Vgl. ›http://www.heise.de/chat/archiv/03/12/12/archiv.shtml‹ (Download: 22.2.2006). Man müsste hierbei allerdings noch klären, was das Suggerieren von Vergewaltigungen im Gefängnis und die Verweise auf amerikanische Spielfilme mit britischem Humor zu tun haben sollen. Möglicherweise spricht man den Briten eine Subtilität ihres Humors ab. Jedenfalls ist keineswegs gesagt, dass britischer Humor auf die Wirkung derart kruder Pointen auf Kosten von Strafgefangenen angewiesen ist. Ob darüber hinaus »mit weitem Abstand« die positiven Stimmen (von wem?) überwiegen, ist nicht näher belegt worden und konnte auch von uns nicht verifiziert werden.

23 Vgl. hier und im Folgenden: Fragen und Antworten – Fakten statt Vorurteile, ›www.hartabergerecht.de‹ S. heise-online: Filmwirtschaft startet Abschreckungskampagne gegen Raubkopierer (27.1.2003), ›http://www.heise.de/newsticker/meldung/42431‹ (Download: 22.2.2006).

ratur, Wissenschaft und Kunst, mithin geistiges Eigentum. Die Originale verbleiben auch nach dem vermeintlichen Raub weiterhin beim Urheber.[24] Kritisch wird die Verwendung des Begriffs erst dadurch, dass der Begriff »Raubkopien« auch von der Allgemeinheit mehr denn nur als Etikett für das zu bezeichnende Handeln gesehen wird. Dafür sprechen nicht zuletzt Einwände wie: »Ist der Begriff ›Raubkopie‹ nicht irreführend und verharmlost einen tatsächlichen Raub?«[25] Im Umkehrschluss werden Raubkopierer über Gebühr kriminalisiert. Deswegen ist auch grundsätzlich der Begriff »Schwarzkopie« vorzuziehen.[26]

Des weiteren ist es nach einem engen strafrechtlichen Verständnis fragwürdig, Raubkopierer als »Verbrecher« zu bezeichnen. Die ZKM beruft sich in ihren Reaktionen zu diesem Einwand auf ein umgangssprachliches Verständnis des Verbrecherbegriffs.[27] Dagegen sind keine Einwände zu erheben, außer dass sich die Frage aufdrängt: Was will der Spot mit der Aussage »Raubkopierer sind Verbrecher« über die bereits bekannte Tatsache hinaus, dass die bezeichnete Handlung illegal ist, eigentlich zum Ausdruck bringen? Es kommt der ZKM zweifellos auf die umgangssprachlich auch (ab)wertend verstandene Komponente im Begriff des »Verbrechers« an; das Anfertigen von Raubkopien soll als etwas besonders Verwerfliches dargestellt werden. Die Berufung auf ein umgangssprachliches Verständnis des Verbrechers enttarnt sich damit aber letztlich als Schein-Argument, denn was die ZKM unter »Verbrechern« verstanden wissen will, soll erst durch die Kampagne bestimmt und dann von ihr instrumentalisiert werden.

---

24 Entsprechend kann von vornherein auch nicht einmal von »Diebstahl« im Sinne des § 242 StGB die Rede sein, da keine Wegnahme vorliegt.

25 So lautete die Frage in einem Chatforum zu diesem Thema; genauer nachzulesen unter: ›http://www.heise.de/chat/archiv/03/12/12/archiv.shtml‹ (Download: 22.2.2006).

26 In diesem Text wird, um die einheitliche Begrifflichkeit zu wahren, dennoch weiterhin der Begriff Raubkopie verwendet werden (zu lesen als ›sogenannte Raubkopien‹). Das Gleiche gilt natürlich auch für alle verwandten Begriffe wie Raubkopierer etc.

27 Neben dem Slogan »Hart aber gerecht« enthält der Spot – wie auch die Plakate der Kampagne – die Aussage: »Raubkopierer sind Verbrecher.« Dies ist im engeren Sinne falsch, denn gem. § 12 Abs. 1 StGB sind Verbrechen »rechtswidrige Taten, die im Mindestmaß mit Freiheitsstrafe von einem Jahr oder darüber bedroht sind.« Selbst die schwerste Begehungsweise des Raubkopierens (§ 108a Abs. 1 UrhG) ist zwar mit einer Höchststrafe von fünf Jahren Freiheitsstrafe bedroht, allerdings nicht mit einem Mindestmaß von einem Jahr Freiheitsstrafe (sondern mit Geldstrafe). Insofern ist also auch hier die begriffliche Einordnung des Raubkopierens als Verbrechen falsch, es handelt sich damit beim Raubkopieren (lediglich) um ein Vergehen. Allerdings werden neben dieser rechtstechnischen Anknüpfungsregel noch andere Begriffsverständnisse von »Verbrechen« zugelassen: zum einen ein geweiteter normativer Verbrechensbegriff, der die Strafwürdigkeit betrifft; zum anderen ein kriminologischer Verbrechensbegriff, der die empirischen Bedingungen umfasst, bei deren Vorliegen ein sozial abweichendes Verhalten als strafwürdig zu bezeichnen ist (vgl. Herbert Tröndle/Thomas Fischer: Strafgesetzbuch und Nebengesetze, Kommentar, 53. Aufl. München 2006, § 12 Rn. 2). Auf einen weiten, umgangssprachlichen Gebrauch des Begriffs, der auch dem normativen Verständnis des Begriffs entspricht, beruft sich die ZKM etwa auf folgender Seite: ›http://www.hartabergerecht.de/index.php?id=3&L=0‹ (Download: 22.2.2006).

Von der allgemein wertenden Komponente des umgangssprachlichen Verbrecherbegriffs und seiner Anwendung auf Raubkopierer soll darauf geschlossen werden, dass Raubkopierer tatsächlich etwas tun, was die Bezeichnung »Verbrechen« verdient. Statt zu sagen, dass etwas kriminell ist, weil es schlecht ist, wird von der Kampagne suggeriert, dass etwas schlecht ist, weil es kriminell ist. Die Kampagne führt regelrecht vor, wie eine mediale ›Information‹ die Kriminalisierung abweichenden Verhaltens in einem interaktiven Prozess steigern kann. Diese Wechselwirkungen, die es ohne die diesbezüglich mangelnde Kenntnis der Bevölkerung nicht gäbe, erschließen der Kampagne erst die Möglichkeit zur beabsichtigten Kriminalisierung. Erst dadurch kann das Bedeutungsvakuum des Verbrecherbegriffs im Sinne der Kampagne, also kriminalisierend, gefüllt werden und der Slogan »Raubkopierer sind Verbrecher« funktionieren.

Dies sind zweifellos Fragwürdigkeiten, die für sich genommen den Spot bereits in einem dubiosen Licht erscheinen lassen. Zu wirklich ernstzunehmenden Verzerrungen der juristischen Wirklichkeit kommt es im Spot allerdings erst bei der Darstellung dessen, was einen verurteilten Raubkopierer angeblich (i.d.R.) erwartet. Das betrifft sowohl die richterliche Strafzumessung, also das, was ein Raubkopierer als Strafe zu erwarten hat, als auch die Gestaltung und personale Belegung des Strafvollzugs.

4.2. Die Verzerrung der Strafzumessungspraxis

Zunächst wird hinsichtlich der dargestellten Raubkopierer, die als Neulinge das Gefängnis betreten, kein Unterschied gemacht zwischen jemandem, der nur in einem einzelnen Fall ein Vervielfältigungsstück rechtswidrig hergestellt oder verbreitet hat, und einem anderen, der etwa gewerbsmäßig und regelmäßig ein solches unerlaubt verwertet hat. Vielmehr vermittelt der Spot den Eindruck, dass der zu erwartende Endpunkt des Strafrechtsprogramms regelmäßig – und nicht nur ausnahmsweise – das Gefängnis ist. Dabei liegt das Mindestmaß für alle Raubkopierdelikte stets bei einer Geldstrafe. Zudem besteht nur bei kommerziellen Raubkopierern, also bei der gewerbsmäßigen unerlaubten Verwertung (§ 108a Abs. 1 UrhG), die theoretische Möglichkeit, eine Freiheitsstrafe von bis zu fünf Jahren auszusprechen. Für alle anderen Raubkopierer (vgl. §§ 106 ff. UrhG), die nur für den privaten Gebrauch das Gesetz übertreten, und die ja vermutlich die Zielgruppe der Kinospots darstellen, beträgt die Höchststrafe dagegen nur drei Jahre. Der Spot täuscht also nicht nur darüber, dass grundsätzlich jeder Raubkopierer damit rechnen muss, im Gefängnis zu landen, sondern zudem darüber, dass jeder verurteilte Raubkopierer regelmäßig mit einer Freiheitsstrafe bis zu fünf Jahren bedacht wird.

In einem neueren – hier nicht näher besprochenen – Spot der Kampagne singen vier Kinder, die von ihrer Mutter in einer Reihe aufgestellt worden sind, lauthals »Happy Birthday.« Erst nachdem die Kinder mit der Mutter zu Ende gesungen haben, wird kurz vor der Einblendung des Slogans »Hart aber gerecht« ein Gefängnis von außen gezeigt, wobei sich die Kamera hinter den Gratulanten befindet, die zu den Fenstern des Gefängnisses aufblicken. Hinter einem dieser Fenster soll man als Betrachter den Vater als Jubilar vermuten. Später fragt denn auch das Kind seine Mutter, »wann kommt Papa [der einsitzende Raubkopierer, J.A./M.B.] wieder?«, worauf die Mutter tonlos antwortet: »Noch vier Mal singen«. In diesem Spot wird dem Zuschauer nahe gelegt, es sei bei einem Verstoß gegen das UrhG mit einer Freiheitsstrafe nicht nur mit einer Verurteilung bis zu fünf Jahren zu rechnen, sondern damit, dass diese fünf Jahre auch regelmäßig vom Richter ausgesprochen werden.

Damit wird ein Bild von einem starken Staat erzeugt, der nicht gemäßigt, sondern im Zweifel hart bestraft. Demgegenüber ist schon allgemein anzumerken, dass die »Inhaftierung (...) eine sehr seltene Folge einer Straftat«[28] (nicht nur des Raubkopierens) ist. Wird eine zu verbüßende Freiheitsstrafe verhängt, dann in aller Regel deutlich unter dem maximal möglichen Maß. Die eigens von der ZKM eingerichtete Internetseite ›www.hartabergerecht.de‹ enthält u. a. eine Rubrik »Zahl des Monats«. Diese spielt mit Zahlen, welche sich auf die Strafverfolgung von Raubkopierern beziehen. Unter anderem ist auf der Internetseite in großen Lettern geschrieben: »drei«, und darunter: »Drei Jahre Haft ohne Bewährung für einen Raubkopierer: So lautet ein (...) Urteil des Landgerichts Frankfurts.« Auch die für die Kampagne Verantwortlichen können und wollen offensichtlich keinen Hehl daraus machen, dass eine Haftstrafe von drei Jahren bereits eine besonders hohe Strafe sei. Im Übrigen ist das die höchste Strafe, die bislang gegen einen Raubkopierer ausgesprochen wurde. [29] Nur nebenbei soll an dieser Stelle erwähnt werden, dass der Slogan »Raubkopierer werden seit dem 13.09.2003 mit Freiheitsentzug bis zu fünf Jahren bestraft« den Eindruck erweckt, als seien die Strafen erst mit der Novellierung des Urheberrechts am 13. September 2003 erhöht wurden. Jedoch galt auch schon zuvor das Höchststrafmaß von fünf Jahren für die kommerzielle Verbreitung von Raubkopien.[30]

4.3. Die irreführende Modellierung des deutschen Strafvollzugs

Dieses Zerrbild der Strafzumessungspraxis trägt ein weiteres zur allgemeinen Desinformation bezüglich der strafrechtlichen Wirklichkeit bei; die pseudoinformierende Darstellung ist geradezu auf die mangelnde Kenntnis der Öffentlichkeit bezüglich der strafrechtlichen Sanktionierungspraxis angewiesen. Das in der kriminologischen Literatur derzeit viel diskutierte Thema der ›Punitivität‹,

---

28 Michael Walter: Strafvollzug. 2. Aufl., Stuttgart et al. 1999, Rn. 64, S. 99.

29 Stand: April 2006.

30 Vgl. Evrim Sen/Jan Krömer (Hg.): Raubkopierer sind Verbrecher?! http://www.raubkopierer-sind-verbrecher.de/raubkopierer-sind-verbrecher.htm‹ (Download: 22.2.2006).

deren Gegenstand die Strafeinstellungen bzw. -bedürfnisse der Bevölkerung[31] sind, lenkt die Aufmerksamkeit unter anderem auf den Umstand, dass die Allgemeinheit wenig über das Strafrechtssystem weiß. Des weiteren ist zu konzedieren, dass dem vermeintlichen ›Wissen‹ der Bevölkerung fragwürdige Quellen zugrunde liegen. Unter anderem wird deutlich, dass die Bevölkerung über den normalen Ablauf des Vollzugsalltags so gut wie keine Vorstellung hat. Was die Bevölkerung von Gefängnissen zu kennen glaubt, bezieht sich entweder auf filmische Darstellungen, zu denen auch dieser Spot gehört, oder auf Medienberichte über spektakuläre Ereignisse wie z.B. Gefängnisausbrüche. [32]

Die worauf auch immer zurückzuführende Unwissenheit der Zuschauer, so scheint es, wird auch vom oben analysierten Spot ausgenutzt. Denn zunächst geht es in deutschen Gefängnissen zumindest so zivilisiert zu, dass sexuelle Nötigungen und Vergewaltigungen nicht an der Tagesordnung sind. Nach dem Willen des Gesetzes soll die Übelzufügung im Strafvollzug auch lediglich im Freiheitsentzug an sich bestehen.[33] Es ist sogar gesetzlich festgehalten, dass das Vollzugsziel der Freiheitsstrafe darin besteht, den Gefangenen zu befähigen, künftig in sozialer Verantwortung ein Leben ohne Straftaten zu führen.[34] Konkretisiert wird die Gestaltung des Vollzugs in § 3 StVollzG, wonach das Leben im Vollzug den allgemeinen Lebensverhältnissen soweit wie möglich angeglichen werden soll (Abs. 1; Angleichungsgrundsatz), schädlichen Folgen des Freiheitsentzuges entgegenzuwirken ist (Abs. 2; Gegensteuerungsgrundsatz) und der Vollzug darauf auszurichten ist, dass er dem Gefangenen hilft, sich in das Leben in Freiheit einzugliedern (Abs. 3; Integrationsgrundsatz).[35]

---

31 Vgl. Julian V. Roberts/Michael J. Hough: Understanding Public Attitudes to Criminal Justice. Maidenhead 2005; Helmut Kury/Harald Kania/Joachim Obergfell-Fuchs: Worüber sprechen wir, wenn wir über Punitivität sprechen? In: R. Lautmann/D. Klimke/F. Sack (Hg.): Punitivität, Kriminologisches Journal 8. Beiheft, Weinheim 2004, S. 51-88.

32 Siehe hierzu z.B. David Wilson: Inside Observations. In: Screen 34 (1993), No. 1, S. 76-79; Sean O'Sullivan: Representations of Prison in Nineties Hollywood Cinema. From *Con Air* to *The Shawshank Redemption*. In: Howard Journal of Criminal Justice 40 (2001), No. 4, S. 317-34; Jan Alber: Das Gefängnis im Hollywoodfilm: Strafvollzug zwischen Fiktion und Realität. In: Zeitschrift für Strafvollzug und Straffälligenhilfe 52 (2003), No. 1, S. 31-40; David Wilson und Sean O'Sullivan: Images of Incarceration. Representations of Prison in Film and Television Drama. Winchester 2004. Alltagsvorstellungen von Gefängnissen wurden bisher vornehmlich in Großbritannien und den Vereinigten Staaten untersucht, eine entsprechende Untersuchung für Deutschland steht noch aus. Bei einer Untersuchung der Kriminalberichterstattung zweier deutscher Tageszeitungen gelangt Lamnek zur Einschätzung, es sei »erschreckend (...), wie wenig interessant Strafvollzug und Resozialisierung im Vergleich zu den anderen Topics erscheinen«, und schließt die Frage an: »Mangelndes Interesse oder Resignation?« Vgl. hier und im Folgenden: Siegfried Lamnek: Kriminalitätsberichterstattung in den Massenmedien. In: Monatsschrift für Kriminologie und Strafrechtsreform 73 (1990), S.163-176.

33 Rolf-Dieter Callies/Heinz Müller-Dietz: Strafvollzugsgesetz, Kommentar, 10. Aufl., München 2005, § 2 Rn. 1.

34 Vgl. § 2 Satz 1 StVollzG.

35 Callies/Müller-Dietz: Strafvollzugsgesetz, § 3 Rn. 1.

So wenig regelmäßige sexuelle Übergriffe zum Strafvollzugsalltag gehören, so sehr ist dennoch einzugestehen, dass sich (gesetzlicher) Anspruch und (empirische) Wirklichkeit der allgemeinen Vollzugsgestaltung nach wie vor leider deutlich unterscheiden. Denn die gesetzlich vorgestellten, beschaulichen Zustände herrschen in deutschen Vollzugsanstalten in Wirklichkeit nicht. Im Gegenteil – es ist traurig, feststellen zu müssen, dass mit zunehmender Dauer eines Gefängnisaufenthaltes in der Tat die Wahrscheinlichkeit steigt, Opfer eines Gewaltdelikts zu werden. Noch bedrückender ist es, einräumen zu müssen, dass mit zunehmender Dauer der Verbüßung einer Freiheitsstrafe in der Tat die Wahrscheinlichkeit, Opfer eines sexuellen Übergriffs zu werden, sich stetig zu erhöhen scheint. [36] Aber so viel auch bis zum heutigen Tag an der mangelnden rechtswissenschaftlichen[37] wie kriminologischen[38] Durchdringung des Strafvollzugs zu kritisieren sein mag: Hierzulande hat die menschengerechte Gestaltung des Vollzugs sich immerhin so weit entwickelt, dass die im Spot gewählte Behauptung, man sei im Gefängnis regelmäßig und hilflos den sexuellen Übergriffen Anderer ausgesetzt, nicht einmal annähernd die Zustände in der Realität widerspiegelt. Diese Tatsache ist vorliegend weniger von Bedeutung als die Feststellung, dass selbst wenn es alle wirklichen und die im Spot erfundenen Zustände des Strafvollzugs gäbe, es ein zivilisiertes Ethos notwendig erscheinen lassen müsste, entsprechende Missstände nicht auch noch zum Zwecke eines so kruden Abschreckungseffekts zu ge- und missbrauchen, wie es der hier beschriebene Spot tut. Vielmehr sind etwaige Missstände als etwas Tragisches und Bedauerliches, weil Menschenunwürdiges, ins Zentrum der öffentlichen und politischen Aufmerksamkeit zu rücken.

Gerade die Unbedarftheit der Öffentlichkeit in Bezug auf Kriminalität und die staatlichen Reaktionsmöglichkeiten müssen in diesem Zusammenhang Unbehagen auslösen. Nicht nur zur Abschreckung, sondern auch zur Unterhaltung wer-

---

36 Vgl. Helmut Kury/Martin Brandenstein: Zur Viktimisierung von (jugendlichen) Strafgefangenen. In: Zeitschrift für Strafvollzug und Straffälligenhilfe 51 (2002), No. 1, S. 22-33 sowie Martin Brandenstein: Viktimisierung von jugendlichen Straftätern. Unveröffentlichte Diplomarbeit, Psychologisches Institut der Albert-Ludwigs-Universität Freiburg 2000.

37 In diesem Zusammenhang stimmt nachdenklich, dass erst seit 1.1.1977 mit dem Strafvollzugsgesetz überhaupt ein Gesetz in Kraft ist, das den Strafvollzug regelt. Für den Jugendstrafvollzug gibt es (bislang) kein eigenes Gesetz, obwohl dies aufgrund der genuinen Zielsetzungen und Ausrichtung des Jugendvollzugs zu wünschen wäre (vgl. Rolf-Dieter Callies/Heinz Müller-Dietz: Strafvollzugsgesetz, Kommentar, 10. Aufl., München 2005, § 1 Rn. 8); lediglich zwei Paragraphen des Jugendgerichtsgesetzes (§§ 91, 92 JGG) verweisen speziell auf den Jugendstrafvollzug. Diese Wertung bestätigend hat inzwischen das Bundesverfassungsgericht mit Urteil vom 31. Mai 2006 – BVerfG, 2 BvR 1673/04; 2 BvR 2402/04 – entschieden, dass die verfassungsrechtlich erforderlichen, auf die besonderen Anforderungen des Strafvollzuges an Jugendlichen zugeschnittenen gesetzlichen Grundlagen, fehlen.

38 Nach wie vor ist etwa allgemein die Erforschung sozialer Interaktionsprozesse im Vollzug im Verhältnis zu ihrer Bedeutung für das Erreichen des Vollzugsziels deutlich unterrepräsentiert.

den in Filmen und Fernsehserien bestimmte Klischees von Verbrechern und Gefängnissen verbreitet und aufrechterhalten.[39] Die Allgemeinheit hat freilich auch kaum andere Quellen und Anknüpfungspunkte zur Verfügung, um sich ein reales Bild vom Umgang mit Verbrechen und Verbrechern zu machen. Da i.d.R. eigene Primärerfahrungen mit Kriminalität fehlen, wird der massenmedialen Berichterstattung besonderes Vertrauen entgegengebracht.[40] Die beiden britischen Kriminologen Wilson und O'Sullivan formulieren dieses Problem wie folgt:

> We cannot assume that the general public have more access to and interest in factual information about the nature of prison rather than its fictional representation. If anything, the reverse is likely to be true. Given this assumption, we need to consider the possibility that fictional representations of prison are an important source of these ideas and understandings.[41]

In den Medien ist allerdings nahezu alles auf den Unterhaltungswert hin ausgerichtet, weswegen logischerweise jene Themen rund um das Strafsystem zu kurz kommen, die zwar ebenfalls wichtig wären, aber des entsprechenden Unterhaltungswerts entbehren.[42] Ähnlich trägt der Spot mit seiner Darstellung des Gefängnisses dazu bei, dass die Öffentlichkeit das vermittelte Bild von im Gefängnis einsitzenden wollüstigen Monstern zwar nach wie vor in Abrede stellt, aber doch den Eindruck gewinnt, so falsch könne das dargestellte Bild vom Gefängnis und den Insassen auch wieder nicht sein, sonst würde man ja nicht wagen, ein solches Bild auch nur andeutungsweise zu zeichnen – mögen die Verhältnisse auch ganz bewusst überzeichnet dargestellt worden sein.

Schon Ende der 1970er Jahre[43] stellte sich heraus, dass sich Befragte in Untersuchungen keineswegs persönlich durch Verbrechen bedroht fühlten. Dieser Umstand hielt sie aber nicht davon ab, starke staatliche Kontrolle zum Zwecke der öffentlichen Sicherung zu befürworten. Das spricht dafür, dass die allgemei-

---

39 Siehe zu Filmen u.a. Jan Alber: The Ideological Underpinnings of Prisons and their Inmates from Charles Dickens's Novels to Twentieth-Century Film. In: Images of Crime III. Freiburg (im Erscheinen) und Jan Alber: Narrating the Prison: Role and Representation of Prisons in Charles Dickens' Novels, Twentieth-Century Fiction, and Film. Youngstown 2007. Vgl. für die Gerichtssendung Barbara Salesch exemplarisch Monika Fludernik/Martin Brandenstein: Images of Crime and the German Justice System in German Trial Soaps. In: Images of Crime III. Freiburg (im Erscheinen).

40 James Garofalo: Crime and the Mass Media. A Selective Review of Research. In: Journal of Research in Crime and Delinquency 18 (1981), S. 319-350.

41 Wilson/O'Sullivan: Images, S. 14.

42 Man denke etwa an Verkehrsdelikte, die zwar enorme Schäden verursachen, aber aus Sicht der Medien – im Unterschied etwa zu Sexualdelikten – ›langweilig‹ sind. Vgl. hierzu Helmut Kury/Martin Brandenstein: Zur öffentlichen Wahrnehmung und Diskussion von Kriminalität. In: Kriminalistik 59 (2005), S. 639-647.

43 Manfred Murck: Die Angst vor Verbrechen und Einstellungen zu Problemen der öffentlichen Sicherheit. In: Kriminologisches Journal 3 (1978), S. 202-214; Gerlinda Smaus: Funktion der Berichterstattung über die Kriminalität in den Massenmedien. In: Kriminologisches Journal 3 (1978), S. 187-201.

ne Kriminalität als schwerwiegender wahrgenommen wird als jene, die sich im Nahbereich der Betroffenen abspielt. Darüber hinaus konnte empirisch die Hypothese bestätigt werden, dass »die zunehmende Überschätzung des Umfangs und/oder der relativen Bedeutung der Kapitalverbrechen mit einer stärker punitiven Einstellung einhergeht.«[44] Der Spot schüttet also letztlich nur Wasser auf die Mühlen derer, die ohnehin meinen, es sei völlig in Ordnung, wenn Straftäter und Verbrecher im Gefängnis sexuellen Übergriffen ausgesetzt und – wie in diesem Spot – auf entwürdigende Weise dargestellt werden.

In diesem Zusammenhang ist zu bedenken, dass die Massenmedien ohnehin dazu tendieren, bei der Berichterstattung über Kriminalität weniger soziale Missstände, die in vielen Fällen abweichenden Verhaltens diskutiert werden müssten, als vielmehr den konkreten Täter ins Zentrum ihrer Aufmerksamkeit zu rücken. Je mehr im Kontext kriminellen Verhaltens aber scheuklappenartig auf einen Einzelnen gedeutet wird, desto mehr geht damit auch seine individuelle Pathologisierung einher.[45] Soziale Gründe für Kriminalität werden mithin von vornherein ausgeklammert. Diese sind zum einen komplexer, lassen sich nicht so leicht vermitteln und sind damit weniger unterhaltsam; sie wirken zum anderen aber auch beunruhigender, da man sich leichter tut, bei der Dämonisierung von Kriminellen der Vorstellung nachzuhängen, diese einfach aus der Gesellschaft entfernen zu müssen, um weiter in geordneten Verhältnissen unter ›Normalen‹ leben zu können.

Diese symptomartige Anschauung von Kriminalität wird nun im Spot dadurch gefördert, dass die alteingesessenen Insassen A und B tatsächlich das Bild von menschlichem Aussatz befördern, der weggesperrt werden muss. Der Befund etwa, dass Täter und Opfer hinsichtlich ihrer soziobiographischen Merkmale und ihrer Verhaltensgewohnheiten bemerkenswert ähnlich sind, dass beispielsweise nicht nur die Täter, sondern auch die Opfer individueller Kriminalität bevorzugt aus unteren sozialen Schichten stammen, geht demgegenüber unter.[46]

Hält man sich diesen Befund der stets verzerrten medialen Darstellung vom Umgang mit Rechtsbrechern vor Augen, so dürfte schnell einleuchten, dass auch der hier dargestellte Spot, wie auch die meisten der anderen Spots dieser Kampagne, ein weiteres dazu beiträgt, dass die ohnehin stigmatisierende Wirkung der in den allermeisten Fällen unterprivilegierten Gefängnisinsassen noch unterstützt und verstärkt wird.

---

44 Martin Killias: Zum Einfluss der Massenmedien auf Wissen und Meinungen über Tötungsfälle. In: Monatsschrift für Kriminologie und Strafrechtsreform 65 (1982), S. 18-29.

45 Peter v. Becker: Straftäter und Tatverdächtige in den Massenmedien. Die Frage der Rechtmäßigkeit identifizierender Kriminalberichte, Baden-Baden 1979.

46 Vgl. Karl-Ludwig Kunz: Kriminologie, 4. Aufl., Bern u.a. 2004, Rn. 18, 21.

4.4. Die implizite Akzeptanz von Vergewaltigung als legitimem Teil der Strafe

Mit den vorangegangenen Ausführungen sind aber noch längst nicht alle Fragwürdigkeiten des Spots angesprochen. Abgesehen von den bereits besprochenen problematischen Aspekten setzt der Spot durch die Darstellung von A und B nicht nur Gefängnisinsassen als solche, sondern auch Homosexuelle mit Vergewaltigern gleich. Diese Instrumentalisierung von Klischees über Homosexuelle und die gleichzeitige Identifizierung von Homosexuellen mit Vergewaltigern ist aus mehreren Gründen verstörend und problematisch. Zum einen blendet der Spot die gesamte Bandbreite an freiwillig stattfindenden homoerotischen Handlungen im Gefängnis aus.[47] Zum anderen ist festzuhalten, dass sich sogenannte ›homosexuelle‹ Vergewaltiger im Gefängnis in aller Regel für heterosexuelle, ›echte‹ oder besonders maskuline Männer halten, während sie das Vergewaltigungsopfer als ›weibisch‹ und/oder homosexuell ansehen.

> The vast majority of prison rapists do not view themselves as gay. Rather, most such rapists view themselves as heterosexuals and see the victim as substituting for a woman. From this perspective, the crucial point is not that they are having sex with a man; instead it is that they are the aggressor as opposed to the victim – the person doing the penetration, as opposed to the one being penetrated. Indeed, if they see anyone as gay, it is the victim.[48]

Soweit dennoch homophil gesinnte Gefängnisinsassen an Vergewaltigungen beteiligt sind, sind diese interessanterweise sogar eher Opfer als Täter.

> Numerous judicial decisions, newspaper and magazine stories, and even some scholarly articles describe the threat of ›predatory homosexuals‹ in prison and the problem of ›homosexual rape‹. Yet prisoners who self-identify as gay are much more likely than other prisoners to be targeted for rape, rather than being themselves the perpetrators of it.[49]

Es ist also schlicht unwahr, dass Homosexuelle im Gefängnis eine besondere Bedrohung darstellen. Die tatsächliche Bedrohung geht von Männern aus, die ein besonders maskulines Selbstbild haben.[50]

---

[47] Siehe hierzu Sabine Büssing: Of Captive Queens and Holy Panthers. Prison Fiction and Male Homoerotic Experience. Frankfurt a.M. 1990; und Michael Walter: Strafvollzug, 2. Aufl., Stuttgart u. a. 1999, Rn. 269.

[48] Joanne Mariner: No Escape, S. 70.

[49] Ebd.

[50] Die im Spot vorgenommene Gleichsetzung von Homosexuellen und Vergewaltigern ist im Übrigen auch Hollywoodfilmen entlehnt. In Filmen wie Escape from Alcatraz (Regie: Don Siegel, 1979) oder The Shawshank Redemption (Regie: Frank Darabont, 1994) werden auch klischeehafte Homosexuelle mit Vergewaltigern gleichgesetzt. In solchen Filmen geht es in erster Linie um Vertreter der weißen und heterosexuellen amerikanischen Mittelschicht, die aus irgendwelchen Gründen im Knast landen. Im Gefängnis wird ihre Identität dann durch verschiedene Arten der symbolischen Femininisierung sowie durch ›deviante‹ Männer (also männliche Vergewaltiger, die als ›Schwuchteln‹ umkodiert werden) bedroht; das männliche Selbstbild der Protagonisten wird – im Gegensatz zum Spot – am

Darüber hinaus setzt der Spot dadurch, dass keine anderen Gefangenen näher gezeigt werden, die beiden homosexuellen Vergewaltiger mit den gesamten Insassen des deutschen Strafvollzugs gleich. Anders gesagt suggeriert der Clip, dass deutsche Gefängnisse voll von ›homosexuellen‹ Vergewaltigern seien. Die Diffamierung von Homosexuellen und die Verunglimpfung von Gefängnisinsassen bedingt sich natürlich wechselseitig und geht in diesem Spot Hand in Hand.[51]

Am problematischsten ist allerdings die implizite Argumentation des Spots, dass Vergewaltigung als zusätzliches Segment der Strafe für Raubkopierer zwar hart, letztlich aber doch gerecht sei. Man wird nicht umhin kommen, die Schutzbereiche der Art. 1 und 2 GG[52] durch die gewählte Darstellung von Strafgefangenen zumindest berührt zu sehen, selbst wenn der Meinungsfreiheit (Art. 5) freilich ein enormes Gewicht zukommt. Elke Esser (Geschäftsführerin der ZKM, s. o.) leugnet, dass der Spot mit der Vergewaltigungsandrohung arbeitet: »Ich sehe die Vergewaltigungsandrohung in unserem Spot nicht, wenn eine solche Drohung enthalten wäre, hätte die FSK sicher keine Freigabe ab 12 erteilt.«[53] Diese Einlassung befremdet angesichts der doch unzweideutigen Darstellung der alteingesessenen Häftlinge. Näher an der Wahrheit dürfte Volker Zeta liegen, Ressortleiter der Computer-Zeitschrift c't, und als solcher u. a. zuständig für die Berichterstattung über die Musik- und Filmbranche, der in Erwiderung auf Essers Äußerung meint: »Vielleicht sind wir hierzulande einfach schon zu verroht. In GB oder USA wäre der Spot sicherlich schon bei der Altersfreigabe gescheitert – ernst gemeint.«[54]

Ende meist durch den Ausbruch aus dem Gefängnis gerettet und dadurch wiederhergestellt.

51 Allein dadurch, dass man überhaupt auf den Gedanken verfallen kann, den Strafvollzug in diese Richtungen hin zu verzerren, wird ein Weiteres dazu beigetragen, dass das Bild der so dargestellten Häftlinge in der Öffentlichkeit mit der Dauer als gar nicht so abwegig empfunden wird.

52 Freilich hat der Straftäter die ihm in Art. 2 GG zugesicherte (Entfaltungs-)Freiheit über die durch das Strafrecht normativ nachgezogenen Grenzen des sozial Akzeptierten hinaus missbraucht, wofür er denn auch über Art. 104 Abs. 1 S. 1 GG (welches insoweit Art. 2 Abs. 2 S. 3 GG überlagert, vgl. Hans D. Jarass/Bodo Pieroth: Grundgesetz, Kommentar, München 2002, Art. 2 Rn. 90) auf Grund des Strafgesetzes sich einen Eingriff in seine Freiheitsrechte gefallen lassen muss. Das betrifft aber nur die Freiheit, nicht auch etwa das Persönlichkeitsrecht (Art. 2 Abs. 1 i.V.m. Art. 1 Abs. 1 GG), aus dem das Bundesverfassungsgericht unter Heranziehung des Sozialstaatsprinzips ein Recht auf Resozialisierung, vor allem für Strafgefangene, entwickelte (BVerfGE 35, 202 (235); 45 187 (238 f.)), vgl. a.a.O., Art. 2 Rn. 30.

53 Vgl. ›http://www.heise.de/chat/archiv/03/12/12/archiv.shtml‹ (Download: 22.2.2006).

54 Ebd.

5. *Ausblick*

Man sollte meinen, dass sich auch eine GmbH für rechtsstaatliche Prinzipien interessieren sollte, indem zumindest die Verunglimpfung von Inhaftierten unterlassen wird. Darauf sollte sie, wenn nicht aus eigenem moralischem Anspruch, so doch zumindest aus wirtschaftlichem Eigeninteresse, Wert legen. Wenn sie dies nicht tut, diskreditiert sie sich, und die eingesetzten Mittel können im Hinblick auf ihre Redlichkeit nur Kopfschütteln auslösen.

Der Spot wird einem breiten Publikum gezeigt und dient in erster Linie der Abschreckung. Der Clip suggeriert nicht nur, dass wir uns als ›Raubkopierer‹ ohne Bewährung, ohne die Möglichkeit einer Einstellung des Verfahrens wegen Geringfügigkeit des Vergehens oder aber auf eine Geldstrafe einstellen müssen. Wir müssen dem Spot zufolge als verurteilte Raubkopierer zusätzlich und ›gerechterweise‹ sexuelle Nötigungen oder Vergewaltigungen über uns ergehen lassen. Es ist außerdem darauf hinzuweisen, dass der Clip zum Zweck der Abschreckung Homosexuelle mit Vergewaltigern gleichsetzt, die zudem die gesamten Insassen des deutschen Strafvollzugs repräsentieren sollen.[55]

Anstatt eine ebenso breite Zielgruppe etwa über das durchaus gegebene Problem der Viktimisierung im Strafvollzug aufzuklären, wird das Gefängnis als Hort des Übels inszeniert, in dem es im wahrsten Sinne nicht mit rechten Dingen zugeht, und als Abschreckungsmittel missbraucht. Soweit es solche Missstände gibt, wird auch nicht das Menschenunwürdige daran in den Mittelpunkt gerückt, sondern auf Kosten der wirklichen Insassen darauf geachtet, dass möglichst das ganze tatsächliche und fiktive Potential an Entsetzlichem, das uns im Gefängnis erwarten könnte, gleichsam vollendet gediehen präsentiert wird.

Es soll nach der Kritik an diesem Spot als speziellem Bestandteil der Kampagne auch kein Blick auf die vermeintliche Präventivwirkung des Spots geworfen werden. Zum einen wäre eine solche schwer festzustellen, denn ein etwaiger Rückgang muss mitnichten allein auf diese Kampagne zurückgeführt werden, sondern könnte ebenso Ausdruck einer wahrgenommenen gesteigerten Strafverfolgungstätigkeit der Behörden sein. Zum anderen sind die Verfasser dieses Beitrags alles andere als überzeugt davon, dass es den von der Filmwirtschaft vorgegebenen Handlungsbedarf in dieser Richtung tatsächlich gibt.[56] Es sollte deutlich geworden sein, dass unabhängig von den tatsächlichen filmwirtschaftlichen Schadensberechnungen die Darstellung der Strafbarkeit, der Strafzumessung, des Strafvollzugs und der Inhaftierten im hier beschriebenen Spot durch noch so (vermeintlich) verständliche Ziele keine Rechtfertigung finden kann.

---

55 In diesem Zusammenhang ist auch zu beachten, dass die tatsächlichen Insassen von Strafvollzugsanstalten keine Beschwerdemacht haben, da die Raubkopie-Kampagne nur in (für Häftlinge unzugänglichen) Kinos läuft.

56 Vgl. Anm. 5.

Den Zuschauern dieses Spots wird vermittelt, es gehe in deutschen Gefängnissen in der dargestellten Weise zu und dass dies nicht, jedenfalls nicht grundsätzlich, zu beanstanden sei. Die so betriebene Dämonisierung ›böser‹ Krimineller ist nicht zuletzt insofern Besorgnis erregend, als dadurch entsprechende Erwartungen im Umgang mit Rechtsbrechern auch an die Politiker geweckt werden; diesen wiederum können die Bedürfnisse der Allgemeinheit schwerlich gleichgültig sein. Politiker müssen sich nicht nur mit der Kriminalität an sich auseinandersetzen, sondern in keinem geringeren Umfang mit der Kriminalität, wie sie sich in den Medien für die Öffentlichkeit darstellt. Nur so können sie einen Überblick über die allgemeine Meinung und ihre Determinanten erhalten. Wenn sich Politiker gar noch auf Darstellungen in den Medien berufen, erhöht das deren Bedeutung und es kommt, wie Scheerer es formuliert, zu einem »politisch-publizistischen Verstärkerkreislauf.«[57]

Die vorgängigen Ausführungen verstehen sich als Ausdruck einer kritischen Öffentlichkeit in einer offenen Gesellschaft im Sinne Karl Poppers,[58] die sich kritische Gedanken über die Implikationen des Spots macht. Auch wir, die wir über den Spot schreiben, tragen mit dazu bei, dass der Spot ins Gespräch kommt, allerdings geht unsere Absicht dahin, die Implikationen des Spots nicht nur nachzuzeichnen und damit die ethisch äußerst fragwürdigen Implikationen zu reproduzieren, sondern kritisch zu beleuchten. Freilich sehen die für den Spot Verantwortlichen in jedem solchen Beitrag eine Bestätigung ihrer Marketing-Strategie. Aber es sind Stimmen, wie sie im hier besprochenen Spot ›zwischen den Zeilen‹ vernehmbar sind, die rechtsstaatsfeindliche Keime streuen, welche – bewusst oder unbewusst – in den Köpfen der Zuschauer weiter gedeihen, und sich von demokratisch-liberalen zu restriktiv-repressiven Prädispositionen entwickeln können.[59] Solchen Keimen mit bloßer Ignoranz zu begegnen, ist natürlich möglich, unter Umständen aber auch riskant. Die Auseinandersetzung mit diesem Spot als einem Symptom unseres Medienzeitalters in Form eines solchen Beitrags ist hoffentlich aufklärender.

Summary

In this contribution, Jan Alber and Martin Brandenstein analyse and evaluate a film clip which is part of a German campaign called »Harsh but fair: bootleggers are criminals«. The aim of this campaign is to frighten potential bootleggers into lawful behaviour and thus to reduce the number of pirate copies in Germany. The trailer presents us with shots of two convicted young bootleggers entering a dark prison. The clip additionally suggests that

---

57 Sebastian Scheerer: Die Massenmedien im Prozeß strafrechtlicher Normgenese. In: Kriminologisches Journal 3 (1978), S. 223 f.

58 Karl R. Popper: The Open Society and its Enemies. Princeton, N.J. 1956.

59 So Lamnek in Bezug auf die Massenmedien allgemein. Siehe Siegfried Lamnek, Kriminalberichterstattung in den Massenmedien, S. 175.

the newcomers will be sexually harassed (or perhaps even raped) by two older (and monstrous) prison inmates who are coded as ›faggots‹. Alber and Brandenstein argue that the trailer is morally problematic because it necessarily leads to questionable associations on the part of the audience. First, the clip deliberately distorts the actual experience of imprisonment and circulates infernal images of the prison in the interests of spreading deterrence ideas. Second, the trailer reproduces and spreads abstruse stereotypes about German prison inmates and homosexuals, thus continuing society's strategies of stigmatising these groups. Third, the clip implicitly argues that the sexual harassment of bootleggers is a form of punishment that is »harsh« but ultimately »fair« – and this line of argument in particular is not acceptable.

Hirnforschung im Widerstreit[1]

Hans Küng (Tübingen)

1. Durch physikalisch-chemische Gehirnprozesse determiniert?

Die Faszination der Hirnphysiologen für ihr Forschungsobjekt, meine Damen und Herren, ist mehr als verständlich: Die Evolution hat mit dem menschlichen Gehirn zweifellos ihr *natürliches Spitzenprodukt* hervorgebracht. Das weitaus komplexeste Gebilde im ganzen Universum, gegenüber dem auch ein komplizierter Computer noch recht einfach wirkt! Diese (nur im Vergleich mit dem kleineren Gehirn des Menschenaffen große) »graue Masse« mit ihren Tälern und Höhen weist Schichtstrukturen und Funktionsbereiche auf, in denen über zehn Milliarden Gehirnzellen (Neuronen) arbeiten: mit Hilfe tausender von Milliarden Verknüpfungen und leitenden Verbindungen, die sich über hunderttausende Kilometer erstrecken. Die Hirnvorgänge sind Resultat sowohl genetischer Anlage wie auch sozialen Lernens! Herta Flor hat in ihren bahnbrechenden Untersuchungen bestätigt, dass das Hirn keine nach der frühen Kindheit fixierte Masse ist, wie man lange glaubte. Vielmehr zeigt es eine erstaunliche Plastizität, Regenerationskraft und Verwandlungsfähigkeit und zugleich erweist es sich für unsere Selbst- und Weltwahrnehmung als erstaunlich stabil.

Die *neurophysiologische Hirnforschung* hat uns in den letzten Jahren großartige Erkenntnisse geschenkt: Sie lieferte mit Hilfe neuer bildgebender Verfahren beeindruckende neue Entdeckungen. Nach allen diesen Forschungen ist es unbestreitbar geworden: Sämtliche psychischen Vorgänge stehen in enger Verbindung mit den elektrochemischen Vorgängen zwischen den Nervenzellen im Gehirn, und diese funktionieren nach den *Naturgesetzen der Physik*. Welche Konsequenzen man auch immer daraus zieht: Kein Philosoph oder Theologe sollte in die Diskussion mit einem Neurobiologen eintreten, ohne diese physikalisch-biologischen Voraussetzungen ernstzunehmen und das humane Potential der Gehirnphysiologie anzuerkennen. Wer da vorschnell zu Gunsten der Willensfreiheit dogmatisch Gott in die Debatte einbringt, der von den Menschen eine freie Gegenliebe wolle, wie dies vor kurzem ein römisch-katholischer Moraltheologe in einem »Spiegel«-Gespräch mit einem Gehirnphysiologen tat, redet von vornherein am Naturwissenschaftler vorbei. Er verpasst die Chance, diesem bei

---

[1] Dieser Beitrag wurde in Heidelberg am 8. Juni 2005 anläßlich der Überreichung des Landesforschungspreises durch Herrn Minister Peter Frankenberg an Frau Professor Dr. Herta Flor und Herrn Professor Dr. Josef Wieland als Festrede gehalten und vom Autor dankenswerterweise zum Wiederabdruck im vorliegenden Band freigegeben.

voller Anerkennung seiner wissenschaftlichen Leistung dann doch in präziser Weise die Frage nach der möglichen eigenen dogmatischen Voreingenommenheit zu stellen, die auch an Hirnforscher zu stellen ist. Denn: wie sich Philosophen und Theologen auf die biologische Hirnforschung einlassen sollten, so Hirnforscher auf Fragestellungen der Philosophie und Theologie.

Statt Grabenkämpfe zu führen, versuche ich auch hier Brücken zu bauen. Zu diesem Zweck jetzt mein zweiter Gedankengang, eine Frage:

2. Ist Willensfreiheit eine Illusion?

Wir haben es auch von Herta Flor gehört: Hirnforscher haben immer mehr Entsprechungen festgestellt zwischen dem Auftreten eines bestimmten Bewusstseinsvorganges oder -zustandes und der Aktivität einer bestimmten (makroskopisch identifizierbaren) Hirnregion, beziehungsweise der (mikroskopischen) neuronalen Schaltkreise, aus denen die Hirnregion aufgebaut ist. Diese Erkenntnisse sind unbezweifelbar und erfreulich. Neurophysiologen haben nun allerdings begonnen, aus diesem Befund folgenreiche Thesen bezüglich des Ich- oder Selbstbewusstseins des Menschen abzuleiten: Wir erführen uns zwar in unserem Wollen, Entscheiden und Handeln als frei; doch zeige uns die Wissenschaft, dass wir uns täuschen: das Gehirn mit seinen unbewussten neuronalen Prozessen komme unserem Willen ständig zuvor.

Dem tief in unserem Gehirn verborgenen limbischen System mit den Basalganglien, unserem emotionalen Erfahrungsgedächtnis, schreibt etwa der Bremer Forscher Gerhard Roth die »Letztentscheidungen des Menschen« zu: Das bewusste Ich sei »nicht der eigentliche Herr unserer Handlungen« und »*Willensfreiheit im starken Sinn eine Täuschung*«: »Wir Menschen erleben uns bei unserem Denken, Fühlen, Wollen, unserer Handlungsplanung und der Ausführung unserer Handlungen als frei. Unser Ich empfindet sich dabei als Verursacher dieser Zustände und Handlungen. Dies aber ist offensichtlich eine Illusion. Psychologische und neurowissenschaftliche Experimente und Beobachtungen zeigen vielmehr, daß Gedanken und Absichten, die uns in den Sinn kommen, weithin durch das limbische System veranlaßt und gesteuert werden, das besonders stark auf das Stirnhirn einwirkt.«[2]

Das Gefühl also, der Urheber unserer Handlungen zu sein, sei eine ebenso hartnäckige Täuschung wie die frühere Vorstellung, wir Menschen stünden im Mittelpunkt des Universums. Faktisch seien alle unsere Absichten und Entscheidungen, Ideen und Wünsche durch physiologische Prozesse determiniert. Alles werde vom Unbewussten, vom *limbischen System gesteuert*, wo schon im Kindesal-

---

2 Gerhard Roth: Das Ich auf dem Prüfstand. Die Hirnforschung und ihre Sicht vom Menschen. Radiovortrag in SWR2 am 10. Juni 2004. Ders.: Aus Sicht des Gehirns. Frankfurt/Main: Suhrkamp 2003.

ter beispielsweise darüber entschieden werde, ob ein Mensch ein Triebtäter werde oder nicht. Sie merken, welche Konsequenzen eine solche Anwendung neurophysiologischer Erkenntnisse für Recht und Ethik hätten.

Sind also *alle unsere alltäglichen Erfahrungen von Freiheit trügerisch?* Oder sind, umgekehrt gefragt, solche Schlussfolgerungen aus neurowissenschaftlichen Experimenten vielleicht doch durch bewusste oder unbewusste philosophische Annahmen eingefärbt? Darin, dass eine Ich-Instanz für die Entscheidungen verantwortlich zeichne, behauptet auch Wolf Singer vom Max-Planck-Institut in Frankfurt, irre sich unsere Intuition »auf dramatische Weise«[3]. Singer sieht nämlich keinen wesentlichen Unterschied zwischen bewussten, vermeintlich von uns gesteuerten Gehirnvorgängen und unbewussten, automatischen. Singers Sichtweise will »der trivialen Erkenntnis Rechnung« tragen, »daß eine Person tat was sie tat, weil sie im fraglichen Augenblick nicht anders konnte, denn sonst hätte sie anders gehandelt.«[4] Denn? So etwas nennt man in der Logik nun schlicht eine »Petitio principii«, einen Zirkelschluss, der voraussetzt, was er beweisen möchte: »Sie konnte nicht anders, weil sie nicht anders konnte.« Ein Zirkelschluss entsteht leicht, wenn ein Hirnforscher empirisch nur das feststellt, was von seinem Bewusstsein strukturiert ist und mit seiner Hilfe belegt wird. Dies führt zu einem dritten Gedankengang:

3. Neurowissenschaftliche Verharmlosung von Verantwortung und Schuld

Was mich bei solchen Argumentationen erstaunt: mit welcher Nonchalance ein Hirnforscher wie Roth aufgrund von recht kurzatmigen Experimenten wie Bewegung eines Fingers oder Arms, seine neurowissenschaftliche Hypothese von der Illusion der Willensfreiheit als »ein tiefgreifendes Problem der Begründung« dem *Strafrecht* zuschiebt. Dieses halte fälschlicherweise an einem »Schuld- und Verantwortungsprinzip« fest, das »alle Fähigkeiten des Menschen, sich frei und richtig zwischen Recht und Unrecht zu entscheiden«, voraussetze.

Das Strafrecht kennt selbstverständlich eine eingeschränkte Schuldfähigkeit. Aber ist das Mentale prinzipiell bloß ein Epiphänomen des Neuronalen? Welche *»Entlastung«* bringt dem Verbrecher eine solche neurowissenschaftliche Hypothese: Nur ja keine Schuldgefühle – alles Illusion! Von den horrenden Naziverbrechen gegen die Menschlichkeit möchte ich gar nicht reden. Gleichzeitig mit Roths Referat war in der deutschen Presse ein Schauerbericht zu lesen über eine Clique erwachsener Männer und Frauen im Saarland, die einen fünfjährigen Jungen mehrfach vergewaltigten und schließlich umbrachten. Sind also solche Scheusale und auch alle die Erwachsenen, die in Deutschland jedes Jahr (min-

[3] Wolf Singer: Selbsterfahrung und neurobiologische Fremdbeschreibung. Zwei konfliktträchtige Erkenntnisquellen. In: Deutsche Zeitschrift für Philosophie 2 (2004), S. 243.

[4] Ebd., S. 255.

destens) 15 000 Kinder missbrauchen, aufgrund der Mechanismen des limbischen Systems unfrei und deshalb durch ein perfektes wissenschaftliches Alibi von Schuld und Verantwortung entlastet? Die Opfer und ihre Eltern werden für solche neurowissenschaftliche Verharmlosung der Schuld von Kinderschändern wenig Verständnis aufbringen. Statt differenziert über persönliche Verantwortung und Schuld (und natürlich auch positiv auf die Verdienste) zu reflektieren, sich nur auf »Verletzung gesellschaftlicher Normen« zu berufen, wie Roth dies tut, wirkt schal angesichts fast totaler Vergleichgültigung solcher gesellschaftlicher Normen.

»Bedenklich« finden da Autoritäten für *forensische Psychiatrie* wie Hans-Ludwig Kröber (Berlin) »die Neigung mancher Hirnforscher, nun auch als Hirndeuter aufzutreten und vor Laien und staunenden Journalisten unter Demonstration vieler bunter Bilder zu verkünden, daß die Willensfreiheit widerlegt und die strafrechtliche Verantwortlichkeit eine Fiktion sei. [...] In Wirklichkeit ist es ein recht weiter Weg von den Bildern aus dem PET, dem funktionellen Positronen-Emissions-Tomographen, bis hin zur Frage der strafrechtlichen Verantwortlichkeit.« [5] Wann also sind wir strafrechtlich verantwortlich? »Wenn wir imstande sind, unsere Entscheidungen von vernünftigen Erwägungen abhängig zu machen, wenn wir also imstande sind, unsere Wünsche kritisch zu bewerten.«[6]

Im Tübinger Universitätsklinikum freut man sich seit Januar 2005 zu Recht über die Installation eines der modernsten Diagnosegeräte Europas, einer Kombination aus einem Computertomographen (CT) und einem Positronen-Emissions-Tomographen (PET), das kleinste Ansiedlungen von Krebszellen frühzeitig erkennen lässt. Auch in Mannheim erfreut man sich – durch Zuwendungen des Landes Baden-Württemberg – ähnlich kostbarer Geräte. Doch leider sind neurowissenschaftliche Hypothesen, die unser Selbstverständnis als freie Menschen für Selbsttäuschung erklären, dafür mitverantwortlich, dass die Hirnforschung, die mit Hilfe solcher Geräte phantastische Fortschritte macht, heutzutage nicht nur Hoffnungen auf die Bekämpfung schwerer Krankheiten wie Alzheimer, Parkinson, Schizophrenie, Depression und auf die Rückgewinnung von Autonomie und Entscheidungsfreiheit hervorruft. Sie fördert auch Ängste, wir Menschen würden zu kalten Bio-Automaten; von Neuronen gesteuert könnten wir allen möglichen bewusstseinsmanipulativen Eingriffen ausgesetzt werden und so unsere Identität und Autonomie verlieren.

---

5 Hans-Ludwig Kröber: Die Hirnforschung bleibt hinter dem Begriff strafrechtlicher Verantwortlichkeit zurück. In: Christian Geyer (Hg.), Hirnforschung und Willensfreiheit. Zur Deutung der neuesten Experimente, Frankfurt/Main: Suhrkamp 2004, S. 103-110, Zit. S. 107f.

6 AaO S. 109. Vgl. auch die Warnung des Frankfurter Strafrechtlers Klaus Lüderssen an die Hirnforschung, »die (wohl schuldlos) in die Gefahr einer selbstsuggestiven Metaphysik geraten ist«. Klaus Lüderssen: Ändert die Hirnforschung das Strafrecht? In: Christian Geyer (Hg.): Hirnforschung, S. 102.

Erfreulicherweise werden sich nun aber auch die Hirnforscher der Problematik solchen reduktionistischen Vorgehen zunehmend bewusst. Deshalb jetzt nach der Würdigung der Fortschritte der Hirnforschung in einem vierten Gedankengang ebenso deutlich zu ihren Grenzen:

4. Grenzen der Hirnforschung

Über das »*Wo*« im Gehirn gibt die funktionelle Kernspintomographie Auskunft, aber *nicht*, »*wie*« kognitive Leistungen durch neuronale Mechanismen zu beschreiben sind. Aus den bunten Mustern allein, die Tomographen aus der Hirnaktivität eines Menschen erzeugen, lassen sich nie direkt dessen Gefühle und Gedanken ablesen. Natürlich gibt es zahlreiche Überlegungen über die biologischen Grundlagen eines Ich-Bewusstseins, aber können diese interessanten Spekulationen die *Erklärungslücke zwischen physischen Prozessen und Bewusstsein* wirklich überwinden? Nein, je genauer die Neurowissenschaftler die Funktionsweise unseres Gehirns zu beschreiben vermögen, desto deutlicher wird, dass all ihre Messungen und Modelle just den zentralen Aspekt des Bewusstseins nicht erfassen: das subjektive Innewerden von Qualitäten wie Farbe oder Geruch, einer Überlegung oder einer Emotion.

Dies ist nun nicht etwa eine leichtsinnige Theologenbehauptung, vielmehr ein überraschendes Eingeständnis gerade der avancierten Neurophysiologen. Wenige Monate nach Gerhard Roths aufsehenerregenden Publikationen veröffentlichen 2004 elf führende deutsche Neurowissenschaftler – darunter nun bemerkenswerterweise auch die zitierten Roth und Singer – ein »*Manifest über Gegenwart und Zukunft der Hirnforschung*«[7]. Es sei der Eindruck entstanden, die Hirnforschung »stünde kurz davor, dem Gehirn seine letzten Geheimnisse zu entreißen«, meinen die Forscher einleitend. Zur Beruhigung einer alarmierten Öffentlichkeit ziehen sie nun für ihre kühn voranstürmende junge Wissenschaft eine nüchtern differenzierende Bilanz.

Mit Hilfe neuer Methoden seien bedeutende *Fortschritte* erzielt worden:

- einerseits auf der *obersten* Ebene: Erforscht wurden Funktionen und Zusammenspiel größerer Hirnareale und so eine thematische Aufteilung des Gehirns nach Funktionskomplexen;

[7] Das Manifest. Über Gegenwart und Zukunft der Hirnforschung. In: Gehirn und Geist. Das Magazin für Psychologie und Hirnforschung 6 (2004), S. 30-37. Unterzeichnet ist das Manifest von den Professoren Christian Elger (Bonn), Angela Friederici (Leipzig), Christof Koch (Pasadena), Heiko Luhmann (Mainz), Christoph von der Malsburg (Bochum/Los Angeles), Randolf Menzl (Berlin), Hannah Monyer (Heidelberg), Frank Rösler (Marburg), Gerhard Roth (Bremen), Henning Scheich (Magdeburg), Wolf Singer (Frankfurt/M.).

- andererseits auf der *untersten* Ebene: Wir verstehen heute weithin die Vorgänge auf dem Niveau einzelner Zellen und Moleküle: die Entstehung und Weiterleitung neuronaler Erregung;
- *nicht* aber auf der *mittleren* Ebene: Wir wissen »erschreckend wenig«, was innerhalb von hunderten oder tausenden Verbänden von Zellen geschieht: »Völlig unbekannt ist, was abläuft, wenn hunderte Millionen oder gar eine Milliarde Nervenzellen miteinander ›reden‹«.[8]

Das alles läuft hinaus auf ein *Nichtwissen gerade auf der entscheidenden Ebene der Hirnaktivitäten.* Denn es sind diese, die das Zustandekommen von Gedanken und Gefühlen, Absichten und Effekten, Bewusstsein und Selbstbewusstsein ermöglichen: »Nach welchen Regeln das Gehirn arbeitet; wie es die Welt so abbildet, dass unmittelbare Wahrnehmung und frühere Erfahrung miteinander verschmelzen; wie das innere Tun als ›seine‹ Tätigkeit erlebt wird und wie es zukünftige Aktionen plant, all dies verstehen wir nach wie vor nicht einmal in Ansätzen. Mehr noch: Es ist überhaupt nicht klar, wie man dies mit den heutigen Möglichkeiten erforschen könnte. In dieser Hinsicht befinden wir uns gewissermaßen noch auf dem Stand von Jägern und Sammlern.«[9] Ein Lob, meine Damen und Herren, der akademischen Bescheidenheit!

Ein fünfter Gedankengang:

5. Die großen Fragen der Neurowissenschaften

Die Neurowissenschaftler, die das Manifest »Über Gegenwart und Zukunft der Hirnforschung« unterschrieben haben, zeigen sich erfreulich zurückhaltend bezüglich der »großen Fragen«: »Wie entstehen Bewußtsein und Ich-Erleben, wie werden rationales und emotionales Handeln miteinander verknüpft, was hat es mit der Vorstellung des ›freien Willens‹ auf sich? Die großen Fragen der Neurowissenschaften zu stellen ist heute schon erlaubt – daß sie sich bereits in den nächsten zehn Jahren beantworten lassen, ist allerdings eher unrealistisch. Selbst ob wir sie bis dahin auch nur sinnvoll angehen können, bleibt fraglich. Dazu müßten wir über die Funktionsweise des Gehirns noch wesentlich mehr wissen.«[10]

Man kann nur zustimmen: Noch so raffinierte bildgebende Verfahren einer »Cyber-Phrenologie« können in der Tat den Traum von einer Verkörperung des Geistes nicht erfüllen. Eine theoretische Neurobiologie wird, so hoffen zwar manche, eines fernen Tages die klassische Hirnforschung ergänzen wie die Quantenphysik die klassische Mechanik, um dann »sozusagen das kleine Ein-

8 Das Manifest, S. 30-33.
9 Das Manifest, S. 33.
10 Das Manifest, S. 34.

maleins des Gehirns zu verstehen«. Das heißt nun aber im Klartext: Die Hirnforschung bietet *zur Zeit **keine** empirisch nachprüfbare Theorie über den Zusammenhang von Gehirn und Geist*, von Nervensystem und Bewusstsein. Insofern darf man hoffen, dass sich alle Hirnforscher in Zukunft vor reduktionistischen Statements hüten und sich an die Schlusssätze ihres Manifestes halten:

> Aller Fortschritt wird aber nicht in einem Triumph des neuronalen Reduktionismus enden. Selbst wenn wir irgendwann einmal sämtliche neuronalen Vorgänge aufgeklärt haben sollten, die dem Mitgefühl beim Menschen, seinem Verliebtsein oder seiner moralischen Verantwortung zu Grunde liegen, so bleibt die Eigenständigkeit dieser ›Innenperspektive‹ dennoch erhalten. Denn auch eine Fuge von Bach verliert nichts von ihrer Faszination, wenn man genau verstanden hat, wie sie aufgebaut ist. Die Hirnforschung wird klar unterscheiden müssen, was sie sagen kann und was außerhalb ihres Zuständigkeitsbereichs liegt, so wie die Musikwissenschaft – um bei diesem Beispiel zu bleiben – zu Bachs Fuge einiges zu sagen hat, zur Erklärung ihrer einzigartigen Schönheit aber schweigen muss.[11]

Bestätigungen dieser anti-reduktionistischen Sicht gibt es in Fülle. Und ich hoffe auch auf die Zustimmung unserer Preisträgerin, weil auch ihr Lehrer, der Tübinger Verhaltensneurobiologe Niels Birbaumer, seinen Kollegen »bescheidene Zurückhaltung bei der Generalisation und Interpretation neurobiologischer Daten« empfiehlt. Er könne nichts über einen freien oder unfreien Willen sagen, da sich ein solcher nicht messen lässt: »Weder freier noch unfreier Wille läßt sich beobachten, da wir kein neuronales Korrelat von Freiheit kennen. Freiheit ist zwar auch ein Konstrukt des Gehirns wie alles Verhalten und Denken, das der Mensch produziert, aber es ist auch und primär ein historisch, politisch und sozial gewachsenes Phänomen, das sich nicht nur auf Hirnprozesse rückführen läßt.«[12]

Interessant in diesem Zusammenhang der Positionswechsel des amerikanischen Hirnphysiologen Benjamin Libet. Er hatte als erster schon 1985 die vielzitierten verhaltensphysiologischen Experimente durchgeführt, denen zufolge das Gehirn etwa bei Heben des rechten oder linken Fingers oder Arms (eine sehr kleine Willenseinheit!) ein neuronales »Bereitschaftspotential« aufbaut, das dem subjektiv erlebten Handlungswillen um 350 bis 400 Millisekunden voraus sein soll.[13] Doch bindet dieses »Bereitschaftspotential« überhaupt den Willen? Im Jahr 1999 nun erklärt Libet, dass das Bewusstsein, das zeitlich nachhinkt, durchaus in der Lage sei, das, was das Gehirn als Handlung suggeriert, zu unterbinden. Der »freie Wille« habe also bei allem Handlungsdrang zumindest die Macht des

---

11 Das Manifest, S. 37.

12 Niels Birbaumer: Hirnforscher als Psychoanalytiker. In: Christian Geyer (Hg.): Hirnforschung, S. 28.

13 Vgl. Benjamin Libet: Do We Have a Free Will? In: Journal of Consciousness 6 (1999), S. 47-57; dt.: Haben wir einen freien Willen? In: Christian Geyer (Hg.): Hirnforschung, S. 268-289; ders.: Mind Time. The Temporal Factor in Consciousness, Cambridge/Mass.: Harvard University Press 2004.

Veto. Libets Schlussfolgerung ist nunmehr, »daß die Existenz eines freien Willens zumindest eine genauso gute, wenn nicht bessere wissenschaftliche Option ist als ihre Leugnung durch die deterministische Theorie.«[14]

Im übrigen fängt man erst neuerdings an, diese kurzatmigen Experimente zu hinterfragen, insofern ja der Experimentator schon durch die Versuchsabsprache dem Gehirn Impulse erteilt, die sofort eine unbewusste neuronale Tätigkeit auslösen. Aufschlussreicher als die Analyse von Millisekunden vor einer programmierten Fingerbewegung wäre zweifellos die Analyse der Vorgeschichte eines Individuums, die Entscheidungsprozesse unseres ganzen Gehirns ermöglicht, in einer bestimmten Situation dem limbischen Reflex gerade nicht zu erliegen. Darin besteht ja genau die Willensfreiheit: in der Fähigkeit des Menschen, sich Werte und Ziele zu setzen und im Handeln zu verfolgen, unabhängig von äußerer oder innerer Fremdbestimmung, also in Autonomie, in Selbstgesetzgebung des Ich. Aber gibt es in Wirklichkeit überhaupt ein Ich?

6. *Chemie und Physik erklären nicht das Ich*

Anders als die Autoren des Hirnforscher-Manifests hält es Wolfgang Prinz (Münchner Max-Planck-Institut für Kognitions- und Neurowissenschaften) noch längst nicht für ausgemacht, dass aufgrund der Hirnforschung »›unserem‹ Menschenbild beträchtliche Erschütterungen ins Haus stehen«: Wie die Schönheit einer Bachschen Fuge, so könne auch das Menschenbild von jeglicher Reduktion und Dekonstruktion unberührt bleiben: Was sicher revidiert werden müsse, sei der kaum reflektierte Naturalismus, der dieses Menschenbild und auch das mancher Hirnforscher prägt. Menschen seien ja das, was sie sind, nun einmal nicht nur durch ihre Natur, sondern vor allem auch durch ihre Kultur – und das durch und durch, bis in die tiefsten Wurzeln ihrer kognitiven Leistungen und die hintersten Winkel und Windungen ihrer Gehirne. »Deshalb könne Hirnforschung hier zwar sicher vieles, aber gewiß nicht alles ausrichten. Als neue Leitdisziplin der Humanwissenschaften, die sie gerne wäre, taugt sie jedenfalls nicht.«[15] In einem Gespräch wird Prinz noch deutlicher: »Die Biologen können erklären, wie die Chemie und die Physik des Gehirns funktionieren. Aber niemand weiß bisher, wie es zur Ich-Erfahrung kommt und wie das Gehirn überhaupt Bedeutungen hervorbringt.«[16]

---

14 Benjamin Libet: Haben wir einen freien Willen?, S. 287.

15 Wolfgang Prinz: Neue Ideen tun Not. In: Gehirn und Geist 6 (2004), S. 35.

16 Ders.: Der Mensch ist nicht frei. Ein Gespräch. In: Christian Geyer (Hg.): Hirnforschung, S. 26.

Der Philosoph Peter Bieri (Berlin) hält die angeblich empirische Widerlegung der Willensfreiheit für »ein Stück abenteuerliche Metaphysik«: »Man sucht in der materiellen Zusammensetzung eines Gemäldes vergebens nach der Darstellung oder Schönheit, und im selben Sinn sucht man in der neurobiologischen Mechanik des Gehirns vergebens nach Freiheit oder Unfreiheit. Es gibt dort *weder* Freiheit *noch* Unfreiheit. Das Gehirn ist der falsche logische Ort für diese Idee. [...] Unser Wille ist frei, wenn er sich unserem Urteil darüber fügt, was zu wollen richtig ist. Der Wille ist unfrei, wenn Urteil und Wille auseinanderfallen«.[17]

Im Anschluss an Peter Bieri unterscheidet der Philosoph Jürgen Habermas scharf zwischen Ursachen und Gründen: »Wer unter dem kausalen Zwang einer auferlegten Einschränkung«, also unter einer zwingenden Ursache steht, ist in der Tat unfrei. Wer aber dem »zwangslosen Zwang des besseren Arguments« unterliegt, und sich nach Gründen zu einer Tat entscheidet, ist frei. Die vom Experimentator induzierte Krümmung eines Armes oder Fingers aber sei gar keine freiheitliche Handlung im Sinn moralischer Verantwortung. Eine solche sei immer das Ergebnis einer komplexen Verkettung abwägender Überlegungen über Ziel und Mittel, Ressourcen und Hindernisse. Die Kommunikation unter Menschen, die für den Diskursethiker Habermas im Mittelpunkt des Interesses steht, sei kein »blindes Naturgeschehen«, das quasi hinter dem Rücken des Subjekts abläuft. Schon im Neugeborenen entwickle sich der Geist des Menschen nur im sozialen Miteinander durch wechselseitige Beeinflussung (Interaktion), durch Kooperation und Unterricht. Und insofern residiere der Geist keineswegs nur im Gehirn, sondern sei in der ganzen menschlichen Person »verkörpert«. Das Ich sei zwar sozial konstruiert, aber deshalb noch keine Illusion.[18] – Mir ist noch ein weiterer Aspekt wichtig, mein letzter Gedankengang:

7. *Erfahrung der Freiheit*

Auch Hirnforscher setzen in ihrem alltäglichen Selbstverständnis die verantwortliche Urheberschaft bei sich und ihren Mitarbeitern, den Patienten, ständig voraus. Dieses Selbstverständnis einfach als Epiphänomen zu erklären, verrät einen deterministischen Dogmatismus, der zu hinterfragen ist. Dabei ist die Laborperspektive durch die Perspektive der Lebenswelt zu ergänzen, Außen- und Innenschau sind zu verschränken. Neben der neurophysiologischen Methode ist die *Introspektion* keineswegs zu verachten. Muss sie doch faktisch auch ständig vom Neurophysiologen geübt werden, wenn er seine Bilder und festgestellten Prozesse interpretieren will. Auch er muss dann, statt in den Kernspintomographen, »in

[17] Peter Bieri: Unser Wille ist frei. In: Der Spiegel 2 (2005), S. 124. Vgl. ders.: Das Handwerk der Freiheit. Über die Entdeckung des eigenen Willens, München: Hanser 2001.

[18] Vgl. Jürgen Habermas: Um uns als Selbsttäuscher zu entlarven, bedarf es mehr. In: Frankfurter Allgemeine Zeitung, 15. November 2004, S. 35.

sich selber hineinsehen«: Die jedem Menschen mögliche Selbstbeobachtung, unterstützt durch Verhaltensbeobachtung anderer, kann nicht nur zurückschauen. Sie kann die psychologischen Vorgänge sogar gleichzeitig im Ablauf erfassen.

Jeder Mensch hat nun einmal seine eigene Perspektive auf die Dinge, wie der Psychiater Manfred Spitzer (Universität Ulm) kritisch anmerkt: »Also für mich sind die Dinge nochmal ganz anders als für jemanden, der sozusagen von außen auf mich draufschaut. Für mich ist der Himmel blau. Wer auch immer in meinem Kopf herumstochert, mit welchen Methoden auch immer, er wird nichts Blaues finden. Und so wie ich mich auch immer jetzt und hier entscheiden kann, so kann es durchaus sein, dass *jemand, der in meinem Kopf herumstochert, nie diese Freiheit findet.* Dennoch: Für mich bin ich immer frei, genauso wie für mich der Himmel immer blau ist.«[19] Ja, Spitzer, sehr um die pädagogische Umsetzung dieser Einsicht bemüht, ist der Meinung: »Je besser wir unsere Handlungs- oder Entscheidungsmaschinerie kennen lernen werden auf neurowissenschaftliche Art, desto freier werden wir.«[20]

In der Tat, jedermann kann es bei sich selber feststellen: So sehr ich in meinem ganzen Dasein äußerlich und innerlich abhängig und bestimmt bin, so bin ich mir doch dessen bewusst, dass dieses oder jenes zu guter Letzt eben doch an mir liegt: ob ich rede oder schweige, aufstehe oder sitzen bleibe, ob ich dieses oder jenes Getränk oder Kleidungsstück, diese oder jene Reise vorziehe. So sehr mein Gehirn spontan entscheidet, dass mein Auge jemanden anschaut oder mein Fuß einem Hindernis ausweicht: Sobald es jedoch nicht nur wie in jenen Experimenten um physische Kurzvorgänge (etwa Heben eines Arms oder Fingers) geht, sondern um langzeitige Prozesse, die meine Reflexion erfordern – etwa die Wahl eines Berufs, die Annahme eines Jobs, die Wahl eines Lebenspartners, eine wichtige Geschäftsentscheidung – da muss ich mich mit verschiedenen Denkinhalten und Handlungsalternativen auseinandersetzen, muss mich entscheiden und unter Umständen auch meine Entscheidung korrigieren. Die ganze Lebensgeschichte kommt hier in den Blick.

Der Tübinger Entwicklungsbiologe Alfred Gierer hat deshalb recht, wenn er neben der Neurophysiologie und der Introspektion besonders unsere *willentlichen Handlungen* als Zugang zu unserem Bewusstsein und zu unserer Freiheit hervorhebt. Dies würde auch das uralte Grundproblem der Willensfreiheit betreffen: »Der Wille anderer ist mit objektiven Mitteln vermutlich nicht vollständig zu erschließen. Der Mensch kennt sich nicht einmal selbst zur Genüge – der Blick nach innen ist unvollständig –, und er erlebt sich in vieler Hinsicht erst in seinen eigenen Handlungen.«[21]

---

19 Manfred Spitzer: Es gibt nichts Gutes, außer man tut es. Die Hirnforschung und die Frage, was uns zum Handeln antreibt. Radiovortrag in SWR2, 13. Juni 2004.

20 Ebd.

21 AaO S. 45.

Freiheit: eine Erfahrung also nicht nur des Denkens und Fühlens, sondern des Tuns. Eine *Erfahrung* aber nicht nur des Tuns, sondern – ich möchte hinzufügen – *auch des Nichttuns, des Versagens und Schuldigwerdens.* Denn im Vollziehen kann ich auch dieses Negative unmittelbar erfahren: Ich habe es nicht getan, aber ich hätte es tun sollen; ich habe das Versprechen gegeben, aber nicht gehalten; ich bin selber schuld, ich anerkenne meine Schuld, bitte um Entschuldigung: Ich fordere ja auch vom anderen Anerkennung seiner Schuld, wo ich nicht schuld war; das lag schließlich ganz in seiner Freiheit ...

Ja, was wäre Sittlichkeit ohne Verantwortung, was Verantwortung ohne Freiheit, was Freiheit ohne Bindung? Womit wir nun doch bei der Notwendigkeit einiger elementarer gemeinsamer ethischer Werte, Maßstäbe und Normen angekommen sind, also bei der Notwendigkeit eines in Grundelementen gemeinsamen Menschheitsethos, eines Weltethos. Und da breche ich nun ab. Ich hoffe, Herr Minister, meine sehr verehrten Damen und Herren, als siebter Festredner mit meinen 77 Jahren in sieben Punkten – nein, ich bin nicht abergläubisch – die von mir gewünschte Thematik zufriedenstellend behandelt und der Preisträgerin eine kleine Probe für die Richtigkeit ihrer These gegeben zu haben. Ich wünsche Ihnen, Frau Professor Flor, und Ihnen Professor Wieland, jetzt vom stattlichen staatlichen Preis gestärkt, frischen Rückenwind für weitere Abenteuer des Geistes. Ihnen allen aber, meine Damen und Herren, danke ich für Ihre Aufmerksamkeit für eine komplexe, aber hochwichtige Problematik.

Die hier vorgetragenen Gedanken werden breiter ausgeführt in H. Küng: Der Anfang aller Dinge. Naturwissenschaft und Religion, München: Piper 2005.

Summary

In his article, Hans Küng investigates recent neurophysiological arguments which seek to explain all psychic activity in terms of neurological brain processes. Rather than challenging the general validity of such attempts, Küng looks into the tacit presuppositions, often self-contradictory, that underpin these attempts and argues that we should avoid the temptation of reductive scientific determinism. Drawing on a range of neurophysiological and philosophical debates, Küng notes that neuroscience has so far not succeeded in explaining the phenomenon of free will. In fact, moderate neuroscientists like Benjamin Libet concede that they are still unable to make sense of the complexity of neurological processes involved in acts of conceptual thinking, self-reflection, and volition. Küng's moderate position thus adds a caveat to the denial of free will frequent among neuroscientists today. Arguing with moral philosophers Peter Bieri and Jürgen Habermas, Küng concludes by making a case for a stronger, non-reductive concept of free will and moral responsibility.

Autorinnen und Autoren

Jan Alber ist Wissenschaftlicher Assistent am Englischen Seminar der Universität Freiburg. Studium der Anglistik, Politikwissenschaft und der Philosophie an der Universität Freiburg sowie an der University of Reading (GB). Veröffentlichungen: Das Gefängnis im Hollywoodfilm: Strafvollzug zwischen Fiktion und Realität. In: Zeitschrift für Strafvollzug und Straffälligenhilfe 52 (2003), S. 31-40; Hg. (mit Monika Fludernik): Moderne – Postmoderne. Trier 2003; Bodies Behind Bars: The Disciplining of the Prisoner's Body in British and American Prison Movies. In: In the Grip of the Law: Prisons, Trials and the Space Between. Frankfurt 2004, S. 241-269; Bibliography of ›German‹ Narratology. In: Style 38 (2004), S. 253-72; Narrating the Prison: Role and Representation in Charles Dickens's Novels, Twentieth-Century Fiction and Film.Youngstown (im Erscheinen).

Hans-Jörg Albrecht ist Direktor des Max-Planck-Instituts für ausländisches und internationales Strafrecht in Freiburg. Studium der Rechtswissenschaften und der Soziologie an den Universitäten Tübingen und Freiburg. Veröffentlichungen: Strafzumessung und Vollstreckung bei Geldstrafen (1980); Strafzumessung bei schwerer Kriminalität (1994) sowie verschiedene Beiträge zu den Bereichen Betäubungsmittelstrafrecht und Betäubungsmittelkontrolle, Umweltstrafrecht und Umweltkriminalität, kriminelle Karrieren und Kriminalitätsprävention.

Martin Brandenstein ist wissenschaftlicher Mitarbeiter am Max-Planck-Institut für ausländisches und internationales Strafrecht in Freiburg. Studium der Psychologie und der Rechtswissenschaften an den Universitäten Würzburg, Freiburg und Köln. Veröffentlichungen: Zur Viktimisierung von (jugendlichen) Straftätern. In: Zeitschrift für Strafvollzug und Straffälligenhilfe 51 (2002), S. 22-33; Zur öffentlichen Wahrnehmung und Diskussion von Kriminalität. In: Kriminalistik 59 (2005), S. 639-647 (jeweils zus. mit Helmut Kury); Strafzweckerfüllung als abhängige Variable der Zeit. In: Joachim Obergfell-Fuchs/ Martin Brandenstein (Hg).: Nationale und internationale Entwicklungen in der Kriminologie – Festschrift für Helmut Kury zum 65. Geburtstag, Frankfurt/Main 2006, 357-394.

Peter Brooks ist Sterling Professor für Vergleichende Literaturwissenschaft an der Yale University. Außerdem war er Direktor des Programms »Law and Humanities« an der University of Virginia. Studium der Vergleichenden Literatur an der Harvard University sowie in London und in Paris. Veröffentlichungen: Troubling Confessions: Speaking Guilt in Law and Literature. Chicago 2000; Reading for the Plot: Design and Intention in Narrative. Cambridge (MA) 1992; Realist Vision, New Haven 2005; Henry James Goes to Paris. Princeton 2007.

W. Bliss Carnochan war bis zu seiner Emeritierung Richard W. Lyman Professor of the Humanities an der Stanford University und Direktor des Stanford Humanities Center. Veröffentlichungen: Confinement and Flight: An Essay on English Literature of the Eighteenth Century. Berkeley 1977; The Literature of Confinement. In: The Oxford History of the Prison. Oxford 1995.

Thomas Dürr ist wissenschaftlicher Angestellter am Husserl-Archiv der Universität Freiburg. Studium der Philosophie und der Neueren und Neuesten Geschichte an den Universitäten Halle-Wittenberg und Freiburg. Veröffentlichungen: Schopenhauers Grundlegung der Willensmetaphysik. In: Schopenhauer-Jahrbuch 84 (2003), S. 91-119; Mythische Identität und Gelassenheit in Thomas Manns Joseph und seine Brüder. In: Thomas Mann Jahrbuch 19 (2006), S. 125-157.

Monika Fludernik ist Professorin für Englische Philologie an der Universität Freiburg. Studium an der Universität Graz. Veröffentlichungen: The Fictions of Language and the Languages of Fiction. Speech and Thought Representation in Language. London/New York 1993; Towards a 'Natural' Narratology. London/New York 1996; Hybridity and Postcolonialism: Twentieth-Century Indian Literature. Tübingen 1998; Hrsg.: Sonderheft von Poetics Today 20 (1999) mit dem Titel Metaphor and Beyond: New Cognitive Developments. Laufende Projekte zur Entwicklung der Erzählstruktur zwischen 1250 und 1750, zu Postkolonialismus und Multikulturalität sowie zum Gefängnis in der englischen Literatur (Carceral Topography and Metaphorics: Fact, Fiction, and Fantasy).

Hans-Helmuth Gander ist Professor für Philosophie an der Universität Freiburg und Direktor des Husserl-Archives Freiburg. Studium der Philosophie, Psychologie, Kunstgeschichte, Germanistik, Theater-, Film- und Fernsehwissenschaft und Volkswirtschaftslehre an den Universitäten Köln, Saarbrücken und Freiburg. Lehrtätigkeiten an den Universitäten Stuttgart, Tübingen und Freiburg. Veröffentlichungen: Positivismus als Metaphysik. Voraussetzungen und Grundstrukturen von Diltheys Grundlegung der Geisteswissenschaften. Freiburg 1988; (Hg.) Europa und die Philosophie. Frankfurt am Main 1993. Ital. Übers. 1999. Selbstverständnis und Lebenswelt. Gründzüge einer phänomenologischen Hermeneutik im Ausgang von Husserl und Heidegger. Frankfurt am Main 2001, 2. Auflage 2006; (Hg.) Anerkennung. Zu einer gesellschaftlicher Praxis. Würzburg 2004.

Jason Haslam ist wissenschaftlicher Assistent am English Department der Dalhousie University. Studium der englischen Literatur an der McGill Universität und der Universität Waterloo. Veröffentlichungen: Fitting Sentences: Identity in Nineteenth- and Twentieth-Century Prison Narratives. Toronto Press 2005; Hg.

(mit Julia Wright): Captivating Subjects: Writing Confinement, Citizenship, and Nationhood in the Nineteenth Century. Toronto 2005.

Martin Hochhuth ist apl. Professor für Öffentliches Recht sowie Rechts- und Staatsphilosophie an der Universität Freiburg. Nach Schauspielschule und literarischen Versuchen Rechts-, Philosophie- und Politikstudium in Hamburg, Freiburg und (nur ein Semester) Konstanz. Staatsexamina, Promotion und Habilitation in Freiburg. Veröffentlichungen: Relativitätstheorie des Öffentlichen Rechts, 2000; Staatsräson – Geldräson – Menschenräson, die Selbstpreisgabe des Staates, besonders im Völkerrecht, und wem sie nützt (Versuch einer kritischen Theorie der Globalisierung) in: Gralf Calliess/Matthias Mahlmann (Hg.): Der Staat der Zukunft, Stuttgart 2002, S. 85 ff. (= ARSP-Beiheft 83); Die Bedeutung der neuen Willensfreiheitsdebatte für das Recht. In: Juristenzeitung 2005, S. 745ff.; Die Meinungsfreiheit im System des Grundgesetzes, 2007.

Alan Hyde ist Professor für Rechtswissenschaft und Sidney Reitman Scholar an der Rutgers University. Er war Gastprofessor an der Yale University, der Columbia University sowie an der Benjamin N. Cardozo School of Law. Studium der Rechtswissenschaft an der Stanford Universität und der New York University. Veröffentlichungen: Working in Silicon Valley: Economic and Legal Analysis of a High-Velocity Labor Market. Armonk 2003; Bodies of Law. Princeton 1997.

Wolfgang Kersting ist Professor für Philosophie an der Universität Kiel. Studium der Philosophie, Germanistik und Geschichte an den Universitäten Göttingen und Hannover. Veröffentlichungen: Wohlgeordnete Freiheit. Immanuel Kants Rechts- und Staatsphilosophie. 2. Auflage. Frankfurt/Main 1993; Die politische Philosophie des Gesellschaftsvertrages. Darmstadt 1994; Politik und Recht. Weilerswist 2000.

Hans-Georg Koch leitet das Referat »Recht und Medizin« am Max-Planck-Institut für ausländisches und internationales Strafrecht in Freiburg. Studium der Rechtswissenschaften und der Physik an der Universität Tübingen. Veröffentlichungen zu verschiedenen medizinrechtlichen und -ethischen Themen, darunter: Schwangerschaftsabbruch und Recht – Vom internationalen Vergleich zur Rechtspolitik (mit Albin Eser). Baden-Baden 2003; Hg. mit Albin Eser und Hanjörg Just: Perspektiven des Medizinrechts. Baden-Baden 2004.

Verena Krenberger ist wissenschaftliche Angestellte am Husserl-Archiv der Universität Freiburg. Studium der Philosophie, Kriminologie und Romanistik an der Universität Würzburg. Veröffentlichungen: Psychoanalyse im modernen deutschen Strafvollzug – Untersuchung der Geeignetheit unter philosophischen Gesichtspunkten. Frankfurt 2003; Das Sein-Sollen-Problem in den Menschenrechten. In: Zeitschrift für Rechtsphilosophie, Heft 2 (2005), S. 61-68.

Hans Küng war bis zu seiner Emeritierung Professor für Theologie in Tübingen. Studium der Philosophie und Theologie an der Päpstlichen Universität Gregoriana in Rom, an der Sorbonne sowie am Institut Catholique in Paris. Veröffentlichungen: Christ Sein. München/Zürich 1974 (zahlr. Auflagen); Hg.: Friedenspolitik: Ethische Grundlagen internationaler Beziehungen. München/Zürich 2003; Der Islam: Geschichte – Gegenwart – Zukunft. München/Zürich 2004; Der Anfang aller Dinge: Naturwissenschaft und Religion. München/Zürich 2005.

Greta Olson ist wissenschaftliche Angestellte am Englischen Seminar der Universität Freiburg. Sie arbeitet an einer Habilitation zum Thema ›Criminal Animals‹ and the Rise of Positivist Criminology – From Shakespeare to Conrad and Norris. 2002-2003 war sie Gastprofessorin im Nordamerikaprogramm der Universität Bonn. Studium der Kunst, Philosophie und Anglistik am Vassar College, am University College London sowie an der Universität Freiburg. Veröffentlichungen: Reading Eating Disorders: Writings on Bulimia and Anorexia as Confessions of American Culture. Frankfurt 2003; Hg. (mit Monika Fludernik): In the Grip of the Law: Trials, Prisons and the Space Between. Frankfurt 2004; Hg. (mit Martin Kayman): Law, Literature, and Language. EJES 11 (2007) (im Erscheinen).

Heinz-Gerd Schmitz ist Professor an der Universität Köln. Studium der Philosophie, Germanistik und Pädagogik an den Universitäten Münster und Köln. Veröffentlichungen: Das Mandeville-Dilemma. Untersuchungen zum Verhältnis von Politik und Moral. Köln 1997; Zur Legitimität der Kriminalstrafe. Philosophische Erörterungen. Berlin 2004; Die dunkle Seite der Politik. Philosophische Theorien des Despotismus, der Diktatur und des Totalitarismus. Berlin 2005.

Personenregister

Sachregister

FSC
www.fsc.org
MIX
Papier | Fördert gute Waldnutzung
FSC® C083411

Kolibri 360 GmbH
Ferdinand-Jühlke-Straße 7
99095 Erfurt, Deutschland
produktsicherheit@kolibri360.de